中华美国学会

历史上的铁路华工与
中美关系

黄　平　郑秉文◆主编

倪　峰◆副主编

中国社会科学出版社

图书在版编目（CIP）数据

历史上的铁路华工与中美关系 / 黄平等主编 . —北京：中国社会科学出版社，2019.7

ISBN 978 – 7 – 5203 – 4703 – 7

Ⅰ.①历… Ⅱ.①黄… Ⅲ.①铁路工程—华工—史料—美国—近代 Ⅳ.①D634.371.2

中国版本图书馆 CIP 数据核字（2019）第 144730 号

出 版 人	赵剑英
责任编辑	张　林
特约编辑	张　虎
责任校对	周晓东
责任印制	戴　宽

出　　版	中国社会科学出版社
社　　址	北京鼓楼西大街甲 158 号
邮　　编	100720
网　　址	http：//www.csspw.cn
发 行 部	010 – 84083685
门 市 部	010 – 84029450
经　　销	新华书店及其他书店

印　　刷	北京明恒达印务有限公司
装　　订	廊坊市广阳区广增装订厂
版　　次	2019 年 7 月第 1 版
印　　次	2019 年 7 月第 1 次印刷

开　　本	710×1000　1/16
印　　张	22.5
插　　页	2
字　　数	372 千字
定　　价	99.00 元

前　言

黄　平[*]

　　"人算不如天算"。中国老百姓的这个话用来描述今天的美国，应该是比较恰当的。

　　美国社会内部发生重要变化并非始自今日。比如，在经济领域，资本和传统制造业外移在最近两次大选中都成为人们最为关心的问题，但其实它们早在 20 世纪 80 年代（如果不是更早的话！）就已经开始了，只不过那时的规模、影响还不那么显著。美国与很多国家的贸易不平衡，也是由来已久。至于增长动力不足、工作机会减少、基础设施陈旧，都不过是上述问题的结果，当然它们也会反过来加剧上述问题的严重程度。

　　这些，用经济学家们的行话说，都是结构性的问题，并非哪个党当选、哪个人上台、哪项政策实施，就能短期解决的，更不能简单责怪其他国家和地区的发展"抢"了美国的机会，乃至"偷"了美国的工作。

　　在"美国优先"背后，这些问题是实实在在的，但是，单靠退回到自顾自保，甚至某种程度上的"新孤立主义"，包括从已经签署的协议（例如《巴黎气候协定》）中撤出，在一个经济日益全球化、各国的发展利益日益交汇、人类的生存环境压力日益紧迫的今天，除了能够赢得国内选民一时的拥护外，究竟能在多大程度上哪怕是缓解上述问题，是很大的疑问。

　　温故知新。其实，要认识今天的美国，如同认识任何一个社会一样，都应该（也只能！）从它的历史着手。今年是马克思诞辰 200 周年，当年

*　中华美国学会会长、中国社会科学院欧洲研究所所长。

马克思也花了大量时间和精力关注美国，研究美国的历史，并在长达 10 年以上的时间里连续为美国的报纸写稿。他和恩格斯甚至说过，"我们仅仅知道一门唯一的科学，即历史科学。"这个话听起来有点绝对，即使马克思自己，也还说过（甚至也更多被引用），"一门科学只有当它达到了能够运用数学时，才算真正发展了。"今天，美国的社会科学研究，大多走到了定量化乃至模型化的方向，但是，历史，或者说，人们如何、为何自己创造自己的历史，并怎样无法随心所欲的创造，才是无论用什么方法去研究都要追问的大问题。

2017 年召开美国学会年会时，我们还没有看到美国今天这么大的政策变化以及背后所蕴含的社会政治变化，更多的还是围绕竞选前后的说辞和指责。到现在，本文集付印在即时，美国似乎正朝着当选人希望的方向大步迈进（很多美国人认为是大步"倒退"），我们的与会学者，很多在会上已经看到了这个趋势，也做了很精彩的分析。可惜郑秉文所长和我因故都未能前往聆听各位的高见，现在看到这些印成清样的文字，不禁为各位学者的功夫感叹，即使不为美国的今天叹息。

2017 年这次美国学会年会的主题是美国历史上华工的作用和贡献。这个题目，我们应该做，早该做。记得 2003 年前后在美国，与一些做美国史研究的美方学者谈及此，他们都说缺乏这方面的历史史料，哪怕是当事人的书信和笔记（事实上当年的华工绝大多数既不会写，也根本无条件发送书信）。这些华人的艰辛劳作和汗水、血泪乃至生命，事实上也是造就美国的一个重要方面。所幸中国几代学人的努力，让我们能读到如此珍贵的研究和发现，也填充了美国历史研究的一个重要领域。

我的浅见，中美关系今天也走到了一个新的关口。1972—1979 年以来所奠定的基本格局已经不再，美国变了，中国变了，世界也变了。时移世易，今天我们的研究，也必须既要有历史的眼光，也要有未来的视角，面对变化和不确定性，以及各种各样的挑战、风险、危机，既实事求是，又与时俱进，既不忘初心，又敢于创新，把中美关系放到一个更大的世界格局演变中来研究，把大国关系置于一个新的国际关系调整中去审视。毫无疑问，我们自己一方面仍然要坚持走和平、合作、互利、互鉴、共享、共赢的道路，并积极建设新型的非零和游戏、非丛林法则支配的国际关系，另一方面也要提高危机意识，加强底线思维，对于任何可能的重大风险和严峻挑战，冷静分析，从容应对，妥善管控，化解危机。在此过程中，如何主动寻求同各个国家和地区的利益交汇点，积极扩大各类利益交汇面，是国别研究和大国关系研究可以多做文章的领域，也是美国研究和中美关系研究可以有所贡献的领域，而回到所研究的国别的历史、社会、文化，对于它的经济和政治及对外政策的变化的理解，会超越只是表面看到的现象，也可以是弄清其来龙去脉的重要切入口。

末了，还必须说，我们这本文集有一组高手的笔谈，我的这点文字，就未免显得多余了。

2018 年 5 月 1 日写于发端于美国的劳动节假日

目　录

中美关系史

美国内政

美国外交

会议综述

笔谈：特朗普政府内政外交政策走向与中美关系

【编者按】2017 年 11 月 5 日至 8 日，由中华美国学会、五邑大学广东侨乡文化研究中心、中国社会科学院美国研究所、《美国研究》编辑部联合举办的中华美国学会 2017 年年会暨"中美关系的历史、现状和未来——从美国华工谈起"学术研讨会在广东省江门市举行。来自中国社会科学院美国研究所、五邑大学、中国现代国际关系研究院、中国国际问题研究中心、北京大学、同济大学等多家单位的学者和研究人员参会。与会者围绕中美关系、美国内政、美国外交、美国铁路华工等议题进行了学术交流。此次会议适逢中国共产党第十九次全国代表大会胜利闭幕，美国总统特朗普执政近一年并即将对中国进行首次国事访问。在此背景下，中华美国学会名誉会长、北京大学国际战略研究院院长王缉思，中国现代国际关系研究院高级顾问崔立如，中国社会科学院美国研究所副所长倪峰在会上作主旨发言，对特朗普执政以来美国内政外交政策的演变和发展及中美关系的现状和未来进行了回顾、梳理和展望。本书编者将他们的发言以笔谈的形式刊发于此，以飨读者。

朝核问题的美国政治背景

王缉思[*]

2017 年 10 月的上、中、下旬，我出国开会三次，依次是日本、韩国、美国，会议期间探讨最多的是朝核问题。下面我根据 10 月参会的一些观感，谈一谈我对这个问题的看法。

刚才崔立如教授谈到美国国内政治的复杂性和重要性，如果将朝核问题放到这样一个背景下，我觉得美国的国内政治因素是特朗普本人极力突出朝核问题的第一个重要原因。不少分析家私下跟我说特朗普很着急，原因是他的支持率只有 38%，而且"通俄门"或者其他问题会使他的支持率进一步下降，这是过去几届总统没有遇到的问题。刚才崔老师谈到恐怖事件或者自然灾害对于提升特朗普威望的可能性，一般来讲，发动一场战争或大规模军事行动对提高总统在国内的声望是有好处的，至少在冲突开始阶段，民众会支持总统跟敌人进行一场生死搏斗。当然，我到美国白宫国家安全委员会去讨论这个问题，他们予以否认。美国政府内部不会说总统是出于国内原因才对朝核问题极为重视的，但是特朗普总统的表态已经很清楚了。他总是强调过去 25 年来历届总统都解决不了的朝核问题，他能解决。他在竞选期间就已经讲过这个话，竞选成功以后会把朝核问题作为表现他能力和政绩的一个重要问题。如果他此前吹嘘了那么长时间，最后却不了了之，那怎么向国内交代？交代不下去。如果他所宣称的事情到最后没有解决，这对他的声望来说会造成进一步的打击。这是我想谈的朝核问题之所以突出的第一个原因，也就是美国国内的原因，其实是特朗普

---

* 中华美国学会名誉会长、北京大学国际战略研究院院长。

政府的原因。

第二个原因是朝核问题对美国在亚太地区的军事同盟或军事存在而言是一个相当大的威胁。美国人总是在讲,如果不能解决这个问题,怎么向日、韩等盟国交代?如果没有办法保证日本和韩国不受朝鲜核武器的威胁,可能会使它们感觉美日、美韩同盟可有可无,或者美国这个老大哥靠不住。这会令美国觉得很丢脸。

第三个原因是核不扩散。实际上,核不扩散跟美日、美韩同盟紧紧结合在一起。我原来的感觉是,韩国已经有人开始谈论发展核武器的必要性了,结果我跟韩国人聊天,问有多少韩国人同意韩国发展核武器,他们告诉我有80%。这跟我从其他渠道了解的情况差不多。如果解决不了朝核问题的话,韩国就要发展核武器——即使冒着美韩军事同盟发生危机的风险,也要发展核武器。到现在为止,日本尚未明确承诺不发展核武器,但一旦韩国有了核武器,日本发展核武器几乎是无可避免的。这样一来,核不扩散问题和美国的亚太军事同盟问题就结合在一起了。此外,伊朗也要发展核武器,如果联合国对朝鲜施加这么大的压力都不能制止朝鲜发展核武器,那么核不扩散机制还有什么意义呢?谁都可以效仿朝鲜的做法。假如朝鲜成功地研制并保有了核武器,那么伊朗、沙特也要这样做,土耳其可能也要这么做,全世界的核不扩散机制可能就此终结。这是美国人担心的事。

最后一个原因是,朝鲜确实在核武器运载方面取得了重大突破与进展,可能已经具备了打击美国本土的能力和手段。虽然多数美国人认为朝鲜的导弹打到美国本土、关岛或夏威夷是很难想象的,但朝鲜声言要对美国开展重大惩罚或者反击,要在北太平洋进行氢弹试验或者其他试验,确实把美国人吓了一跳,不能说这对美国没有现实的可能性。

基于这几方面的原因,美国现在高度重视朝核问题。根据我跟美国人的接触,他们对此问题有几个不同的应对思路,或者说有几个不同的派别,存在非常明显的博弈。

第一个派别是总统本人。正如我刚才所讲,特朗普曾反复表示朝核问题非解决不可,但朝鲜根本就不想谈判,即使谈也不谈弃核问题。到目前为止,在核武器谈判上,朝鲜的态度没有任何松动。美国跟朝鲜谈核武问题,朝鲜就说可以谈,但谈的内容是各国都放弃核武器的前提下,朝鲜才可以放弃发展核武器。美国人觉得这是完全不能接受的。朝鲜认为美国应给其安全保障等，但是朝鲜提出的条件跟美国能答应的事情完全对不上。所以，美国只剩军事打击这一条路。这是特朗普总统本人的想法。

第二个派别是国家安全委员会，特别是总统国家安全顾问麦克马斯特。麦克马斯特是个执行者，总统说要跟朝鲜谈，他就支持国务卿去谈。他没有自己真正的主见，只执行总统的命令，但是从心底里来说，他并不希望打仗。

第三个派别是国防部长马蒂斯等人。他们觉得打仗的损失可能太大，但无论如何，马蒂斯是军人，必须服从总统的指令，总统说要打，他们就只有准备战争。但接近政府的人士说，马蒂斯能够制止总统发动战争，说服总统放弃大规模使用武力的可能性。也有人说，因为马蒂斯是军人，他会比第二个派别更有力，因为美国的军人很重视军衔，马蒂斯是四星上将，而麦克马斯特是三星中将。所以，我听到的这两种意见是很不一样的。2017年我在国际危机组织年会上见到退役的克拉克将军，他强调总统说打仗，一声令下，军人只有执行。他跟国防部、军队有很多联系，说军方确实在做非常严肃的战争准备，而且已经落实到很多事情上了。

第四个派别是国务卿蒂勒森。蒂勒森在朝鲜问题上曾经提出"四不"原则，即不寻求朝鲜政权更迭，不颠覆朝鲜政权，不寻求加速统一，不寻求突破"三八线"，但是这些话并没有得到总统的认可。国务卿蒂勒森虽然这样说，但这能代表总统吗？我认为特朗普不支持这个思路，所以他才说跟朝鲜人谈就是在浪费时间。一种观点认为美国在表演，一个唱红脸一个唱白脸，即总统唱红脸，国务卿唱白脸，但是我觉得这确实反映了总统的一种心态，就是国务院愿意跟朝鲜谈的话就去谈，但估计谈不出什么结果。通过跟美国国务院代理助理国务卿董云裳交谈，我感觉她是支持这种看法的，准备跟朝鲜谈。不过，现在的重大挫折在于，不管在联合国、瑞典或者其他地方，谈的结果都是完全失败的，朝鲜根本不谈核问题，让蒂勒森很难堪。最后一种观点是，反正前几任总统都没解决朝核问题，特朗普吹牛也就吹了，吹完了哪天找个台阶下，这个事情也就过去了。

可以说，往后退一步，就等于退好几步，核不扩散问题就会变成军控问题。所谓军控问题就是,朝鲜拥有核武器已经是一个事实,劝服朝鲜弃核是不可能的,只有限制它发展核武器的程度。另外一条就是,朝鲜必须接受联合国监督。可是美国和其他一些国家不会承认朝鲜为合法核国家,只是必须接受朝鲜已经拥核的现实,而且它在任何情况下都不会弃核。打仗也不是好的选择,所以只好保持现状。这就需要在朝鲜跟美国、韩国、日本之间建立危机管控机制。美国与中国、俄罗斯之间已经建立危机管控机制。假如双方之间发生摩擦或者突发事件,可以通过危机管控机制把突发事件控制在一定范围之内,不至于扩大为大规模战争或冲突。但美国跟朝鲜之间没有危机管控机制,假如再次发生"天安号"事件这类事,美国可能会认为朝鲜故意挑衅,从而对朝鲜实施打击,因为朝鲜和美国没有任何私下的沟通,事情容易闹大。

　　总之,就像刚才分析的那样,美国国内在朝核问题上有几种不同的想法,哪种想法占主流还看不清楚。在智库、国会和战略研究人士中,反战的声音比较多,但是很难论证不打仗也能解决朝鲜问题。美国已经开始采取具体措施,准备撤走在朝鲜半岛的侨民。例如,在撤侨方案里,最近的一条线路是从朝鲜半岛到烟台。可以说,美国已经在做很细致的工作了。关于怎么说服侨民撤离,在具体操作过程中如何对待其他国家的侨民,美国方面在设想各种可能性。此外,通过对中国施压,美国希望中国能够帮忙,这也是本次特朗普北京之行可能需要谈的事情。另外一个是军事预案,要考虑诸多情况,比如日本一旦发现朝鲜准备发射导弹,怎么把这导弹拦截下来?据我所知,今天特朗普将在美国国会发表一篇措辞强硬的讲话,向韩国施压,并向中国发出警告。我跟美国人说,韩国人反对美国军事打击朝鲜,美国真敢打朝鲜吗?他们说特朗普总统说"美国优先",韩国怎么样我们不管。特朗普跟安倍的关系很好,但不喜欢文在寅,所以即使文在寅反对,特朗普也不会看义在寅的脸色行事。关于什么时间行动,美国人说主要看本次特朗普访华的结果,以及美国、联合国、中国联合起来对朝鲜施压能不能起作用。如果实在不行,那么行动时间应该放在明年夏天。但是,我认为不打的可能性也不是没有。美国打一场战争得牺牲多少人?韩国也会牺牲不少人,同时会对中国造成很大影响。中国、韩国、俄罗斯都反对战争,美国敢打吗?我认为,我们应该采取的态度是:第一,不要小瞧美国;第二,不要小瞧特朗普总统，他的办事风格跟前任总统是不一样的，他要真打这场战争，我们就得准备应对大规模的灾难。我本人当然不希望这种事情出现，但这确实对我们是比较大的考验。

特朗普对华政策透视

——从美国政治演变谈起

崔立如[*]

特朗普即将进行上台以来对中国的第一次国事访问,这是特朗普与习近平主席举行的第三次高层会晤。特朗普此次访华举世瞩目,有耐人寻味的特殊政治背景。首先,此次访华适逢中国共产党第十九次全国代表大会刚刚闭幕。国际社会普遍认为,这次大会意味着习近平总书记的领导地位得到进一步加强,意味着中国正在迈入一个新的时期,达到一个新的高度,内政和外交的发展进入一个新的阶段。这是特朗普访华的一个重要政治背景。特朗普此次访华的另一个背景,是中美关系正处于大转变的时期。从全球政治与经济,到中美之间的大国关系,都处于重大的转变时期。

考察中美关系,首先要看到中美关系的格局发生了重大变化,正在被重新塑造。造成这种变化的原因有两个方面。其一,随着中国的崛起,中国的国力显著增强,中美实力对比发生了变化。重塑中美关系的实质是重建平衡的问题,美国提出了"亚太再平衡"战略正是为应对这一变化。其二,中美关系经过多年的发展,已经形成广泛深入的相互依存的关系。中国和美国是全球最主要的两大经济体和综合实力大国,在全球化的发展中,双边经贸关系变得非常密切。中美双边贸易额已超过5500亿美元,这是个简单而富有说服力的数字。在金融领域,中美两国的相互依存度也

越来越高。除了经贸关系迅速发展外，中美两国的文化交流也日益频繁和深入。中国现有几十万留学生在美国求学，两国间的社会交往和人文对话渠道很多。中美两国的相互依存和密切交往，实际上已成为中美关系新格局的重要组成部分。

以往，学界通常用古典现实主义理论或结构现实主义理论来阐释包括中美关系在内的国际关系发展和变化，比较强调实力对比和权力分配的结构，现在考察国家间的关系则越来越重视制度方面的影响因素。在双边关系的演变过程中，制度建设增加了关系的稳定性，这是一个很大的变化。在这个大变化的背景之下，中方基于不对抗、不冲突、合作共赢的理念，提出了"建设中美新型大国关系"。当然，美国人理解"中美新型大国关系"的角度与中国人的初衷有很大的差异，中美双方还可以继续探讨。实际上，美国国内对"中美新型大国关系"的看法也不完全一致，部分美国政界和学界人士表示对中方的这一倡议有一定程度的认同。这从一个侧面折射出中美关系平衡模式的变化，即美国承认中国的实力地位在显著上升，虽然还没有达到与美国平起平坐的程度，但两国间的差距正在逐渐缩小。这是中美关系格局变化的一个重要标志。

特朗普当选新一届美国总统，是中美关系面临的一个新的重要情况。了解特朗普政府的背景和特点，有利于理解和观察特朗普此次访华中美之间的互动和可能产生的结果。特朗普胜选出乎绝大多数人的预料，因为被称为是"黑天鹅"事件。特朗普是共和党的正式总统候选人，所以他有当选的可能，只是大部分主流媒体、政治观察家和民意调查机构认为这是小概率事件。按照因果关系来说，这个实际结果是有其必然性和特定原因的。如果追踪这些原因，探究促成这些原因的因素，就会发现它原本就不是小概率事件，之所以被视为小概率事件，是因为一些重要的关联因素被忽视了。美国社会矛盾的激化与两党政治的极化选举形势，与特朗普本人的背景、性格特点、特殊行为方式和剑走偏锋的选举策略相结合，产生了奇妙的政治功效，再加上一些特殊的外来因素助力，最终导致特朗普击败了被各方看好的民主党候选人希拉里·克林顿。

就其影响而言，特朗普上台是美国政坛发生的一场地震，产生了多方面的重要影响。这种影响在特朗普上台后的执政过程中不断地得到呈现。特朗普虽然是共和党总统，但他并不代表共和党的主流。特朗普打着反建制派、反华盛顿权势的旗号上台，而共和党的主流恰恰是他反对的建制派。所以在一定意义上,特朗普不完全是共和党的总统,他一直在跟共和党的主流进行激烈的博弈。这种斗争更多地表现在美国内政方面,同时也影响到美国的外交。有两种力量在背后支撑着特朗普的主张,一个是比较激进的民族主义,另一个是民粹主义。特朗普作为民族主义、民粹主义和反权势力量的代言人,提出了他的首要外交原则,即"美国优先"(American first)。我们思考现今的中美关系,首先需要考察"美国优先"原则是如何反映在美国的外交政策中的。

通过观察特朗普上任以来美国对外政策包括对华政策的动向,可以初步形成这样一种判断:"美国优先"是特朗普政府外交政策的最重要标志和原则。但是,特朗普政府尚未形成基于这个原则的系统的外交战略,也没有制定完整的亚太战略。特朗普此次计划访问五个他认为比较重要的亚洲国家,但无论出访前还是访问过程中,都没有听到他在某个场合系统地阐述美国的亚太政策。特朗普政府的对外政策是就事论事的,但"美国优先"的原则是明确的,并主要反映在两个方面:安全与经贸。这是特朗普在竞选期间和上台后提到对外政策时强调得最多的两个方面。

在安全方面,特朗普首先把全球范围内的反恐放在第一位,认为伊斯兰世界聚集着反美势力,支持对伊斯兰群体进行严格的安全审查和监视。特朗普还采取了一些吸引眼球的行动,如下令轰炸叙利亚政府军,以显示其强硬的外交风格。这是美国首次对叙利亚政府军实施军事打击,此举在美国国内赢得一片欢呼之声。特朗普尤其重视加强美国的国土安全,重视在美国本土防范恐怖袭击。这与美国的全球反恐行动是相互呼应的,也是目标一致的。所以,特朗普的"美国优先"原则首先表现为保障美国本土的安全。除了在国内外打击恐怖主义,特朗普的安全关注还体现在他的移民政策上,如发誓要在美国与墨西哥边境建造隔离墙。这是特朗普的"美国优先"原则在安全方面的标志性举动,表明特朗普为了保证美国本土的安全,不惜采取极端的方式,不顾国内外的反对之声。特朗普此举似乎违背了美国的立国原则和奉行多年的开放的移民政策,但实际上,许多美国人对此持赞成态度。虽然从政治正确的角度来说,很多美国人不好公开表示支持特朗普的移民政策,但在内心里,许多白人特别是中下层白人赞成特朗普的这一举动。此外,特朗普还试图颁布"禁穆令",尽管"禁穆令"最终没有获得通过,但他是围绕保证美国国土安全这个中心目标去做的。

在经贸方面,特朗普的"美国优先"原则表现为首先要维护美国中产阶级的利益，特别是让在选举中支持他的白人蓝领阶层得到关照。特朗普的首要目标是振兴美国经济和解决就业问题，这就导致其外交政策与第二次世界大战后的美国外交政策的大方针存在一定的冲突。美国的利益是全球化的，这决定了美国外交战略的全球视野。在全球化过程中，美国跨国公司、华尔街和金融集团的利益是全球性的，美国的军事战略和政治战略均旨在扩张美国的势力，维护美国的经济利益。美国的外交政策打着维护国际秩序的名义，实则着眼于美国的长远利益，致力于以间接的方式服务和服从于这种利益。而特朗普的"美国优先"原则更追求短期的直接成果。他把从双边经贸关系中获得好处置于维护多边体系之前，追求直接让美国获益、给美国带来良好经济效益的外贸政策。譬如，他与日本打交道时跟日本人大谈公平问题，认为美国对日本开放汽车市场，而日本不对美国开放汽车市场，导致美国人买日本汽车，而日本人不买美国汽车，这是不公平的。

"美国优先"原则还表现在与美国的军事安全体系有关的方面，即特朗普极力主张的"负担均摊"。美国是一个全球化国家，在世界各地都设有军事基地，那么谁来支付相关的军费开支呢？特朗普认为，美国人为这些军事基地花钱太多，并保卫了当地的安全，被保卫的国家应该为此出更多的钱，分摊美国的军费支出。为此，特朗普挥舞着"大棒"，从欧洲、日本到韩国，到处让相关国家分摊美军基地的开支。

归结起来，特朗普的"美国优先"原则针对不同的问题和领域，但总体而言缺乏一个宏观的、系统的战略，主要是就事论事，兑现他对选民的承诺。这种情形势必对美国的对外政策产生重要的影响。就中美关系而言，特朗普上台后，中美双方重新确定了四个对话机制，为中美关系搭建了新的框架，以便使对话的领域和议题更加明确。然而，特朗普将解决中美经贸关系中的问题理解为实现中美经贸关系的对等。特朗普认为，中国对美国的贸易顺差太大，造成美国的贸易赤字和失业问题，这些问题必须很快得到解决，否则美国就要对中国进行制裁。当然，特朗普的想法并不一定能顺利地付诸实施。

特朗普与之斗争的权势集团已经建立了一种不易更改的强大建制，特朗普的内阁成员中也有建制派力量，特朗普任用这些人，其实是在做出妥协。所以，美国的外交政策具有两面性，特朗普说的是一套，他的白宫团队要推行的是另一套，他的主要内阁成员（包括国务卿、国防部长、商务部长等）实施的也不完全是特朗普和白宫的那一套。落实到对外政策和对华政策上，各方需要找到一个中间点，做出妥协和让步。

特朗普完全或者基本上继承的美国外交遗产是美国的军事战略，包括"亚太再平衡"战略。特朗普政权的内阁班子中，几个最主要的岗位都被军人掌管，包括办公室主任、国家安全事务助理、国防部长等。当特朗普的发言涉及美国的对外军事战略时，这些军人甚至会公开纠正他的不当言辞。美国的整个对外同盟体系——不管在欧洲还是在亚洲——仍在按照原来的战略目标和方针继续推进。所以，要从多个角度观察特朗普政府对外政策的实施情况。

特朗普政权还面临一个值得关注的特殊情况，就是对特朗普造成严重牵制的"通俄门"事件。特朗普此次出访之前，美国发生了媒体称为"又一轮新的重大冲击波"的事件。独立检察官罗伯特·穆勒对"通俄门"事件的调查获得重要突破，曾在特朗普竞选团队中担任外交政策顾问的乔治·帕帕佐普洛斯已表示认罪，承认他曾就与俄罗斯官员联系一事对联邦调查局说谎。帕帕佐普洛斯知道很多特朗普团队跟所谓"通俄门"有关的事情，调查"通俄门"事件的团队已经掌握了大量他的相关活动和通话记录。同时，特朗普前竞选团队主席保罗·马纳福特及其助手里克·盖特斯被罗伯特·穆勒起诉，护照也被没收。马纳福特被指控 12 项罪名，包括密谋反对美国和共谋洗钱。从美国的司法制度来说，如果没有掌握足够的证据，司法部门是不会采取这些步骤的。美国媒体在特朗普出访前两天大肆报道这些调查结果，导致特朗普此次出访前在白宫非常焦虑。虽然最后的调查结果不一定能证实特朗普有通俄问题，但调查的进程会对特朗普造成长期的政治牵制。特朗普急于撇清自己与这些人和"通俄门"事件的关系，称起诉中涉及的很多事是当事人进入其竞选团队之前发生的。近来美国恐怖事件频发，美国公众的视线被暂时转移，这在一定程度上救了特朗普的急。虽然不一定能找到足够的证据弹劾特朗普，但显然特朗普本身存在诸多令人可疑之处。俄罗斯介入美国总统选举的结果有利于特朗普胜选，这已是公认的事实，其背后的原因则可能是出于对希拉里的厌恶。同时，也不能排除还有一种可能，即特朗普或者其团队和家人私下与俄罗斯有某种交易。如果确实如此，那么对特朗普来说将是一个非常大的政治问题。可以说，当前特朗普在美国国内的政治生态与习近平主席在中国国内的政治生态形成鲜明的对比。

如何看当前的中美关系

倪　峰[*]

2017 年年底，中美关系似乎又进入了一个重要的节点。10 月，中共十九大的胜利召开标志着中国特色社会主义进入了"新时代"。而在 12 月，特朗普在推出其首份《美国国家安全战略报告》的演讲中也宣称，"美国已经进入竞争的新时代"。中美这两个对世界有着重大影响的国家几乎是同时宣布自己进入了"新时代"。这两个宣布看似偶然，其含意也完全不同，但对中美关系而言可能有着重要的隐喻：既然中美两国都走入了"新时代"，那么中美关系的演进是否可以在前面加一个限定词，称为"新时代的中美关系"。

最近笔者一直在思考，"新时代的中美关系"，"新"在什么地方？目前来看，有两个变量非常重要，一个笔者把它称为"非常规变量"，另一个是"常规变量"。

当下中美关系最大的"非常规变量"，当属特朗普本人。他真是一位相当特殊的人物，是"反建制"的总统，同过去选出来的历届建制派的总统相比，必然对美国的对外政策和中美关系产生很不一样的影响。

过去，我们观察美国总统的对外战略和对华政策思维，基本上是在四个维度上。第一个维度是地缘战略上的，第二个维度是意识形态上的，第三个维度是国家利益特别是经济利益上的，第四个维度是国际秩序方面的。这些维度上的思考和判断相叠加，就大体构成了美国传统的对华战略。自老布什以来的美国历届总统，对这四方面的考虑大体均衡，所以一

* 中国社会科学院美国研究所副所长。

直以来美国的对华政策相对还是比较稳定和有延续性的。

特朗普之"新"之"特",就在于他把这四个维度上的考虑排布得非常不成比例。

首先,意识形态方面,几乎不怎么强调了,无论在他的涉华文件、报告和演讲中,还是访问中国的议程中,虽然不是一点没有,但同过去相比显然是提得很少了,最多做些表面文章。

其次,国际秩序方面,全世界都已看得很清楚,特朗普领导的美国不想再费时费力做现行秩序的维护者了,对一些理想主义的多边安排持非常负面的态度,甚至在气候变化、多边贸易等领域采取斩钉截铁的单边退出措施。特朗普的逻辑是,长期以来美国在建制派和资本精英的鼓吹下把大量的国家资源耗费在全球事务上,包括在海外打无意义的战争,而不是用于发展自己,改善老百姓生活,所以他的政府必须反其道而行之,集中精力先把美国自己的事情搞好,这才是维护美国竞争力的根本。

再者,地缘战略方面,特朗普本人是商人出身,没有在体制内工作过,上台前没怎么接触过相关的概念,绝非一名地缘政治玩家,上台以后放手让军队、外交官们去处理,自己并没有对美国传统上参与极多的地缘战略操盘和竞争显示出热心。

于是我们看到,经济利益在特朗普对外、对华政策中所占的比例异常高,这是一个前所未有的现象,也是特朗普的"中国观"的主干结构。他最关心的是如何通过与中国打交道,实质性地减少美国的对外贸易逆差,然后把截流的美元用在美国国内,减少财政赤字也好,增加军费也好,扩大基础设施建设投资也好,反正让他的选民们看到就好。

这样一个"反传统的"对华政策结构对我们既是机遇,也是挑战。一方面,过去长期困扰中美关系的那些敏感问题——比如人权、劳工权益等,不那么敏感了,所谓"地缘战略竞争"所引起的猜忌和喧嚣也少了,省了我们不少心;另一方面,经贸合作的中美关系"压舱石"作用明显弱化了,我们再怎么强调通过互利共赢来稳定两国关系,也很难改变特朗普认为美国在对华交往中"吃了大亏"的心思。毕竟,他和持"另类右翼"思维的美国人在内心是以"零和"方式看经济问题的,始终认为导致美国本土经济困难的最主要外因就是中国竞争和制造业向中国的转移。所以,从根本上讲,特朗普是以经济为出发点审视中国的。

但无论特朗普如何在主观上看待经济问题,国与国之间的经济关系本质上都是互利共赢，问题主要出在谁的获益多一些，谁的少一些，而这是可以通过协调的办法来处理的。从此意义上讲，中美经济关系在特朗普任内再怎么紧张，对方再有多少不满情绪，处理问题的空间都还是很大的，用做大增量的办法去缓解两国贸易不平衡的状态对特朗普是有吸引力的。

在中美关系进入特朗普时期的第一年，我们牢牢把握了以上这种机遇与挑战并存的态势，充分发挥首脑外交、经济外交、军事外交、人文外交等的积极作用，妥善处理了台湾、南海、经贸、朝核等敏感问题形成的障碍，成功地推动两国关系实现了平稳过渡、良好开局，甚至在下半年达到了"高开"的状态，成绩之好超出了几乎所有人的预料。当然，特朗普政府也有推动两国关系稳健开局的需求，客观上呼应了我们的努力。

接下来的时间，双方都应当珍惜这来之不易的局面，避免两国关系在"高开"之后形成"低走"。这就需要双方共同努力，应对好中美关系的常规变量之"新"。

自 20 世纪 70 年代初两国关系正常化进程启动以来，中美关系最基本的常规变量是两国力量对比的美强中弱，大家对此都习以为常了。然而，这一态势近年来加速酝酿了根本性的转折。随着两国力量对比的日益接近，中国在对美交往中变得越来越自信，美国则越来越焦虑。

从某种意义上讲，这种焦虑感在美国国内正在成为共同的情绪。竞争因素的增加在中美关系恐怕是个恒定的趋势。记得 2012 年前后美国战略学界曾经展开过一次对华政策的讨论，前美国驻印度大使、哈佛大学教授罗伯特·布莱克威尔与卡耐基国际和平基金会研究员阿什利·特利斯合写的一份报告认为，过去数十年的美国对华接触政策，即将中国的经济与政治整合并融入"自由国际秩序"以改造中国的政策，是以损害美国在全球的优势地位与长远的战略利益为代价的，未来数十年中国将是美国"最值得警惕的竞争者"。因此，他们主张美国应该实质性地修改现行的对华大战略。

当时这份报告受到了美国战略学界不少人的批评。时隔五年，华盛顿似乎在对华政策问题上没有那么多的派系了，认为中美关系竞争性将上升的人占据了主流，质疑的声音几乎没有了。到了特朗普政府首份《美国国家安全战略》出台，那 33 处点到中国的表述"顺理成章"地汇集了一段时间以来美国战略学界对中国的种种判断。其实这些话并没有什么新意，读来并不令人意外，但标志着美国建制派和"另类右翼"对中美关系性质的解读在相互靠拢,彼此间的共识在增加。

这是一个非常值得注意的动向,是否意味着美国的对华交往范式将发生根本性的转折,中美关系将迎来向下的拐点,两国今后将"各走各的阳关道"了呢?我想未必是这样的。

首先,特朗普政府的执行力仍然值得观察。它不大可能在短时间内编制起全面围堵中国的力量,美国社会也并没有达成"中国竞争"必然导致"中美对抗"的共识,至多达成了以更加积极主动的方式应对中国竞争力增长的共识。

其次,特朗普政府强调"中国竞争",在相当程度上是为了激发美国国内的忧患意识,旨在争取各界对其"美国优先"政策的认同,为其在贸易、移民、军事等领域的种种做法背书,具有很强的国内政治考虑。

但必须看到,进入2018年的中美关系,在美方对华认知更趋负面的情况下,不大可能像2017年那样热络,竞争性增强的趋势将在不同领域得到具体体现。

第一是在经贸领域。笔者认为,这将是未来相当长一段时期内中美竞争的核心领域。回想奥巴马任内,对华推行"战略再平衡"政策,在经济、战略、政治、军事等多个领域同时投入资源,在西太平洋地区与中国搞竞争,结果效果不"佳"。特别是利用菲律宾打"国际仲裁"牌牵制中国一役,架不住中国经济资源丰厚,菲美联手取得的"成果"在杜特尔特当政后便被一风吹了,美国在南海实际上"不战而退"了。

特朗普意识到,在经济领域加强美国的对华竞争力才是根本之道。他将会进一步集中精力推动美国自身的经济复苏和改革,全方位地"拼经济",与中国在世界上争市场、争资源、争话语权的一面将会更加突出。反映到中美双边关系当中,就是经贸争端的压力会进一步加大。特朗普政府在2016年年底已经会同欧洲、日本否定了中国的市场经济地位,单方面启动了"301条款"对华调查,很可能从2018年年初开始就采取贸易限制的实际措施,但发动全面对华贸易战的可能性仍然不大。

第二是台湾问题。特朗普在候任期内曾接听蔡英文的电话,甚至扬言抛弃美国的"一个中国"政策,经过我们的坚决斗争,事态平息了下去。这加深了特朗普对中国台湾问题的重要性、敏感性和复杂性的认识。然而他执政后,更多的是把这个问题交给国会和行政部门去处理,而政府部门内的共和党人有"亲台"的传统。特朗普这种在微观层面上的放任态度会不会助长棘手事端的出现？美国国会众议院通过的《2018 财年国防授权法案》要求国防部长评估美台军舰互停可行性的条款，为我们敲响了警钟。

第三是朝核问题。目前的朝核问题形势，事实上处在"战"与"和"的十字路口，同时重新谈起来的"机会窗口"并没有彻底关闭。尽管特朗普本人对朝鲜核导威慑能力的发展表现出"不能容忍"的态度，但美国战略界仍有不少人觉得形势还可以继续拖下去，对是否应该对朝动武存在分歧，或者模棱两可。对特朗普政府军事安全决策有至关重要影响力的国防部长马蒂斯就是这样一个在极端和温和意见之间摆平衡的人。下一步形势的发展能否打破僵局，其实取决于朝鲜最高领导人金正恩的决策——是继续往前走，还是暂时停下来，抑或退一步放低身段？

不管怎么样，只要形势继续拖延着，既不谈也不打，特朗普本人和他的政府就不大可能停止以贸易问题乃至整体双边关系为筹码向中国施压，继续要求中方持续不断地收紧对朝制裁和限制措施。这就意味着朝核问题仍将是中美之间的一个持续紧绷的难点问题。

第四是美国印度洋—太平洋战略的酝酿。2017 年 11 月特朗普出访亚洲前，美国战略界和军方放出了制定"印太战略"的风声。迄今为止，美国虽仍未明确出台"印太战略"，但特朗普政府首份《国家安全战略报告》明确提出了"印太地区""印太国家"的概念，声称"该地区正在发生自由和压迫性的世界秩序观点之间的地缘政治竞争"，"中国的主导地位可能会使许多印太国家的主权受到损害。整个地区的国家都呼吁美国持续的领导集体反应，维护尊重主权和独立的地区秩序"。

可以预计，特朗普政府将继续完善"印太战略"并寻找适当时机正式加以包装推出。这将是奥巴马政府"亚太再平衡"战略在军事安全领域的强化版、升级版，其将印度洋、太平洋战略部署统筹起来安排的构想，甚至连那些反感特朗普的美国战略界人士也觉得"高明"。并且，美国将着重争取印度、澳大利亚、日本这三个次级大国的战略配合，不断加强四边军事安全合作，同时利用四边经济合作实现自己对亚欧大陆南缘地带互联互通工程的参与。这对未来中国的战略安全环境和"一带一路"建设将构成什么样的影响，值得我们密切关注和认真应对。

第五是美国国内政治因素的影响。特朗普上台后，反对他的人始终在想方设法地削弱他的执政地位，甚至要把他提前"拉下马"。华盛顿的政治内斗十分激烈,"通俄门"等丑闻还没有平息,2018 年又将迎来美国中期选举。如果执政的共和党在国会参、众两院当中失去其中一个的控制权——这在众院不可能,但在参院不是不可能——特朗普的执政处境将大为不同。不排除他在第一个任期的后半段为了转移国内视线对外逞强的可能,届时的中美关系将呈现什么局面? 我们要有心理准备。

还有一点就是,目前在特朗普执政团队内部,经过过去数月的"洗牌",呈现出"另类右翼"靠边站、战略稳健派影响上升、家庭成员影响下降的局面,这也要求我们相应地调整对策。

当然,也不能因为特朗普政府出台了把中国当作"战略竞争者"的报告就大惊小怪。经过过去几十年的发展,中美关系的成熟度已经显著提高了,双方支持这一关系稳定发展的人都很多,各领域的对话合作机制也越来越完善,制约消极因素滋长的力量总体是增长的,因而总的来说还是经得起折腾的。

在特朗普最关心的经贸领域,尽管中国对美贸易顺差占美国对外贸易逆差总额的一半左右,但两国做增量的空间在美国与所有贸易伙伴当中也是最大的。只要我们抓紧推动落实已达成的协议,积极寻求新的合作增长点,中美经济关系的互利共赢本质将会越来越突出,贸易战是可以避免的。

美国在世界上也还有很多麻烦要去处理,如与俄罗斯的关系、与中东国家的关系、与北约的关系,等等。很多事情美国不是想抽身就能抽身的。总的来说,它也需要中美关系保持相对平稳的发展。

这几年我们与美国打交道的自信在不断增强,这种自信应包括对中美关系前途的自信。不要因为美国说了什么不好听的话就觉得"天要塌下来了",只要战略战术拿捏得好,时间在我们一边。

专题研究：美国铁路华工

【编者按】2015 年 9 月 23 日，习近平主席在西雅图出席美国侨界欢迎招待会。他在讲话中讲述了美国太平洋铁路和华工的故事："150 年前，数以万计的华工漂洋过海来到美国，参与建设这条横跨美国东西部的铁路。他们拿着简陋的工具，在崇山峻岭和绝壁深谷中逢山开路，遇水搭桥，以血肉之躯铺就了通往美国西部的战略大通道，创造了当时的工程奇迹，带动了美国西部大开发，成为旅美侨胞奋斗、进取、奉献精神的丰碑。"习主席的讲话对美国研究工作具有重要的指导意义。在关注构建中美新型大国关系理论与实践的同时，要注意收集和整理在中美关系史上产生过重要影响的历史事件和人物的珍贵史料，挖掘历史记忆。2017 年 11 月 5 日至 8 日，中华美国学会 2017 年年会暨"中美关系的历史、现状和未来——从美国华工谈起"学术研讨会在我国著名侨乡广东省江门市举行。在"美国华工"专题发言中，来自五邑大学广东侨乡文化研究中心、广东省人民政府侨务办公室、北京师范大学和北京外国语大学的多位学者，围绕铁路华工远赴美国寻梦的动因和艰辛历程、铁路华工与故乡的互动及对故乡的影响、铁路华工研究中存在的问题、铁路华工奋斗精神的宣传和弘扬等主题，进行了角度各异、相得益彰的论述。本书将他们的研究成果呈现给读者，希望借此推动学界对美国铁路华工及其贡献的进一步研究和思考。

让美国铁路华工话题进入公众视野

黄安年

【内容提要】 美国铁路华工研究要有顶层设计，也要管理层面来积极落实。最终目标是进入越来越广阔的以学术研究层面做支柱的公众视野层面。为此，应切实落实相关措施，包括落实侨乡立碑的时间表并确保方案实施；落实铁路华工遗存物的普查和保存；开展大量的田野调查和口述史工作；建立全国性、开放性北美铁路华工网站；组织美国铁路华工足迹考察活动；拍摄文献纪录片；组织铁路华工专题摄影展、讲座活动；创作以铁路华工为题材的文艺作品等；通过档案馆、博物馆、海关寻找铁路华工资料；将华工研究纳入人文社会科研规划选题；等等。

【关键词】 美国社会与文化　铁路华工　道钉精神　公众视野

举办"中美关系的历史、现状和未来——从美国华工谈起"学术研讨会，是件具有学术意义和现实意义的活动，有助于让美国华工尤其美国铁路华工进入学术研究视野。

2017 年 2 月北京华艺出版社出版了笔者编著的《进入公众视野的道钉——从沉默的道钉到沉默道钉的足迹》[①] 一书。该书前言谈了三个问题：为何多年来美国铁路华工没有进入公众视野？为何他们要进入公众视野？怎样让道钉不再沉默、让历史丰碑进入公众视野？书中

---

① 黄安年编著：《进入公众视野的道钉——从沉默的道钉到沉默道钉的足迹》，北京华艺出版社 2017 年版。

指出，在我国，美国铁路华工长期没有进入公众视野，也没有进入主流学术圈，甚至没有进入美国问题研究者的视野，更没有进入学术管理机构决策层的视野。书中谈道，"认识和研究美国历史，我们发现美国的发展离不开外来移民的贡献，其中包括中国移民和华工的历史性奉献，铁路华工促成了美国近代化的完成和迅速崛起为地区大国并走向世界"。"我深切感悟到亟待让150年前沉默的铁路华工道钉们尽快进入公众视野。"① 全书从八个方面说明了让美国铁路华工进入公众视野的理由，认为这是弘扬历史丰碑，振奋中华民族精神的需要。习近平主席在2015年9月下旬访问美国时曾说，"广大旅美侨胞顽强拼搏，艰苦创业，为美国发展繁荣做出了贡献，赢得了美国人民尊重。150年前，数以万计的华工漂洋过海来到美国，参与建设美国太平洋铁路，铺就了通往美国西部的战略大通道，成为旅美侨胞奋斗、进取、奉献精神的丰碑"。② 人是需要精神的，精神的丰碑需要让更多的人们了解和传承。怎样让道钉不再沉默，让历史丰碑进入公众视野？本文将就此问题提出15条建言。

第一条，进入公众视野不能仅靠自下而上的自发行动，而应有主动的顶层设计。有关主管部门负责人要有高度的自觉意识和积极态度。习主席关于参与建设美国太平洋铁路华工"成为旅美侨胞奋斗、进取、奉献精神的丰碑"的讲话，可以被视为让美国铁路华工进入公众视野的顶层设计，应将这一讲话精神落到实处。现在距离2019年5月10日第一条太平洋铁路建成150周年纪念日已不到一年半，还有大量工作需要协力来落实。

第二条，尽快在侨乡为北美铁路华工立碑。多年来，美国侨界和美国朋友先后竖立了多处铁路华工纪念碑，并在上海衡山公园门口立碑。然而迄今为止，在我国尚未见到一座自建的美国铁路华工纪念碑。五邑大学梅伟强教授为此焦虑万分，曾投书江门市委领导，但无济于事。当务之急，是尽快落实在侨乡为铁路华工立碑的时间表和实施方案。

---

① 黄安年编著：《进入公众视野的道钉——从沉默的道钉到沉默道钉的足迹》，第2—3页。

② 《习近平称赞旅美侨胞架起中美友谊合作桥梁》，新华网，2015年9月24日，网址：http://www.xinhuanet.com/politics/2015-09/24/c_ 1116666136.htm。

第三条，对侨乡义冢进行普查，并将遗存文物升级保护规格，积极进行修缮保护，作为教育基地对外开放，在清明节举行公祭活动。这关系到铁路华工遗存物的普查和保存，同样需要社会各界关注，主管部门统筹安排，落实路线图和时间表。①

第四条，组织志愿者、社会工作者及专家三结合团队，开展广泛的田野和社会调查，包括墓地、村落等历史遗存调查；村志、家谱调查；华工

---

① 黄安年：《美国铁路华工和广东侨乡基础性研究》，载袁丁主编《北美华工与近代广东侨乡社会》，广东人民出版社 2016 年版，第 20—41 页；《为中国最早赴北美建设太平洋铁路的沉默的道钉们扫墓》，参见黄安年的博客，网址：http：//blog. sciencenet. cn/home. php？ mod = space&uid = 415&do = blog&id = 430236；申鹏：《保护华侨义冢建议举行公祭》，南都网，网址：http：//epaper. oeeee. com/epaper/M/html/2014 - 04/04/content_ 2273957. htm？ div = - 1；《倡议为建设太平洋铁路的"沉默的道钉"立碑、公祭》，参见黄安年的博客，2013 年 4 月 5 日，网址：http：//blog. sciencenet. cn/home. php？ mod = space&uid = 415&do = blog&id = 677058；黄安年：《再谈倡议为建设太平洋铁路的"沉默的道钉"立碑、公祭》，参见黄安年的博客，2013 年 5 月 1 日，网址：http：//blog. sciencenet. cn/blog - 415 - 685551. html；《重视北美铁路华工墓地研究》，黄安年的博客，2013 年 7 月 15 日，网址：http：//blog. sciencenet. cn/blog - 415 - 708295. html；《维护华侨先人墓地、立碑纪念、举行公祭、开展墓地研究》，参见黄安年的博客，2014 年 4 月 5 日，网址：http：//blog. sciencenet. cn/blog - 415 - 782211. html；《再谈重视美国铁路华工墓地的维护和研究》，参见黄安年的博客，2014 年 5 月 21 日，网址：http：//blog. sciencenet. cn/home. php？ mod = space&uid = 415&do = blog&id = 796324；《美国铁路华工墓地数据目录》，参见黄安年的博客，网址：http：//blog. sciencenet. cn/blog - 415 - 804091. html；《再谈祭典 150 年前美国铁路华工墓碑》，参见黄安年的博客，2015 年 4 月 5 日，网址：http：//blog. sciencenet. cn/blog - 415 - 880044. html；《期望祭典 150 年前美国铁路华工活动迈出决定性的一步》，黄安年的博客，2015 年 4 月 7 日，网址：http：//blog. sciencenet. cn/blog - 415 - 880624. html；《上心建设有形丰碑精心保护华侨"义冢"》，参见黄安年的博客，2015 年 11 月 27 日，网址：http：//blog. sciencenet. cn/blog - 415 - 939149. html；傅健文：《为华侨功绩立碑让"义冢"保护升级》，转自《江门日报》，参见黄安年的博客，2015 年 11 月 23 日，网址：http：//blog. sciencenet. cn/blog - 415 - 937777. html；《从光明日报清明节未见报道祭奠美国铁路华工说起》，参见黄安年的博客，2016 年 4 月 7 日，网址：http：//blog. sciencenet. cn/blog - 415 - 968347. html；《重提美国铁路华工义冢的普查和保护》，参见黄安年的博客，2017 年 3 月 5 日，网址：http：//blog. sciencenet. cn/blog - 415 - 1037576. html；《江门侨乡公祭含疑似美国铁路华工遗骸的华侨义冢》，参见黄安年的博客，2017 年 4 月 3 日，网址：http：//blog. sciencenet. cn/blog - 415 - 1043314. html；《从江门清明公祭华侨义冢说起》，参见黄安年的博客，2017 年 4 月 4 日，网址：http：//blog. sciencenet. cn/blog - 415 - 1043479. html；《再谈中央主流媒体清明节未见报导祭奠美国铁路华工》，参见黄安年的博客，2016 年 4 月 8 日，网址：http：//blog. sciencenet. cn/blog - 415 - 1047508. html；《再谈美中合作揭开拉夫洛克华工墓地的神秘面纱》，参见黄安年的博客，2017 年 5 月 8 日，网址：http：//blog. sciencenet. cn/blog - 415 - 1053568. html。

后裔口述史调查等。无论是太平洋铁路建设沿线调查,还是铁路华工墓地和华工遗骸田野调查,抑或是在美国的铁路华工工地和中国侨乡的华工村落遗址、遗物、遗存调查,以及铁路华工的村志、村史、家谱普查和华工后裔口述调查,都需要主管部门的设计、规划、组织和协调,需要志愿者和史学工作者的参与。在这方面,与我合作撰写《沉默道钉的足迹——纪念华工建设美国铁路》一书的志愿者李炬先生已经走在前面,成为探寻美国铁路华工足迹的楷模。他并非历史学家和美国史研究者,但是他对这段历史的探寻非常执着,从 2010 年至 2017 年,六次重走当年华工的建设之路。他的美国铁路华工历史摄影作品已经享誉美国和中国影像界,他为弘扬铁路华工的沉默道钉精神所付出的努力是一些历史学者远不能及的,值得美国史研究者学习和借鉴。

对铁路华工后裔开展口述史采访和调查,在当前具有抢救遗产的紧迫性。举例来说,我认识铁路华工后裔丁品老人是几十年前的事情,当时并不知道她是当年在加州修建铁路的伐木工尹华的儿媳妇,等到获悉她是铁路华工后裔时,年过百岁的老人已经难以用语言表述了。[①]目前在美国,知道当年建设第一条美国太平洋铁路的华工情况者已不足百余人,在中国侨乡知之者更少,所以,亟须加强对美国铁路华工后裔的系统性了解和口述史的采访、整理和出版工作。[②]

方志、村史、家谱、家书研究,是我国历史研究的一个平台,系统收集和研究方志、村史、家谱、家书,同时与在美铁路华工的遗存与口述流

---

① 黄安年、李炬:《沉默道钉的足迹——纪念华工建设美国铁路》,中国铁道出版社 2015 年版,第 183 页。

② 《呼吁抢救北美铁路华工口述遗存》,参见黄安年的博客,2013 年 7 月 11 日,网址:ht-tp://blog. sciencenet. cn/blog – 415 – 707065. html;《关于开展北美华工铁路后裔口述史调查的建议》,黄安年的博客,2013 年 7 月 21 日,网址:http://blog. sciencenet. cn/blog – 415 – 709907. html;《切实做好美国铁路华工及其后裔身份的认定工作》,参见黄安年的博客,2017 年 5 月 11 日,网址:http://blog. sciencenet. cn/blog – 415 – 1054259. html。

传故事联系起来，将有助于铁路华工研究中某些难点、疑点和重点的突破。①

第五条，发挥网络优势，建立全国性、开放性的中英文北美铁路华工网站，联结有影响的铁路华工机构和研究单位，逐步建立全国性的资料库。在铁路华工网站的建设方面，美国领先于中国。在我国建立全国性、开放性的中英文北美铁路华工网站虽然呼吁已久，但如今依然令人望网兴叹。没有专门的美国铁路华工网站，在信息化和网络时代要推动铁路华工话题进入广大公众的视野，是难以实现的。同时，没有雄厚的学术和资金的投入，也难以建设和维持这样的学术性、开放性的网站。②

第六条，组织专家和电视台进行深度合作，拍摄高质量的文献纪录片。

目前已见几部涉及美国铁路华工的纪录片，但均不甚理想，在尊重知识产权、研究和吸收专家的研究成果、尽可能复原和接近历史真实等方面都有待加强。令人高兴的是，有报道称北京尼森影视文化传播有限公司与美国国际经典通信公司（International Classic Communications Inc）即将合作拍摄纪录片《道钉的记忆》。有关华工修建太平洋铁路的这段历史，已

---

① 《重视方志中的北美铁路华工研究——兼谈北师大图书馆馆藏古籍方志书目数据库》，参见黄安年的博客，2013年9月28日，网址：http：//blog. sciencenet. cn/blog－415－728461. html；《重视侨刊乡讯研究》，黄安年的博客，2014年4月24日，网址：http：//blog. sciencenet. cn/blog－415－788201. html；《在北师大特藏室浏览各类馆藏稀见地方志丛刊》，参见黄安年的博客，2014年7月4日，网址：http：//blog. sciencenet. cn/home. php？ mod ＝space&uid ＝415&do ＝blog&id ＝809060；《重视探寻美国中央太平洋铁路华工中族谱研究》，参见黄安年的博客，2014年9月13日，网址：http：//blog. sciencenet. cn/blog－415－827580. html；《家谱研究和美国铁路华工》，参见黄安年的博客，2016年6月19日，网址：http：//blog. sciencenet. cn/blog－415－985569. html；《也谈铁路华工在美国寻根》，参见黄安年的博客，网址：http：//blog. sciencenet. cn/blog－415－839700. html；《探寻美国铁路华工中"侨批"档》，参见黄安年的博客，2014年6月18日，网址：http：//blog. sciencenet. cn/blog－415－804259. html。
② 《斯坦福大学北美铁路华工项目网站启动》，参见黄安年的博客，2013年6月19日，网址：http：//blog. sciencenet. cn/blog－415－700851. html；《再谈认真借鉴美国中央太平洋铁路历史图片博物馆网站》，参见黄安年的博客，2013年7月22日，网址：http：//blog. sciencenet. cn/blog－415－710314. html；《推荐浏览美国中央太平洋铁路历史图片博物馆网站页面》，参见黄安年的博客，2013年7月22日，网址：http：//blog. sciencenet. cn/blog－415－710317. html；《倡议筹建中国北美铁路华工网站》，参见黄安年的博客，2013年7月23日，网址：http：//blog. sciencenet. cn/blog－415－710609. html；《重提倡议筹建中国北美铁路华工网站》，参见黄安年的博客，2017年5月4日，网址：http：//blog. sciencenet. cn/blog－415－1052782. html。

经被中、美两国多次搬上银幕，也有很多相关的著述，但纪录片《道钉的记忆》将以全新的方式和视角来拍摄。这部纪录片的蓝本是中国著名摄影师李炬与笔者共同发表的著作《沉默道钉的足迹——纪念华工建设美国铁路》。制片人沈群介绍说，李炬曾六次沿太平洋铁路拍摄，特别是根据当年太平洋铁路官方摄影师阿尔弗雷德·哈特拍摄的照片，到现场进行复拍。李炬根据哈特的照片寻找到当时拍摄的现场，并尽量从哈特拍摄的角度来进行拍摄，拍摄的位置是按经纬度确定的。纪录片通过运用历史影像学的手法，让李炬在每幅照片的拍摄现场与哈特进行时空与心灵的对话，由哈特回答当年为什么选择这个场景拍摄来还原当时的历史，让历史与现实形成强烈的对比。期待这部纪录片能够在 2019 年 5 月前搬上银幕。

第七条，广泛组织美国铁路华工专题摄影展、讲座等活动。

近年来，以美国铁路华工为主题的摄影展先后在美国斯坦福大学和加利福尼亚州、犹他州等地以及北京的中国华侨历史博物馆展出，这些影展对于推动美国铁路华工话题进入公众视野起到了积极作用。在 2017 年 9 月 5 日于中国华侨历史博物馆举办的《跨域时空的回响——纪念 150 年前美国铁路建设中的华工》开幕式上，笔者曾作如下发言："通过展品让已经沉默了一个半世纪之久的美国铁路华工话题走向公众视野，是一件值得庆贺的大喜事。据我了解，这是一次高水平的集中反映华工参与建设美国第一条太平洋铁路、推动美国近代崛起伟大工程的影展。之所以说它是高水平，是由于：第一，影展依托的学术含量高。依据我数十年来对于美国铁路华工的关注和研究，影展作品言之有据，不仅反映了我国国内在此领域的研究水平，也不亚于美国当今学术界的研究水准。美国的主要研究成果在展品中有反映，美国没有注意到的课题在展品中也有体现。同时展品严格遵守知识产权保护的原则，具有我国自主的知识产权，这也是十分难能可贵的。第二，展品具有很高的摄影水准。绝大多数在美国拍的照片都是我国著名历史摄影李炬先生亲历现场拍摄或提供的，特别是其中华工建设中央太平洋铁路沿线进程今昔对比的照片，既借鉴了当年中央太平洋铁路公司专职摄影师哈特的珍贵历史照片，又借助定位系统在一个半世纪后尽可能复原当年场景并反映当今情景，这一点可谓举世无双。第三，展出的作品是摄影者多次成果的展示，李炬先生自 2012 年至今六去中央太平洋铁路沿线考察、摄影，影展包含着他经历的巨大艰辛和风险，没有他的敬业和奉献，不可能有今天这样真实画面的再现。"①我们有理由期望通过可复制的影展的方式，让美国和中国的更多受众了解150年前被尘封的美国铁路华工的事迹。

第八条，文艺工作者积极创作以美国铁路华工为题材的小说、影视作品、雕塑、绘画、烧瓷等艺术作品。

以美国铁路华工为主题的电影《铁马金山》的总制片人杨华沙（Lisa Yang）告诉笔者，这部有好莱坞明星和导演加盟的影片即将开拍，并将于2019年5月前上演。②一些著名画家则将在深入美国铁路华工建设沿线体验生活和了解相关研究成果之后，着手创作大型系列画作，③希望有更多的画家运用多种绘画形式反映美国铁路华工们创造的辉煌业绩。有关铁路华工的主题系列雕塑也已问世。④中国有着悠久的陶瓷工艺历史，运用陶瓷盘等艺术形式来创作美国铁路华工的壮举，有着广阔的发展空间。艺术家还可以通过泥塑、剪纸等艺术形式来弘扬"沉默道钉"的风采和精神。⑤

第九条，由银行和邮局发行纪念币和纪念邮票。

已知美国将发行相关纪念邮票，中国是否发行还是未知数。几年前在

① 《让高水平的美国铁路华工展走向公众视野》，在《纪念150年前美国铁路华工建设中的华工》展开幕式上的发言，参见黄安年的博客，2017年9月5日，网址：http://blog.sciencenet.cn/blog-415-1074391.html。

② 《和参加美国铁路华工展的美国代表合影》，参见黄安年的博客，2017年9月5日，网址：http://blog.sciencenet.cn/blog-415-1074407.html；《就"美将拍第一代华工修路史影片"答网友》，参见黄安年的博客，2015年4月8日，网址：http://blog.sciencenet.cn/home.php?do=blog&id=880696&mod=space&uid=415。

③ 《和赵准旺、李炬合影于中国华侨历史博物馆》，参见黄安年的博客，2017年9月14日，网址：http://blog.sciencenet.cn/blog-415-1075847.html。

④ 杨学军：《美国太平洋铁路，〈开路先锋〉华工雕塑纪念碑设计》，参见黄安年的博客，2014年5月14日，网址：http://blog.sciencenet.cn/blog-415-794417.html；著名雕塑家杨学军为美国铁路华工雕塑《开路先锋》（照片），参见黄安年的博客，2014年6月20日，网址：http://blog.sciencenet.cn/blog-415-805088.html；《杨学军歌颂铁路华工〈开路先锋〉系列组塑（照片13幅）》，黄安年的博客，2014年12月7日，网址：http://blog.sciencenet.cn/blog-415-849037.html。

⑤ 《推动艺术创作让沉默道钉进入公众视野》，参见黄安年的博客，2017年3月6日，网址：http://blog.sciencenet.cn/blog-415-1037746.html；《建议创作纪念美国铁路华工150周年瓷盘》，参见黄安年的博客，2017年9月14日，网址：http://blog.sciencenet.cn/blog-415-1075860.html。

北京大观园举行金陵十二钗瓷盘首发式时，笔者曾向中国邮票总公司某主管建议组织发行美国铁路华工纪念邮票，他当即表示这个建议很好，将研究组织力量予以实施，然而迄今未见下文。在 2019 年 5 月前会否发行纪念邮票和纪念币尚不清晰。

第十条，相关档案馆、博物馆、海关组织力量寻找美国铁路华工的资料。

这是一项需要有关部门协调组织实施的系统工程。系统摸清家底并且加以整理本身，就是一件需要几年时间才能实现的工程。尤其是海关基础资料的询查很重要，有了这些系统性、基础性资料，将有利于清晰地了解铁路华工何时、从何地、有多少人来到美国，又有多少人返回国内。

第十一条，将美国铁路华工研究纳入人文社会科学研究规划选题和博士研究生学位论文推荐选题，推动专家学者和博士生开展深度研究。

在量化和立项学术为主轴的大环境下，没有立项规划难以让美国铁路华工研究进入主渠道。到目前为止，尚未看到美国铁路华工课题被列入各项人文社会科学研究规划，也尚未看到相关学术研究机构和高等院校重点关注这一研究课题。希望这一情况能够尽快得到改善。[①]

第十二条，组织力量翻译出版《沉默道钉的足迹》等中文著作的英译版，让英语世界的读者了解中国学者的研究成果，推动中美对美国铁路华工的合作研究。

美国有关铁路华工的著作多半反映的是美国学者的研究成果。随着 2006 年新版和 2017 年修订版的《沉默的道钉》一书的英文版面世，开始引发美国学者对于中国学者在这一领域的研究成果的关注。2015 年 9 月出版的笔者和李炬合著的《沉默道钉的足迹》一书反映了我国学者在这一领域的最新研究成果，许多美国学者期望尽快出版该书的英文版。美国

---

① 《华工修筑中央太平洋铁路研究项目申报难》，参见黄安年的博客，2012 年 12 月 21 日，网址：http：//blog. sciencenet. cn/blog － 415 － 644830. html；《北美华工铁路研究需加强规划指导》，参见黄安年的博客，2013 年 7 月 11 日，网址：http：//blog. sciencenet. cn/blog － 415 － 707363. html；《寄希望于北美铁路华工基础资料项目研究纳入首部〈广东华侨史〉专项计划》，参见黄安年的博客，2013 年 7 月 15 日，网址：http：//blog. sciencenet. cn/home. php？mod＝space&uid＝415&do＝blog&quickforward＝1&id＝708218；《再谈华工修筑中央太平洋铁路研究项目申报难》，参见黄安年的博客，2013 年 8 月 5 日，网址：http：//blog. sciencenet. cn/blog － 415 － 714345. html；《美国铁路华工研究和国家社科研究规划——脱节的问题在哪里？》，参见黄安年的博客，2016 年 1 月 11 日发布，网址：http：//blog. sciencenet. cn/blog － 415 － 949676. html。

俄亥俄莱特大学历史系教授袁清（Tsing YUAN）在一篇文章中提出，"应尽快出英文版，以便更多的美国人能够了解美国铁路华工对美国的贡献"。①一些美国学者和出版机构对此书表现出浓厚的兴趣，并期望中国学者的相关著作尽快以英文版面世，这是令人可喜的。②

第十三条，联合在美国的华人华侨社团，定点、定人、定事地进行美国铁路华工研究。美国铁路华工主要来自广东五邑侨乡，在美国加州、内华达州、犹他州铁路建设沿线工作和生活。探寻美国铁路华工研究中的许多疑点、难点、重点问题，需要美中双方合作开展研究，甚至纳入美中文化合作与交流的一揽子目录中。③

第十四条，组织专门力量，争取和美国协力将华工建设太平洋铁路的遗址申报为联合国物质文化遗产，让人们永远记住华工参与建设的这项19世纪的伟大工程。

第十五条，将美国铁路华工事迹写入美中两国的历史教材中。在涉及美中交流史的历史教材中，记载了1784年皇后号商船来华进行平等贸易、1872—1878年中国幼童赴美接受教育、中美合作反对日本法西斯暴行等事件，反映了商业贸易、经济建设、教育文化、国防合作等领域的美中合作，但几乎没有提到美国铁路华工。应该让美国和中国的青少年了解这段历史。④

---

① 袁清：《愿"沉默的道钉"尽快出英文版》，载黄安年编《进入公众视野的道钉——从沉默的道钉到沉默道钉的足迹》，华艺出版社2017年版，第6—10页。
② 《和翁心龙博士合影》，参见黄安年的博客，2017年9月21日，网址：http://blog. sciencenet. cn/blog－415－1077132. html。
③ 《建设北美铁路华工研究工程需要协调努力》，参见黄安年的博客，2013年7月11日，网址：http://blog. sciencenet. cn/blog－415－707079. html；《再提北美华工铁路建设项目研究的力量整合》，参见黄安年的博客，2014年3月9日，网址：http://blog. sciencenet. cn/home. php? mod＝space&uid＝415&do＝blog&id＝774365；《协同研究突破铁路华工家谱研究中的难点和疑点》，参见黄安年的博客，2017年3月9日，网址：http://blog. sciencenet. cn/blog－415－1038391. html。
④ 赵杨、金强文：《铁路华工故事应更多写入美教科书》，《南方日报》网站，网址：http://epaper. southcn. com/nfdaily/html/2014－05/14/content_ 7303689. htm；《美国铁路华工的事迹应该写入中美两国中小学历史教材》，参见黄安年的博客，2014年5月15日，网址：http://blog. sciencenet. cn/blog－415－794542. html；《将华工建设太平洋铁路事迹列入中学历史教材》，参见黄安年的博客，2017年3月8日，网址：http://blog. sciencenet. cn/blog－415－1038151. html；《让美国铁路华工沉默道钉事迹尽快写入中学教材》，参见黄安年的博客，2017年9月9日，网址：http://blog. sciencenet. cn/blog－415－1075069. html。

　　美国铁路华工研究在美国史研究中是小众课题，但却是不可忽视的。美国铁路华工研究具有开放性和可持续性，无论在基础研究还是实用探寻方面，均有巨大的探索空间。这件事情需要大家一起来做，一起为国家、为华裔社会、为铁路华工家族、为厘清被封存了一个半世纪之久的历史真相、为还原曾为中美文化和建设交流作出历史贡献的"沉默道钉"们的真相而继续努力。从事"沉默道钉"的研究，就需要具有道钉精神。在结束本文时，请允许笔者向以道钉精神坚持在美国铁路华工研究第一线的广东侨乡欧济霖老人（已故）、梅伟强先生以及张国雄教授率领的研究团队致敬！

（黄安年：北京师范大学历史学院教授）

美国铁路华工的追梦、圆梦

——基于侨乡视角的考察①

张国雄　姚　婷

【内容提要】本文主要依据侨乡新近发现的各种文献、文物，从侨乡的角度，考察淘金华工、铁路华工去美国追逐梦想的动因和移民机制，初步分析了华工出洋的成本与收益，详细讨论了他们梦想的内涵，他们带给家庭、家族、家乡的各种层面的变化，他们为实现梦想所付出的血汗乃至生命。美国淘金华工、铁路华工生活在现实环境和精神家园两个世界之中，他们不仅是美国西部开发和美国工业化进程的直接参与者、推动者、见证者和贡献者，也是侨乡社会转型进步这一"侨乡梦"的参与者、推动者、见证者和贡献者。

【关键词】美国社会与文化　中美关系史　铁路华工　侨乡

华工参与美国横贯大陆铁路的建设，对这条战略大通道的建成通车所做的历史性巨大贡献，长期以来是美国学术界研究的课题。中国学术界对华工跨国参与美国横贯大陆铁路建设的关注，更多的是从 20 世纪 70 年代后期才展开的，主要集中在华侨史研究和世界史（尤其是美国史）研究的领域。中外学术界对华工研究的时间起点虽然有所不同，但是其侧重点

---

①　本文为广东省社科基金特别委托项目"广东侨乡的形成与发展"（GD13TW01 – 2）的阶段性成果。

比较一致，就是集中在美国，而且主要分析这样一个国际劳工群体参与铁路建设的前因、过程与影响，这方面中美的学术成果十分丰富。同时，我们还注意到，在资料的使用方面，中美学术界也有一个共同点，即比较多地使用了美国方面保留的官方、媒体和民间资料。70 年代之后，因中国学者的参与，学术界将铁路华工研究资料使用的视野延伸到了中国官方和铁路华工的家乡。在使用铁路华工家乡也就是中国学者俗称的"侨乡"的资料时，研究的视角依然没有脱离以美国为主的传统学术逻辑，"侨乡"只是一个背景。对侨乡的着墨比较多地集中在华工出洋的原因分析上，即便是这些分析也比较宏观，并不深入，主要是介绍重大历史事件的影响。

按照国际移民的理论，铁路华工的贡献绝不止于迁入地美国，对他们的迁出地——"侨乡"也必然产生重大影响。从学术上讲，仅有对美国方面的考察，我们以为是不足的。多年来，我们在铁路华工的家乡展开调查研究，思维的逻辑是将美国作为一个"背景"，考察这样一个国际劳工群体对侨乡的社会发展、文化进步的贡献。这就是本文的立意所在，这一论题不仅有学术价值，而且有现实的启发意义。

本文分析立论的资料主要来自侨乡，在全面介绍这些与铁路华工相关的侨乡文献的同时，集中讨论铁路华工跨洋迁移的动力机制、机会成本、带给华侨家庭带给侨乡社会的各种影响等问题，希望从中了解铁路华工历史贡献的另外一个重要的方面，以形成我们对这个伟大的国际劳工群体的整体认识，以就教于国内外中美关系史研究领域的专家学者们，祈不吝赐教，以帮助我们深化侨乡视角下的美国铁路华工研究。

一　研究方法与资料

150 多年前到美国参加横贯大陆铁路建设的华工，主要来自广东的珠江三角洲地区，本文将目光集中在这个群体中最主要的人群，也就是珠江三角洲地区的台山、开平、新会、恩平的华工。选择他们作为分析对象，是因为这个人群在美国铁路华工中规模最大，最具有代表性。①当年受铁路公司委托回到中国广东来招募铁路华工的代理人，也主要来自这个地区。

美国横贯大陆铁路的建设从动工到通车历时七年（1863—1869），本文对铁路华工分析的时限将上下延伸，从19世纪50年代到20世纪前期。之所以做这样的选择，主要有三点考虑：一是美国铁路华工的产生与之前50年代的淘金华工有天然的联系。对华工来讲，淘金还是修铁路只不过是工作的不同，虽然后来铁路华工直接从侨乡招募，但是早期的很多铁路华工是从淘金华工转化而来的。二是横贯大陆铁路通车后，铁路华工又转战美国西部的南北太平洋铁路建设工地并投入加州的农业开发之中，成为主要的劳工力量，为美国西部铁路网的形成和农业发展，同样做出了不可磨灭的贡献。三是从铁路华工的家乡来看，他们对侨乡的影响一直延续到20世纪前期，其标志就是五邑侨乡新宁铁路的建设，发起和主持新宁铁路建设的标志性人物陈宜禧就是当年的铁路华工。

五邑大学广东侨乡文化研究中心从2001年就开始参与江门五邑华侨华人博物馆建设，我们努力从征集的文物和遗存中去考察美国铁路华工在侨乡的印记。积累多年，渐有收获。同时，我们还加强了对铁路华工村落的田野调查，尤其在台山侨乡挖掘出不少与铁路华工相关的新资料，较大地丰富了铁路华工研究的侨乡学术资源。②经过多年的努力，目前我们对铁路华工的研究，形成了如下主要的资料构成：①侨乡文献；②侨乡文物；③铁路华工遗物；④侨乡遗产；⑤侨乡口述记录。本文即依据这些侨乡资料与中外官方文献，考察铁路华工赴美前的侨乡状况和赴美后个人命运以及侨乡社会的改变。

①　梁启超的《新大陆游记》附录《记华工禁约》之"旅美华人人数统计"这样记载道："清朝光绪元年、二年间，全美有华人不下30余万，其中新宁一县（即台山）已有17万人在美。"直到20世纪80年代初，台山人仍然是美国华侨华人中占比最大的人群，唐人街流行的是台山话。在美国和加拿大传统的华侨华人社区，台山人至今依然有很大的影响。

②　在我们进行铁路华工侨乡村落调查和文物、遗产挖掘过程中，还有五邑大学广东侨乡文化研究中心的刘进博士、谭金花博士、石坚平博士等参与了工作，尤其是刘进博士整理的田野调查资料对本文的撰写帮助很大，特此表示感谢。

二　铁路华工的梦想

铁路华工是一群为改变自己的境遇，为家庭为亲人创造更好的生活条件，怀揣梦想的追梦人。

（一）产生梦想的动力机制

根据移民的理论，产生长时期、远距离、大规模移民运动的动力源，不外内生动力和外部动力两个方面，内生动力被称为"推力"，外部动力被称为"拉力"。中国东南沿海最迟从宋代以来就是传统的移民输出地，出洋谋生成了习惯，在19世纪50年代之前，五邑侨乡男人们出洋的方向是到东南亚地区，这一时期的向外走，内生的推力无疑发挥了最大的作用。19世纪40年代末50年代初，美国、澳大利亚、加拿大陆续发现金矿，对五邑侨乡期待出洋的男人和他们的家庭来讲，在内生动力依然强劲的同时，外部的拉力转变强劲，大到了让当地的男人们愿意放弃传统的东南亚移民方向，冒横渡太平洋之险，去到自然环境、族群、文化、宗教、生活习俗都很不相同的陌生国度打拼。这是机会成本大过风险的选择结果。

19世纪中期是中国人口增长非常迅速的阶段，因而耕地不足、粮食生产不能养活当地人的矛盾，在地处沿海、耕地资源少的广东五邑侨乡表现得相当突出。以新会为例，清朝道光年间（1820—1850）当地人口增长到60万，光绪年间（1871—1908）人口上升到80万，但是耕地的开辟跟不上人口增长的速度，"计每口得田不足一亩。一亩之人，岁以谷三百斤为率，是每口仅得半年之食"。[1] 在开平，同样是"地不足以容人"，所谓"迩来地狭人稠，所谓天然物产者，既不足以赡其身家"。[2]光绪年间，

---

[1] 《光绪新会乡土志》卷九·实业。

[2] 参见《宣统开平县乡土志·户口》。另外，《民国开平县志·经政略》也对比了宣统年间与嘉庆年间人口的变化："已增八倍有奇矣。版图依旧，生齿日繁，国内实业未兴，贫民生计日蹙，以致远涉重洋者日重。"这种状况在清朝光绪年间的广东依然是普遍的现象。光绪十四年（1888），张之洞在《奏寓美华商请立新约以维生计折》中就提到，"臣等查广东人满为患，无业游民，皆恃出洋为谋生之路"。转引自陈翰笙主编《华工出国史料汇编》（第1辑），中华书局1984年版，第1378页。

开平的粮食产量只能满足当地人四个月的需求。①

　　在粮食生产总供给与总需求严重失衡的情况下，土地占有的不平均，更加深了这方面的矛盾。清朝后期，五邑侨乡的土地占有状况是，占总户数5%的地主占有60%—70%的田地，而占总户数60%的贫雇农只占有9%的田地。②开平县塘口镇潭溪乡山塘村有29户人家，世代佃耕地主田地，每年收割上缴佃租和捐税后所剩无几。其中，经济条件稍好的五户人家每天也只能靠稀粥和米饭掺杂度日，另外24户人家则全部靠杂粮野菜和稀粥勉强维持生计。③出洋当铁路华工最多的台山县"全邑田亩，既不敷邑人之受耕，而全邑田亩之所产，又不足供全邑半年之粮需"。台山民众所面临的生存压力之沉重，"地方凋瘵之弊"之惨重，在19世纪50年代中期可以推想。④

　　同时，清朝咸丰至同治年间席卷大半个中国的太平天国运动（1851—1864）波及五邑侨乡，地方文献称为"红匪"；同期叠加在五邑侨乡的是持续12年（1855—1867）的土客械斗，台山、开平、新会、恩平、鹤山全境爆发了客家人与当地人之间的激烈冲突，地方文献称为"客匪"。⑤刘平先生对这场亲痛仇快的12年械斗所造成的土客族群家庭破产、经济社会凋败，有深入细致的分析。⑥两场长期社会动荡的叠加，带给五邑侨乡本来就食不果腹的民众的社会后果，正如《光绪新宁县志·舆地略》所记录的："自红匪、客匪构乱后，适洋务大兴，壮者辄走外国，四野芜积。"

　　到19世纪50年代中期，一些在美国发了财的乡亲带回了不同于东南亚发展的消息，到太平洋东岸的美国去淘金可以挣更多的钱，他们衣锦还

---

　　① 《开平县粮食志》第三章，1989年内部刊印本。

　　② 同上。

　　③ 刘华：《从开平侨乡社会的形成看华侨爱国爱乡的光荣传统》，载《开平文史》（第10辑），1985年内部刊印本。

　　④ 《再告广海自治体各职员（续二十四期）》，《新宁杂志》1911年第25期。

　　⑤ 清朝康熙至雍正年间，珠江三角洲东岸的客家人被政府有组织地大量迁移到西岸。为了安置这些外来的客家人，雍正十年（1732）专门从新会县分设出鹤山县。台山、开平、新会、恩平也接受了不少客家移民。土著和客家共同开发着五邑侨乡，也共同承受着土地资源紧张带来的生存压力，以致后来因为争夺生存空间而爆发冲突。

　　⑥ 刘平：《被遗忘的战争：咸丰同治年间广东土客大械斗研究》，商务印书馆2003年版。

乡就是榜样的示范,① 这为热望找到更好出路的同乡人打开了一扇新的窗户。美国当代历史学家贡特·巴特(Gunther Barth)撰写的《"苦力":1850—1870 美国华工史》一书的第三章"中国人的到来"就提到,传播信息的有旅居加利福尼亚的中国人寄回来的家信,还有归国移民回忆在金山获得成功的报告,也有各个船运公司发布的到远方去发财致富的谣言,以及赞成和反对移民出国的印刷品、公开信。② 在五邑侨乡传播美国需要劳工信息的还有专门回来招聘劳工的公司代理人,他们将劳工信息转变成具体的有组织的移民行动,台山县大江镇水楼乡的李天沛、李天宽、李祈祐叔侄三人就是这样的"报喜鸟"。李天沛三人回到台山为铁路公司招募劳工,直接改变了本族、同乡乃至台山、开平等地很多青壮年和很多家庭的命运。

这些都形成了强劲的外来拉力,"家里贫穷去亚湾(古巴哈瓦那),为求出路走金山",从此成为五邑乡村的口头禅。③ 19 世纪 50 年代中期之后,五邑侨乡移民的主流转向了美国、加拿大、澳大利亚,传统的东南亚方向被称为"穷州府",美国、加拿大则成为他们心目中的"金山"。称

---

① 根据贡特·巴特的《"苦力":1850—1870 美国华工史》(彭家礼摘译)(英文原著是:Gunther Barth, *Bitter Strength: A History of the Chinese in the United States*, 1850–1870, Cambridge, Massachusetts: Harvard University Press, 1964) 第三章引用的广州金记商行的报告,1852 年年初有 65 名男子和 1 名妇女离开美国回到家乡,这些单身汉大部分是一两年前带着几袋茶叶或大米去到美国旧金山的,由于勤勉、节约、兢兢业业,他们都赚了钱,有些还积累了财产。他们回到家乡后,为美国这个黄金国土说好话,必将有更多的中国人前往美国去试试他们的财运。贡特·巴特的书的内容转引自陈翰笙主编《华工出国史料汇编》(第 7 辑),中华书局 1984 年版,第 95 页。

② 转引自陈翰笙主编《华工出国史料汇编》(第 7 辑),第 97 页。刘伯骥《美国华侨史》一书的第二章第四节史具体地记录了香港代埋外国船务的公司经理人到广州和五邑侨乡散发的招工传单如下:"美国人是非常富裕民族,彼等需要华人前往,极表欢迎。彼处有丰厚工资,大量上等房舍、食物与衣着。你可随时寄信或汇款于亲友,我等可负责传递与驳汇,稳当无误。此是一个文明国家,并无大清官吏和官兵;全体一视同仁,巨神不必细民为大。现在有许多中国人,已在彼处谋生,自非一陌生之地。在彼处秉祀中国神祈,本公司亦设有代办。你无须畏惧,会逢幸运,有志者请莅临香港或广州本公司接洽,当竭诚指引进行。美国金钱极丰富而有盈余,如欲赚取工资及保障工作,可向本公司申请,便得保证。"参见刘伯骥《美国华侨史》,(台北)黎明文化事业公司 1982 年版。

③ 刘重民编著:《台山华侨沧桑录》,台山华侨历史学会,1994 年内部刊印本,第 33 页。刘重民先生是台山当地的文史学者,长期在侨乡挖掘整理华侨史料。

谓的对比，揭示了外部动力源的转变和吸引力的强烈反差。①

（二）朴实的梦想内涵

养家糊口是青壮年男人出洋打拼最质朴的初始愿望，这种普遍的社会心理通过侨乡儿歌等形式得到强化和揭示。

> 燕雀喜，
> 贺新年；
> 爹爹去金山赚钱，
> 赚得金银成万两，
> 返来起屋兼买田。②

从淘金的时候开始，五邑侨乡走出去挣钱的青壮年大多出自贫困家庭，③ 到美国去可以有很好收获的预期带给他们希望。1876 年至 1880 年任美国驻华公使的乔治·F. 西华（George F. Seward）所著《美国的中国移民：论它的社会和经济方面》一书引述了 1879 年年初国会两院辩论限制中国移民入境的记录，堪萨斯州的哈斯克尔众议员说，在中国，劳动力的价格是每天壹角，而在美国则每天至少 1 美元，这对中国劳工来讲是"一个经常存在而且十分有力的诱惑，会把他们大批吸引到这里"。④ 光绪十四年（1888）《不具名者为沥陈美禁华人苛例致总署函》也记载称

---

① 北美比其他地区更容易赚钱，不仅是五邑侨乡民间的认识，到 19 世纪 80 年代清朝政府高官的涉外言论中对此也多有反映。光绪十四年（1888）六月十二日的《粤督张之洞等奏寓美华商请立新约以维生计折》就称"金山觅利较易"。1888 年《不具名者为沥陈美禁华人苛例致总署函》也历数南洋、南美、俄罗斯等地的华人"工价不过比中国略昂，谋生亦比中国略易，较之旧金山及新金山则实远逊"。转引自陈翰笙主编《华工出国史料汇编》（第 1 辑），第 1377 页、第 1397 页。

② 陈元柱：《台山歌谣》，国立中山大学语言历史学研究所，1929 年刊印本，第 74 页、第 55 页。

③ 据丁韪良的《旧金山记》记载，"往者多属贫民，积金入囊，辄动归思，无意久居。若饶余华人，更弗肯冒险远涉也"。转引自陈翰笙主编《华工出国史料汇编》（第 7 辑），第 49 页。

④ 转引自陈翰笙主编《华工出国史料汇编》（第 7 辑），第 71 页。

"（美国）各行工价较之中国高至十倍"，①似印证了哈斯克尔众议员的说法。西华自己也有一个数据，他说在中国，一个普通劳工每月所得工资一般是 6 美元，每个工人无论怎样节俭，一个月最多只能储蓄 1 美元。② 如果哈斯克和西华等人的记录无误，那么淘金华工和铁路华工在美国的月收入确实能够让他们经过一段时间的努力有积蓄汇回家中。

　　19 世纪五六十年代去美国的船票是 50 美元，返程是 20 美元，③ 路途上的其他开销是 10—20 美元。乔治·F. 西华的分析是，"就我所查访到的实际情形而论，从中国口岸，比如广州直赴旧金山的船票现在约为 50 美元上下。如果把出洋的其他必需费用都计算在内，总数约达 60 美元。如果从香港上船出发，花费还要多一些"。④美国学者柯立奇（M. R. Collidge）的《中国移民》⑤一书的第三章对铁路华工旅途消费的数额和借款偿还的方式、时间有这样的记载：

　　太平洋铁路公司为了在国会规定的期限内完成筑路工程，急需大批劳动力，但是不论他们出多少钱都不可能雇到足够的白人。最后该公司只得派一名代理人到中国去招募华工。他们一共招募了数千人，并为每人预先付清旅费及其他费用。每名华工都在一张 75 美元的即期汇票上签了字，由其在中国的亲友担保，从每月 35 美元的工资中分七个月扣还。这笔款

---

　　① 转引自陈翰笙主编《华工出国史料汇编》（第 1 辑），第 1395 页。梁启超的《新大陆游记》之"记华工禁约"一节中也对比了当时中国与美国的劳工收入差距："吾东方产业之萎靡，工价低廉，以与彼宝藏新辟需工若渴之地相较，则吾民趋之，若水赴壑，亦固其所。"转引自陈翰笙主编《华工出国史料汇编》（第 7 辑），第 27 页。

　　② 陈翰笙主编：《华工出国史料汇编》（第 7 辑），第 71 页、第 73 页。

　　③ 关于 19 世纪 50 年代华工赴美的船资具体是多少，有 40 美元、50 美元两种不同的说法。乔治·F. 西华的《美国的中国移民：论它的社会和经济方面》（陈泽宪译）（纽约，1801 年山版，出版社不详）一书中引述哈斯克尔众议员的说法是 40 美元。贡特·巴特前引书中也有"到旧金山的船资，按最低估计为每人 40 元，回程为 20 元"的记载。不过，这两位美国学者都持 50 美元说。比如贡特·巴特引述 1852 年 3 月美国驻华特使伯驾给曾任国务卿的丹尼尔·韦伯斯特的报告中称："现在，一个中国人的运费为 50 元。"他同时还引述了加利福尼亚两家报纸的报道，认为每人 50 元是平均数。以上材料均转引自陈翰笙主编《华工出国史料汇编》（第 7 辑），中华书局 1984 年版，第 71 页、第 73 页、第 93 页。

　　④ 转引自陈翰笙主编《华工出国史料汇编》（第 7 辑），第 73 页。

　　⑤ 柯立奇（M. R. Collidge）：《中国移民》，张澍智摘译，纽约，1929 年出版，出版社不详，转引自陈翰笙主编《华工出国史料汇编》（第 7 辑）。

付清后华工就可以随时离境返回故乡。①

其实，华工在路途的花销绝不止这些。贡特·巴特的《"苦力"：1850—1870 美国华工史》一书较具体地分析了船票之外的开销内容，比如诱惑华工去赌博输钱等，他引述英国对华商务监督的中文译员巴夏礼的话说："商人——债主为出国移民预付旅费 50（美）元和其他费用 20（美）元。条件是要收回 200（美）元。"② 70 美元是正常的开销，多出来的 130 美元就是华工们在船上被诱骗欠下的。

不管是 60 美元、70 美元还是 200 美元，华工们还没有开始挣钱就背上了一笔债务。那么，华工们到了金矿和铁路工地的收入是多少呢？

淘金华工的收入是不稳定的。西华在《美国的中国移民：论它的社会和经济方面》一书中引述了加利福尼亚立法机关一个委员会 1862 年的报告，报告估计每个华工一天的淘金收入是 2 美元。书中还引述了斯皮尔牧师《中国与美国》中的一个记录，牧师说华工在采掘岩金时的工资最高，每人每天可以挣到 3—7 美元。③

铁路华工的收入普遍低于淘金华工。根据柯立奇的说法，修建横贯大陆铁路的华工每月所得是 35 美元。根据美国学者陈匡民 1950 年出版的《加州华人百年史》一书的记载，铁路华工每月的工资只有 30 美元。④横贯美国大陆的铁路建成后，华工修建美国西部南北太平洋铁路每月的工资只有 20 美元，华人工头是 40 美元。⑤

淘金华工或铁路华工每月的收入除去最低的生活开支和偿还债务所需，还有其他一些必需的支出。比如淘金华工每月要向加州政府缴纳 6 美

---

① 转引自陈翰笙主编《华工出国史料汇编》（第 7 辑），第 171 页。贡特·巴特前引书第五章也有类似的记载，中央太平洋铁路公司的代理人在珠江三角洲招募华工，先付给装备费和船票费 75 美元，由其家人担保，到铁路工地工作后，分七个月付清，转引自陈翰笙主编《华工出国史料汇编》（第 7 辑），第 125 页。

② 转引自陈翰笙主编《华工出国史料汇编》（第 7 辑），第 97 页、第 98 页。

③ 同上书，第 66 页。

④ 同上书，第 47 页。

⑤ 参见贡特·巴特前引书第八章的记载，转引自陈翰笙主编《华工出国史料汇编》（第 7 辑），第 151 页。

元的执照税，这笔执照税成为加州很多县最大、最主要的财政收入来源。① 他们还要向各自所属的同乡社团缴纳会费、回乡费、特别基金等。扣除这些支出之后，华工如果没有沾染上赌博、吸鸦片烟等恶习，应该当年就可以有一些积蓄，据柯立奇前引书的记载，华工赊单的钱是分七个月还清，贡特·巴特前引书的第五章也有同样的记载，因此华工当年有一些结余应该是可能的。

那么，华工们出发时希望赚到多少钱呢？贡特·巴特的书中对他们的"发财"目标做了一个描述：

大多数旅客都接受让他们乘船去金门湾的任何安排，而不了解这笔未来债务负担的严重程度。他们希望赚到二三百美元就返回中国，对于国内每年收入很难达到此数十分之一的人们说来，这个数目具有足够的引诱力。为这一大笔收入而进行任何冒险，都不能认为是过于心切的。②

在19世纪的五六十年代能够赚到二三百美元，对生活贫困的五邑侨乡人家，那真是暴富了。根据陈翰笙主编的《华工出国史料汇编》引用的《外务部档》之光绪三十二年（1907）八月初九日《旅居加拿大商民为加拿大苛征华民身税呈商部等禀文》的记载，光绪十一年（1885）1美元等于中国贰银圆，这个比值到光绪二十九年（1904）也没有变化，③相对比较稳定。到宣统二年（1910）中国银圆币值下降，1美元可换贰点伍中国银圆了。④按照19世纪80年代的比值，一个能够在外挣二三百美元的华工，将这些钱寄回家，完全可以让家人过上一个比较体面宽裕的生活。

华工通过改善家庭生活状况提升在家族中的地位，也是他们很现实的考虑。五邑侨乡与中国其他地方的传统乡村一样，每个家庭是生活在家族治理的环境之中。一个家庭在家族中的地位，除去房派因素，读书考取功

① 乔治·F. 西华的《美国的中国移民：论它的社会和经济方面》对此有详细的分析，转引自陈翰笙主编《华工出国史料汇编》（第7辑），第62页。
② 转引自陈翰笙主编《华工出国史料汇编》（第7辑），第98页。
③ 转引自陈翰笙主编《华工出国史料汇编》（第1辑），第1481页、第1482页。
④ 宣统二年正月二十日《试署加拿大温哥华领事欧阳庚为调查华工情形致外务部申呈》，转引自陈翰笙主编《华工出国史料汇编》（第1辑），第1501页。

名等传统途径之外，改变家庭经济状况是侨乡多数普通家庭能够实现家庭地位上升的渠道。经常有钱款汇回来的华工带给家庭的是自己家庭地位的上升，在家族里面的话语权增大；一无所获的华工带给家庭的是自己家庭地位的下降，家人在族人面前会感觉脸上无光。

当华工在美国积攒起来的钱款汇回来投资到家族新村建设、祠堂建设、书舍学校等文教卫生建设、乡村交通建设，是他们关心家族、家乡事务的表达，他们同时也就取得了对家族事务、对家乡发展更多的参与权和发言权。铁路华工在美国感受到的工业文明进步，激发出他们希望改变家乡贫穷落后面貌的强烈愿望，这逐渐成为他们关怀个人家庭命运之上的梦想。

三　启程追逐梦想

现实的困境和外来的希望之光，促使五邑侨乡有劳动能力的青壮年男人跪别父母，离别妻儿，踏上追逐发财致富的征程。同治四年（1865）五月十三日《总税务司赫德为呈送所拟招工章程稿呈总署申文》写道："近数十年来，所有粤、闽及人民稠密之省，其出洋图利者甚多。"[①] 光绪十二年（1886）七月十四日《使美张荫桓奏筹议在美华工善后事宜片》对台山移民有更广阔视角的分析："美西各省，地广人稀，数十年来，开矿垦荒，修造铁路，渐成都市，金山大埠，尤为蕃盛。当日工作，悉赖招致华工为之力役，华人佣趁为生，愈来愈众。又值广东曾遭土匪、客匪之乱，趁洋糊口者，新宁一县至六万余人，此外各州县多寡不一，散处各埠，合计总在十万人以上。"[②] 台山出洋风气之盛，台山人为美国华工之主体力量，于此可证。相邻的开平县，同样是"远涉重洋者日重"。[③]《宣统开平乡土志·户口》更详细地记录了开平出洋华工的性别和方式，"父携其子，兄挈其弟，几于无家无之，甚或一家而十数人"。

余白云的《金山歌集》"捱得穷困有日好"收录的五邑木鱼调，描述

---

① 转引自陈翰笙主编《华工出国史料汇编》（第1辑），第119页。

② 同上书，第1351页。

③ 《民国开平县志》卷十三·经政略。

了华工出洋谋生之初的心理状态。

> 目下难糊口，
> 造化睇未透，
> 唔信这样到白头，
> 祗因眼前命不偶。
> 运气凑，
> 世界还在后，
> 转过几年富且厚，
> 恁时置业起洋楼。

通过这些侨乡歌谣，我们强烈地感受到华工们渴望发财致富的豪情壮志。歌谣的主人们不论是壮年还是青年，家庭贫困，朝不保夕，食不果腹是他们普遍的家境状况。但是，他们不气馁，不认命，不服输，相信出洋打拼定会否极泰来，一旦腰缠万贯就会立即买船票衣锦还乡，买田地，建洋楼，娶媳妇，孝父母，扬名乡里，享受晚年的幸福。

梦想是美好的，而真正踏上出洋逐财致富的梦想，对这些洗脚上田的农民家庭来讲还是很困难的，一开始就必须背负起沉重的负担。绝大多数淘金华工、铁路华工解决出洋的路费，或者靠招募公司的赊账，或者靠自己筹资。公司垫付资金的情况，在前述中外文献中已有介绍，此外就是借资出洋。

讫　帖

立讫帖人廷倬、廷添。今因二年二月间，经祖掌本银陆拾两正廷俸往金山营生，廷倬掌本银陆拾两正廷傧往金山营生。及至三年八月回家，傧还银陆拾伍两正，倬收；俸还银四拾两正，经祖收。缘本缺利微，倬、添疑俸、傧有私财，争论 [ ]① 银多寡，是以集衿耆公处，傧再出银贰两贰 [ ] 正，倬收回；俸再出银伍两六 [ ] 正，倬与添均分。三面言定，二家允肯作讫。日后，俸、傧家计贫富与及他人传言多寡，不得乱听。并

---

① "[ ]"表示原件此处字迹难以辨认，下文同，不再一一说明。笔者注。

经祖所缺之本及倬得之利尚微，各安天命，日后子孙不得生端异议。欲后有凭，立讫帖存照，以至俸、偯所出之银亦心安意肯，日后不得多生议论，致伤兄弟之和，斯为两全其美。

见约人廷焯　见约袊眷廷照、朝瑛

咸丰三年十二月日立讫帖人延添酌笔①

这是一份解决债务纠纷的调解合约。债务人延俸、延偯为去美国淘金（"金山营生"）于咸丰三年（1853 年）二月向债权人延倬、延添分别借银陆拾两。第二年八月，延俸、延偯挣了钱回家，延俸还延倬陆拾伍两，延偯还延添四拾两。债权人延倬和延添不满意，怀疑债务人延俸、延偯在美国发财挣了很多钱，不应该只还这些（"本缺利微"），双方发生纠纷。于是，由族中长者出面进行调解。最后达成协议，延偯再还延倬贰两二，延俸再出五两六由延倬、延添均分。这样，延倬总共得到了柒拾两，而延添只得到了四拾贰两八，连本钱都没有收回来。合约要求双方日后不得反悔再生异议。

这份合约让我们看到了华工借款的一些具体情节，华工出洋的借款有的是向同族兄弟伸手；延俸、延偯只去了美国一年半就能够返回家乡，说明这一时期到美国去确实是可以发财的，延偯不仅还清了陆拾两借款，还付了七两二的利息，而延俸则只还了四拾伍两六，可见同族兄弟同时出洋打拼，各人挣钱还是有多少之别；发生这场纠纷的原因，不仅仅是延俸没有还完延添的借款本钱，延倬也嫌利息低了点，还因为他们二人在美国发财的传言让债权人感觉他们还有私财，有更多的偿还能力（"他人传言多寡"）；发生债务纠纷是在家族中进行民间调节，双方认同的"讫帖"具有长期的约束效力（"子孙不得生端异议"）。

领　银

立领银数人黄官奕为因往金山获利，盘费不敷，恳求西龙社乡老黄玉涵、邓［　］魁，值理黄会辉、黄达德、关瑞结等，情愿发船位本银壹拾

---

① 原件存广东省江门市文物收藏爱好者李镜尧先生处。

捌两正，言定以限一年为期，本息清还，每两要计息银壹两五钱正。如至期无银还，仍要每两每年又加息银壹两算，若不足数交纳，按月折计退本退利，所有付金回家务要先交与西龙社值理验明收兑，即照时价找换。该社上照数收足，除清本利，余银虽有千金以社无涉。倘有路上来回及在金山遇有不测，各安天命。或系别图生意支消无银归款，系伊父子家人填还抵足，毋得异言。今欲有凭立明领银数一纸，交西龙社值理收执为据。

一、实发到本银壹拾捌两正

合家担保父黄元盛

咸丰六年正月十二日领银数人黄官奕①

这是一份乡村基层组织西龙社与出洋华工黄官奕之间借钱买船票的借据。咸丰六年（1856）元月十二日黄官奕全家担保向西龙社借款拾捌两购买船票（"船位本银"），一年还清，每两银的年利是伍钱，如果逾期不还，每两银的年利息再增加壹两；黄官奕从美国汇回来的钱首先用于还债，如果黄官奕在美国或回国途中出现意外，债权债务自动取消（"各安天命"）；如果黄官奕将挣的钱用于做其他事务而不寄钱回来，则由其家人负责还债。

这份借据让我们知道咸丰年间去美国的船票费是中国银拾捌两，还了解到出洋华工与家族组织之间的债务关系的详情，比如利息是多少，从美国寄回来的钱首先的用途是什么，在什么非正常情况下才能解除债务关系，担保人在什么情况下才承担还债义务。西龙社之所以愿意借钱给黄官奕，对他的还债能力无疑有一个比较正面的估计，评估他在美国打工挣的钱是可以偿还一年期借债的。

让　帖

立让帖人益所。今因用银急用，无处计备。父子酌议，愿将咸丰七年自己与益臣同出本银四拾两正掌与振培往金山采金，立有按贴，言明对期本利赔还银一百贰拾两正。如过期无银交清，依壹百贰拾两之银，每计息

---

① 原件藏江门五邑华侨华人博物馆。

拾肆两，每月三分算。名下着一半本利，要明银肆拾正，出让与人。问至
振能处，承让就日言定允肯，益所情愿亲 [ ] 接回银肆拾两正，即将掌
振培之银永推予振能管收，日后振培有金回家，所得利息尽归振能、益臣
一同均分，不干益所之事。至前日振培寄归金砂之银，系益所收作利息，
振能亦不得追究。后款有凭，立让帖交执为据。

代墨侄振义

同治元年十月二十九日立让帖人益所①

这是一份淘金华工路费借款的债权转让合约。咸丰七年（1857）债
权人益所、益臣向债务人振培提供了去美国淘金的路费借款肆拾两，规定
到期连本带息壹佰贰拾两。同治元年（1861）十月，益所因为急需用钱，
将债权出让给振能。双方商定，振能给益所转让金肆拾两银，今后振培偿
还的捌拾两利息由振能与益臣平均分配，但是前几日振培寄回来的一些银
两作为利息归益所拥有。

这份转让合约显示，振培去美国就是去淘金，他的肆拾两路费同样是
在族亲中借支的，债权转让也在同族兄弟间进行；振培出去四年间，还是
有钱银寄回来的（"寄归金砂之银"），这是益所能够将债权转让给振能的
保障，否则振能绝不会接受没有希望的空头债权。

这三份五邑侨乡目前发现的与美国淘金华工、铁路华工直接相关的文
献很有价值，非常珍贵。

首先，这些文献产生于19世纪五六十年代，正好与淘金华工、铁路
华工的时代吻合，有的还直言就是去美国采金。

其次，这些文献来自民间，提供了很多中外官方文献难以保留的历史
细节，家族兄弟及家族组织是借款出洋的重要经济米源和渠道，债务关系
主要在家族中发生，这对分析家族成员间的债务成本也是难得的真实
资料。

最后，华工去美国淘金修铁路主要有三种形式：第一种是自费，有的
人卖掉自己的家产筹备路费；第二种是由铁路公司代理人垫付路费，即赊
单华工；第三种是向亲友借款筹资。这三份文献集中记录了在家乡借款出

---

① 原件藏江门五邑华侨华人博物馆。

洋的华工的详细信息,与前引中外官方文献记载的赊单华工形成互补,让我们对19世纪中期美国华工的出洋方式和债务状况有了一个比较全面的认识。

三份文献的借债与还债发生的时间都不长,咸丰三年(1853)的"讫帖"债务偿还是一年半,咸丰六年(1856)的"领银"借条规定的债务期是一年,同治元年(1861)的"让帖"中债务关系已有四年而债务人的还债行为也已经发生了,三份文献说明这些借款出洋的华工在美国能够挣到钱是一个事实和信念,债权人和债务人都对去美国挣钱抱有信心。

结合中外文献关于清朝与美国劳务收入差距的记载、美元与中国银圆比值的记载,考察咸丰年间的拾捌两船票价格,为我们深入分析19世纪中期到20世纪初期美国华工劳务收入对改变家庭生活的具体价值提供了一些条件。

四 华工苦楚的圆梦

淘金华工、铁路华工作为参与者、推动者、见证者,为美国的国家统一、工业化建设、西部大开发做出了巨大的不可磨灭的贡献。对于太平洋西岸的亲人,更是他们时常的牵挂,这些劳工对自己的家庭、家族、家乡和国家同样贡献卓著。当淘金华工、铁路华工大量产生19世纪60年代,他们的家乡开始了社会转型的历程,推动社会转型的力量就主要来自华工,是他们首先提供了社会变革需要的经济基础。前引余白云的《金山歌集》共有31个类别,其中的"时开运转歌""指日旋东歌"两类里收集的木鱼调描述了华工挣得钱财后的喜气洋洋和回归故里的神采飞扬:

> 当年穷过鬼,
> 霎时富且贵,
> 唔难屋润又家肥,
> 回忆囊空因命水。
> 运气凑,
> 黄白从心遂,
> 否极泰来财积累,

腰缠十万锦衣归。

民间歌谣可能是想象，也可以是向往，但是必定有事实依据。上引的这些歌谣，应该就是他们中的一些人实现了梦想的写照。台山还有民歌唱道："春花里，李树开，姐娌行埋讲比赛：我仔阿爸出路去发财，月月有银寄回来，要问媒人取妹仔，夫君年尾有回来。"①这首民歌讲述了华工每月汇钱和他再次回家的故事，说明华工在美国拼搏有所得不仅仅是想象，而且是可信的。清朝政府官员一些奏折中的记载，也可以证明这种事实的真实性。光绪十二年（1886）二月二十五日《两广总督张之洞、出使大臣张荫恒奏派王荣和、余镌查访南洋各埠侨工情形筹设领事摺》曰："询诸洋人，据云华工在美岁得佣值，除日用外，余悉寄以赡家，岁计约数佰万两。"②光绪十六年（1890年）十月初十日《出使英法义比薛福成通筹南洋各岛添设领事保护华民疏》同样记载曰："考数年前美国旧金山银行汇票总账，每岁华民汇入中国之银约合捌佰万两内外。"③贡特·巴特前引书的第三章也记载道："（华工）本人在海外过着极低的生活，把他的大部分收入积攒下来，寄给靠他的汇款养活的家庭。长年身居异国不会破坏移民同他家庭的感情联系。祠堂中他祖先的牌位和他在家乡的儿女，年迈的双亲，以及回到中国养老的希望，使他对家庭的忠心，迎着艰险的岁月，持久不变，直到珠江三角洲的阳光和家庭的欢乐在此温暖着他那颗思家的心。"④

走时两手空空，回来时钱包满满，所有流的汗，受的累，吃的苦，捱的屈辱，都不算什么了，都是值得的。父母妻儿的团聚，邻里同乡的羡慕，是给他们最大的回报。在五邑侨乡美国华工最有钱是妇孺皆知。

金山客，
冇一千有八百；
南洋伯，

---

① 台山县民间文学集成编委会编：《中国民间文学集成广东卷台山县资料集》，1987年内部刊行本，第276页。

② 转引自陈翰笙主编《华工出国史料汇编》（第1辑），第267页。

③ 同上书，第277页。

④ 转引自陈翰笙主编《华工出国史料汇编》（第7辑），第82页。

银袋包,

大伯大伯;

香港仔,

香港赚钱香港使。①

　　五邑侨乡将在美国打拼的华工称为"金山伯""金山客""金山佬",他们的妻子称为"金山婆",儿子女儿分别叫"金山少""金山女",这些称谓都以"金"命名,可以想象在侨乡,富裕是金山伯及其家人的符号。有的金山伯家庭至今还保留着一些当年带回来的生活器物,反映了他们的日常生活与美国工业文明的联系。在台山大江镇水楼乡龙安里李祐芹(当年为中央太平洋铁路公司招募华工的代理人)的曾孙李健聪、李健柜家中,就保留着李祐芹和他的儿子李奕贤、孙子李国均当年从美国带回来的"金山箱",以及美国德士古公司的幸福牌煤油包装箱,四个 TOWRE 牌铝制的锅、盆至今还在使用,时间已经过去了 150 多年,这些生活用品的做工和质量依然受到李健聪、李健柜兄弟二人的家人的称赞。②

　　在广东五邑侨乡,"金山伯"是财富的象征,成为当地人追捧的对象,有女儿的人家都以能够和金山伯攀亲为荣。

有女毋嫁读书君,

自己闩门自己瞓;

有女毋嫁做饼郎,

三年不瞓倒半年床;

有女毋嫁耕田人,

时时泥气郁败人;

有女要嫁金山客,

打转船头百算百。③

---

　　① 陈元柱:《台山歌谣》,国立中山大学语言历史学研究所,1929 年刊印本,第 40 页。"大伯"是台山方言,意思是南洋伯的钱包里面没有东西,拍它会发出"伯伯"声。

　　② 2016 年 1 月 31 日笔者与梅伟强副教授、刘进博士在台山市大江镇水楼乡龙安里调查时所得。

　　③ 陈元柱:《台山歌谣》,国立中山大学语言历史学研究所,1929 年刊印本,第 51 页。郁败人,即熏死人。

将美国华工与读书人、农夫、做小生意的相比，因为他们出国一趟就可以赚钱回来让家人享受，嫁给华工可以过上不缺钱花的生活已经成为当时侨乡社会的共识。买地、建房、娶老婆，是所有淘金华工、铁路华工的心愿，落叶归根，传宗接代，在华工心里根深蒂固，他们的一些人也确实有了自己的田地、新房和家庭。

在华工和他们家庭的带动下，侨乡的消费习惯和习俗也发生了变化。前引《新宁杂志》1911 年第 25 期之《再告广海自治体各职员（续 24 期）》就记载说，台山一地"衣焉食焉及一切日用器具，无不籍资于外来"。开平县"光绪以前，邑人留心衣食住者，多土物为臧；其后，皆以洋产为重"。[①]"充斥市场者，境外洋货尤占大宗。"[②]侨乡民众消费用品对接海外，舶来品走进寻常人家，成为日常之需，所以才有了一些华工家庭至今保留使用的美国生产的用品遗物。《民国开平县志·舆地略》总述了该县的风俗演变：

> 自洋风四簸，风俗六门有五门尤判今昔者。习俗如衣服喜番装，饮食重西餐之类；礼节如婚姻讲自由，拜跪改鞠躬之类；岁时如日三十六食不关灾，岁三百六旬不置闰之类；居处如几重城一旦为平地，百尺楼四处皆插天之类；器用如耕田将无须服轭之犁耙，绞米有毫不费力之碓磨之类；独方言一门，至今犹昔无大变异变，变异亦不免矣。否曰那，是曰野，犹出于侨民归国者。

这段记录在五邑侨乡具有代表性，其中的习俗、礼节、居处、方言、器用的演变都与华工直接相关。

从 19 世纪 60 年代开始，华工结伴在家乡建新房，他们依然遵循同族相聚的传统，大多在家族旧村旁边共同集资买地，设立新村，新房的布局和造型既基于传统，也有新的改造。《民国开平县志·舆地略》记载道："旧式居处，方向不一，门巷参差，四壁不通风，有所谓燕子门，无窗亦无天井，闭塞尤甚。近年新建之村，颇革前弊，然尚沿三间两廊之旧。"

①　《民国开平县志》卷六·舆地略。
②　《民国开平县志》卷十二·建置志。

三间两廊是五邑侨乡民居的传统布局式样,华工新建房屋的平面布局基本延续了这种式样,新村房屋的规划布局依然遵循了侨乡的风水理念,讲究背山面水,讲究后排的房屋比前排高,一排一排由低到高,象征家族兴旺。同时,华工对自己新的住房通过设置天井、开窗、增加楼层等方式加以改造,使新居的通风、采光效果远超传统的民居,更加敞亮。在解决好实用的居住问题之后,华工们的新房也注意到房屋造型和装饰的需要。随着外国水泥、钢筋等近代建筑材料和混凝土技术的引进,侨乡在传统的三间两廊低矮民居的基础上出现了楼房——"庐"(别墅),这些楼房的造型和装饰大量吸收了欧美的建筑文化,洋气十足,成为新的侨乡景观和标志性建筑。

侨乡方言的变化不只是"否"(no)、"是"(yes)这两个词的引进这样简单,见面喊"哈啰"(hello),分手说"拜拜"(byebye),巧克力叫"朱咕列"(chocolate),奶糖叫"拖肥"(taffy),饼干叫"克力架"(cracker),球叫"波"(ball),邮票叫"市泵"(stamp),帽子叫"噏"(cap),商标叫"麦头"(mark),脸叫"飞士"(face),对不起叫"疏哩"(sorry)等成为当时一种时髦。

大量青壮年男子出洋谋生,侨乡的劳动力结构和妇女的装束也发生了变化,有一些金山婆成为农业的主要劳动力。美国华工的家乡传统上与中国其他地方一样是男务耕耘,女勤纺织,"光绪中叶以来,又男多出洋,女司耕作……妇女露体涂足,杂作于田间者,北省至今犹古也。北人南来,初以妇女裸足不袜为异事,何况裸足至两膝以上,今不独田间然也"。①侨乡妇女不仅为丈夫承担了孝敬老人,哺育儿女,操持家庭的重任,还抛头露面,奔走田间,栉风沐雨,扛起繁重的农活,成为侨乡社会转型的又一支重要的力量。

美国淘金华工、铁路华工带给家乡的变化远不止这些,他们参股修公路、建工厂、兴教育、办医院,最突出的是曾经参与横贯大陆铁路和北太平洋铁路建设的陈宜禧先生60岁高龄返回广东五邑侨乡,发起并亲自主持修建了130多公里长,连接新会、开平、台山的新宁铁路。这条铁路从1906年开工,分三期建设,到1920年完成,修建铁路的资金有69%来自

---

① 《民国开平县志》卷五·舆地略。

美国的华侨。①新宁铁路的修建，改变了五邑侨乡城镇发展的格局，改变了侨乡民众出行的方式，为侨乡与国际市场货物的流通创造了条件，更传入了现代企业管理的观念、办法和工业文明，向侨乡民众大大地普及了铁路文化。铁路文化为五邑侨乡民众所熟知，还可以从他们的建筑中看出表现。在台山、开平乡村的一些碉楼、别墅建筑的门楣、女儿墙的壁画和灰塑中，火车作为装饰元素得到运用，奔驰的火车与河流、田野、村落、行人构成了有近代气息的乡村景观，反映了他们对铁路文化的认知，这些无疑与他们的丈夫、儿子、父辈在美国参加铁路建设的历史有紧密的联系，华工是铁路文化的传播者。

五邑侨乡的经济形态、社会形态、文化形态转变使之从珠江三角洲传统的一元文化乡村形态转变成为中西交融的二元文化乡村形态，这就是我们所说的"侨乡形态"。这里"无侨不成村，无村无侨眷"。

侨乡的地方文献进一步揭示了五邑侨乡的社会转型与美国铁路华工的直接联系。

光绪年间的台山县令李道平在其《宁阳存牍》中有一段很有价值的描述：

> 宁邑地本瘠苦，风俗素崇俭朴。自同治以来，出洋之人多获资回华，营造屋宇，焕然一新；服御饮食，专尚华美；婚嫁之事，犹斗靡奢华，风气大变。②

《民国开平县志·舆地志》也有类似的记载：

> 至光绪初年，侨外寝盛，财力渐张，工商杂作各有所营而盗贼已熄，嗣以洋货大兴，卖货者以土银易洋银，以洋银易洋货，而洋银日涨，土银日跌。故侨民工值所得愈丰，捆载以归者愈多，而衣食住行，无一不资外洋。……未知与道、咸间，相去几何也。

---

① 郑德华、成露西：《台山侨乡与新宁铁路》，中山大学出版社1991年版。该书对新宁铁路修建的背景、条件、过程和影响等问题有比较详细的论述。

② 李道平：《宁阳存牍》，光绪二十四年粤东省城印，第65页。

　　台山县令将当地社会的转变期确定在清朝咸丰年间（1850—1861）
与同治年间（1861—1874）之交的19世纪60年代初，开平的转变被确定
在清朝光绪初年，即19世纪70年代初，比较的对象也是道光、咸丰年
间。也就是说，开平的社会转型比台山稍微迟一些，这可能与台山毗邻大
海，开平在台山之北，华工规模比台山小，欧风美雨的吹拂有个过程相关
吧。不管是19世纪60年代，还是70年代，恰好是美国淘金华工和铁路
华工形成、发展，并有能量、有工具影响家乡的时期。这两段地方文献也
都将变化归因于"出洋之人多获资回华""（侨民）捆载以归者愈多"，
侨汇是华工推动侨乡变化的资源，也是他们撬动变化的主要工具之一，由
此带来了居住、饮食、服饰、婚嫁、风气等方面的系列改变，华工实现了
他们的家庭梦、家族梦、家乡梦。

　　当我们面对美国华工的圆梦美景，难以忘记梦想背后的另外一面，金
山伯家庭收到侨汇的喜悦、新房落成入伙时的热闹、公路铁路通车的剪
彩，都难以掩盖华工和他们的家庭实现梦想过程中受到的挫折和难以想象
的煎熬，难以掩盖很多华工为实现梦想而葬身内华达山脉的铁路工地，或
孤苦一人流落他乡不得归的事实。在侨乡文献中，这方面的记载同样也很
丰富，成为侨乡民众记忆的一部分。

　　在侨乡村镇，有很多壮志难酬的歌谣，表现了不得志的华工们常年拼
搏无所获的苦闷、无奈、悲观的情绪，这里面也有不服输的倔强表达。

　　　　逗留羁旅邸，
　　　　依旧满身债，
　　　　毫无振作暗伤怀，
　　　　每念高堂年纪迈。
　　　　欲归计，
　　　　囊中冇文解，
　　　　发愤图强来他徙，
　　　　仍然屯蹇事无谐。

　　这些歌谣记录的不得志者，在当年不是一个小数目，淘金华工、铁路
华工中有很多人靠省吃俭用过着最低标准的生活，积攒下血汗钱寄回家，
改变一家老小的生活，家人的平安回信是带给他们最大的精神安慰，也是

激励他们继续拼搏的强大精神动力。很多华工就是在这样的精神、梦想的支撑下，度过了艰难孤寂的岁月，忍住了身心的煎熬。很多人寄出血汗钱后没有积蓄，身无分文，只有继续拼命地挣钱，积攒下一次的侨汇，实现他们对家庭的承诺。还有的华工根本就挣不到钱，养活自己都困难，更无力偿还债务，无颜回乡。到最后，这些华工客死异乡，连姓名都不为人知，哪有钱送自己返乡，只有依靠侨团和慈善组织将他们的骨骸送回。新会保留的华侨义冢，就是这些华工的血泪见证。

1992 年新会县黄坑发现了一处华侨义冢，共 387 个坟墓。[①] 义冢碑志铭文曰：

> 金山各埠先友骸骨运回本邑，自光绪十四年至十八年二月，除领回安葬外，尚存三百八十七具，于本年二月二十三日安葬于此。
>
> 光绪十九年岁次癸巳仲春仁育堂谨志。

根据碑志铭文，这 387 具遗骸和其他遗骸来自美国旧金山各处，被称为"先友"，是光绪十四年（1888 年）或之前陆续运回的，到光绪十八年（1892）二月，知道姓名的遗骸都被其亲人陆续认领回去安葬了，剩下的这无人认领的 387 具遗骸才被侨乡慈善组织仁育堂集中安葬。387 具遗骸，男性 362 具，女性 25 具，他们多数没有姓名，少数的或有姓无名，或有名无姓，无法确定他们是五邑侨乡何处的人士，也就联系不到他们的亲人。根据谭雅伦教授的考证，这些金山先友就是家境贫寒或者自从侨居美国后就与家庭失去联系的华工。[②]

根据五邑侨乡的习俗，遗骸运回是重新打开坟墓，对骸骨进行收殓、清洁、整理，然后集中到旧金山再分批运回家乡，这个过程将他们中最晚去世的时间也都向前推很多年，那么这些先友多数应该是在 19 世纪 80 年代之前去世的。结合谭雅伦教授的分析，新会华侨义冢 387 具遗骸中有的

---

① 欧济霖、陈汉忠：《新会华侨义冢》，载《新会华侨华人史话》，中国县镇年鉴社 2004 年版，第 9 页。欧济霖、陈汉忠两位先生是新会华侨义冢最早的调查研究者，新会华侨义冢得以保护下来与他们倾注的心血是分不开的。

② 参见谭雅伦《落叶归根：新会 1893 年义冢札记》（舒奋译）。该文是目前关于新会华侨义冢研究的最深入的成果。谭雅伦先生是美国旧金山州立大学亚裔研究系的教授，他在新会出生，对家乡的历史、民俗和美国华侨历史研究很深，因此，他对义冢的认识有独到之处。

就是淘金华工、铁路华工。

凄凉悲痛的还有他们的父老妻儿。民国时期广州华兴书局刊印的《粤海春秋》记录了一位美国华工的父亲写给儿子的书信:

寄子书

提起金山怒冲天,忆着你们更凄惨。来往该时讲口响,三年两载转回乡。
你母叮咛言至嘱,言来至嘱万千千。临行暗拭离情泪,缘贫无奈别家庭。
岂知一往离乡井,忘却故园这一边。人话有儿到美境,穷根可断振家声。
讵知自别庭帏后,付来未够买烟钱。虽则贫穷天注定,好嫖好赌怎能胜。
日久黄金唔遂愿,早宜拨马转回程。既係他乡风景好,算来不觉十余年。
问你劬劳何时报,忘恩背义非人形。问你雁行何日叙,分离手足独茕茕。
问你妻房谁代养,空帏岑寂自悲伤。古云创业前三十,你今三十尚余零,
膝下未添男和女,妻房终日泪涟涟。你母近今年衰老,风前之烛春水冰。
我今身瘦和血弱,不曾移步出庭前。茶饭不思精神疲,时枕身席在床眠。
况今世界三欺两,道理唔通不念情。人话有儿当作冇,送终无子寡伶仃。
侧耳听闻喉哽咽,暗垂珠泪落无停。如欲见亲须速转,即刻回家莫流连。
倘若迟来难见面,相逢只恐在幽冥。异日纵然千百万,空对灵前哭几声。
纸短情长难尽述,听乎否也问心田。①

这封书信是以台山木鱼调的形式叹唱了华工离家出洋的情形,描述了华工一去不归只寄回微薄的钱,父母老迈,妻子独守空房的凄凉景象,这是五邑侨乡无数华工父母苦盼儿归的缩影。“空帏岑寂自悲伤”的金山婆同样成为侨乡的一种文化现象,叹唱她们悲苦的台山木鱼调在当时也很流行。

贤妻日里望夫归

初更起,泪汪汪,为忆夫郎别了妻房。前日有言对过汝讲,半年夫妻不成双。无事清闲担吓眼望,底望高时眼乱慌忙。不久年岁出街坊,望夫何日

---

① 《粤海春秋》,广州华兴书局民国时期刊印(具体时间不详),第6页。这部书是笔者2005年清理开平市马降龙庆临村林庐家族资料时寻得,原件现存开平市碉楼文化研究所。

转回唐。正月摆灯人兴旺，踊重男女看吓灯光。话我深闺唔出街巷，罗帷寂寞独守空房。看灯几多人快乐，独我怀愁抱恨肚里捉虫。左思右想难去倘，泪如雨苦实悲伤。等我放厚脸皮唔知丑，只着带丑含羞看吓才郎。①

在广东五邑侨乡，华工的妻子们头上顶着"金山婆"的名号，有的穿着绫罗绸缎，用着进口的化妆品，镶着金牙，戴着金戒指，也有的依然过着穷苦的生活。不论贫富，她们都在代替丈夫照料老小，维持家庭。人前光鲜，人后对烛独自凄凉，身心、精神的煎熬是常人难以想象的。侨乡将这些金山婆称为"活寡"。金山婆们同样为实现家庭的梦想付出了青春，付出了自己的生命，为淘金华工、铁路华工追梦、圆梦抹上了又一道沉重的色彩。

结　语

本文主要通过侨乡的资料，从侨乡的角度，对 150 年前的美国淘金华工、铁路华工的梦想和追梦进行了初步的研究，形成如下一些认识。

第一，以往的研究集中在华工们奋斗的美国，侨乡只是他们奋斗的背景。也就是说，以往的研究的重点放在了对华工的部分行为的探索，认识了他们出洋打工的动因，评介了他们对美国发展的贡献，这些都是很重要的，但是从逻辑上讲，这样的研究是不完整的。这些文化程度不高，出自社会底层的农民，他们的一切行为的最终目标还是在他们自己的家，只有结合他们对家庭、家族、家乡的贡献，才能形成完整的认识。华工们在迁出地、迁入地两个环境的奋斗，才是这个群体历史贡献的整体结构。侨乡方面的研究相对于研究他们在美国方面的贡献，还非常薄弱，有待拓展。几年来的初步探索，给了我们充分的信心，立足侨乡研究淘金华工、铁路华工，有着广阔的发展空间，值得中外学者去开拓。

第二，从侨乡去研究淘金华工、铁路华工，首先是要努力挖掘乡土资料，弥补官方文献的不足。华工在美国的活动，不论是官方的记载还是民

---

① 《金山婆自叹》，广州华兴书局民国时期刊印（具体时间不详），第 1 页。这部书是笔者 2005 年在清理开平市马降龙庆临村林庐家族资料时寻得，原件现存开平市碉楼文化研究所。

间的文献都比较丰富，而在侨乡从清朝中央政府到地方政府，对他们都不太重视，同时期的官员奏折记录粗略，陈兰彬、梁启超等的文字非常珍贵，地方志里面大多只有只言片语，这些无疑都是我们从侨乡角度研究华工不可缺少的资料，但是又还不够。这几年的探索启发我们，需要到侨乡民间去深入挖掘资料，拓展资料收集的视野。华工家庭和村落还是保存了不少文献、遗物乃至口述的材料，它们记录的视角与官方的、学者的不同，直接与华工个体相关，有独特的价值。同时，我们还需要在各类资料中建立起逻辑联系，像民间唱本这样的资料也保留了丰富的淘金华工、铁路华工信息，非常值得重视。当我们将注意力投向侨乡的民间，这些陆续发现的资料就不仅仅是丰富了有关华工问题的民间资料系统，而且也会为我们带来更多的学术思考。

第三，淘金华工、铁路华工不论在家乡还是在美国，他们都生活在群体之中，他们的梦想既可以从个体考察，也需要从群体角度去认识，因此梦想有多重内涵。概括起来，第一层次是改善家庭生活，第二层次是提升家庭在家族中的地位，第三层次是希望家乡社会发展、进步。从关注家庭，到关注家族，再到为家乡的发展尽一分力量，这个过程是他们资源增多、实力积累的结果，更是他们希望提升自己和家庭地位的途径之一，同时这也是他们家国情怀的表达。中国传统文化讲"小康"，也讲"大同"，"老吾老以及人之老，幼吾幼以及人之幼"，讲究大家好才是真的好，所以华侨们常说"有国才有家"。在侨乡，我们看到华工们通过参股投资、慈善捐助、文化传播，推动家乡的交通线路等基础设施建设和文化教育卫生事业的发展，成为侨乡社会转型变化不可替代的力量，家乡的不断进步也反过来增强了他们的参与感、被承认感、成就感和归属感。"有国才有家"是华侨们的共识。

第四，外国文献关于华工赊单出洋的方式有很多记载和研究，而对借款出洋的情况则语焉不详，我们结合三份契约分析了华工借款出洋的方式和侨乡的债务关系，认识了这类华工出洋资源的获得方式和债务解决的机制，这对中外已有的相关记录是一个很大的补充。同时，我们结合乡村文献和中外官方文献初步讨论了淘金华工、铁路华工追逐梦想的成本和他们在美国奋斗的收益，这是解读侨乡青壮年男人不畏艰险、前赴后继奔赴美国等国家去奋斗的钥匙。而我们现在对这一问题的研究还是初步的，相信随着我们挖掘到更多的侨乡资料，未来将会推进这方面的研究，帮助我们更深入地了解华工奋斗的成本和收益，更具体地理解他们对家庭、家族、家乡的意义。

第五，通过对淘金华工、铁路华工在侨乡实现梦想的分析，可以看出，不论是买田、建房、娶妻生子，还是侨乡衣食住行、语言等方面的变化，都离不开淘金华工、铁路华工的参与、支持和引导。华工虽然人在美国，但是他们的心紧系侨乡，美国是他们生活的现实环境，侨乡是他们生活的精神家园，他们从来没有"离场"，从来不是家乡的"外人"，书信、侨汇是帮助他们连接两个环境的桥梁和纽带，现实环境与精神家园共同构成了他们完整的世界和生活的空间。因此，淘金华工、铁路华工不仅是美国西部开发、国家统一、工业化发展的直接参与者、推动者、见证者和贡献者，同时也是侨乡梦的直接参与者、推动者、见证者和贡献者。

第六，在淘金华工、铁路华工追逐梦想的过程中，不能够忽视他们的母亲、妻子所发挥的不可替代的作用。侨乡妇女不仅替丈夫孝敬公婆，抚育儿女，操持家庭，而且从他们的儿子、丈夫那里直接地接受书信、侨汇，承担起为家庭买地、建房的任务，西方文化也随着书信传入华工家庭，并慢慢影响了侨乡妇女的观念行为。她们还参与到碉楼、别墅的修建之中，按照丈夫书信的要求向建造者提出造型和装饰等方面的意见，侨乡中西合璧的各种建筑的形成离不开妇女的参与。因此，侨乡妇女是推动华工实现梦想的另外一股强大的社会力量。

（张国雄：五邑大学广东侨乡文化研究中心教授；姚婷：五邑大学广东侨乡文化研究中心讲师）

追寻沉默的美国铁路华工①

——以中国近现代广东五邑侨乡文书为中心的探讨

刘　进

【内容提要】　美国铁路华工在美国西部开发中做出了卓越的贡献。已有的研究成果大都以美国为中心，主要根据美国官方或者私人的档案和新闻媒体、铁路华工后代的追忆，以及学者的田野调查资料来建构铁路华工的历史，华工群体自己的声音严重缺失。21 世纪以来，在素有"北美华侨之乡"的江门五邑地区发现的晚清、民国时期的各类侨乡文书，为追寻"沉默的铁路华工"的历史，倾听他们的声音，建构研究中的华工视野、侨乡视野、中国视野提供了可能。通过侨乡文书可以发现，铁路华工主动筹款出洋，通过美国—香港—侨乡的商业网络给家眷寄送侨汇和家信。铁路华工通过拼搏奋斗源源不断地输入血汗钱和思想观念，提升了家庭的经济和社会地位，编织起侨乡民众赖以谋生的移民网络，启动并促进了广东五邑侨乡的现代化进程。

【关键词】　美国社会与文化　中美关系史　铁路华工　侨乡文书　广东五邑

---

①　本文是广东省哲学社会科学"十二五"规划 2013 年度特别委托项目"清末民国时期广府华侨社会资本与移民网络：以华侨书信为主要文献"（GD13TW01 - 13）的阶段性成果。感谢多位民间收藏家慷慨允许笔者使用他们所收藏的珍稀侨乡文书。文中的不当之处由笔者本人负责。

1869 年 5 月 10 日，第一条横贯美国大陆的中央太平洋铁路和联合太平洋铁路接轨合拢，美国由此成为横跨大西洋与太平洋的两洋国家，并迅速崛起为世界强国。来自广东珠江三角洲地区的一万多名青壮年华工参与了这一伟大的历史工程，并以其勤劳、坚毅和智慧，为铁路的修筑完成做出了为世人所称道的卓越贡献。①相对于华工的巨大贡献，他们却长期处于"沉默"状态，一是在美国的历史叙述和公众历史视野中，铁路华工的史迹长期"沉默"；②二是学术研究比较缺乏华工视野、侨乡视野和中国视野，学者的研究主要依据美国官方或者私人的档案，记载铁路华工群体声音的一手文献难以寻觅是导致这一不足的重要原因。③

21 世纪以来，在广东江门五邑侨乡文化遗产的挖掘保护中发现了大

①　1877 年刊布的《美国国会参众两院调查中国人入境问题联合特别委员会报告书》中记录了官员、教士、商人、铁路公司老板、地主、律师等各类人士的证词，虽然很多人对华工充满偏见和污蔑之词，但他们对中国人的勤劳、能干，对他们在美国加州开发中的贡献都给予了充分的肯定，美国前任驻华公使和前任加利福尼亚州长缕斐迪（斐德列克·H. 娄）认为"中央太平洋铁路的土方工程约 4/5 是中国人做的"，商人亨利·H. 海特作证说："横贯大陆铁路，倘若不是这些中国人，绝不能完成得这样快。这条铁路能够如期交工使用，主要应当归功于他们。"参见卢文迪等编《美国外交和国会文件选译》，转引自陈翰笙主编《华工出国史料汇编》（第 3辑），中华书局 1981 年版，第 239—312 页。1869 年，中央太平洋铁路建成后，一些铁路华工转赴美国其他地方继续修筑铁路。来自广东珠江三角洲的华工还对加拿大、巴拿马等多个国家的铁路修筑做出了贡献。

②　在美国，为铁路华工历史呼吁呐喊的主要是包括铁路华工后裔在内的海外华人群体，其目的在于期盼美国主流社会公正评价铁路华工的历史贡献，为今天的华人获得族裔平等地位寻求历史依据。2014 年，美国政府将参与兴建中央太平洋铁路的中国劳工作为一个团体列入美国劳工荣誉堂（Labor Hall of Honor）。参见余东晖《揭开尘封历史　铁路华工进美国劳工荣誉堂》，《八桂侨刊》2014 年第 2 期，第 72 页。

③　忻怿对中国学界的美国铁路华工研究现状做了较为全面、中肯的评述，认为主要的不足是：所使用的史料主要是美国官方或者私人的档案，表现出"美国中心"的倾向；缺乏对于中国因素、侨乡因素及华工自身因素的考察，筑路华工"失声严重"。参见忻怿《中国学界就太平洋铁路华工议题相关研究成果评述》，《中山大学研究生学刊》（社会科学版）2014 年第 3 期，第1—9 页。另一部由美籍华裔学者赵汝诚 2004 年完成的密苏里大学博士学位论文依据铁路沿线白人办的报纸探寻铁路华工的历史。参见赵汝诚《旅居者与移民：美国太平洋铁路华工与爱尔兰劳工报纸形象分析》，邓武译，中国华侨出版社 2012 年版。英文版参见 Herman B. Chu, "When 1000 Words Are Worth a Picture: How Newspapers Portrayed the Chinese and Irish Who Built the First Transcontinental Railroad", Ph. D. Dissertation, University of Missouri, 2004。

量侨乡文书①，但其中极少有直接提及铁路华工的原始文献，在家乡，铁路华工群体似乎依然沉默不语。然而，历史具有关联性，在相同的历史背景、相同的时空中由海外华侨及其相关者书写的此类文书，蕴藏着丰富的历史信息，我们从中可以抽丝剥茧，追寻铁路华工的历史踪迹，聆听他们埋藏已久的声音，譬如，铁路华工出洋前后和修筑铁路前后，侨乡的生活究竟是怎样的？他们是如何踏上出洋之路的？他们是如何与家乡互动的？他们是如何影响甚至改变家庭和家乡社会的？本文以侨乡文书为主要研究资料，对此进行探究。

一 以侨乡文书考察铁路华工的理由

美国铁路华工主要来自中国广东珠三角地区，尤以五邑地区（即台山、开平、新会、恩平、鹤山五个县）的人数最多。数以万计的华工参与修筑美国太平洋铁路，但在大量侨乡文书中却难以找到关于他们的直接的记载，笔者仅见到 1928 年在美国出版的《全美宁阳第一届恳亲大会始末记》中有所提及：

> 我新宁侨梓于逊清咸同时代，内迫于生计艰难，外求乎殖民发展，横渡太平洋，枝栖新大陆，筚路篮缕，以启山林，筑铁路，开金矿，凡百建设事业，多数为我新宁侨梓血汗之功。②

上述文字发表的时候，已经距离华工修筑中央太平洋铁路过去半个多世纪了，属于铁路华工后人的间接记述。

修筑铁路是美国华工继淘金之后的另一个主要谋生方式，主要发生在

---

① "侨乡文书"是指在华侨家乡遗存下来的各种与海外华侨、侨眷有关的华侨文献资料，包括书信、日记、票据、账簿、口供纸、契约、证件、族谱、族刊等。"侨乡"（Qiaoxiang）一词是指海外华侨华人的家乡，20 世纪 90 年代以来已在国内外学术界特别是华侨华人研究学界普遍使用。

② 朱467缉：《序言三》，载黄福领、朱仲缉编《全美宁阳第一届恳亲大会始末记》，美国旧金山·美洲台山宁阳总会馆印发，1928 年 9 月，第 34 页。"台山县"旧称"新宁县"，1914 年更为现名。

19世纪60年代初至19世纪80年代初，也就是华人在美国的自由移民时期。为什么这么多人参与的历史事件却在他们家乡由他们遗存下来的侨乡文书中鲜有直接记载呢？可能有以下几个主要原因：

第一，在美国铁路华工所处的时代，中国和美国官方均缺乏对华人移民的严格管理，从而缺少遗留在民间的官方档案。当时，华工背着清政府私自出洋谋生，没有经过政府部门的审核管理程序，因此，民间没有中国官方颁发的移民文献传世。① 美国铁路华工生活的时代尚属华人可以在美国境内自由移民的时期，美国华侨并没有像其后的排华时期那样重视对各种移民文献的保存。

第二，修筑铁路是辛酸史、血泪史，华工们可能不愿意在家人和乡亲们面前提及。作为最底层的劳工阶层，铁路华工群体当时并没有意识到自己参与修筑的铁路对美国西部开发和国家统一所发挥的巨大作用，在修筑铁路完成后，他们纷纷转行从事其他职业，这段痛苦经历逐渐被深埋于心底。华侨们的人生理想是在金山发财致富，衣锦还乡，他们最希望成为荣耀的"富商"而不是艰辛的"劳工"，修筑铁路这样一段九死一生、艰苦异常的辛酸"打工"史，是他们最不想在家人和乡亲们面前提及的事情。

第三，在铁路华工所处的时代，侨乡缺乏保存纸质文献的良好条件。华侨们在海外发财后大规模地兴建碉楼和洋楼是19世纪90年代以后的事情，特别是20世纪初期直至1937年抗战爆发期间。碉楼和洋楼坚固耐用，相对于以往的平房更加防洪、防潮、防霉，② 有利于长期保存侨乡文书。一般来说，注意并能够有条件保存家庭文献，是在家庭的经济条件改善以后的事情。这可能是现存侨乡文书以1890年后产生的居多的主要原因之一。

今人难以找到由铁路华工或当时的知情者直接而又明确记载修筑铁路历史的侨乡文书，因此，难以判定哪些侨乡文书是由铁路华工所书写。但

① 1893年，清廷正式废除长达二百余年的移民禁律，宣布"良善商民，无论在洋久暂、婚娶生息，一概准由出使大臣或领事官给予护照，任其回国谋生置业，与内地一律看待；并听任其随时经商出洋，毋得仍前借端讹索"。从此，华侨出洋合法化了。参见颜清湟《出国华工与清朝官员：晚清时期中国对海外华人的保护（1851—1911）》，粟明鲜、贺跃夫译，中国友谊出版社1990年版，第279—280页。

② 张国雄：《试析开平碉楼的功能：开平碉楼文书研究之三》，载黄继烨、张国雄主编《开平碉楼与村落研究》，中国华侨出版社2006年版，第127—128页。

是，这并不意味着研究铁路华工与侨乡的互动关系这一课题无从入手。实际上，21 世纪以来，在多数铁路华工的故乡——江门五邑地区，在开平碉楼申报世界文化遗产和建设江门五邑华侨华人博物馆的过程中，从民间征集到了大量的 20 世纪前后的华侨文献；在民间现在仍有大量相关文献，这是研究铁路华工的重要史料。其理由是：

第一，晚清至民国初期的华侨书信等侨乡文书中必然有过去的铁路华工或知情者书写的文书。以美国中央太平铁路修筑完成的 1869 年为时间点进行观察，假设其时大部分铁路华工的年龄为 18—40 岁，那么到 1912 年"中华民国"成立时，这些铁路华工的年纪应该在 61—85 岁，因此，晚清至民国初年的侨乡文书中无疑会有一些是铁路华工书写的。

第二，同一时空背景下其他职业的华工与铁路华工有着相似的经历。北美铁路华工主要来自珠江三角洲地区，其中的大部分又来自广东五邑地区，他们说同样的方言，吃同样的饮食，崇拜相同的神灵，在家乡的生存境遇相似，出洋社会背景相似，与家乡的联系方式相同，因此，无论从事淘金、修筑铁路还是其他职业，华工的思想和行为有着高度的相似性。

基于以上两点判断，笔者认为，以晚清至民国初期的侨乡文书为主要文献依据，探究铁路华工与侨乡的互动关系具有一定的合理性。

二 铁路华工的出洋方式

早期出洋华工书写的契据等侨乡文书显示出铁路华工出洋的方式。

1. 乘坐帆船远赴金山

1850 年前后，华侨乘帆船出洋。一帧 1923 年在广州烧制的华侨李俊乾夫妇的纪念瓷像①记载了这一史实。李俊乾是广东新宁县人，生于道光辛卯年（1831 年），瓷上文字描述李俊乾说：

（他）为人勤俭谦厚，富冒险性，少年时乘帆船渡太平洋谋生，足迹

---

① 此瓷像由广东江门市李镜尧先生收藏。

遍新金山雪梨及北美洲砵崙等埠，往复数次，薄置田宅。①

瓷像的文字显示，李俊乾正是在"淘金热"和修筑北美铁路时期前往海外谋生的，碑文中没有记载他是否参加修筑美国铁路。五邑侨乡的民间歌谣中也有一些记载华工乘帆船漂洋过海的经历，例如下面这首歌谣：

　　咸丰二年造金山，
　　担起遥仙万分难；
　　竹篙船，
　　撑过海，
　　离妇别姐去求财；
　　唔挂房中人女，
　　唔挂二高堂。②

根据美国加利福尼亚州参议会和美国参众两院调查中国人入境问题时知情人所作的证词可知，在 19 世纪 60 年代铁路华工出洋高潮时期，华侨从家乡到香港、从香港到北美目的地的旅程，有乘坐帆船和轮船两种方式。③ 对于乘帆船漂行万里谋生的铁路华工而言，其艰苦卓绝是不言而喻的。李俊乾后代在纪念瓷像上记载了其先祖的一段人生感悟：

　　人系苦里根，
　　未苦未成人，
　　万般都是假，
　　勤俭乃是真。

____

① "新金山"系指澳大利亚，"雪梨"即澳大利亚悉尼（Sydney），"砵崙"即美国俄勒冈的波特兰（Portland），近代操粤语的华侨常常以其方言音译国外的地名。

② Marlon K. Hom, *Songs of Gold Mountain: Cantonese Rhymes from San Francisco Chinatown* (Berkeley and Loa Angeles: University of California Press, 1987), p. 39. 咸丰二年为公元 1852 年。"唔"即粤语"不"的意思。

③ 卢文迪等编：《美国外交和国会文件选译》，转引自陈翰笙主编《华工出国史料汇编》（第 3 辑），第 236、258、304、308 页。

李俊乾所言的"苦"和"勤俭"几个词是早期华工人生经验的总结。出洋前家庭生活苦，出洋路途苦，海外打工苦，思念家人苦，唯有勤劳和节俭才能逐步改善个人与家庭的命运。李俊乾75岁寿终，妻子85岁寿终，也算人生圆满，能够如此，与他一生的艰苦奋斗、勤俭节约，"薄置田宅"密不可分。华工们普遍秉持着敢于冒险、与命运搏击的精神。

2. 主动借债出洋谋生

大量史实表明，不少早期出洋的华工是由西方列强为开发其殖民地而在中国沿海地区雇佣或勾连中国人口掮客诱骗、强迫其流落异国他乡的，这些被贩卖的华工被强迫签署一份看似义务与权利明晰的契约，但实际上他们形同奴隶，人身权利得不到保障，被称为"猪仔华工"或"契约华工"。

前往美国谋生的华工虽在客观上受生活所迫，但他们选择出洋一般都是因受招工宣传中光明前景的诱惑，或因先前由"金山"发财回乡的乡邻的示范效应，而非暴力强迫所致。西方知情者认为，这些欲前往美国但无钱购买船票的华工与华人会馆或华人富商签订契约，由其代付船票费，此种华工被称为"赊单华工"，这类契约并不限制华工的人身自由。"中央太平洋铁路公司需用上万的筑路工人"，这种的巨大需求是"本地劳工市场所不能供应的，于是该公司把钱汇往中国，找来他们所需的工人"。华人六大会馆与美国港口的轮船公司签有协议，没有会馆的许可证明，华工很难买到船票回归家乡，[①]通过这种方式保障了借款出洋华工履行契约义务。胡其瑜的最新研究也表明，那些契约华工主要是被诱骗、绑架到其他美洲国家诸如秘鲁、古巴和墨西哥等西方列强的殖民地，但没有发现美国有类似的契约华工。[②]

新近在民间发现的侨乡文书印证了近代早期华工主动借债到美国淘金求财的史实。这种契据有三种类型。

第一种类型是家庭内部或家族至亲之间的借款契据，这种契据一般不

① 卢文迪等编：《美国外交和国会文件选译》，转引自陈翰笙主编《华工出国史料汇编》（第3辑），第269、290页。
② ［美］胡其瑜（Evelyn Hu – Dehart）：《何以为家：全球化时期华人的流散与播迁》，周林译，浙江大学出版社2016年版。

是高利贷，如果履约发生问题，可以协商解决，以维护亲人之间的和谐关系。现存最早的一张与出洋"淘金"有关的契据是咸丰三年（1853）十二月由名为"廷倬"和"廷藻"的两个人订立的。① 订立契据的目的在于调处赴金山"淘金"的两名家族成员"廷俸"和"廷傧"归还咸丰二年（1852 年）二月"往金山营生"所借款项时发生的纠纷。从契据来看，两个人在出洋时分别向家族成员借了陆拾两本银，但一年后回来时，廷傧归还本利陆拾伍两，而廷俸仅仅归还了肆拾两，为化解由此产生的家庭矛盾，族人遂召集"衿耆公处"，旨在"日后不得多生议论，致伤兄弟之和"。该契据中两次出现"往金山营生"的文字，这是目前发现的最早称呼北美洲为"金山"的民间原始文献，由此可以推断，1948 年加州发现金矿的消息传到广东时，可能百姓就称其为"金山"了，这与前述侨乡歌谣中"咸丰二年造金山"不谋而合，可见，从 1852 年起，贫穷的五邑地区青年中就掀起了出洋"淘金"的热潮。这一史实亦可得到国外原始档案的印证。1852 年 5 月 17 日，香港对华贸易监督包令致英国外交大臣马姆兹伯利的公函中说："现在已经有少数几个中国人从加利福尼亚带着小小一份钱财回乡。他们的发财致富和他们所夸耀的'金山'（加利福尼亚）方面的无限财富，差不多已使他们本乡的人们如痴如狂，人人想要出洋。"② 此张契据显示，赴"金山"的华工是在家族内部借贷，在借款人没有履约的情形出现时，通过有威望的族人调处予以解决。当时了解华工出洋方式的美国人对此亦有记载："那些没有钱来此地的中国人便向他们的亲戚朋友去借。这些人来到此地之后，挣到工钱还清债务之后，又寄钱回家资助在家乡的亲友搭船到美国来。"③

　　第二种类型是华工向并非至亲的族人或本地乡邻借贷出洋的契据，这种契据一般都是债主向借债人放高利贷，履约具有强制性，需要家人担保。咸丰六年（1856 年）黄官奕"为因往金山获利，盘费不敷，恳求西龙社乡老黄玉涵、邓捷魁，值理黄会辉、黄达德、关瑞结等情愿发船位本银壹拾捌两正，言定以限一年为期，本息清还，每两要计息银壹两伍钱

① 《咸丰三年十二月廷倬、廷藻立讫帖》，广东江门市李镜尧先生藏。
② 卢文迪等编：《英国议会文件选译》，转引自陈翰笙主编《华工出国史料汇编》（第 2 辑），中华书局 1981 年版，第 3 页。
③ 卢文迪等编：《美国外交和国会文件选译》，转引自陈翰笙主编《华工出国史料汇编》（第 3 辑），第 246 页。

正。如至期无银还，仍要每两每年又加息银壹两算"。这显然是高利贷，如若届时无银归还，"系伊父子家人填还抵足，毋得异言"。这份契据写明由黄官奕"合家担保"，父亲黄元盛署名。① 另一张借高利贷出洋的契据是同治元年（1862）十月二十九日名为"益所"的人所立的"让帖"。该契据写道：咸丰七年（1857），益所与益臣二人将肆拾两银子借给"振培往金山操金"，此时因急需用钱，益臣与父亲商议将此契据的权益转让给名为"振能"的人。1857 年签署的"按帖"商定："对期本利赔还银壹佰贰拾两正，如过期无银交清，依壹佰贰拾两银每计息，每两每月三分算"。② 1862 年时，振培尚未回乡，所以才有将"按帖"出让的情形发生。这张契据的借债人、债权人的人名都省略了姓氏，这表明该契据是族人或乡村熟人之间所订立的契约。

　　第三种类型是典型的"赊单华工"契约，即由专门从事招募华工的中外公司、商人与出国华工签订的借款契据，这种借款都是高利贷，且由一套专门的机制保障借贷者履行义务。譬如，光绪二十三年（1897）三月华工关如裕前往美洲时借高利贷的"欠银单"写得很明白：

1897 年华侨前往美洲时的借款凭据

　　兹在香港取得关国松汇单银叁佰壹拾贰元正，订明限搭花旗公司毡拿火船到旧金山大埠，上岸拾日即如数附回香港关国松收，不得拖欠，如无银交或交不清，照每百元每月加息银叁元算，向担保人取足，无得推诿，立单为据。③

　　这张契据与 1876 年 4 月 14 日前任驻华公使和前任加州州长镂斐迪在参众两院作证时所说的情形非常相似，他说："来此地的中国人完全不受定期为人佣工的约束。他们的契约不过是规定偿还赊欠的出洋船票，另加

---

① 《黄官奕立领银数帖》，咸丰六年（1856）正月十二日，江门五邑华侨华人博物馆藏，馆藏号：zl.7（341）。

② 《同治元年益所立让帖》，同治元年（1862）十月十九日，江门五邑华侨华人博物馆藏，馆藏号：zl.6（023）。

③ 《关如裕欠银单》，光绪二十三年（1897）三月十二日，江门五邑华侨华人博物馆藏，馆藏号：zl.2（907）。

一些利息、风险费、手续费等。契约里完全不提做工的话。"① 这份"欠银单"的主要条款是印制的统一格式，只是在借款人、借款额、借款担保人、借款日期等处留出空白待填，说明关国松是在香港专门从事为华工做"赊单"生意的人，华侨以此种赊单方式出国并非个案，而是很多人的无奈选择。关如裕的借款没有担保人，可能他与贷款人关国松有一定的亲属关系，属于人际交往圈内的较为可靠之人。也可能关国松与美国华人会馆或其他需要招工的组织订有协议，能够保障借款人履行义务。欠银单显示，关如裕的借款并未在规定的日期内还清，而是在借款的半年之后才还的，按照约定，他应该是付出了大量的利息的。

以上契据显示，赴北美"金山"地区打工的华工主动通过举债获得出洋经费。出国需要通过亲友借款，凑足出国经费是非常普遍的现象。家庭核心成员之间是无偿和义务资助，而在远亲和同乡之间，往往是放高利贷，兹举一例说明。1888 年广东开平县人关德宽由"金山"（此处是指三藩市）写给关廷杰的信中说：

> 弟幸赖平安到埠，无容尊念。……现付来大鹰银六十五元（七二算），祈查收入，代弟即过还崇蓁之数，取回原帖，交弟胞兄收贮。若有银余者，交弟胞兄以为家务；兄汝贮亦可。但弟欠汝之项，或延一月之久，亦当付来可也。②

从关德宽的书信看，他似乎不是第一次出国，因为他一到美国，就能够筹到钱归还借款，也可能是他在美国有近亲属相助。实际上，很多借款不可能一踏上彼岸就有款项归还，华工只好承受重利盘剥，正如华侨歌谣"家贫柴米患，贷本来金山"③ 所言的那样。

---

① 卢文迪等编：《美国外交和国会文件选译》，转引自陈翰笙主编《华工出国史料汇编》（第 3 辑），第 231 页。

② 《关德宽致关廷杰的信》，戊子年（1888 年）三月二十五日，江门五邑华侨华人博物馆藏，馆藏号：z1.5（952）。

③ 《木屋拘囚吃尽苦》，载《金山歌集》，美国旧金山·金山正埠大光书林印行，1912 年版，第 14 页。

三　铁路华工寄钱回家的方式

　　早期赴北美的华工受到家乡贫穷、社会动乱难以为生的"推力"与金山发财致富的希望和机会的"拉力"的双重作用,他们的初衷就是发财致富、衣锦还乡,改变个人和家庭的命运。因此,通过寄钱、寄信与家人保持联系是其日常生活的重要内容之一。北美华侨在寄钱回家的同时也寄上家书,两者一起进行,汇款(银)与家书(信)在粤语方言区被华侨和侨眷合称为"银信"。

　　铁路华工时代的银信是如何从华侨侨居地寄到侨眷手中的呢? 1938年,姚曾癀等学者在广东侨乡调查华侨汇款时,根据 A. W. 鲁米斯(A. W. Loomis)撰写的《华人六大会馆》(*The Chinese Six Companies*)一书,并结合自己的调查,认为是用"信汇法",并说"信汇业务多由在美洲,尤其檀香山及旧金山等地华人商号兼营,美洲信汇法之起源很早,沿革已难稽考。证诸史册,约滥觞于 19 世纪 60 年代"。当时旧金山的六家会馆"专门办理招募华工,华侨登记,仲裁纠纷,以及代华侨寄递信件、转送款项等事宜,各家会馆与美国各大轮船公司及广东省各口岸及本邑皆有联络。他们时常派人往来于旧金山与中国各口岸之间,并为侨民带送信款返国"。① 这种说法大致不谬,但是缺乏更多的细节,通过华侨书信、账簿等可以弥补此方面研究的不足。

　　1. 华侨亲自或托回国亲友带回金钱

　　现存最早的北美华侨书信是 1883 年由美国华侨关壬子写回广东开平县的几封书信,其中最早的一封写于 1883 年农历四月二十一日,信中说自己与胞兄关廷杰"握别以来不觉十余秋",这说明他是在 1870 年前后出洋的,并提及此次"付来银伍元正",1882 年农历十一月"付归银拾元正"是"交余阿有兄台带归"的。② 1883 年农历七月十四日,关壬子给关廷杰的信中询问这两笔款项是否收到,并说又托人带来一笔伍元的新

----

① 姚曾癀等:《广东省的华侨汇款》之《序言》,商务印书馆 1943 年版,第 9 页。
② 《关壬子致关廷杰的信》,癸未年(1883 年)四月廿一日,江门五邑华侨华人博物馆藏,馆藏号:zl.5(951)。

款项：

> 旧岁十一月中旬付归银拾元正，祁（其）银交与余村余福章兄带归。本年四月中旬付归银伍元，祁（其）银交与狗牌冲三宝堂李炳祥带归，未知得收否？现付来银伍元正，祁（其）银交与川山蛇关阿强带归。①

这封信显示，连续三次给家人的钱款都是通过回国的熟人带回的。这种现象可能在早期十分盛行，直到 20 世纪初期，华侨回国亲自或托人带回金钱仍然是较为普遍的现象。1904 年，江门海关记载说：

> 金银出入。有由外洋自行携归者，故关册未得齐备，数目必有不符。本埠之西南各县，其居民来往新旧金山、新加坡等埠络绎不绝，每年决有大款进口无疑，唯向不报关，无从知其详细，此款虽无确数可查，而睹其地方殷富，可知予言不谬也。②

2. 通过北美洲—香港—侨乡的华商商号寄递银信

托人捎带的方式远远不能满足海外华侨递送银信的巨大需求，因此一条从北美洲华侨侨居地到华南国际交通、贸易和金融中心的香港，再到内地侨乡的华商银信递送网络应运而生，并发挥了重要作用。值得注意的是，这个网络不是仅有一张密集的大网，而是由同族、同村、同乡或同县的海内外商人以血缘或地缘为纽带编织的多重网络构成的。

前面提及的关廷杰，1883 年旧历四月初二在广东开平县家乡接到一封来自香港宝华商号名为"朝倡"的人的信函，曰：

> 廷杰尊兄台见及：启者：昨接来信，说及壬子兄有银信一封由永同安

---

① 《关壬子致关廷杰的信》，癸未年（1883 年）七月十四日，江门五邑华侨华人博物馆藏，馆藏号：zl.5（953）。

② 《光绪三十年江门口华洋贸易论略》，载《"中华民国"海关华洋贸易总册：民国纪元前八年（1904）》，台北"国史馆"，1982 年重印，第 96—97 页。"本埠之西南各县"系指北美华侨人数众多的台山、开平、新会、恩平和香山等县。

付来，弟亦如命往问过他矣。①

"永同安"应是北美洲华侨侨居地的商号。早期华侨汇款，先将钱款交给熟识的从事银信递送业务的华人商店，这些商店将华侨的汇款集中起来，通过定期的国际客轮寄到香港熟人开办的商号，再通过熟人带至家乡熟识的商号，最后递交到侨眷手中。这样一种熟人圈子的银信网络，实际上是与华人商业网络紧密融合在一起的，当时的各种银信账簿清楚地表明了这一点。

香港是华南的贸易和金融枢纽，海外华侨的存款大多储蓄在此地的金融机构里。由于与内地贸易往来和向内地输送银信的需要，香港诞生了大批经营银信业务的金山庄和银号。在清代和民国时期，如果没有香港数以百计的金山庄和银号存在，很难想象华侨的养家钱款可以顺利递送到家。在江门五邑华侨华人博物馆中，珍藏着一本光绪二十七年（1901）香港金山庄的《各客来往信银记数》，登记着北美几大城市的华人商号通过远洋轮船运到香港的每一笔银信来源、数额及其递送给内地侨眷的结果。大部分铁路华工属于劳工阶层，能够经常回国的人并不多，他们给家人的赡家钱款，也应该采取的是这种方式寄回家乡的。

四　铁路华工如何改变家庭

最早的"淘金"开拓者、铁路华工以及他们的后继者，通过向家乡源源不断地输入财富和新鲜的思想改变着家庭。从华侨文书的记载和遗存下来的华侨建筑文化遗产可以深切地感受到这种巨大的改变。

1. 侨汇在一定程度上改变了华侨家庭的经济和生活条件

银信承载着华侨对家庭的责任，寄托着侨眷的希望。银是华侨的血汗钱，信是华侨对亲人的情思。华侨因为贫困出洋谋生，所以他们在海外辛苦劳作，省吃俭用，把积攒的金钱寄回给国内亲人作为生活费用，这是银信的最主要用途。华侨在家书中谈到寄钱的用途时，最常用的话语是作为

① 《朝倡致关廷杰的信》，癸年（1883 年）旧历四月初二，江门五邑华侨华人博物馆藏，馆藏号：zl.5（950）。

家中的"米粮之用"。

除家人的衣食之外，侨汇最多用于华侨和侨眷关心的人生三件大事：置田、立宅和子弟成婚，《民国开平县志》将前两者称为"求田问舍"，十分贴切。他们的一切目的就是营造一个年老归乡休憩身心的和谐安逸家园。如今依然遍布五邑侨乡村落的碉楼，已成为世界文化遗产，它们与遍布五邑大地的洋楼一起，向世人诉说着华侨先辈曾经日夜萦绕在心头的对美好家园的渴望。

道光咸丰年间，社会动荡，大量五邑人出洋谋生，到光绪年间，一些积有余资的华侨纷纷回乡买田建房。20 世纪二三十年代，台山、开平等地土匪横行，而此时的侨汇十分丰厚，华侨纷纷在家乡建筑碉楼、洋楼，一则防匪以自保，二则可以改善生活条件。

一般来说，积累了一定钱财的华侨家庭都会购买田地。华侨工人家庭，除了特别缺乏劳动力的以外，大都是自己耕种，有些家庭还需要租入部分土地以满足生活需要；华侨商人家庭的土地则大都用来出租。也有些家庭为了子孙出洋，不惜卖掉土地，赚了钱以后再赎回田地。譬如，光绪二十二年（1896）的一份卖地契约记载，一个名叫"谢日晓"的人"因现有子孙往金山宜银应用，无处计备"，故将祖先遗留的部分田产变卖。[1]总而言之，在五邑侨乡，土地流转的频率是比较高的。

在购买田地的同时，不少华侨开始建造屋宇。清朝光绪年间的新宁知县李平书评论说："宁邑地本瘠苦，风俗素崇俭朴。自同治初年以来，出洋之人日多，获赀回华。营建屋宇，焕然一新，服御饮食，专尚华美，婚嫁之事，尤斗靡夸奢，风气大变。"[2]　"举目乡间，村落焕然，屋宇丽都。"[3] 这说明五邑地区大量侨汇的流入，是侨乡建屋兴起的主要经济支柱。

一些归国的华侨除了在本乡本村建房外，还在诸如江门、县城、省城广州等城镇和城市购地建房。《江门海关十年报告（1904—1911 年）》记

---

① 《谢日晓变卖田产揭帖》，光绪二十二年（1896）六月初五，广东江门市罗达全先生藏。

② 李平书：《复陈抚宪许咨访地方情形附禀》，载李平书《宁阳存牍》，粤东省城刊印，光绪戊戌年（1898）版，第65a页。这里的粤东省城即广州。

③ 觐廷：《对于温高华不准华人新客到埠之感言（续稿）》，《新宁杂志》1914 年第 15 期，第 2 页。

述说："在本市区东区有些较新、较大的房屋，它们是归国华侨的房屋，那里的房屋对卧室光线有很大改进，虽然厕所也修得不错且收拾得妥当，但对污水的处理仍然不好。"① 华侨们已经习惯和喜欢都市的生活方式。

2. 华侨家庭的社会地位得到改变

随着几代人的打拼，华侨家庭经济地位改善，财富增加，子弟教育水平提高，因而华侨家庭在侨乡的社会地位显著提升，已经致富的华侨家庭在家乡显摆露富，进行炫耀性消费，他们的子弟在建立婚姻关系时具有明显的优越地位即为重要表征。

地方史志记载，侨乡社会生活风尚的改变正是出现在淘金华工和铁路华工大量涌现之后的时期。1909 年，新宁县县令覃寿坤颁布禁止婚丧嫁娶等社会生活中的奢侈浪费行为的《告示》，其中谈到，"访闻县属，咸同以前，颇崇俭朴，自出洋人多，获赀返里，风气为之一变，迩来竞奢尤甚"。② 咸丰皇帝统治时期为 1851 年到 1861 年，同治皇帝统治时期为1862 年到 1874 年，正是淘金华工和铁路华工兴盛的时代，这说明，是早期华工们大量的血汗金钱逐渐改变着侨乡的社会生活方式。华侨家庭为什么把血汗钱用于建立奢侈的生活方式呢？一个深层原因是，华侨及其家庭原本处于乡村社会中最低的社会阶层，他们通常以炫耀式消费来显示他们通过在金山的拼搏已经衣锦还乡，是人生的赢家，从而达到提升家庭社会地位的目的。笔者对华侨书信的研究和田野调查表明，无论近代时期的华工，还是当代从农村走出国门的华侨新移民，对于在家乡熟人圈中通过捐献、建造豪华住宅等方式建构自身成功的形象都十分看重，譬如，民国时期台山华侨陈奏平在信中劝说同在国外谋生的陈金铭说："金铭四哥雅鉴：……想吾兄出洋屈指数年，自当回唐一转，金钱多少又何足计较，总要少年归国，乃为荣耀，否则他时年尊老大满载而归又何足怪哉！"③

华侨家庭经济地位和社会地位的改变，使他们的子女在建立婚姻关系时具有十分优越的地位，这方面的民间歌谣非常之多，譬如："有女莫嫁

---

① Oliver G. Ready, *Decennial Reports*, Kongmoong, 31st December, 1911, p. 191. 此英文文献归档于江门海关档案，现藏于广东省档案馆，案卷号：672。

② 《覃明府申禁妄费告示》，《新宁杂志》1909 年创刊号，第 35 页。

③ 《陈奏平致陈金铭的信》，10 月 23 日（具体年份不详），广东江门市罗达全先生藏。

耕田人，时时泥气郁败人；有女要嫁金山客，打转船头百算百。"① 从华侨书信可知，无论是海外华侨还是侨乡民众，大都希望与金山客或他们的子弟攀上姻缘。

以新宁县华侨梁芳荣家庭为例。根据梁芳荣妻子 1922 年准备移民美国时的口供纸可知，梁芳荣于 1880 年出生于"金山"。华人口供纸中的内容有真有假，需要仔细辨别。该口供纸中梁芳荣的姓名与其来往书信中的姓名一致，这说明梁芳荣的父亲可能是在淘金时期或者修筑铁路时期出洋的，他并不是冒名顶替的"纸面儿子"（Paper Son），至于梁芳荣是否在"金山"出世则很难判断，也有可能 1906 年三藩市大地震时他父亲向政府注册为入籍美国的华人，因此使梁芳荣获得"出世仔"的身份，得以移居美国。② 梁芳荣的书信显示，他曾在美国加州的三藩市、俄亥俄州的粗朗度（Toledo）等地谋生，1927 年返回国内。梁芳荣在美国从事商业，他的成功使其子女在家乡成为有名望家族攀亲的对象，1919 年梁芳荣的女儿培嫦嫁给当地叶姓富翁的儿子，两家人皆大欢喜。梁芳荣的两个儿子在写给父亲的信中描述了姐姐的婚姻盛况：

> 培嫦姊于正月十一日已经过门，乘四人抬之大轿，兼有先生、书友锣鼓架护送，随路烧炮仗，男女见者无不喝彩，亲家搭酒厂用银百余元，新宁中未有如此之大。当初母亲意欲不用四人抬之大轿并锣鼓架，但亲家定意要用，至人工银皆亲家所出。培嫦姊去归，一切辛苦工不做，虽煮饭扫地，亦不准做，甚至装饭，亦是婢女装梅而后食。虽千金小姐，未有如此之爽也。……再者母亲亦知嫦姊年少，非是粗心肝嫁归，亦见均锡极致丰富，好难得如此之门口，是以母亲一心应承。就此村中男女老幼皆欢喜好门户，故母亲就放心嫁培嫦姊去归。③

确实，梁芳荣家乡的很多人在写信时对这一桩婚事给予了极高的评价。一位名叫"照文"的人对梁芳荣说，培嫦的这门亲事好难得，"今配

① Marlon K. Hom, *Songs of Gold Mountain: Songs of Gold Mountain: Cantonese Rhymes from San Francisco Chinatown* (University of California Press, Berkeley and Loa Angeles, 1987), p. 47.

② 《梁芳荣妻子黄氏的口供纸》，1922 年，广东台山市李柏达先生藏。

③ 《梁炳超、梁炳璁致父亲梁芳荣的信》，1919 年旧历二月二十八日，广东台山市李柏达先生藏。

合如此富家弟,亦欢喜无疆矣"。① 另一位名叫"曾毓英"的人对梁芳荣说:"令千金许配叶姓富翁为媳,十分欢喜可贺也。"② 通过与当地富有名望的家族联姻是华侨家庭的社会地位得以提升的方式之一。

3. 铁路华工编织了移民网络

淘金和修筑铁路时期华工大量奔赴北美洲,从而成功地编织了从华南侨乡到香港、再到北美洲的移民网络,后来美国虽通过了《排华法案》,但华侨还是能够找出突破官方移民限制的办法,使其子弟继续前往美国谋生,这得益于此前已经形成的移民网络,兹举两例说明。

先看陈以琳的事例。根据 1919 年由中国驻金山总领事署发给他的回国护照记载,陈以琳是广东开平县人,时年 71 岁,那么他应该是出生于 1848 年或 1849 年,如果他 18 岁出洋,也可以赶上修筑中央太平洋铁路,属于修筑铁路华工那一辈人。1919 年他回家颐养天年时,已经把自己的儿子陈宏壮和 20 余名亲属都迁移到美国了。归国之后他还经常利用自己的人脉和经验帮助亲友移民,因而在乡间很受尊重。③

再以前述梁芳荣家族为例。他的父亲应与陈以琳是同一辈人。在美国站稳了脚跟的梁芳荣不断地把在家乡无以为生的亲属设法送往美国打工。1910 年 4 月,梁芳荣表弟芳鸿给他的信中说:"前日兄台代弟设法打算,称说'作金山之路'",因而非常高兴,请求梁芳荣"千祈栽培,多劳感大德也"。④ 可能芳鸿在此前的信中已经恳求表兄为他设法办理去美国谋生的必要手续。1910 年 7 月,梁芳荣的女婿"英述"恳请岳父将他带到金山谋生,其言辞甚为谦卑恳切:

今日百物腾贵,百钱升米之时,谋食甚是艰难。……愚婿在家无好工可做,工价太贱,所以草字呈上,不顾羞耻,望大人慧顾照贫,设法取美国路,渡愚婿过来。……欲想发达,除外洋之外,再无他处。本不敢尽口,见亦属父子之亲,倘日后有发达,皆大人所赐也,然此恩此德,比于生身父母更大焉,当日夜焚香告祝大人之恩。⑤

---

① 《照文致梁芳荣的信》,1919 年 5 月 27 日,广东台山市李柏达先生藏。
② 《曾毓英致梁芳荣的信》,1919 年旧历三月初二,广东台山市李柏达先生藏。
③ 陈以琳的护照和几百封家信现藏于江门五邑华侨华人博物馆。
④ 《芳鸿致梁芳荣的信》,庚戌年(1910 年)四月初五,广东台山市李柏达先生藏。
⑤ 《英述致岳父梁芳荣的信》,1910 年 7 月 21 日,广东台山市李柏达先生藏。

这个女婿最终顺利到了美国，另一个女婿锦祥在梁芳荣归国后也踏上了去美国谋生之路，成为时人艳羡的"金山客"。

在帮助亲属移民美国时，梁芳荣与香港开办广合源商号的雷维治关系密切。1912 年，雷维治写信给梁芳荣报告帮助寻访移民到美国证件的事宜，说"现因列强未曾承认我'中华民国'"，因此不能取得中国国民移民的证件，"只有生意仔纸、出世仔纸耳，该二样纸现未有，待迟日有到，然后再通知便是"。① 1919 年，雷维治给梁芳荣的信中又谈及帮助梁芳荣"内弟"移民事宜，为此梁芳荣寄给"唐银叁佰元"，给内弟作为船费。②

梁芳荣帮助亲友不断移民到美国谋生的经历，应该是铁路华工那代华工群体在 1882 年美国颁布《排华法案》后比较普遍的经历。经过铁路华工那一代人及其后辈的辛苦努力，编织起遍布北美各地的移民网络，台山、开平等侨乡民众普遍心怀"金山之梦"，他们把到北美洲谋生作为最重要的人生选择。正如有人评论的那样："台人三十年来公脑中唯一之大目的，则去金山而已，去金山之口头禅而已，舍去金山外无所谓劳力，亦舍去金山外无所谓职业。"③ 进入民国时期，国家四分五裂，家乡社会动荡，土匪横行，华侨们"颇感故国之满途荆棘，何如美洲之海外桃源，携眷西渡，适兹乐土。爰居爰处，生斯长斯，又几视乎美洲为新宁之第二家乡矣"。④

① 《雷维治致梁芳荣的信》，1912 年 5 月 10 日，广东台山市李柏达先生藏。"生意仔纸、出世仔纸"为粤语，即美国商人身份证和美国公民子女身份证。在美国排华期间，只允许中国的官员、商人、教师、学生和游客入境，禁止华工入境。拥有美国商人身份和美籍子女身份的人可以将其证件售卖于他人，供其冒籍入境，此即为"纸面儿子"（Paper Son）。这种现象出现的根本原因在于美国对单一民族实施不公正移民限制的《排华法案》的实施。
② 《雷维治致梁芳荣的信》，1918 年 11 月 5 日，广东台山市李柏达先生藏。
③ 戆：《欧战与台山人之关系（再续）》，《新宁杂志》1914 年第 27 期，第 1 页。
④ 朱仲缉：《序言三》，载黄福领、朱仲缉编《全美宁阳第一届恳亲大会始末记》，第 34 页。

五 从修筑美国的铁路到修筑家乡的铁路

早期华工在外打拼，有些人逐步积累了财富。他们牵挂着家人，也关注着家乡。因美国的排华政策和种族歧视，他们无法在侨居地落地生根，叶落归根是华工唯一的出路。随着清政府废除禁止移民的律例，铁路华工这一代人开始把目光聚焦在家乡建设上。1897 年，新宁县唐美村耆老"倡议开办学校，以作育乡中子弟……斯议一倡，乡人热烈附和，尤以旅外昆仲互相解囊捐金汇归，于是唐美学校之雏形告成"。[①]

清末民初，侨乡社会动荡，土匪蜂起，绑架勒索事件时有发生，家乡治安问题突出，引起了海外华侨的关注。譬如，1912 年，开平县华侨谢珮圣给谢维焜的信中谈到了在三藩市本村华侨中筹捐家乡村落"看更"费之事，此时已经筹集到 300 元，但他认为"要尽力捐助方能有效"。[②]在另一封信中，谢珮圣谈及在本村举办学校之事，他说：

本族倡办两等小学堂缘簿，村彦捐 150 元，愚捐 150 元，余外 100元、50 元居多，约共 1000 元之谱，此事最有益养人才宗旨，若能周转财政，不妨多捐几百，留名万载。现各兄弟议论，美洲头名必不出汝与彦进兄矣。本应亦要做也。人生世上，最紧要系名誉也。若果贫穷亦无能为也。总至出自各人善意便是。[③]

上述各类华侨举办公益事业的举动，在清末已成普遍之势。在台山、开平等侨乡，一般民众都是聚族而居，地方事务很多时候也是家族的事务，家族或地方精英在地方事务中发挥着关键作用。一份光绪二十六年（1900）由草坪村各家房长集祠议事后签署的筹集公用经费的"合约"，对于外洋谋生的本族人提出了特别要求：

---

① 启元：《唐美学校史略》，载《唐美季刊》，1935 年 12 月创刊号，第 1 页，台山市档案馆藏，档案号：1—7—257。

② 《谢珮圣致谢维焜的信》，1912 年旧历七月初三，广东台山市关翌春先生藏。

③ 《谢珮圣致谢维焜的信》，1912 年旧历七月初八，广东台山市关翌春先生藏。

要将各人往金山州府外洋等处有银付归，每元抽科银柒厘贰归众；做生意每字号股份每年抽科银壹大元正归众；如果横财大发与及意外之财等，每两抽科银五份正归众；至外洋回家之日，每名抽科银拾大元柒贰兑归众，防御科银壹元归众；倘有财贽贰仟以上回家，令签多助；倘有付银回家，隐匿不报，众一见查出，将抽之银加倍收足，无得异言抗阻；倘有恃强不遵，合乡向伊家长取足。[①]

上述事例说明，无论是铁路华工自身还是他们家乡的乡亲们，仍然把华侨视为本村的居民，他们对本族本地负有更大的责任和义务，理应对家族和地方社会事务投入更多的金钱和精力。

铁路华工那一代人为修筑横贯美国大陆东西两岸的中央太平洋铁路付出了血汗乃至生命，但是这样巨大的贡献并没有换来这个国家当时的主流民意和统治者的认可，1882 年的《排华法案》使他们的生存境遇越来越艰难。然而，由于祖国和家乡不尽如人意，他们仍然想方设法留在美国谋生，也千方百计地使他们的子弟前往美国打工，但他们的梦想是建设好自己的家乡和国家，实现家乡和祖国政治和经济的现代化。侨乡兴起的华侨举办学校、图书馆、医疗和交通等慈善事业与投资工商业的风尚，就是从铁路华工这一代人开始的。

铁路华工及其后代谋求推动侨乡现代化最显著的事例是新宁铁路的成功修筑。1904 年，以美国华商陈宜禧为首，趁着清政府推行"新政"、倡办工商业的机遇，在家乡筹备建设新宁铁路。陈宜禧在向清廷申请筹办铁路的呈禀中，"声明不收洋股，不借洋款，不雇洋工，以免利权外溢"，商部右丞王清穆在奏折中介绍陈宜禧说，他"在美国金山各埠承办铁路工程，先后四十余年，于筑路情形较有把握"。[②] 经清政府批准，该路于1906 年动工。英国人控制的江门海关的文件记载说："粤省宁阳铁路初由新宁县属各商倡办，商人中多有由美国及新金山等埠回华者，建筑工程甚

---

① 《草坪村各家房长科银公用经费合约》，光绪二十六年（1900）正月十九日，广东江门市罗达全先生藏。

② 《商部奏绅商筹办新宁铁路拟准先立案折》，光绪三十二年（1906）正月二十二日，原载《新宁铁路股份部》，转引自郑德华、成露西《台山侨乡与新宁铁路》，中山大学出版社1991年版，第135—136 页。

为快捷。"① 1909 年，该路局部建成通车，江门海关记载了其盛况：

> 本年中历四月十六日，为宁阳铁路落成开幕之期，是日燃烧爆竹声响
> 隆隆，各堂学生皆办效洋装，联群结对，吹角鸣鼓，欢庆异常。……建筑
> 是路，悉由华人自行设立公司，招集股本，工程师亦以华人充之，无须洋
> 人相助为理倡设，此路之陈君宜禧，曾游美国四十三年，后即就目前之时
> 日出自蓄之资财，专心筹办，是陈君大有造于此路也。……考该公司集股
> 之法，计每股收银伍元，共得叁佰万元，此数侨寓金山之新宁籍人占四分
> 之三，余则本乡人所集。②

以陈宜禧为代表的新宁铁路的建设者中，不少人应是参与北美铁路建
设的华工，该路的修筑以"不收洋股，不借洋款，不雇洋工"为号召，
立下了"以中国人之资本，筑中国人之铁路；以中国人之学力，建中国
人之工程；以中国人之力量，创中国史之奇观"的宏愿，修筑完成了一
条 130 多公里的铁路，这在同时代的中国铁路建设史上是独一无二的，因
此，海外台山华侨一直以此为荣，他们说：

> 初陈君宜禧，由粤返美，鉴于宁邑交通之不便，因在美发起建筑宁阳
> 铁路，当由宁阳会馆倡始认股。其他侨商闻风响应，不期年而叁佰万金齐
> 集。宁阳铁路因以告成，不特为宁邑及粤民谋交通之便利，亦实为全国商
> 人创办铁路之先声。③

铁路华工为"他人"修筑铁路，他们的贡献在很长时间里不能得到
那片土地上绝大多数主人的认可和尊重，不能给予他们平等的待遇。同样
是这些铁路华工及其后代在自己家乡的土地上自主修筑新宁铁路，他们的
贡献从始至今，一代代的家乡人没有须臾忘怀，虽然这条铁路于 70 年前

---

① 《光绪三十四年拱北口华洋贸易论略》，载《"中华民国"海关华洋贸易总册：民国纪元
前四年（1908）》，台北"国史馆"，1982 年重印，第 104 页。

② 《宣统元年拱北口华洋贸易论略》，载《"中华民国"海关华洋贸易总册：民国纪元前三
年（1909）》，台北"国史馆"，1982 年重印，第 108 页。

③ 《为宁阳恳亲大会致辞》，载黄福领、朱仲缉编《全美宁阳第一届恳亲大会始末记》，第
111 页。

毁于日本侵略军的战火，早已烟消云散。

今天，太平洋两岸的人们都一致肯定并缅怀百年前铁路华工的历史贡献，这是对他们最好的慰藉。

（刘进：五邑大学广东侨乡文化研究中心教授）

美国铁路华工研究中值得注意的几个问题

沈卫红

【内容提要】美国铁路华工研究是一个系统工程。研究者由于受地域文化、语言、认知等因素的局限，往往更多地关注铁路华工的美国"在场"研究，未能关注到华工原籍地广东的"原乡"研究，从而难以回答铁路华工研究中必须回答的几个问题：华工从哪里来？华工原籍地村庄状况如何？华工和原籍地的关系如何？所以，应加强华工原籍地广东侨乡、美国西部早期唐人街和广东埠以及美国华人姓氏中英文对照等方面的研究。相应地，铁路华工研究中的"热点"——跨州铁路华工研究，应拓宽到尚处于"冷点"的美国铁路华工特别是西部铁路华工群体研究上。

【关键词】美国社会与文化　铁路华工研究　侨乡　唐人街

1869年5月10日，美国犹他州普罗蒙特雷时间12时47分，北美大陆第一条跨州铁路①宣告建成。这条横贯美国东西部的铁路极大地加速了美国西部大开发的进程。美国内政部在犹他州普罗蒙特雷金钉国家历史遗址公园内竖立了一个纪念碑，镌刻了这一历史事件：

---

① 跨州铁路，又名太平洋铁路或横贯铁路。1862年7月1日，林肯总统签署了第一个《太平洋铁路法案》（The Pacific Railroad Act），规定由联合太平洋铁路公司和中央太平洋铁路公司共同承建太平洋铁路。联合太平洋铁路的起点站是内布拉斯加州的奥哈马。1863年1月8日，中央太平洋铁路在加利福尼亚州萨克拉门托动工向东行。1869年5月10日，东西线在犹他州普罗蒙特雷合拢，跨州铁路全线贯通。

就在这里——犹他州普罗蒙特雷，1869 年 5 月 10 日下午，12:47 时，钉下了一颗金色道钉，第一条跨州铁路宣告竣工。自东而来的联合太平洋铁路与自西而来的中央太平洋铁路展开的戏剧性竞赛在此达到高潮。这标志我们实现了长期以来追求的目标——建成了一条直接通往太平洋、可以与中国进行贸易的运输通道。同时，它也成就了一个伟大的政治目标，即用钢铁脊梁统一美国大陆，实现从海洋到海洋的真正连接。①

跨州铁路西段是长达 1104 公里的中央太平洋铁路，这段铁路有 95% 的工程是在华工加入筑路大军后的四年多时间里完成的，近两万名华工参加了这条铁路的建设。建成这条铁路的代价是沉重的，共有 1200 多名华工为它付出了生命——相当于平均每两英里的枕木下就埋葬着三名华工，有两万磅华工的尸骨被轮船运回中国。当 1863 年 1 月中央太平洋铁路动工时，人们计划用至少 14 年的时间来建成跨州铁路，而中国华工只用了六年时间就实现了美国人 40 年来的梦想。② 跨州铁路建成前，即便是在最顺利的情况下，从纽约到旧金山也要走六个月，而乘坐跨州铁路只需七天。铁路华工为建设美国做出了巨大牺牲和卓越贡献，然而，他们的付出与境遇却严重不对等。1882 年，美国国会通过《排华法案》，这是美国历史上唯一一个针对单一族裔的歧视性法案，它开启了长达 61 年的合法排华运动，直到 1943 年该法案才被废除。

在过去很长一段时期内，铁路华工研究在中美近代交往史研究中是比较薄弱的。近年来，在中美学术界的共同努力下，美国铁路华工研究渐入公众视野。研究者通过对华工主要原籍地广东五邑侨乡和中央太平洋铁路沿线的田野考察，将研究触点下沉，发现并掌握了许多第一手资料，出版了一批很有价值的研究成果。然而，作为一个系统工程，美国铁路华工研究还存在若干值得进一步关注和深入探究的问题。

---

① 沈卫红：《金钉：寻找中国人的美国记忆》，广东人民出版社 2017 年版，第 6 页。
② 同上书，第 4—5 页。

一 铁路华工研究不等同于跨州铁路华工研究

目前，美国铁路华工问题的研究力量主要来自学术界、侨界、文学界和传媒界。其研究各有侧重，各有特点，各领风骚。其中，美国斯坦福大学开展铁路华工研究较早，凝聚了一批科研力量，通过考古调查、口述历史、举办研讨会等方式，为推动美国铁路华工特别是跨州铁路华工的研究做出了重要贡献。在美国铁路华工研究领域，有两位华裔学者的名字不能不提及，他们就是麦礼谦①和胡垣坤。② 虽然他们没有专门研究铁路华工问题，但他们对美国铁路华工研究的推动作用不可忽视。从 20 世纪 60 年代开始，他们携手研究美国华人历史并积极投入华人社区服务中。他们既是研究者，也是社会活动家，发表了大量文章，出版了一系列著作，为争取美国华裔权益做出了重要贡献。他们通过对唐人街和华人社会开展实地调查，把铁路华工置于早期华人的历史格局中加以观照，拓展了铁路华工研究的维度，开拓了美国华人姓氏中英文对照研究和华人社团研究等新的研究领域。特别是麦礼谦先生生前曾多次回到广东侨乡，把美国华工研究与华工原籍地历史研究结合起来，为丰富铁路华工研究留下了许多珍贵的文献资料。他们的研究成果，应引起足够的重视。

美国铁路华工是铸就"美国梦"的一个代表性群体。美国西部铁路建设潮代表了"美国梦"进程中的一个辉煌时代——铁路时代，因此，研究美国铁路华工不应局限在跨州铁路华工的层面，将其作为孤立的华工群体来关注和研究。美国铁路华工不等于跨州铁路华工，前者包含后者，虽然后者被格外关注，但并不能代替前者。

事实上，在建设跨州铁路之前，已有华工参与加利福尼亚州铁路的建

---

① 麦礼谦（Him Mark Lai），祖籍广东，自 20 世纪 60 年代开始致力于美国华人历史研究，出版中英文著作 10 本，发表中英文报刊文章 100 多篇。参见 Him Mark Lai, Genny Lim, and Judy Yung, *Island: Poetryand History of Chinese Immigrants on Angel Island*, 1910 – 1940 (San Francisco: HOC – DOI, Chinese Culture Foundation, 1980)。

② 胡垣坤（Philip P. Choy），祖籍广东，自 20 世纪 60 年代开始致力于美国华人历史研究，出版多部中英文著作。参见 Philip P. Choy, *Canton Footprints: Sacramento's Chinese Legacy* (Sacramento: Chinese American Council, 2007)。

设。1859 年 10 月 11 日的《萨克拉门托蜜蜂报》（*The Sacramento Bee*）刊登的一则题为"铁路上的约翰"的报道这样写道：有一个天朝人获得了一份承包一部分马里斯维尔（Marysville）和旧金山铁路的合同，有大约 250 个中国人在他的工段上干活。在谈到铁路公司的经营情况时，报道说，根据马里斯维尔民主党人的说法，"中国人干活干得很好，吃得不多。一个中国人一天的伙食费是 35 美分。一个墨西哥人一天的伙食是 65 美分。中国人，很好！墨西哥人，不好，吃得太多了。"① 这个报道还传递了一个很明确的信息：为铁路公司服务的华人劳务承包商当时已经开始出现了。1861 年至 1864 年，为运输农产品而修建的从圣何塞（San Jose）到旧金山的铁路工程雇用了白人劳工和华人劳工，并且支付他们同样的薪酬。当该铁路完工之时，中央太平洋铁路公司正在想法设法地寻找劳动力。②

在跨州铁路建成之后，美国西部各地兴起了铁路建设热潮，华工们继续成为这些铁路建设的主力军，为西部大开发做出了杰出贡献。美国南加州历史协会于 1976 年 9 月 5 日在圣菲尔顿隧道（San Fernando Tunnel）旁竖立了华工纪念碑，纪念碑上镌刻着这样一段文字："加州铁路，南北贯通，华裔精神，血肉献功——在铁路建设 100 年之际，我们铭记 3000 名华工，是他们帮助建起了南太平洋铁路和圣菲尔顿隧道。是他们的劳动赋予了加利福尼亚第一条贯通南北的铁路，改变了加州的历史。"③

所以，对美国铁路华工的研究，需把对跨州铁路华工的"热研究"延伸到对铁路华工群体的"冷研究"上，加强对包括加州早期铁路、南太平洋铁路、北太平洋铁路以及对农业大开发有过特殊贡献的西部窄轨铁路在内的美国西部铁路华工的研究——这两者之间有着无法割裂的天然联系。这将极大地丰富对跨州铁路华工的研究。

二　华工原籍地广东侨乡研究

美国铁路华工主要来自广东，这是不争的事实。现有国内外的一些美

---

① 沈卫红：《金钉：寻找中国人的美国记忆》，第 31—32 页。
② 同上书，第 32 页。
③ 梅伟强、关泽锋：《广东台山华侨史》，中国华侨出版社 2010 年版，第 162 页。

国铁路华工研究者由于受地域、文化、语言、认知等因素的局限，往往更关注铁路华工的美国"在场"研究，忽视华工原籍地广东的"原乡"研究，从而难以回答铁路华工研究中必须回答的几个问题：华工从哪里来？华工原籍地村庄状况如何？华工和原籍地的关系如何？

(一) 关于广东侨乡的研究

广东的侨乡以广府语系、客家语系和潮汕语系三大语系来划分。广府语系侨乡包括五邑①和三邑②，客家语系侨乡包括梅县、中山、惠阳、东莞、宝安和台山赤溪等地。长期以来的流行观点都把五邑作为美国铁路华工的原籍地，而忽略了其他侨乡。

根据1866年美国中华会馆的人口登记，铁路华工原籍地来自五邑、三邑和广府地区的客家，其中以五邑为主。1866年7月9日，《萨克拉门托联合日报》(Sacramento Daily Union) 在第三版上刊登了一篇题为"加利福尼亚的中国人"的报道："旧金山的一家华人贸易公司成员提供了以下数据，显示了现在在加利福尼亚的中国人人数。在加州华人六大公司登记的人数分别如下：宁阳公司 (Ning Yeong) 1.5万人；阳和公司 (Yuong Wo) 1.15万人；三邑公司 (Sam Yup) 1.05万人；四邑公司 (See Yup) 9000人；合和公司 (Hop Wo) 8500人；人和公司 (Yan Wo) 3800人；总人数5.83万人。加州超过1/4的中国人此时在中央太平洋铁路和其他改善公共设施的工地上工作。"③ 该报道中的"华人六大公司"就是六大华人会馆，包括宁阳会馆、四邑会馆、三邑会馆、合和会馆、阳和会馆、人和会馆。④ 属于五邑地区的会馆有宁阳会馆、四邑会馆、合和会馆，共有3.25万名华人，约占总人数的56%，其中未包含讲客家话的台山赤溪华侨。三邑会馆有1.05万人，约占总人数的18%。客语系的阳

---

① 五邑，指台山、新会、开平、恩平、鹤山，属今江门市。

② 三邑，指南海、番禺、顺德。

③ "The Chinese in California", *Sacramento Daily Union*, July 9, 1866.

④ 宁阳会馆由台山华侨组成。四邑会馆由台山、新会、开平、恩平四县的华侨创立，后来鹤山、四会两县华侨加入四邑会馆。之后四邑会馆分裂，会员仅以新会华侨为主，易名为冈州会馆。合和会馆由台山余姓、开平和恩平的胡、邓、朱、郑等姓氏组建，后内部分裂，开平、恩平两县华侨脱离另组肇庆会馆。三邑会馆由南海、番禺、顺德三县华侨成立。阳和会馆由中山、增城、东莞三县华侨成立。人和会馆由宝安、惠阳、梅县、赤溪的客家人组成。

和会馆和人和会馆为 1. 53 万人，约占总人数的 26%。如果按照该组数字
比例来分析，1866 年 7 月统计的中央太平洋铁路华工中，五邑华工（含
台山赤溪）约占六成，三邑和客家（不含台山赤溪）华工各自约占两成。
现有的研究资料表明，由于台山等地的华侨是最早的铁路建设承包商，所
以早期铁路华工中五邑华工占大多数，但这并不能意味着铁路华工队伍中
的三邑和客家华工很少。

　　1869 年 5 月 6 日，即跨州铁路在普罗蒙特雷合拢贯通的四天前，《旧
金山晚报》（*San Francisco Evening Bulletin*）刊登了一则报道，其中提到：
"这几天，在距离普罗蒙特雷八英里的维克多利营地（Camp Victory），几
百名来自相互竞争的四邑公司和阳和公司的华工发生了冲突。他们已经怠
工几天了。冲突导致一个营地向另一个营地支付了大约 15 美金的赔款，
因为在冲突中，铁锹、撬棍、道钉、锄头和内部机器被投掷了出来，造成
了财产损失。"① 由于阳和会馆由中山、增城和东莞三县的客家华侨组成，
这则报道说明在中央太平洋铁路完成前的最后一周内，驻扎在维克多利华
工营里的既有五邑的华工，也有同属于广府地区的客家华工。更加值得注
意的是，1869 年 5 月 10 日上午，中央太平洋铁路总监詹姆斯·哈维·斯
特劳布里奇（J. H. Strobridge）从维克多利营地带领八名华工到达普罗蒙
特雷，在跨州铁路合拢点的中央太平洋铁路一侧，铺下了最后一根枕木，
打下了最后一颗道钉。这八名华工中，是否有客家华工，还是都是五邑华
工，是一个值得继续探讨的问题。

　　在铁路华工的一生中，故乡与他乡的关系始终令他们感到纠结。加强
对华工原籍地村史、村志、族谱的研究，可较大程度地弥补美国铁路华工
研究中存在的"重他乡，轻故乡"的短板。从 2014 年起，五邑大学和斯
坦福大学开始进行合作，共同在五邑侨乡华工村落展开考古调查，并取得
了显著的科研成果。这是当前中美学术界合作开展铁路华工研究的最新模
式。五邑大学侨乡文化研究中心对台山、开平等地华工村落进行了田野调
查，并且将研究成果转化为特色村镇建设。这对促进铁路华工的跨学科研
究和成果转化具有开创性的意义。目前，学术界对三邑和客家铁路华工原
籍地侨乡的研究还比较薄弱，应重视铁路华工原籍地研究的地域性差别。

---

　　① 转引自 Rod Beaudry，"Quiet Movers of Mountains"，*Sacramento Daily Union*，May 8，1969。

（二）美国华人姓氏中英文对照研究

在铁路华工语境下的侨乡研究中，美国华人姓氏中英文对照研究值得关注。由于发音存在地域性差别，同一个中文姓氏可以有多种对应的英文表达。同样，同一个英文表达可以有多个对应的中文姓氏。华工姓什么直接关系到华工的原籍地在哪里，对深入研究华工原籍地的侨乡村镇大有裨益。

在加利福尼亚州铁路博物馆公开的中央太平洋铁路公司华工工资单上，华工的名字有以下两种表达形式：

一种表述是"Ah"后面加一个姓氏，这种称呼是广东人的一种习惯叫法，并非真名，如中央太平洋铁路最早的华工队伍领班的名字是"Ah Toy"，目前中文资讯里的翻译是"阿陶"。但是，根据粤语发音，"陶"对应的常用英文名是"Tao"，不是"Toy"。"Toy"对应的中文姓氏为"蔡"，"Ah Toy"即"阿蔡"。而在台山，大江、水步、四九三个镇的蔡姓人口的确很多，是当地的大姓。

另一种表述是粤音的英文姓名，如中央太平洋铁路第一个华人劳务承包商的名字是"Hung Wah"，目前的中文版本都翻译成"黄宏"，但在美国华人姓氏中，"Hung"或"Hong"对应的中文姓氏主要是"洪""熊""汤"。"黄"姓对应的英文是"Wong"，不是"Hung"。最近的相关研究表明，"Hung Wah"的中文名应是"熊华"，原籍地在台山三合镇大朗村的可能性最大。[①]

将这种带有乡音的英文表达翻译成准确的中文姓名很不容易，但这也说明铁路华工研究领域还有较大的空间可挖掘和拓展。

三　早期唐人街研究

铁路修到哪里，华工就走到哪里；华工走到哪里，哪里就有唐人街。这是早期唐人街的规律性轨迹。华工依附于唐人街，唐人街是集中展示华工生存状况的活化石。华工与唐人街的关系犹如鱼与水的关系。所以，研

---

① 沈卫红：《金钉：寻找中国人的美国记忆》，第381—387页。

究铁路华工的一个重要维度，是对早期唐人街的研究。

（一）对铁路沿线早期唐人街的研究

早期唐人街上居住的华工，并非都是铁路华工，铁路华工只是其中一部分人口。但在铁路沿线的某些城镇，如位于内华达州的温尼马卡（Vinnemucca），铁路华工构成了唐人街人口的主体。温尼马卡原来是一个驿站，是中央太平洋铁路铺设出来的城市。在中央太平洋铁路继续向东推进后，有一部分华工留下来继续为铁路公司工作。1868 年 10 月 1 日，温尼马卡正式通火车，几年后，温尼马卡已经形成三个独立的华人区。到 1876 年，三个华人区全部搬到波特街上，形成了繁华的唐人街。铁路华工后裔赵福源于 1901—1910 年在温尼马卡度过了难忘的童年。1981 年，他回到温尼马卡重温童年时光，写下了一篇回忆文章，其中写道："当我还是个孩子的时候，我和家人住在波特街上的唐人街。唐人街大约居住着 400 位华人，他们几乎全是铁路工人。令人惊讶的是，400 人中只有四位是妇女。"[①] 这些华工有的在火车站当厨师，有的当铁路护养工，有的从事与铁路有关的职业（如开洗衣店），更多人则转而从事其他职业，如开杂货店、旅店、餐馆、赌馆、烟馆，等等。

根据《太平洋铁路法》，中央太平洋铁路沿线的周边土地都归铁路公司所有。当铁路工程推进到一片片荒凉之地，一个个新兴城镇也随之拔地而起，部分铁路华工就留在了当地。他们向中央太平洋铁路公司租借土地，建起早期的唐人街。唐人街很快就吸引后来的华人移民迁移到这些铁路沿线的城镇，从而形成一个个或大或小的华人社区。尽管唐人街几度遭遇火灾，或被排华势力赶出城市中心地带，但华工们仍然继续向铁路公司租借土地，在其他地方重建新的唐人街。有些城镇的唐人街虽然起源于淘金热，但由于铁路经过而吸引了大批铁路华工，从而加速了唐人街的扩展。在奥本（Auburn）、达奇弗兰特（Dutch Flat）、特拉基（Truckee）、雷诺（Reno）、温尼马卡（Winnemucca）、盐湖城等地，唐人街无一例外是这样发展起来的。所以，对铁路沿线早期唐人街的研究，有利于丰富和拓展对美国铁路华工的研究。

---

① 赵福源的回忆原文收藏在洪堡博物馆。转引自沈卫红《金钉：寻找中国人的美国记忆》，第 275 页。

（二）对华人"埠"研究

"埠"，是广府方言的惯用语。在广府语音里，"埠"的一种发音是 Bou，意指埠头，即停船的码头，靠近水的地方；一种发音是 Faw，意指有码头的城镇，延伸指商埠即通商口岸。广东人出埠，漂洋过海到美国西部，淘金，筑路，开垦农业，兴修水利，将一片片荒无人烟的沙漠沼泽开垦为繁华城镇，粤侨视之为"开埠"。他们通常把华侨居住人口较多的城镇叫作"埠"，并将"埠"按照大小进行分类，体现了非常独特的广东特色。在美国，唐人街即华埠，也叫中国城，这说明早期唐人街的居民主要是广府地区的华侨。所以，通过对"埠"的研究，可以追踪到广东人包括铁路华工在美国"开埠"的足迹。

在美国西部的开发过程中，粤侨形成了大大小小很多"埠"。这些"埠"的名字都被翻译成粤语。富国银行捷运公司（Wells Fargo Express）的代理人必须学习这些城市的粤语名字，才能将来自中国的信件和包裹送到收件人手里。

对于美国华人而言，加州有几个很有名的从小就听惯叫惯的地名，但这些地名无法用汉语来表达，只有粤语才能说得明白。旧金山叫"大埠"，萨克拉门托叫"二埠"，这两个"埠"在美国华人中家喻户晓，很多美国人也知道。生活在斯多克顿（Stockton）、马里斯维尔（Marysvill）和奥罗维尔（Oroville）的广东人，则把这三个城市都叫作"三埠"。这可能是因为广东人不喜欢"四"的发音，而"三"的发音类似"生"的发音，"生"意味着"好意头"，所以都争着当老三。有意思的是，至今没有发现"四埠"的相关史料。位于国王县（Kings County）的汉福德（Hanford）叫"五埠"。

除了以上六个城市外，其他一些小城镇被粤侨统称为"埠仔"。老华侨常常会说"某人住在某个埠仔"。广东人的"埠仔"遍布美国西部。

为什么会有大埠、二埠、三埠这样的次序？从北美早期华人历史中可以发现一些规律和脉络，那就是华工随着铁路走，华工随着矿区走，华工是这些城市的开埠者之一。

旧金山是个例外。旧金山是毫无争议的"大埠"，因为这里是金山梦开始的地方。广东人从旧金山进入美国，然后分流到其他城镇、矿区或铁路工地。作为自 19 世纪 50 年代以来美国华人政治、经济、文化活动的中心城市，淘金热中建立起来的四邑会馆、三邑会馆、宁阳会馆、阳和会馆、合和会馆、人和会馆这六大华人会馆，其总部均设在旧金山唐人街。粤侨把"大埠"也叫作"大城"。

"二埠"萨克拉门托，在粤语里叫"沙加缅度"，是仅次于"大埠"旧金山的华人经济文化中心。"二埠"是淘金热的发源地，也是跨州铁路的西线起点。所以，这里是向黄金主矿脉、跨州铁路和萨克拉门托河三角洲农场输送华工的劳动力集散中心，也是为华工提供物资供应和服务保障的中心。

"三埠"斯多克顿、马里斯维尔和奥罗维尔均位于萨克拉门托河三角洲和圣荷金三角洲（San Joaquin River Delta）区域内，是早期加州华人聚居的城镇。所以，生活在这三个埠的粤侨都深信自己的埠是"三埠"。这三个埠各有其粤语名字，斯多克顿叫"士得顿"，马里斯维尔叫"咩厘云"，奥罗维尔叫"奥罗村"。

"五埠"汉福德，粤语名叫"轩佛"。19 世纪 80 年代，这里是一个因南太平洋铁路建设而兴起的繁华小镇，地方虽小，但因铁路华工和农场华工聚居，仅有 50 米的"中国巷"远近闻名，一度成为旧金山和洛杉矶之间的中谷地区最大的华人社区。

埠，让广东人在他乡落地生根，守望相助，开枝散叶。对华人"埠"的研究，有利于增加铁路华工研究的厚度和广度。

四　铁路华工研究的现实意义

2015 年 9 月 23 日，习近平主席在访美期间出席了西雅图侨界举行的欢迎招待会，他在会上说："150 年前，数以万计的华工漂洋过海来到美国，参与建设这条横跨美国东西部的铁路。他们拿着简陋的工具，在崇山峻岭和绝壁深谷中逢山开路，遇水搭桥，以血肉之躯铺就了通往美国西部的战略大通道，创造了当时的工程奇迹，带动了美国西部大开发，成为旅美侨胞奋斗、进取、奉献精神的一座丰碑。"[1]

---

[1] 《习近平在美国侨界欢迎会上的讲话》，新华网，2015 年 9 月 23 日，网址：http：// news. xinhuanet. com/world/2015 – 09/24/c_ 1116670765. htm。

坚定文化自信，讲好中国故事，讲好华人故事，促进民心相通，促进中美两国人民的友谊薪火相传，这是新时代的要求，需要中美两国学术界、侨界、传媒界共同努力。跨州铁路被视为"美国梦"的标志之一，因此，挖掘跨州铁路西线——中央太平洋铁路华工研究的新课题，并赋予其新时代的特色，是美国铁路华工研究的题中要义。

具体而言，以下两个问题有待进行重点研究:

（一）弘扬华工精神，进一步挖掘华工故事

华工精神体现为六个字：奋斗、进取、奉献。这不仅体现在修筑铁路上，而且贯穿于美国华人在各行各业的奋斗历程中。华工故事是中国故事的有机组成部分。由于华工本身就是"美国梦"的践行者，华工故事因而更易于被美国人民所喜闻乐见。进一步挖掘华工故事，讲好华工故事，传播华工故事，是促进中美两国民心相通的天然润滑剂。2019 年 5 月 10日是跨州铁路建成 150 周年纪念日，这是中美双方共同开展相关纪念活动的良好契机，可以借此机会将美国华工研究从理论研究延伸到项目交流与合作，推动中美两国开展一定层级的政府间合作，如联合举办纪念铁路华工和跨州铁路建成 150 周年的活动，或通过缔结友好城市的形式，增进中美友好城市间的互动和往来。

（二）加强对铁路华工文化遗产的保护

铁路华工文化遗产保护是值得美国铁路华工研究关注的课题。美国华人为保护和纪念华人先驱遗留的文化遗产，争取族裔权利，经历了长期的、坚持不懈的抗争，而话语焦点始终离不开铁路华工为建设美国做出的巨大牺牲和卓越贡献。近五年来，美国政府看待华工历史功绩的态度开始发生转变。有几个节点具有标杆意义：一是 2012 年 6 月 18 日（当地时间），美国众议院就《排华法案》道歉案全票通过口头表决，以立法形式对历史上对华人实施的种族歧视表示遗憾；二是 2014 年 5 月 9 日（当地时间），美国劳工部举行隆重纪念活动，将铁路华工集体请入位于首都华盛顿宪法大道 200 号的劳工部大楼荣誉堂，① 这是美国政府首次正式表彰

---

① 美国劳工部的荣誉堂建于 1988 年，目的是为纪念在各个领域做出独特贡献的美国人或集体，迄今共有 50 位个人或集体获得这一荣誉。

铁路华工在跨州铁路建设中的独特贡献，对铁路华工为美国西部大开发做出的卓越贡献予以正式肯定，犹他州更召开新闻发布会，宣布 2014 年 5 月 10 日为"华工日"；三是 2017 年 5 月 8 日（当地时间），美国加州众议院全票通过将每年 5 月 10 日定为"铁路华工纪念日"，这在全美引起广泛关注。目前，美国华人为纪念和保存铁路华工文化遗产的各种活动还在继续。中国国内对这一中美共享的历史重大事件的纪念行动还有待加强。

　　关于铁路华工文化遗产的保护，比较好的方式是参照天使岛移民审查所（Angle Island Immigration Station）历史遗址的保护方式，推动加利福尼亚州将西艾拉—内华达山脉的唐纳峰（Donner Summit）一带确立为州立公园，从而将唐纳峰一带的中央太平洋铁路历史遗存保护下来。选址唐纳峰的原因，是因为中央太平洋铁路建设推进到唐纳峰、唐纳关（Donner Pass）一带后，进入最艰苦的时期，全长只有 506 米的 6 号隧道（即唐纳峰隧道）用了整整 15 个月才打通，华工在此付出了巨大的生命代价。这一带目前保留有 6 号、7 号、8 号隧道和中国墙遗址，被称为"中国长城"。美国民间历史协会已在此区域分别竖立了两块纪念碑，即 6 号隧道纪念碑和中国墙纪念碑，以此纪念默默奉献的中国铁路工人。

结　语

　　华工为寻求美好生活而出洋赴"金山"，筚路蓝缕，帮助美国修建跨州铁路，成为"美国梦"的创造者之一，为建设美国做出了卓越贡献。同时，华工通过艰苦奋斗，实现了致富并反哺广东家乡的"中国梦"。所以，跨州铁路是沟通"美国梦"和"中国梦"的桥梁。开展铁路华工研究，有必要从历史观照当下，进一步加强在美铁路华工研究和侨乡华工村落研究的合作互动，进一步挖掘这一中美共享历史重大事件的更多细节，讲好中国故事，促进中美两国友好代代相传。

（沈卫红：广东省人民政府侨务办公室调研员）

中美关系

特朗普政府时期中美新型大国关系构建

夏立平　谢　茜

【内容提要】特朗普政府推出"印太战略"，企图维护和扩大美国在该地区的利益与保持有利于美国的地区战略平衡。全球共生系统理论应成为构建中美新型大国关系的理论依据。全球体系内中美相互依存上升是构建中美新型大国关系的基础。建立新式战略稳定是构建新型大国关系的必要条件。中美战略文化的博弈和磨合是构建中美新型大国关系的关键路径。中美战略文化都可以分为三个层次：政治哲学层次、国家战略层次、外交战略和军事战略层次。中美战略文化的巨大差异性是构建中美新型大国关系的主要障碍。必须通过博弈和磨合，来实现中美战略文化的相互沟通、相互理解和相互适应。

【关键词】美国外交　中美关系　新型大国关系　特朗普政府

美国特朗普政府 2017 年 1 月执政以来，其全球战略和亚太战略逐渐成形。其口号是"美国第一"（或"美国优先"）"让美国再次伟大"和"以实力求和平"。特朗普政府的全球战略重点是重振美国经济，强化美国边境管控，加强军事力量，保持盟国关系，与愿意同美国处好关系的各国修睦，消灭伊斯兰恐怖主义，解决朝核问题等。

一　特朗普政府亚洲政策

特朗普政府虽然放弃了"跨太平洋伙伴关系协定"（Trans – Pacific

Partnership Agreement），也不会再用奥巴马政府"亚太再平衡"战略之名，但其亚太战略在安全领域有较大的延续性，包括加强美国与日本、韩国等盟国的关系，增加在亚太地区的军事存在等。

特朗普抛弃了冷战结束后几届美国政府奉行的自由霸权主义，实行"有原则的现实主义"，强调"在外交事务上，我们正在复兴主权这一基础原则"。① 同时，特朗普用在国内政治中的利益主导其外交政策，在贸易政策上更多地拥抱保护主义，对以美国为首的联盟态度矛盾，既想利用盟友，又宣称美国不能再被占便宜。而且，特朗普属于交易型领导人，而不是制度型领导人，往往从交易的角度来看待和处理对外事务。在这种情况下，美国在冷战结束后的全球领导地位有所削弱，亚太地区的多极化进一步发展。

（一）特朗普政府对华政策

为了达到重振美国经济、消灭伊斯兰恐怖主义、解决朝核问题等目标，特朗普政府在制约中国甚至可能与中国打贸易战的同时，必须与中国在许多有共同利益或并行不悖利益的领域和问题上开展合作。

特朗普政府对华战略初步形成。特朗普总统在 2017 年 2 月 9 日与中国国家主席习近平通电话时表示恪守"一个中国"的政策，愿意互相邀请对方到本国进行会晤。这种表态使特朗普政府的对华战略有一个正面的开局。同月中旬，特朗普在与安倍晋三会晤后宣称，"我们承诺保证日本及其在它行政控制下的所有地区的安全，并将进一步加强我们之间非常重要的联盟"。安倍晋三则说，特朗普已与他"确认《美日安保条约》第五条适用于尖阁列岛（中国领土钓鱼岛——笔者注）"。② 这说明特朗普政府继承了奥巴马政府的政策，试图继续通过美日联盟干涉中国的领土主权。但特朗普同时又说，他与中国国家主席习近平进行了"非常、非常好的交谈，非常、非常热烈的交谈。我认为我们相处得很好。我认为这对日本

---

① "Transcript of Trump's Speech to the Leaders of More than 50 Muslim Countries to Outline His Vision for US – Muslim Relations in Saudi Arabia", CNN, Riyadh, Saudi Arabia, May 21, 2017, http://edition. cnn. com/2017/05/21/politics/trump – saudi – speech – transcript/index. html.

② "Remarks by President Trump and Prime Minister Trudeau of Canada in Joint Press Conference", Office of the Press Secretary, February 13, 2017, https://www. whitehouse. gov/the – press – office/2017/02/13/remarks – president – trump – and – prime – minister – trudeau – canada – joint – press.

也有益。"① 这是美国总统第一次公开表示中美关系好对日本也有利。在历史上，美国在亚太地区最大的梦魇是中日结盟，因此以往的美国政府在大多数时间分别与中国和日本结盟，以对付中国和日本。特朗普从共赢的角度看待中、美、日三国的关系，有助于防止日本利用中美之间的矛盾从中获利，可牵制日本在台湾问题上单独干涉中国内政。

2017 年 4 月 6—7 日，中国国家主席习近平与美国总统特朗普在美国佛罗里达州海湖庄园举行会晤。双方就保持中美关系的良性发展达成共识，这有助于推进中美新型大国关系的构建。双方还将奥巴马时期的中美经济与战略对话机制提升和扩展为外交安全对话、全面经济对话、执法及网络安全对话、社会和人文对话四个高级别的新的对话合作机制，这是两国元首直接监督中美全面对话机制的支柱。双方同意加快发展中美经贸和投资关系。中方欢迎美方参与"一带一路"倡议框架内的合作，表示将致力于推进双边投资协定谈判，推动双向贸易和投资健康发展，探讨开展基础设施建设、能源等领域的务实合作，做大合作蛋糕，制定重点合作清单。双方表示，要加强在重大国际和地区问题上的沟通和协调，共同推动有关地区热点问题的妥善处理，拓展在防核扩散、打击跨国犯罪等全球性挑战上的合作，加强在联合国、20 国集团、亚太经合组织等多边机制内的沟通和协调，共同维护世界的和平、稳定与繁荣。双方还表示，要保持两军各级别的交往，继续发挥好中美国防部防务磋商、亚太安全对话等对话机制的作用，用好即将建立的联合参谋部对话机制新平台，用好重大军事行动相互通报和海空相遇安全行为准则两大互信机制。

2017 年 7 月 8 日，习近平主席在 20 国集团领导人汉堡峰会闭幕后会见了特朗普总统，双方表示要相互尊重，互利互惠，拓展各领域的务实合作，加强在国际和地区问题上的协调，推动中美关系健康稳定地向前发展。习近平指出，双方要共同推动两国经济关系的健康和稳定发展；积极推进执法、网络安全、人文、地方等领域的交流与合作；促进两军关系的发展，两国国防部长要早日互访，要共同做好美军参谋长联席会议主席访

---

① "Remarks by President Trump and Prime Minister Trudeau of Canada in Joint Press Conference", Office of the Press Secretary, February 13, 2017, https：//www. whitehouse. gov/the – press – office/2017/02/13/remarks – president – trump – and – prime – minister – trudea u – canada – joint – press.

华、两军联合参谋部举行首次对话、中国海军参加 2018 年 "环太平洋" 军演等工作。

2017 年 11 月，特朗普总统对中国进行了正式国事访问，取得了丰硕的访问成果。然而，中美关系中也存在一些问题。例如，特朗普当选总统后企图把 "一个中国" 政策作为与中国谈判的筹码；美国国会意图提升美台关系；美国联邦众议院和参议院先后通过了《2018 财年国防授权法案》（The Defense Authorization Bill 2018），要求美国防部长在 2018 年 9 月 1 日前提交报告给适当的国会委员会，评估美国海军军舰停靠台湾港口的可行性，以及美国在夏威夷、关岛或其他适当地点接受台湾军舰进港要求的可行性。如果特朗普总统签署该法案，将给中美关系造成冲击。

（二）加强美日联盟，但双方存在一些矛盾

美国将美日同盟视为 "亚太地区安全的基石"。美国总统特朗普宣称，"美国对于日本的安全保障负有不可动摇的责任"，并表示 "日美同盟至关重要，日本是美国极为重要的伙伴"。① 美国将日本作为其亚太战略和亚太海权联盟的北锚。2017 年 2 月，日本首相安倍晋三访问美国，会晤特朗普总统，双方宣称将一起努力促进该地区的共享利益，包括自由航行和防御朝鲜导弹及核威胁。同月，美国新任国防部长詹姆斯·马蒂斯（James Mattis）访问日本，会见日本首相安倍晋三，双方强调建立牢固的日美同盟，并鉴于朝鲜开发核武器与导弹以及中国强行进行海洋活动导致安保环境日益严峻，将在亚太地区紧密合作。在日本新安保法案通过后，美国政府表示支持日本通过该法案。马蒂斯还在访日期间再次表示，钓鱼岛是《美日安保条约》第 5 条的适用对象。美国既希望中日因钓鱼岛问题持续相争，又不想看到中日发生武装冲突而使美国处于尴尬境地或被拉下水。因此，美国政府对日本也施加了一定的压力，劝阻其在钓鱼岛进行武力挑衅，意图把中日钓鱼岛之争置于其管控之下。

此外，美日正在制定针对中国的 "美日共同作战计划"，该计划预计 2018 年 3 月完成。与此相适应，日本正在制定以日本自卫队应对为主要内容的 "统合防卫战略"。2017 年 1 月和 2 月，美国向日本岩国海军陆战

---

① 《安倍与特朗普通话确认日美同盟 敲定 2 月 10 日访美》，中新网，2017 年 1 月 29 日电，网址：http://news.k618.cn/world/201702/t20170202_10208836.html。

队航空基地分别部署了首批 10 架 F‐35B 联合攻击战斗机和 5 架美国海军最新型 E‐2D 预警机。这是美军首次在海外部署 F‐35B 联合攻击战斗机，在日本部署新型预警机部队。美军表示，E‐2D 预警机是为应对中国歼‐20 隐身战斗机而部署的。

（三）特朗普政府朝核政策

特朗普政府上台后，美国和朝鲜在朝核问题上的博弈进入一个新的阶段，表现出以下新的特点：

1. 对朝实行"最大限度地施压"的政策和"将所有牌摊在桌上"的威慑战略

由于朝核问题对美国的威胁日益增大，特朗普政府上台后用两个月的时间迅速完成了对美国对朝政策的评估，确定了"最大限度地施压和接触"的对朝政策，试图通过最大限度地实施经济制裁和外交手段让朝鲜停止核和导弹计划，若朝鲜改变其行为，则美国将与朝鲜进行"接触"。

特朗普表示朝鲜是一个很大的问题，美国将以"非常强硬"的态度予以应对。2017 年 3 月 17 日，美国国务卿雷克斯·蒂勒森（Rex Wayne Tillerson）访问韩国时声称，美国对朝鲜的"战略忍耐"已经到头了；为了让朝鲜弃核，美国将考虑"所有可能的选项"，包括动用武力。2017 年 3 月 31 日，美国防部长马蒂斯宣称，朝鲜是美国面临的"更紧迫的威胁"，"存在口头威胁和军力增加的双重风险"，"我们正在进行外交努力，不过现在朝鲜的行为似乎变得不顾一切。那必须得到制止。"[①]

2017 年 4 月，美国国家安全委员会向特朗普提出三项应对朝鲜的军事方案，内容包括：重新在韩国部署核武器；对朝鲜领导人金正恩及其他负责朝鲜导弹与核武器决策的高级官员进行"斩首"；出动特种部队摧毁朝鲜的战略设施等。美国正在认真进行使用军事手段应对朝核问题的准备，已增加了在朝鲜半岛的海、空军部署。

对于美国的这些行动，朝鲜以"超强硬对强硬"的边缘战略进行了

[①]　John R. Allen, Richard C. Bush, Robert Einhorn, Steven Pifer, Jonathan D. Pollack, Evans J. R. Revere, Tarun Chhabra, and Bruce Jones, "Averting Catastrophe：U. S. Policy Options for North Korea", The Brookings Institution, April 2017, https：//www. brookings. edu/research/averting‐catastrophe‐u‐s‐policy‐options‐for‐north‐korea/.

回应。2017 年 5 月 15 日，朝鲜宣布试射"火星 – 12"型中远程导弹成功。7 月 4 日和 28 日，朝鲜分别宣布成功试射"火星 – 14"型洲际弹道导弹。专家推测，如果朝鲜以正常角度发射该导弹，飞行距离可能超过 6000 公里，射程远及美国本土。8 月 29 日，朝鲜向半岛东部海域方向发射"火星 – 12"型中远程导弹，导弹首次穿越日本上空。9 月 3 日，朝鲜进行第六次核试验，引发里氏 6.3 级地震，威力属历次之最。韩国估计此次朝鲜核试的当量相当于 10 万吨 TNT 黄色炸药，是 2016 年 9 月第 5 次核试的大约 10 倍，威力比第二次世界大战时美军向日本长崎投下的原子弹强至少 4—5 倍。美国国防情报局 2017 年 7 月完成的一份分析报告认为，朝鲜已成功制造出可以装备在导弹上的小型核弹头，可能拥有足够 60 枚核武器使用的裂变材料，这些材料足以使朝鲜核武库每年增加 12 枚核武器。朝鲜最早在 2018 年可以将可靠、具备核能力的洲际弹道导弹投入使用。

对于朝鲜的这些举动，特朗普总统在推特上做出强硬回应。8 月 8 日，特朗普表示，"朝鲜最好别再做出任何新的威胁美国的事情——否则他们将遭遇世界从未见识过的火与怒。"① 8 月 9 日，朝鲜人民军战略军发言人发表声明说，为压制和牵制美国战略轰炸机所在的关岛安德森空军基地等军事基地，并向美国发出严重警告的信号，朝鲜人民军战略军正在慎重考虑用"火星 – 12"型中远程战略弹道导弹对关岛周边进行包围射击的作战方案。朝方宣称，有关部门将对该方案进行充分研究和拟订后上报朝鲜最高司令部，朝鲜核武力总司令金正恩一旦做出决断，方案将随时付诸实施。8 月 11 日，特朗普对此做出强硬表态，称如果朝鲜做出不明智的选择，美国军队已经"装弹上膛，准备开火"（locked and loaded），敦促要军事打击美属关岛的金正恩"另寻他路"。同一天，他再次激烈地回应说，如果朝鲜过分挑衅，或者对关岛及其他美国领土、美国盟友有任何行动，那么金正恩很快会追悔莫及。美朝两国上述言论和行动加剧了朝鲜半岛的紧张局势。

2. 建立向朝鲜施压的联合阵线

特朗普政府强化了与韩国和日本的联盟关系，以形成向朝鲜施压的联

---

① Jonathan D. Pollack, "As 'Fire and Fury' Subsides, What Are the Lessons Learned?", Brookings Institution, August 21, 2017, https： //www. brookings. edu/blog/order – from – chaos/2017/08/21/as – fire – and – fury – subsides – what – are – the – lessons – learned/.

合阵线。美国国防部部长马蒂斯于 2017 年 2 月初访问韩国和日本，其后不久，美国国务卿蒂勒森和副总统彭斯也相继出访韩日。这些访问的目的是加强联盟关系，协调应对朝核问题的政策和措施。4 月 25 日，朝核问题六方会谈中的美国、日本、韩国首席代表会议在日本东京举行，就严惩朝鲜新一轮挑衅、加强对朝施压、重启无核化对话的方案深入交换意见。8 月 7 日，出席东盟地区论坛的美、韩、日本三国外长在菲律宾举行了三边会谈，就朝鲜半岛局势及共同对应方案达成了共识。

　　特朗普政府强调向韩国和日本提供"延伸威慑"。2017 年 2 月 3 日，美国防部长马蒂斯在与韩国国防部长韩民求会见时表示，"任何针对美国或我们盟友的攻击都将被击败，任何使用核武器的行为都将受到有效的、压倒性的回应"。① 2017 年 1 月，美韩海军成立"联合海洋作战总部"，加强针对朝鲜威胁的美韩海军情报共享、联合作战及后勤援助，负责在情况紧急时商议迅速出动航母、核潜艇等美国海军战略武器。

　　同时，特朗普很想把朝核问题"外包"给中国。2017 年 2 月 24 日，他在回答路透社专访时说，"我想中国对朝鲜有极大的控制力……我想如果他们想的话，能很容易地解决问题"。② 特朗普还利用社交媒体在朝核问题上敲打中国。3 月 17 日，他发推特称："朝鲜现在的表现非常差劲。他们'玩弄'美国很多年了。中国一点儿忙都不帮！"③ 4 月 6—7 日，中美两国首脑在美国佛罗里达州海湖庄园会晤时，共同表达了实现朝鲜半岛无核化和加强合作的意向。4 月 11 日，特朗普发推特称："朝鲜正在找麻烦。如果中国决定帮忙，那非常好。如果不帮忙，我们将自己解决

　　① ［美］布赖恩·哈里斯：《美国警告朝鲜勿发动核袭击　美国展开对朝政策全面评估》，《金融时报》（中文网络版），2017 年 2 月 3 日，网址：http://www.ftchinese.com/story/001071219#adchannelID=2000。

　　② "Highlights of Reuters Interview with Trump", Reuters, Feb. 23, 2017, https://www.usnews.com/news/top-news/articles/2017-02-23/highlights-of-reuters-interview-with-trump.

　　③ Ted Galen Carpenter, "Incentivizing China on N. Korea Requires Creative U. S. Diplomacy", China-US Focus, Mar. 29, 2017, http://www.chinausfocus.com/author/47/Ted+Galen+Carpenter.html.

问题!"①

3. 给谈判留下了一道小门

特朗普政府并未完全放弃谈判的选择。2017 年 4 月 20 日，特朗普表示，美朝之间紧张关系缓和的关键因素，在于朝鲜领导人对和平的渴望。美国想要和平，希望朝鲜最高领导人金正恩也要和平，这将是"最终决心"。② 5 月 1 日，特朗普总统在接受媒体专访时表示，在一定条件下会"荣幸"地同朝鲜最高领导人金正恩会面。③ 5 月 17 日，特朗普对韩国总统特使洪锡炫表示，虽然当前处于对朝鲜施压制裁的阶段，但只要条件具备，有意通过接触开创和平。但他同时又说，不会为了与朝鲜对话而对话。④

2017 年 4 月 9 日，美国国务卿蒂勒森称，如果朝鲜停止核试验与导弹试射，美国可以考虑对话。⑤ 5 月 18 日，蒂勒森在会见韩国总统特使洪锡炫时承诺"四不"：不寻求朝鲜政权更迭；不寻求搞垮朝鲜政权；不寻求加速南北统一；不寻求为跨过"三八线"找借口。⑥ 5 月 19 日，美国国防长马蒂斯在五角大楼举行的发布会上表示，"如果采用军事手段，将造成难以置信的悲剧，因此美方努力的方向是通过与联合国以及中国、日

---

① Ryan Hass, "How Should the Trump Administration Deal with North Korea? Follow the President's Past Advice", Brookings Institution, August 25, 2017, https：//www. brookings. edu/blog/order – from – chaos/2017/08/25/how – should – the – trump – administration – deal – with – north – korea – follow – the – presidents – past – advice/.

② Jon Wolfsthal, "The United States Should Talk to North Korea", *Foreign Policy*, Carnegie Endowment for International Peace, September 7, 2017, p. 19.

③ Ibid. .

④ Ibid. , p. 20.

⑤ Michael D. Swaine, "Time to Accept Reality and Manage a Nuclear – Armed North Korea", Carnegie Endowment for International Peace, September 11, 2017, http：//carnegieendowment. org/2017/09/11/time – to – accept – reality – and – manage – nuclear – armed – north – korea – pub – 73065.

⑥ Chris Pleasance, " 'We Are Not Your Enemy'：Rex Tillerson Says the US Is Willing to Talk to North Korea and Is Not Seeking Regime Change Despite Claim Trump Is 'Willing to Go to War if Kim Continues to Try to Nuke America'", *Mail Online*, August 1, 2017, http：//www. dailymail. co. uk/news/article – 4751436/Tillerson – says – U – S – wants – North – Korea – dialogue – point. html.

本、韩国等国家合作，寻求解决朝核问题的办法。"①5月28日，马蒂斯表示，朝鲜半岛若发生冲突，将引发"灾难性战争"。美方正在和国际社会共同努力解决朝核问题，并已明确表示愿意就此和中方进行合作。美方认可中方在解决这一问题上做出的努力。②

然而，美朝之间在谈判问题上存在巨大差异。美国与朝鲜对话的条件是朝鲜停止核试验与导弹试射，而朝鲜要求美国和其他国家承认其拥核国家的地位。这里的重大矛盾是难以调和的。

二　全球共生系统理论视阈下的中美新型大国关系构建

构建中美新型大国关系是打破"崛起国与霸权国必然冲突"的历史魔咒、建立相互尊重和互利合作的新型关系的必由之路，也是实现共生型全球体系的必由之路。亨利·基辛格（Henry Kissinger）认为，"美中两国（21世纪的主要竞争者）首脑承诺通过建立'新型大国关系'，避免欧洲悲剧的重演……这是避免重蹈历史悲剧覆辙的唯一出路。"③

大国关系通常决定国际关系的性质。中国共产党十八大报告指出，"我们将改善和发展同发达国家关系，拓宽合作领域，妥善处理分歧，推动建立长期稳定健康发展的新型大国关系"。④这是中国共产党第一次将建立"新型大国关系"的方针载入党的重要文献，对于指导我国的国际战略和外交政策具有重大意义。构建新型大国关系是建立以合作共赢为核心

---

①　Jim Mattis, "Department of Defense Press Briefing by Secretary Mattis, General Dunford and Special Envoy McGurk on the Campaign to Defeat ISIS in the Pentagon Press Briefing Room", News Transcript, May 19, 2017, https://www.defense.gov/News/Transcripts/Transcript - View/Article/1188225/department - of - defense - press - briefing - by - secretary - mattis - general - dunford - and - sp/.

②　Douglas H. Paal, "China's Role in Dealing with North Korea", Carnegie Endowment for International Peace, July 7, 2017, http://carnegieendowment.org/2017/07/07/china - s - role - in - dealing - with - north - korea - pub - 71480.

③　亨利·基辛格：《世界秩序》，胡利平等译，中信出版集团2015年版，第481页。

④　习近平：《坚定不移沿着中国特色社会主义道路前进　为全面建成小康社会而奋斗——在中国共产党第十八次全国代表大会上的报告》，人民网，网址：http://politics.people.com.cn/n/2012/1118/c1001 - 19612670.html。

的新型国际关系的重要组成部分。运用全球共生系统理论研究中美新型大国关系的构建，可以发现中国和美国同在全球共生系统中，两国在经济和安全方面的相互依存性在上升，中美社会之间的相互交往在发展，这些是构建中美新型大国关系的有利因素。但是，两国的经济和安全利益仍存在重大差异，战略文化不同，这些使构建中美新型大国关系面临重大挑战。

（一）全球共生系统理论应成为构建新型大国关系的理论依据

长期以来，国际关系是以无政府状态下的霸权体系或力量均势为特征的。在第二次世界大战结束之前，几乎所有崛起中的新兴强国与当时国际体系的霸主都难以摆脱"崛起国与霸权国必然冲突"的历史魔咒，陷入"修昔底德陷阱"。冲突的结果也是灾难性的，犹如修昔底德笔下的雅典和斯巴达之间的战争，最终导致两个强国都走向衰落。中国和一批发展中大国的崛起成为 21 世纪国际政治和世界经济中的突出特点之一。它们与美国等守成大国之间能否避免"修昔底德陷阱"，正是"构建新型大国关系"这一命题所要解决的问题。

当前，新兴大国与守成大国摆脱"崛起国与霸权国必然冲突"历史魔咒的现实条件已经具备。首先，世界已进入以"和平与发展"为主题的时代。获得独立的发展中国家摆脱了帝国主义和殖民主义的侵略，已经成为国际政治中一支举足轻重的力量，积极致力于经济发展和社会进步。人民要和平，国家谋发展，已经成为不可抗拒的世界潮流。其次，大国之间经济上的相互依存已发展到一个新的阶段。随着经济全球化的迅速发展，各国之间在经济上的相互依存日益紧密，世界开始进入相互依存状态下的国际体系。这促使大国必须摒弃对抗、遏制的冷战思维，妥善处理分歧和矛盾，加强合作和国际制度建设，共同应对挑战，实现合作共赢。再次，大国共同面临各种非传统安全挑战，没有一个大国可以单独解决全球变暖、恐怖主义、大规模杀伤性武器扩散、跨国犯罪、海盗、环境污染、艾滋病等非传统安全问题，只有合作才能共同应对这些非传统安全挑战。最后，核武器和网络战能力的发展成为制约大国之间冲突的有力因素。大国之间相互的核威慑促使它们尽量避免爆发武装冲突。由于核武器具有巨大的杀伤力，因此它既是世界面临的巨大危险，也是避免大国交战的有力制约因素。网络战能力也在大国之间造成相互威慑。一个国家越依赖网络，越经受不住电脑病毒和黑客的攻击。只有合作治理网络空间，才能有效应对网络黑客和网络恐怖主义。

在新的历史条件下，全球共生系统理论为构建新型大国关系提供了理论依据。共生系统理论的核心是合作共赢，将其运用于国际体系和构建新型大国关系，可以得出：

其一，全球体系是一个大系统，世界一切事物都共生在这个系统中，相互影响、相互作用、相互转化。它的各个组成部分是在一种系统联系中共生的。也就是说，国际体系中的国家行为者之间、非国家行为者之间、国家行为者与非国家行为者之间，都是相互影响和作用的。

其二，全球体系中的各个组成部分与整体之间的关系是辩证的。一方面，整体是由部分构成的，因而整体依赖于部分；另一方面，部分是整体的组成部分，因而部分依赖于整体。但整体并不等于各部分的简单相加，而是具有新质特征的整体。当今全球体系虽然仍由西方发达国家主导，但随着一批新兴大国的崛起以及以发展中国家为主的亚洲的崛起，全球体系中的新质正在增加，霸权主义受到更多的抵制，和平共处五项原则日益被接受和尊重，新安全观已经提出。

其三，全球体系中的各个组成部分之间的关系是辩证的，对立统一的。它们既共生又竞争，既对话又斗争，既包容又排斥，这种对立统一推动了事物的运动、变化和发展。中美关系就是对立统一的：美国是主导国际体系的大国，中国是崛起中的大国；美国是最大的发达国家，中国是最大的发展中国家；美国是后现代化国家，中国则是正在实现现代化的国家。但同时，中美之间的共同利益或并行不悖的利益也很大。中美两国既共生又竞争，既对话又斗争，既包容又排斥，是对立统一的关系，也是推动中美关系和国际体系运动、变化和发展的重要因素。

其四，全球体系中的各组成部分与整体是共生的，一个国家必须在考虑自身利益的同时，考虑全人类的共同利益。近年来，越来越多的国家逐渐认识到，在"地球村"这个共生系统中，世界各国只有合作才能应对共同面临的挑战和威胁；只有实行开放包容的对外战略，才能实现合作共赢。

（二）中美相互依存度上升是构建中美新型大国关系的基础

在冷战时期，中美关系的基础只有一根支柱，即共同的敌人——苏联。冷战结束后，这个支柱不复存在。当前中美关系的支柱是经济与安全，而在这两个领域，双方的相互依存度都呈上升趋势。

1. 中美在经济领域的相互依存

美国和中国分别是世界第一大经济体和第二大经济体。中美互为第二大贸易伙伴，两国在经济上的相互依存和共同利益与日俱增。据中国海关统计，2014 年，中美双边货物贸易总额为 5550 亿美元，同比增长 5.4%，占同期中国货物进出口总额的 12.9%。其中，中国对美国出口货物总额为 3960 亿美元，同比增长 6.4%，占同期中国货物出口总额的 16.9%；自美国进口货物总额为 1590 亿美元，同比增长 3.1%，占同期中国货物进口总额的 8.1%；中国对美出口货物贸易顺差为 2370 亿美元，占同期中国货物贸易顺差的 62%。根据美国商务部统计，2014 年美国与中国双边货物进出口总额为 5906.8 亿美元，同比增长 5.1%。其中，美国对中国出口货物总额为 1240.2 亿美元，同比增长 1.9%，占美国出口货物总额的 7.6%，同比下降 0.1 个百分点；美国自中国进口货物总额为 4666.6 亿美元，同比增长 6%，占美国进口货物总额的 19.9%，同比提升 0.5 个百分点；美方贸易逆差 3426.3 亿美元，同比增长 7.5%。中美两国不仅互为第二大贸易伙伴，中国还是美国第三大出口目的地和首要进口来源地。

同时，中美两国也互为主要外国投资来源地之一。据中国商务部统计，2014 年，中国新批设立美资企业 1176 家，同比增长 10.8%。美国对华实际投资 26.7 亿美元，在对华直接投资的国家中排名第六。截至 2014 年年底，美国对华投资项目累计超过 6.4 万个，实际投入 754 亿美元，分别占中国已批外资企业和实际利用外资总额的 8% 和 5%。据中方统计，2014 年，中国内地对美国非金融类直接投资为 52 亿美元，同比增长 27%。截至 2014 年年底，中国企业在美累计投资超过 385 亿美元，美国已成为中国对外直接投资的第三大目的地。双方的相互投资涉及工业、农业、科技、金融和工程承包等广泛领域，在新能源、节能环保、医药、智能电网、航空等领域的合作也在稳步推进。此外，中国还是美国的最大债权国。截至 2015 年 2 月，中国持有的美债为 1.2237 万亿美元。

中美经贸关系的发展是"双赢"的，给两国和两国人民带来了实实在在的利益。20 世纪 80 年代，美国经济一度陷入"滞胀"，面临经济增长接近停滞而通货膨胀居高不下的困境。第二次世界大战结束后，世界被划分为东西方两大阵营和两大市场。当时，西方市场已经接近饱和，亚洲

"四小虎"等没有能力向美国提供大量物美价廉的产品。由于冷战结束导致的经济全球化和新兴市场的发展，使美国产品的出口市场扩大了数十倍，而中国是重要的出口对象国。以中国为代表的新兴国家向美国出口的大量价廉物美产品，则使美国的通货膨胀率显著降低。中国 1978 年的GDP 是 2164.6 亿美元，2014 年的 GDP 达到 10.4 万亿美元，增长了 48倍；美国 1978 年的 GDP 是 22947 亿美元，2014 年达到 17.41 万亿美元，增长了 7.58 倍。而实际上，美国的 GDP 增长了 15.115 万亿美元，比中国多增长了 5.33 万亿美元。中美经贸往来对两国经济的发展，起到了积极的促进作用。

中美经贸关系的发展也给世界带来了实实在在的利益。1978 年的全球 GDP 不到 10 万亿美元，2013 年的全球 GDP 总量已达到 73.98 万亿美元。美国是世界上经济实力最雄厚的国家，具有很强的科技创新能力。中国则是在改革开放后，逐渐成为世界经济发展的"火车头"之一。中美在经贸领域是互补的。两国经贸关系的发展促进了全球贸易的增长和生产力的提升。

2. 中美在安全领域的相互依存

中美都是联合国安理会常任理事国，对世界的和平、安全、稳定、发展负有重大责任。两国都面临许多安全挑战，在许多安全事务中存在共同利益或并行不悖的利益。中美面临的安全挑战和有共同利益的安全事务可分为三个层次：

其一，全球层次。中美都面临全球变暖、恐怖主义、大规模杀伤性武器扩散、环境污染、毒品走私、跨国犯罪、海盗、贫困、艾滋病等全球性问题的挑战，难以单独解决这些问题，必须合作才能应对这些挑战。

其二，区域层次。中美在解决朝核问题、伊朗核问题等地区性问题、维护地区安全稳定方面有共同的利益。尽管两国解决这些问题的方法和路径不同，但只有充分协调，密切磋商，才能管控问题，推动各方朝解决这些问题的方向前行。

其三，双边层次。中美之间存在一些双边安全问题，其中有些问题也是全球性问题或地区性问题。例如，网络安全问题既是中美之间的问题，也是全球性问题。解决这些问题符合中美两国的利益，也符合国际社会的利益。

中美有义务多方位地参与全球治理，与国际社会共同探索解决人类社会面临的共同性问题。两国应加强沟通，相互协调，寻求合作，为解决上述问题做出贡献，进而为世界安全和发展做出贡献。

3. 中美之间的负面相互依存

如果中美出现对抗，将导致亚太地区乃至世界战略格局发生重大变化，令许多国家面临战略困境，苦恼于如何处理与经贸关系密切的中国和与安全盟友美国的关系。这将对亚太地区的和平发展产生严重的负面影响。

中美都是核武器国家。尽管中国的核武库与美国相比很小，但中国也具有一定的核报复能力。中美如果因台湾问题而发生武装冲突，有可能升级为核战争。核战争是没有胜利者的，全世界都会遭受严重损害。中国一贯坚定维护海上主权，如果美国的某些盟国依仗美国的势力，在与中国的海上领土主权争端中采取强硬和挑衅的政策，将有可能导致双方发生武装冲突。如果美国干预这种冲突，也可能导致中美之间的武力较量。中美如果陷入对抗，将对两国的经贸关系带来灾难性影响。中国是美国国债的最大债权国，一旦中美关系走向对抗，中国将被迫抛售美国国债，这将使两国金融和经济都遭受巨大损失。

4. 建立中美新型大国关系符合世界发展潮流

经济全球化的迅速发展导致各国之间的经济关系已经到了"一荣俱荣，一损俱损"的程度。与此同时，人类面临的共同挑战在加剧，全球变暖、环境污染、人口爆炸、水资源匮乏等问题都将威胁到人类的生存。根据共生系统理论，中美两国处于一个共生系统中。[1] 在当前形势下，双方只有同舟共济才能妥善应对各种挑战。中美分别作为最大的发展中国家和最大的发达国家，必须顺应历史潮流，发挥负责任大国的作用，抛弃冷战思维，建立相互尊重、互利共赢的新型大国关系。在世界近代史上，自维也纳体系建立之后，欧洲有一百年没有发生全面战争，维持了相对的稳定，这主要得益于大国间的协调。当前，为了维护世界和平与发展，有必要加强大国间的协调，构建中美新型大国关系就是这样一种协调。

---

① 夏立平：《论共生系统理论视阈下的"一带一路"建设》，《同济大学学报》（社会科学版）2015年第2期，第38页。

（三）建立新式战略稳定是构建中美新型大国关系的必要条件

新型大国关系应该建立在新式战略稳定的基础上。新式战略稳定不同于冷战时期美苏之间以"相互确保摧毁"为主要特征的战略稳定关系。构建中美新型大国关系必须实现和维持战略稳定，在此基础上相互尊重，寻求互利共赢。中美战略稳定关系应该是新式的，具体表现为：

其一，良性互动型稳定。中美战略稳定关系不是静止的，而是动态的。中美两国分别作为国际体系中的上升大国和守成大国，实力对比是在变化的。两国关系必须实现动态稳定，这种动态稳定又必须建立在良性互动的基础上。冷战时期，美苏之间的战略稳定是建立在恶性互动的基础上的，即美苏核军备竞赛"水涨船高"，形成"相互确保摧毁"的态势。中美关系绝不能走这条老路，陷入"安全困境"，搞军备竞赛。中美都是核武器国家，双方发生战争不符合各自的国家利益。虽然军事力量在国际政治中仍很重要，但对中美关系的影响已有所下降。中美在安全方面必须实现良性互动，避免两国关系走向对抗，努力在安全领域向对方发出善意的信号。

其二，综合性稳定。中美间的战略稳定必须是综合性的。在冷战时期，美苏间的战略稳定主要是通过双方战略核武器的"恐怖平衡"来实现的。在构建中美战略稳定关系的过程中，核武器只是一个边缘性的因素，另一个重要因素是经济。近年来，中美经贸关系的快速发展给两国都带来了巨大的经济利益。尽管两国在经贸关系中存在很多矛盾和问题，但双方谁也离不开谁，都在努力寻求通过谈判解决分歧和矛盾。中国不希望美国经济陷入危机不能自拔，美国也不愿中国经济停滞不前。如果中美断绝经济往来，双方都会遭受难以估量的巨大损失。中国购买了1.3万亿美元的美国国债，如果中美陷入冲突或对抗，中国抛售美国国债，美国经济将会遭受重大损失。反过来，美国也可以采用其他方法使中国经济遭受重创。此外，导弹防御体系、网络武器、太空武器、快速全球常规打击武器等，也是影响中美战略稳定的因素。

其三，非对称性稳定。中美战略稳定是非对称性的，因为两国的实力对比是不对称的。在核武器领域，美国拥有世界最大的核武库，并未放弃首先使用核武器的政策；中国的核武器数量少，但也具有一定的核报复能力。两国在核武器方面的战略稳定是不对称的。要维持两国间的战略稳定，美国需要放弃首先使用核武器、加强导弹防御体系或部署快速全球常规打击武器的意图。

在经济领域中，中美非对称性相互依存关系的脆弱性与韧性并存。中美两国意识形态、经济利益和政治制度各异，要在它们之间建立强有力的关系非常困难。中美关系经历了风风雨雨、曲曲折折、起起伏伏，但仍在向前发展，这又表明两国关系具有一种韧性。所以，这种非对称性相互依存关系具有两重性，主要表现为中美之间既合作又竞争，既对话又斗争，斗而不破，合而不同。两国之间既存在广泛和重大的共同利益，又有着各自的战略需求和安全、经济利益。从大趋势上看，中美在经济方面的战略稳定将逐渐朝对称性方向发展。中国和美国要构建新型大国关系，必须抛弃你输我赢、武力能够解决一切问题的冷战思维，从战略高度和长远角度看待中美关系，接受互信、互利、平等、协作的新安全观，寻求实现综合安全、共同安全、合作安全和可持续安全。

三　中美战略文化的博弈和磨合是构建
中美新型大国关系的关键路径

中美两国的战略文化有很大的差异性，这种战略文化的差异是构建中美新型大国关系的主要障碍。要建立中美新型大国关系，必须通过博弈和磨合来实现中美战略文化的相互沟通、相互理解和相互适应。

战略文化是有层次的。中美战略文化可以分为三个层次，即政治哲学层次、国家战略层次、外交战略和军事战略层次。

（一）政治哲学层次的中美战略文化比较

在政治哲学层面，美国的战略文化主旨是"天定命运观"（Manifest Destiny）。1630 年，清教徒律师约翰·温斯罗普（John Winthrop）为逃避宗教迫害离开古英格兰，登上开往美洲新英格兰的"阿贝拉"号船。他在船上布道时称，上帝想把美洲塑造成全人类的典范，"我们应该成为山巅之城。全人类的眼睛都在注视我们。"① 美国第三任总统、《独立宣言》

① John Winthrop, "A Model of Christian Charity", in Anne Hacht, ed., *Literary Themes for Students: The American Dream* (Detroit: Gale, 2007), pp. 359 – 370.

主要起草人托马斯·杰弗逊（Thomas Jefferson）认为，美国不只是一个正在形成的大国，也是一个"自由帝国"，是一股代表全人类捍卫善政原则的不断扩展的力量。他指出，"我们感觉肩负的责任不限于我们自己的社会。我们不可能没有意识到，我们是全人类的代表。时势拒绝了别人，但对我们偏爱有加，赋予我们责任，去证明一个社会可以为其个人成员创造多大的自由和自治的空间。"①

然而，美国在实际做法上却总是把国家利益放在首位。正如亨利·基辛格所指出的，"美国笃信自己的道路将塑造人类的命运，然而历史上，它在世界秩序问题上却扮演了矛盾的角色：它以'天定命运'之名在整个美洲大陆扩张，却宣称绝无帝国企图；对重大事件发挥着决定性影响，却否认有国家利益的动机；最终成为超级大国，却声言无意实行强权政治。"②

中国战略文化在政治哲学层面的主旨则是"和谐万邦观"和"天下大同观"。中国人早就强调追求"天地人和"——天人和谐、人际和谐、身心和谐，提出"协和万邦"和"四海之内皆兄弟"等友善理念，向往"人人相亲，人人平等，天下为公"的理想社会。中华民族传统文化的人文精神和价值理想，主张"兼相爱，交相利"，即以互爱互利的原则来处理人与人、国与国之间的关系，实现天下大同。中国当前提出的"和谐世界""人类命运共同体"等理念，同样体现了中国传统战略文化的本质。

中美两国的政治哲学都具有理想主义色彩，都希望能建立一个美好的世界。不同之处是，美国政治哲学强调个人成员的自由和自治，中国政治哲学则强调"天下为公"和"天下大同"；美国把国家利益放在首位，打着为他人谋求自由的旗号为美国国家利益服务，中国则主张将国家利益与全人类利益相结合。

（二）国家战略层次的中美战略文化比较

美国在独立初期实行"孤立主义"，不与任何国家（主要是欧洲列

---

① Paul Leicester Ford, ed., *The Writings of Thomas Jefferson* (New York: G. P. Putnam's Sons, 1892 – 1899), pp. 158 – 159, quoted in Robert W. Tucker and David C. Hendrickson, *Empire of Liberty: The Statecraft of Thomas Jefferson* (New York: Oxford University Press, 1990), p. 11.

② 亨利·基辛格：《世界秩序》，胡利平等译，第481页。

强）结盟，不卷入欧洲列强纷争，集中精力发展经济和处理本国事务。1823 年后，美国开始奉行"门罗主义"，将美洲划入其势力范围。第二次世界大战结束后，美国成为超级大国。在冷战时期，美国与苏联争夺世界霸权。冷战结束后，美国是唯一的超级大国。但是，经过伊拉克战争和阿富汗战争的消耗，随着中国等新兴国家的崛起，美国的国力开始相对下降，再次面临一个选择，即是否走进"战争—均势—同盟—战争"的怪圈。欧洲在《威斯特伐利亚和约》（Peace Treaty of Westphalia）签署之后，实现"均势"被公认为外交政策的根本宗旨之一。一旦均势被破坏，就会出现一个维护均势的同盟。传统上，欧美国家认为安全意味着均势和对权力的限制，在均势体系下寻求结盟将导致战争，第二次世界大战后又会形成新的均势体系，之后再次寻求结盟，并再次导致战争。美苏冷战时期，两大军事同盟在均势体系下相互对抗，正是由于美苏战略核武器达到"恐怖平衡"，才避免了战争的爆发。奥巴马政府于 2011 年 11 月出台"亚太再平衡"战略之后，在亚太地区强化了与日本、菲律宾、澳大利亚、韩国等国的军事同盟，加强了与越南等国的军事合作，美日甚至试图构建"美日印澳菱形"安全合作机制。这不利于维持亚太地区的安全均势，加剧了该地区的紧张局势，增加了武装冲突的可能性。

中国自宋代以来，国家战略以防御为主。在中央政权强盛时期，在东亚地区会形成"朝贡"国际体系，其主要特点是：中国主导下的和平；以中国为中心的"天下主义"；以"礼"为核心调节和约束国家间的关系；以"朝贡"为主要形式的国际贸易等。儒家治国模式和地广人多的特点使中国易于形成"超稳定"的统治架构，但王朝内部的逐渐腐败会引发农民起义和大规模的社会动乱，最终导致旧王朝的覆灭和新王朝的出现。每一次动乱都是对社会生产力的巨大破坏，使广大人民遭受巨大的痛苦和灾难。与此相对应，这也导致东亚"朝贡"体系形成"无序—建立—稳定—再无序"的怪圈。中华人民共和国成立后，中国主张大小国家一律平等，在国家关系中奉行和平共处五项基本原则。同时，随着经济全球化的发展，域外力量开始对东亚地区产生很大的影响。因此，东亚"朝贡"体系不可能再出现，尽管一些中国人在内心深处对它还不能忘怀。

美国和中国都应该尽力避免历史上的两个怪圈重演。加强中美战略文化的相互沟通、相互理解和相互适应，将有助于避免两国和世界陷入这两个怪圈。在国家战略层次，中美之间有结构性矛盾，竞争是不可避免的，但并不存在根本性的矛盾。当前美国维护的国际体系主要有三个组成部分，即美国价值观、以美国为首的军事同盟体系、联合国等国际组织以及国际法和国际规则。第二次世界大战结束后，中国是《联合国宪章》最早的签署国和联合国安理会常任理事国。1971 年重返联合国标志着中国接受了以联合国为核心的国际秩序。以联合国宪章宗旨和原则为核心的国际秩序和国际机制，是世界反法西斯战争的胜利成果。现在中国主张维护反法西斯战争的胜利成果和战后的国际秩序，在这方面中美是有共同利益或相似利益的。同时，中国主张改革当前国际秩序中不公正和不合理的东西，建立以合作共赢为核心的新型国际关系。中国的长期战略目标是在 21 世纪中叶实现国家现代化，并不想挑战美国在国际体系中的领导地位。中美都反对任何国家在亚太地区建立霸权。中国对现有国际体系做出的改革和补充（如亚洲基础设施投资银行），有助于维护现有国际体系的有效性和稳定性，与美国的利益并不冲突，因此两国可以进行磨合。中国倡导富强、民主、文明、和谐、自由、平等、公正、法治等社会主义核心价值观，而这些也是人类的共同价值观，与美国的价值观在许多方面是一致或相似的。中美两国都重视国家利益，谋求共同利益和并行不悖的利益将有助于促进两国间的合作，竞争与合作将是中美关系的常态。而且，只要双方共同努力，两国间的竞争可以是相互促进的良性竞争。

（三）外交战略和军事战略层次的中美战略文化比较

美国战略文化在外交战略和军事战略层次是相当实用主义的。美国前国务卿乔治·舒尔茨（George Shultz）曾阐述过美国的矛盾心态："美国人是讲道义的人民，希望外交政策反映举国拥护的价值观；但是美国人也是务实的人民，希望外交政策收到成效。"[1] 中国战略文化在外交战略和军事战略层次也是实用主义的，但与美国有一些重要的不同：

（1）从思考方式和行事方式来说，美国是自下而上，中国则是自上而下。

（2）从应对事态来说，美国喜欢速战速决，中国则往往从长远历史观出发。

---

[1]　George Shultz, "Power and Diplomacy in the 1980s", Washington, D. C., April 3, 1984, Department of State Bulletin, Vol. 84, No. 2086, May 1984, p. 13.

（3）从解决问题的方法来说，美国迷信武力，认为施加重大压力就能迫使对方屈服；中国则慎用武力，认为应当用综合性和治本的方法来解决问题。

（4）从相互认知来说，美国因为处于相对衰落的阶段而对中国疑虑重重，在制订对华政策时表现出不确定感、不安全感和恐惧；中国则因为处于崛起之中而可能过于自信，但也可能走向另一个极端。

（5）从对"领导"的理解来说，美国人往往将其解读为树立榜样和提供公共产品，在占据巨大优势时会将其理解为霸权；中国人则更多地将其解读为权力和领导能力。

（6）从对国际法的态度来说，美国有时采取选择性多边主义政策，有利于自己则遵守，不利于自己则不遵守；中国在学习做负责任的大国的过程中遵守国际法，但运用国际法维护本国利益的知识和观念有时不足。

（7）从对盟国的态度来说，美国有庞大的军事盟国体系，对盟国做出了各种承诺，存在美国被盟国拉下水而卷入与他国的战争的危险；中国则坚持独立自主的和平外交政策。

（8）从对国际透明度的态度来说，美国既把透明度作为国际机制和国际法的要求，又把它作为美国威慑战略的一个组成部分；中国的战略文化在历史上是不讲透明度的，现在已经接受了透明度概念，但由于各种主客观原因，有时还不善于用增加透明度来维护本国的利益。

中美战略文化在外交战略和军事战略层次的这些不同，表明即使两国共处于全球体系中，各自的文化和观念也可能是非常不同的，必须经过长时间的博弈和磨合，才能够相互沟通、理解和适应。在这一过程中，中美都必须做出重大的努力，来防止两国因这些不同而导致对抗和冲突。

结　语

如上所述，在新的历史条件下，应该将全球共生系统理论作为构建中美新型大国关系的理论依据。中美都视自己为新型大国，它们之间的关系也应该是新型的。基辛格认为中美关系是"共同演进"（Co - evolution）的关系，不是伙伴关系，也不是敌对关系。[①]"共同演进"的概念超出了

---

① 亨利·基辛格：《论中国》，胡利平等译，第56页。

之前一般国际政治法则的视野，带有中国政治文化的意味。所谓中美"共同演进"，就是两国长期持续地共生共处和相互重塑，这实际上也体现了全球共生系统理论。

主导性大国与上升大国之间不可避免会有权力的转移。在历史上，这两者之间往往存在对抗关系，但时代不同了，在以"和平与发展"为主题的时代，实现不冲突、不对抗具备客观上的可能性。中美两国在经济上相互依存，在安全上有许多共同或近似的利益，发生战争将会使两国付出重大代价。因此，双方都应为防止对抗和冲突做出最大的努力。在当今时代，权力扩散（如朝鲜核试验和"伊斯兰国"恐怖组织）对中美两国和全球体系的威胁更大。因此，更重要的是实现中美权力共享，通过相互协商和协调，应对共同面临的挑战，实现合作共赢，构建全球共生体系，以代替霸权型国际体系。

（夏立平：同济大学国际与公共事务研究院教授、院长；谢苗：上海海事大学马克思主义学院讲师）

特朗普时期中美关系评析

陈积敏

【内容提要】中美元首会晤后，双边关系的发展进入一个新时期。未来中美关系的发展形态与特朗普的国际观、当前国际体系的演化以及中美关系互动等要素密切相关。鉴于中美关系的敏感性、复杂性与重要性相互交织的特点，两国需从宏观定位、实践推进与思维转变三个方面推进与保障双边关系的有序发展。

【关键词】美国外交　中美关系　特朗普政府　国际体系　国际观

特朗普政府执政以来，中美关系的发展经历了一定的波折与起伏，甚至在事关两国关系发展的政治基础的台湾问题上出现了"落差"。在双方共同努力下，尤其是 2017 年 4 月初中美元首会晤之后，两国关系的发展进入一个新的时期。可以说，中美元首会晤标志着双边关系因为美国政府换届而引发的震荡过渡期的结束，标志着特朗普政府时期的中美关系拉开了"大幕"。之所以如此判断，主要基于两点因素的考量：一是两国元首建立了紧密的工作关系。在本轮首脑会晤中，双方领导人就共同关心的国际与地区问题、双边关系问题展开了坦诚而友好的交流，其中个之诸如朝鲜半岛、叙利亚、中美贸易等诸多复杂敏感的问题。双方领导人均对本次会晤给予了高度评价。特朗普总统还接受了习近平主席对其年内展开对华国事访问的邀请，这为中美两国元首进一步增进了解与信任创造了更加有利的条件。实际上，本次会晤后，仅在 4 月，中美元首就进行了两次通话，就重大事件保持及时沟通与协调。正如习近平主席所指出的："当前，国际形势迅速变化，中美双方保持密切联系，及时就重要问题交换意见，十分必要。"① 二是构建了更为广泛的交流机制。在本次首脑会晤中，中美两国构建了外交安全对话、全面经济对话、执法及网络安全对话、社会和人文对话这四个高级别对话机制，推进了经济合作"百日计划"实施，拓展了两军、执法、网络、人文等方面的交流合作，就诸多事关中美关系发展战略全局的问题达成共识，这有助于双方增进理解，培育互信，管控分歧，为两国关系发展注入新的动力。② 那么，"习特会"后中美关系的发展走向如何？这还需要从特朗普的国际观、当前国际体系的演化以及中美关系互动中的机遇与挑战等方面着手加以分析，以便做出更有依据的判断与评估。

一　特朗普的国际观与中美关系

特朗普的国际观可以归纳为两点：一是"让美国变得再次伟大"，这是特朗普的竞选口号，也指明了特朗普政府国际国内战略的目标是要修正前期政府失败的政策，重整美国雄风；二是"美国优先"（America First），这体现了特朗普政府将会以美国的国家利益为唯一行动指南。有鉴于此，笔者认为，特朗普外交政策有以下四个方面的倾向：

第一，政策重心的国内转向与美国利益至上的执政原则。特朗普表示，他不认为美国的国际主义外交战略能够为美国带来更多的利益，"对那些将我们约束起来、降低美国地位的国际联盟，我持怀疑态度。"③ 与此相反，美国应该将更多的精力转向国内，减少对外承诺与义务。例如，在竞选期间，特朗普为美国联盟体系设定了两个前景选项：一是继续保持联盟，但受到美国安全保护的盟国需要为此提供财政补偿；二是终止联盟体系，让美国的盟国自己承担其安全保障。如果使用历史的棱镜来分析，这实际上是一种孤立主义的体现，即尽量减少在国际上承担过多的政治、安全义务。执政后，特朗普在白宫网站上公布的外交战略原则中再次明确

①　《习近平同美国总统特朗普通电话》，《人民日报》2017年4月25日，第1版。

②　同上。

③　Donald J. Trump, "Trump on Foreign Policy", *The National Interest*, April 27, 2016, http://nationalinterest.org/feature/trump-foreign-policy-15960.

表示，美国不会到国外去寻找恶魔来消灭。① 可以看出，特朗普政府希望将现有的麻烦解决掉，同时不去招惹新的麻烦。2017 年 2 月 28 日晚，特朗普总统在国会发表就职以来的首次演讲，主题是"恢复美国精神——一个对所有美国人的乐观愿景"。他在演讲中说道，"如果世界少一些冲突，美国也会有好处"，"我们想要和谐和稳定，而不是战争与冲突。我们要在一切能得到和平的地方追求和平。"② 为此，美国要尽可能减少国际介入，而以美国利益为先。特朗普表示："我的工作不是代表世界，而是代表美利坚合众国。"③ 4 月初，特朗普政府尽管在叙利亚问题、阿富汗问题上采取了较为积极的军事打击行动，但这并不意味着它改变了其以美国国内事务为执政中心的政策主张，而更应该被看作是特朗普政府"以攻为守"的做法。

不仅如此，在全球治理领域，特朗普政府也奉行"美国优先"的原则，并在此基础上检视与调整政策，对于那些被认为损害其利益的国际协定或规范，特朗普政府坚决予以抵制，甚至不惜退出相关协定。2017 年 6 月 1 日，特朗普宣布美国将退出 2016 年生效的应对全球气候变化的《巴黎气候协定》（Paris Climate Accord），便是典型例证。④ 这一决定令特朗普政府在国内外陷入了一场公共危机，但却清楚地表明特朗普政府美国"利益至上"的执政原则。特朗普在宣布这一决定时表示，"作为总统，我不会将其他考虑置于美国公民的福祉之前。《巴黎气候协定》只是一个华盛顿加入的危害美国利益而使他国享受独有收益协定的最新事例"。同时，他再次强调"美国优先"的执政理念，称"《巴黎气候协定》令美国

---

① The White House, "America First Foreign Policy", https://www. whitehouse. gov/america - first - foreign - policy.

② The White House, "Remarks by President Trump in Joint Address to Congress", February 28, 2017, https://www. whitehouse. gov/the - press - office/2017/02/28/remarks - president - trump - joint - address - congress.

③ The White House, "Remarks by President Trump in Joint Address to Congress", February 28, 2017, https://www. whitehouse. gov/the - press - office/2017/02/28/remarks - president - trump - joint - address - congress.

④ Philip Rucker and Jenna Johnson, "Trump Announces U. S. Will Exit Paris Climate Deal, Sparking Criticism at Home and Abroad", *The Washington Post*, June 1, 2017, https:// www. washingtonpost. com/politics/trump - to - announce - us - will - exit - paris - climate - deal/2017/ 06/01/fbcb0196 - 46da - 11e7 - bcde - 624ad94170ab_ story. html? utm_ term = . 44fc59c5d44d.

经济蹒跚不前，以换取外国资本家和全球活动家的褒扬。长期以来，这些人寻求以美国利益为代价的方式来攫取财富。他们没有把美国摆在优先位置。我会这样做，并将始终如此。"①

第二，安全政策上更加重视实力。很大程度上，特朗普是一个现实主义者，信奉实力是国际关系中的唯一法则。他表示，"通过实力保障和平是外交政策的中心"，② 宣称要凭借实力地位寻求改善与俄罗斯和中国的关系，要提升美国的军费支出，强化军事力量的建设。对于打击"伊斯兰国"（ISIS）以及稳定伊拉克、阿富汗局势，特朗普可能会做出更多的军事安排。不过，特朗普也强调，军事手段是在穷尽其他所有选项之后的考虑，并且要确保一旦运用就要赢得胜利。从这个角度来说，特朗普虽然重视实力，但在运用军事力量方面仍持慎重态度。尽管如此，为了应对不测，特朗普宣称要加大对军事领域的战略投入。2017 年 2 月末，特朗普正式向国会提交预算案，其中将军费支出增加了 540 亿美元，增幅接近10%。若获批准，这将是自 2008 年军费支出增加 10% 以及 2007 年增加12% 以来，美国国防支出最大的增幅。③ 特朗普在首次国会演讲中指出，"为了保证美国的安全，我们必须给军队中的男性女性提供预防战争的工具。如果他们不得不去战斗，那么他们一定会胜利。我在给国会提供重建军队的预算，消除国防削减，要求美国史上最大的国防预算增加。"④

不过，特朗普强调安全政策应当具有隐秘性，故特朗普政府的安全战略仍不甚明朗，需继续观察。但从经验上来看，共和党政府对安全问题较为关注。它们会首先确定战略对手，然后对其全力出击。目前看来，特朗普安全战略的首要目标是应对"伊斯兰国"。特朗普总统在其"美国第一

---

① The White House, "Statement by President Trump on the Paris Climate Accord", June 1, 2017, https：//www. whitehouse. gov/the – press – office/2017/06/01/statement – president – trump – paris – climate – accord.

② The White House, "America First Foreign Policy", https：//www. whitehouse. gov/america – first – foreign – policy.

③ Andrew Taylor, "Big Surge for Military in Trump Budget, Big Cuts Elsewhere", 28 February, 2017, https：//apnews. com/49316c67bf5b47318135fe63eb6404e6/white – house – trump – budget – will – hike – defense – spending – 54b.

④ The White House, "Remarks by President Trump in Joint Address to Congress", February 28, 2017, https：//www. whitehouse. gov/the – press – office/2017/02/28/remarks – president – trump – joint – address – congress.

外交政策"中指出,"击溃伊斯兰国和其他激进伊斯兰恐怖组织将是本届政府最优先的事项"。① 在此背景下,特朗普政府会寻求与俄罗斯改善关系。实际上,执政后的特朗普政府也一直在努力推动美俄关系的发展。尽管前总统国家安全事务顾问弗林(Michael Flynn)的辞职给这一进程带来一定的挫折,但特朗普政府应会在促进美俄关系方面继续努力。在首次国会演讲中,特朗普也含蓄地表达了这一立场。他指出:"美国愿意去寻找新的朋友,锻造新的合作关系,结成利益同盟。……我们曾经与有些国家交恶,但他们现在是我们的朋友。"② 在特朗普看来,美国要想终结伊斯兰国、稳定中东秩序,没有俄罗斯的配合将无法实现。近期,从特朗普的政策来看,他致力于缓和与俄罗斯关系的初衷没有改变,甚至越发强烈。例如,5 月 10 日,将美国联邦调查局局长詹姆斯·科米(James Comey)解职的第二天,特朗普便在白宫高调会见了俄罗斯外长拉夫罗夫(Sergey Lavrov)与俄罗斯驻美大使谢尔盖·基斯利亚克(Sergey Kislyak)。其后,白宫在就本次会晤发表的声明中写道:"总统进一步强调了他希望建立更好的美俄关系的愿望。"③ 6 月初,国务卿雷克斯·蒂勒森(Rex Tillerson)在访问新西兰期间表示,特朗普要求他稳定美俄关系和重建两国信任,不要让围绕莫斯科与其竞选团队可能存在的关联的政治风波,阻碍两国关系的发展。④ 不过,美俄关系纵使出现改善,两国的战略雄心、国家利益、意识形态等方面的矛盾也将制约这种关系提升的高度。

从地区安全战略来看,特朗普并没有表露出要继续推进"亚太再平衡"战略。不仅如此,他上任伊始便发布总统行政令,宣布退出了"跨太平洋伙伴关系协定"(TPP)。但是,美国对亚洲地区的关注不在于其个人意愿,而在于该地区的战略重要性以及紧迫性。从重要性上来说,在全球经济版图中,亚洲经济一枝独秀,潜力巨大。特朗普强调要促进美国经

---

① The White House, "America First Foreign Policy", https://www.whitehouse.gov/america first – foreign – policy.

② The White House, "Remarks by President Trump in Joint Address to Congress", February 28, 2017, https://www.whitehouse.gov/the – press – office/2017/02/28/remarks – president – trump – joint – address – congress.

③ The White House, "Readout of President Donald J. Trump's Meeting with Foreign Minister Sergey Lavrov of Russia", May 10, 2017, https://www.whitehouse.gov/the – press – office/2017/05/10/readout – president – donald – j – trumps – meeting – foreign – minister – sergey – lavrov.

④ 《特朗普要求美俄重建信任》,《参考消息》2017 年 6 月 7 日, 第 3 版。

济增长，就必然要深度融入亚洲经济。从紧迫性来说，亚洲地区对美国的全球优势地位构成了现实与长远的重要挑战。从现实挑战来看，美国政要认为，朝鲜加速度地进行"核导"研发与频繁试验不仅"是亚太地区和平与安全面临的最紧迫、最危险的威胁"，而且对美国国家安全来说将是一个清晰而实在的危险。① 显然，这也对美国的国际信用带来重大考验。实际上，国防部长吉姆·马蒂斯（Jim Mattis）在出席香格里拉安全会议时再次明确表示，美国将遵守对该地区的安全承诺，但域内相关国家对此却深感忧虑。② 同时，中国崛起这一 21 世纪最重大的国际政治现实也对美国的全球优势地位带来深远影响。此外，美国的地区盟友和伙伴期望美国能够继续保持在该地区的影响力，一方面以应对朝鲜的威胁，另一方面来平衡中国的影响力。因而，美国的地区联盟关系可能会有所变化，但不会弱化。这一点从美国政要频繁访问亚洲的事实可以窥见一斑，如 2017 年 2 月初美国国防部部长马蒂斯首访韩国和日本，3 月中美国国务卿蒂勒森访问日、韩等国，以及 4 月中美国副总统迈克·彭斯（Mike Pence）访问韩国、日本、澳大利亚等亚洲盟国。马蒂斯 6 月 3 日在新加坡香格里拉安全会议上发表演讲时指出，这些行为"表明我们将把与亚太地区的关系置于优先位置，这里是美国的优先区域"。③ 从方式上来看，特朗普政府可能会加大在军事上的重返力度。马蒂斯在香格里拉安全会议上声称，迄今为止，美国 60% 的海军战舰、55% 的陆军部队和 2/3 的海军陆战队部队已经部署到美军太平洋司令部战区，60% 的空军战术资源也很快会部

① Department of Defense, "Remarks by Secretary Mattis at Shangri‐La Dialogue", June 3, 2017, https：//www. defense. gov/News/Transcripts/Transcript‐View/Article/1201780/remarks‐by‐secretary‐mattis‐at‐shangri‐la‐dialogue/.

② Robert Burns, "Defense Chief Mattis Seeks Continuity in Policy toward Asia", *The Washington Post*, June 2, 2017, https：//www. washingtonpost. com/world/asia_ pacific/us‐def‐secy‐mattis‐touts‐trump‐predecessors‐asia‐policy/2017/06/02/b40c8ff2‐475a‐11e7‐8de1‐cec59a9bf4b1_ story. html? utm_ term =.1cb238f7257d; Dan Lamothe, "In Asia, Mattis Addresses Concerns about North Korea and China — and Trump's Agenda", *The Washington Post*, June 3, 2017, https：//www. washingtonpost. com/news/checkpoint/wp/2017/06/03/in‐asia‐mattis‐addresses‐concerns‐a-bout‐north‐korea‐and‐china‐and‐trumps‐agenda/? utm_ term =. b3c7fbe376ae.

③ Department of Defense, "Remarks by Secretary Mattis at Shangri‐La Dialogue", June 3, 2017, https：//www. defense. gov/News/Transcripts/Transcript‐View/Article/1201780/remarks‐by‐secretary‐mattis‐at‐shangri‐la‐dialogue/.

署到亚太地区。① 在此背景下，中国的岛礁维权压力可能上升。实际上，特朗普曾就中国南沙岛礁建设表达了不满。2 月 18 日，美国海军官方发布声明，"卡尔·文森"号核动力航母战斗群进入南海进行巡逻。② 这是特朗普政府任内美国海军首次在南海巡逻，距离特朗普就职不到一个月的时间。5 月 24 日，美国"杜威"号驱逐舰进入了中国南沙群岛美济礁 12 海里范围内，进行所谓"航行自由行动"。③

　　第三，经贸政策上更加保守。特朗普对于自由贸易没有好感，甚至不惜撕毁国际贸易协议。他曾表示，"北美自由贸易协定就是美国的一次灾难，该协定掏空了美国的制造业和工作机会"。④ 根本而言，特朗普将美国看成自由贸易的受害者，并将自由贸易视为美国经济竞争力下滑、中产阶级萎缩、就业不充分的根源。他更为强调公平贸易，更加倾向于通过双边贸易协定的方式来实现公平贸易。在 2017 年 2 月中旬与日本首相安倍晋三的会晤中，特朗普强调了美日经贸关系应是"自由、公平与互惠的"。⑤ 在与习近平主席的会晤中，特朗普再次就中美建立公平、平衡、互惠的贸易关系表达了关切。⑥ 因此，基于"美国优先"的理念，特朗普政府将会选择采取更激进的贸易保护政策。例如，他一度试图通过征收高达 20% 的"边境调节税"（border adjustment tax）的方式来平衡贸易与促

① Department of Defense, "Remarks by Secretary Mattis at Shangri – La Dialogue", June 3, 2017, https：//www. defense. gov/News/Transcripts/Transcript – View/Article/1201780/remarks – by – secretary – mattis – at – shangri – la – dialogue/.

② "Carrier Strike Group 1 Conducts South China Sea Patrol", February 18, 2017, http：//www. navy. mil/submit/display. asp? story_ id = 98973.

③ "U. S. Navy Patrols South China Sea", May 25, 2017, https：//www. usnews. com/news/world/articles/2017 – 05 – 25/us – patrol – through – south – china – sea – draws – protest – from – beijing.

④ Donald J. Trump, "Trump on Foreign Policy", *The National Interest*, April 27, 2016, http：//nationalinterest. org/feature/trump – foreign – policy – 15960.

⑤ The White House, "Remarks by President Trump and Prime Minister Abe of Japan in Joint Press Conference", February 10, 2017, https：//www. whitehouse. gov/the – press – office/2017/02/10/remarks – president – trump – and – prime – minister – abe – japan – joint – press.

⑥ The White House, "Briefing by Secretary Tillerson, Secretary Mnuchin, and Secretary Ross on President Trump's Meetings with President Xi of China", April 7, 2017, https：//www. whitehouse. gov/the – press – office/2017/04/07/briefing – secretary – tillerson – secretary – mnuchin – and – secretary – ross.

进就业。① 同时，特朗普将其振兴美国经济的战略概括为八个字，即"买美国货、雇美国人"，并于4月18日就此发布行政命令，"以推动美国工业并保护其免受不公平竞争的损害"。②

特朗普政府在贸易问题上虽然较为保守，但也不失理性。例如，特朗普并没有如其在选举中所表示的那样将中国列为汇率操纵国，这一点反映出特朗普政府的灵活性、务实性。特朗普政府之所以如此，"非不为也，实不能也"。当前，中美经贸关系已经深入交融，可以说是一个利益共同体，在贸易领域对中国施以重压，短期之内尚能承受，但长期下去必然两败俱伤。分析人士认为，如果对中国与墨西哥征收45%与35%的进口关税，2019年美国的经济体量将比2016年缩减4.6%，美国私营部门将损失700万个工作岗位，到2019年年中，美国失业率将升至9.5%。即便中国、墨西哥不采取报复性措施，2018年美国的经济增长也将接近于零，并将减少330万个工作岗位。③ 美国知名智库彼得森国际经济研究所（Institute for International Economics）2016年9月发布的研究报告也认为，贸易战将把美国经济拖入衰退之中，并会减少数百万个工作岗位。一些依赖出口的企业，如信息技术、航空、机械制造等部门将会遭受重创。从各州损失来看，华盛顿州最为严重，加利福尼亚、康涅狄格、印第安纳、伊利诺伊等另外19个州也将面临重大冲击。④ 特朗普注意利益分配，强调利益为先，将会对中美经贸领域的问题与争端做出妥协，中美引发贸易战的可能性不大。

第四，民主推广政策将更加慎重。从历史上看，对外推广民主一直是

---

① Akin Oyedele, "Trump Has Reportedly Shelved one of the Most Controversial Parts of His Tax Plan", April 25, 2017, http：//www. businessinsider. com/trump – drops – border – adjustment – tax – 2017 – 4.

② The White House, "President Trump Promotes 'Buy American and Hire American'", April 18, 2017, https：//www. whitehouse. gov/the – press – office/2017/04/18/president – trump – promotes – buy – american – and – hire – american; The White House, "Presidential Executive Order on Buy American and Hire American", April 18, 2017, https：//www. whitehouse. gov/the – press – office/2017/04/18/presidential – executive – order – buy – american – and – hire – american.

③ Jim Tankersley, "Donald Trump's Trade War Could Kill Millions of U. S. Jobs", *The Washington Post*, March 25, 2016, http：//www. dailyherald. com/article/20160403/business/160409953/.

④ Marcus Noland, Gary Clyde Hufbauer, Sherman Robinson, and Tyler Moran, "Assessing Trade Agendas in the US Presidential Campaign", Sep. 2016, pp. 18 – 19, https：//piie. com/system/files/documents/piieb16 – 6. pdf.

美国外交政策的一项中心内容。美国曾自诩是"上帝选民",是人类"民主的灯塔",指明了未来的发展方向。美国政治文化中的"使命观"促使美国外交政策制定者将民主推广作为美国的重要国家利益,这一点在冷战后更是如此。克林顿政府将"经济、安全与民主"作为其国际战略的三大支柱;小布什政府认为民主赤字是导致国际恐怖主义的根本性因素,因此其反恐战略的一个重要目标就是要推广民主,并为此制订了雄心勃勃的"大中东计划";奥巴马政府同样如此,尽管在推进民主的手段上更加温和。他在 2010 年《美国国家安全战略》报告中明确将海外民主拓展作为美国四项持久国家利益之一。[①] 然而,特朗普对此并不认同。例如,他在2016 年 4 月 27 日的演讲中对美国的民主推广政策进行了反思和抨击,指出美国在伊拉克、埃及、利比亚以及叙利亚等地所遭遇的种种困境"都始于一个危险的想法,即我们可以在这些国家中推行民主,即使这些国家从未经历过民主或根本对民主不感兴趣"。[②] 当然,这并不是说特朗普没有对外传播美国价值观的冲动(实际上美国政府内部不少人已经将传播"价值观"视为一项政治正确,这将会对特朗普产生影响),而是表明特朗普并不将传播美国价值观作为其外交政策的优先选项。他曾表示,美国政府"将和盟友一起合作,重振西方价值观和制度。但我不会试图去传播'普世价值',因为不是每个人都认同这种价值观"。[③] 2017 年 5 月 21日,特朗普将其首次外访的第一站选在了沙特,并在此就美国对伊斯兰世界的政策发表了演讲。他指出"美国不会寻求将其生活方式强加于人","我们来到这里不是为了说教,不是为了告诉他人该如何生活,如何做事,应当成为什么人,或应当如何信仰"。[④] 可以预见,特朗普政府在"民主改造"他国的政策上会持谨慎甚或消极的态度。

    需要指出的是,特朗普在价值观方面的政策可能并非一成不变。实际

---

    ① 陈积敏:《美国领导:奥巴马政府〈国家安全战略报告〉评析》,《和平与发展》2010年第 4 期,第 40—45 页。

    ② Donald J. Trump, "Trump on Foreign Policy", *The National Interest*, April 27, 2016, http://nationalinterest. org/feature/trump – foreign – policy – 15960.

    ③ Ibid. .

    ④ The White House, "President Trump's Speech to the Arab Islamic American Summit", May 21, 2017, https://www. whitehouse. gov/the – press – office/2017/05/21/president – trumps – speech – arab – islamic – american – summit.

上，特朗普政府的价值观战略正日益朝着奥巴马时期的运作模式靠拢。
2017 年 9 月 19 日，特朗普在首次演讲中表示，美国不会将自己的生活方
式强加于人，而要通过榜样的力量吸引他者追随。这一点与奥巴马政府时
期的说法如出一辙。奥巴马政府发布的 2010 年《国家安全战略》报告写
道，"我们通过在国内践行这些价值观促进其在国外的推广，但我们不会
以武力强加于人"。[①] 然而，美国真的能做到如此"闲庭信步"吗？看一
看奥巴马政府做得如何或可窥见一斑。奥巴马在任内调整了小布什政府时
期咄咄逼人的民主化战略，试图采取更加柔和而谨慎的方式进行价值观推
广，但在"阿拉伯之春"运动的背景下，美国改变了立场，开始大规模
介入与助推中东所谓的"民主化浪潮"，甚至于不惜动用军事手段。彼
时，奥巴马总统似乎早已将榜样的力量忘到了九霄云外，转而以强制的方
式来实现民主化目标。从很大程度上来说，美国的价值观战略并不是因为
某个总统的偏好决定的，而是其官僚体系、政治文化以及外交传统决定
的。由是观之，在民主推广方面，特朗普政府并非不想做，而是没有找到
合适的契机与适合的对象。不过，从联大演讲中，特朗普似乎已经找到了
下一个目标，即委内瑞拉。他表示，委内瑞拉的民主体制已被摧毁，这是
不可接受的结果，美国也不会坐视不管，"作为负责任的邻国及友邦，我
们都有一个共同的目标：为他们重获自由，重建国家，重塑民主……如若
委内瑞拉一意孤行，对委内瑞拉人民实施威权统治，我们已准备好采取下
一步行动。"[②]

二　国际体系变动与中美关系

中美关系是世界上最重要的一组双边关系，其状态将会对当前国际体
系与国际秩序产生重要影响。同时，中美两国又身处现有的国际体系之
中，国际体系的形态也会对中美关系的演化构成不容忽视的影响。当前，

---

① *National Security Strategy*, May 2010, http：//nssarchive. us/NSSR/2010. pdf.

② The White House, "Remarks by President Trump to the 72nd Session of the United Nations General Assembly", September 19, 2017, https：//www. whitehouse. gov/the – press – office/2017/09/19/remarks – president – trump – 72nd – session – united – nations – general – assembly.

国际格局正处于深刻变动之中，矛盾性、复杂性与不可预期性凸显，主要表现在四个方面：

一是大国战略博弈日趋激烈。大国既是国际体系变革的主导性力量，同时对国际体系的变化也十分敏感。大国重视国际体系的塑造，并将其作为占据国际政治、经济、文化等各领域制高点的有效途径。从历史上看，国际体系的剧烈变动主要因国际力量格局的再调整、再平衡所起，而这一过程往往伴随着战争与动荡。

二是全球民粹主义盛行，国家间共同利益逐渐让位于竞争性利益，甚至于排他性利益，国际关系"以邻为壑"的现象有可能愈演愈烈。2008 年的金融危机所引发的后续效应仍未消除，全球贸易和投资低迷，国际大宗商品价格持续波动，世界经济处于艰难复苏之中。在此背景下，国家间矛盾日益突出，民粹主义、逆全球化、反建制政治等思潮在全球主要国家崛起。

三是地缘政治因素错综复杂，地区热点问题难以破解，安全困境日渐深化；恐怖主义、极端主义扩张，以及技术的进步所带来的复合影响；传统安全和非传统安全风险相互交织与叠加，这些都增加了未来世界发生冲突的危险。

四是国际秩序存在失范的风险。这源于两个交错的现象：一方面，国际社会在政治、安全、经济等方面面临着巨大挑战，这些挑战使原有的国际治理体系已难以适应需要，变革乃是大势所趋；另一方面，在国际体系中占据主导地位的西方国家政策内顾倾向加重，保护主义抬头，甚至于推卸、逃避国际责任。全球安全、繁荣等公共产品的供给有出现严重危机的风险，所谓的"金德尔伯格陷阱"（Kindleberger Trap）① 呼之欲出。

然而，第二次世界大战后形成的以"联合国宪章"等国际规范为基础的国际体系在维护国际和平与安全、发展与繁荣方面发挥了重要作用。这意味着当前国际体系有继续存在的必要。维护与完善国际体系离不开国际社会的共同努力，尤其是大国的合作与协调。需要说明的是，在世界经济低迷失衡、地缘冲突恶化加剧、全球化和区域一体化遭遇挫

---

① 金德尔伯格陷阱由马歇尔计划的天才构想者、后执教于麻省理工学院的查尔斯·金德尔伯格提出。他认为，20 世纪 30 年代的灾难起源于美国取代英国成为全球最大强权，但又未能像英国一样承担起提供全球公共产品的责任。其结果是全球体系崩溃，陷入萧条、种族灭绝和世界大战。

折、恐怖主义威胁持续不断的背景下，在西方发达国家对于战后国际体系感到悲观之时，作为国际秩序重要组成部分的发展中国家，尤其是发展中大国需要发挥独特作用。但是，真正有效的、富有前景的国际体系变革需要反映和融入世界各国的愿景与需求。作为世界上最大的发展中大国与最大的发达国家，中美两国具有代表性，同时在聚合国际社会力量并对国际体系与国际规范发挥支持性、引领性作用方面具有关键意义。因此，看待中美关系需要有辩证的思维、历史的维度以及结构的视角。实际上，在当前国际体系中，中美关系的发展既面临着历史机遇，也存在着巨大挑战。

就机遇来说，这一点可以从实力对比、责任担当、经济相互依赖、互动机制建设、时代发展潮流五个方面来加以阐述。从实力对比上讲，中美两国具有不对称性特征。从整体实力上来看，美国仍具有绝对优势。国际关系中的实力转变理论（power transition theory）认为，当挑战国和主导国的力量基本持平时，战争的可能性最大。① 因此，实力差距的存在使中美两国能够以一种相对稳定的状态来发展双边关系。就责任担当而言，美国仍然主导并维持着当前国际体系与秩序，同时主张对其进行变革。该体系的包容性、开放性以及与时俱进性特征仍是维持其存续的重要因素。中国是当前国际体系的参与者、维护者与贡献者，讨论国际体系的变革离不开中国，而中国也愿意为国际体系朝着公正合理的方向发展贡献中国智慧与中国方案。就此而言，中美两国具有明显的共同利益。此外，中美经济高度相互依赖也促进两国形成"一荣俱荣"的利益共同体。据商务部数据显示，2016 年中美贸易额达 5196 亿美元，而 1979 年仅为 25 亿美元，38 年间增长了 211 倍。此外，中美双边服务贸易额超过 1100 亿美元，中美双向投资累计达到 1700 亿美元。② 美国是中国第一大出口市场，第四大进口来源地。中国是美国第三大出口市场，第一大进口来源地。③ 中美已经互为第一大贸易伙伴国。④ 据美方统计，中国是美国出口增长最快的市场之一，2001—2015 年美国对华货物贸易出口累计增长 500%。2017

① 宋伟：《实力转变理论述评》，《现代国际关系》2016 年第 10 期，第 42 页。
② 高伟东：《中美经贸合作前景广阔》，《经济日报》2017 年 4 月 6 日，第 4 版。
③ 郭言：《坚持中美经贸关系互利共赢的"航向"》，《经济日报》2017 年 4 月 6 日，第 4 版。
④ 杜尚泽、章念生、张朋辉：《习近平同特朗普举行中美元首第二场正式会晤》，《人民日报》2017 年 4 月 9 日，第 1 版。

年1月，美中贸易委员会发布报告指出，仅2015年，美国对华出口直接或间接地支持了180万个新的工作岗位，并为GDP贡献了1650亿美元。美国对华投资以及中国对美投资又创造了更多的工作岗位，总计有260万个工作岗位，为GDP贡献了2160亿美元。① 从互动机制来说，中美建立了包括安全、经济、人文、执法等各领域的沟通管道，形成了稳定的、机制化的交流平台，尤其是两国元首的密集联系模式，发挥了聚同化异、管控分歧的功能。从时代特征来看，和平与发展仍是当前时代的主题。随着发展中国家的群体性崛起，国际力量的对比正在发生深刻变化。中国将发展中国家作为外交的重要依托，增进了对美外交的资源，中美关系的对等性、平衡性特点日益显著，为更具建设性的双边关系提供了重要支持。

当然，中美关系也存在不小的发展挑战。首先，中美关系日益被"建构"成崛起国与霸权国之间的关系，所谓的"修昔底德陷阱"成为困扰中美关系发展的"魔咒"。② 这种意向不仅体现在美国的战略界，而且在美国的社会层面也有所表现。盖洛普（Gallup）公司2015年2月发布的民调结果指出，40%的美国受访者认为中国的经济力量对美国的重要利益构成了关键威胁，另有44%的受访者认为构成了重要威胁，而2013年、2014年时认为构成关键威胁的比重曾高达52%。③ 在2016年2月发布的民调报告中，中国被列入四个美国最主要的敌人名单。④ 2015年9月皮尤研究中心（Pew Research Center）的民调显示出美国对中国崛起的担忧，其中受访的共和党人更是将中国视作一种威胁。与此同时，中国人也将美国视为中国发展的巨大威胁，对美国抱有很大的不满。⑤ 2016年10

---

① 郭言：《坚持中美经贸关系互利共赢的"航向"》，《经济日报》2017年4月6日，第4版。

② Graham Allison, "Thucydides's Trap Has Been Sprung in the Pacific", *Financial Times*, August 22, 2012.

③ Jeffrey M. Jones, "Americans See China's Economic Power as Diminished Threat", February 26, 2015, http://www.gallup.com/poll/181733/americans – china – economic – power – diminished – threat.aspx.

④ Jim Norman, "Four Nations Top U. S.'s Greatest Enemy List", February 22, 2016, http://www.gallup.com/poll/189503/four – nations – top – greatest – enemy – list.aspx? g_ source = US + CHINA + VIEWS&g_ medium = search&g_ campaign = tiles.

⑤ Richard Wike, "Americans' Concerns about China: Economics, Cyberattacks, Human Rights Top the List", Sept. 9, 2015, http://www.pewglobal.org/2015/09/09/americans – concerns – about – china – economics – cyberattacks – human – rights – top – the – list/.

月的皮尤民调显示，52% 的中国受访者认为，美国正试图阻止中国的发展，45% 的受访者表示美国的权力与影响力是中国面临的一大威胁。① 在此背景下，美国舆论很容易将双方关系看成零和博弈。例如，美国不少人认为，中国倡议建立亚洲基础设施投资银行（Asian Infrastructure Investment Bank），是美国外交的一次失败。② 特朗普宣布退出"跨太平洋伙伴关系协定"以及《巴黎气候协定》，这又被看成是向中国交出全球领导权。③ 其次，中美安全困境有升级的征兆。近年来，中美在安全议题上相互竞争的色彩日益浓厚，并且具有直接性与争锋相对性，如南海问题。美国政府多次以"航行与飞越自由"为名派遣舰机对中国在南海的岛礁展开抵近侦察，使中方不得不采取相应的措施，这其中潜藏着双方擦枪走火的可能。④ 此外，美国还利用各种机会有意无意地将中国塑造成所谓的"规则破坏者"，如美国防长马蒂斯曾在香格里拉安全会议上表示，"我们不能接受中国侵害国际社会利益的行为。这种行为破坏了如今所有国家特别是中国从中获益的基于规则的秩序"。⑤ 需要指出的是，于中美关系而言，近年来日益凸显的安全问题，如钓鱼岛问题、南海问题，均属于第三方事件。这也从另一方面展现出中美安全困境的外延有所扩展。2017 年 4 月的皮尤民调报告指出，在盟国与中国的冲突中，认为美国应当使用武力帮助其盟国的美国两党受访者均值比例高达 58%，其中共和党人的比例

---

① Richard Wike and Bruce Strokes, "Chinese Public Sees More Powerful Role in World, Names U. S. as Top Threat", Oct. 5, 2016, http: //www. pewglobal. org/2016/10/05/chinese – public – sees – more – powerful – role – in – world – names – u – s – as – top – threat/.

② Lawrence H. Summers, "Time US Leadership Woke up to New Economic Era", April 5, 2015, http: //larrysummers. com/2015/04/05/time – us – leadership – woke – up – to – new – economic – era/.

③ David Marsh, "Trump's China First Policy", June 6, 2017, http: //www. marketwatch. com/ story/trumps – china – first – policy – 2017 – 06 – 06；Michael T. Klare, "China First, Russia Second, America Third: Trump's Real Foreign Policy", February 14, 2017, https: //www. thenation. com/article/china – first – russia – second – america – third – trumps – real – foreign – policy/.

④ 张骜：《外媒：中美军舰对峙同日中方军机拦截美侦察机》，环球网，2017 年 5 月 27 日，网址：http: //mil. huanqiu. com/observation/2017 – 05/10752302. html。

⑤ Department of Defense, "Remarks by Secretary Mattis at Shangri – La Dialogue", June 3, 2017, https: //www. defense. gov/News/Transcripts/Transcript – View/Article/1201780/remarks – by – secretary – mattis – at – shangri – la – dialogue/.

为65%，民主党人52%。① 可见，两国间安全困境的化解已成为双边关系发展的迫切问题。再次，结构性矛盾尚难缓和。两国在政治制度、价值观念等意识形态领域多有碰撞，这种源自双方文化差异的冲突也成为中美两国发生矛盾的重要因素。最后，中国面临国家身份多元性的挑战。中国学者贾庆国教授曾指出，从身份上讲，崛起中的中国既具有发展中国家的属性，也具有发达国家的特点；既是弱国，也是强国；既是普通大国，也是超级大国。身份决定利益，这就意味着中国的利益也是多元的：既有发展中国家的利益，也有发达国家的利益；既有弱国的利益，也有强国的利益；既有普通大国的利益，也有超级大国的利益。由于这两种身份和两类利益常常是矛盾或冲突的，中国在制定对外政策过程中越来越难界定自身的利益和保持政策的稳定性与连续性。因而，中国和外部世界都很难准确判断彼此的意图，从而加剧了美国对中国的困惑、担忧和防范，以及中国对此的反制。②

三　中美关系发展的路径选择

面对机遇与风险，中美关系的未来是双方主动选择的结果，而非历史的宿命。作为两个对世界具有重大影响力的国家，双方都应该努力走出一条光明大道。面向未来，维持与促进中美关系的良性发展，双方需要处理好三个方面的问题，即宏观定位、实践推进与思维转变。

一是宏观定位，就是要为两国关系的发展确定一个方向。换言之，这是中美关系发展的顶层设计，而其基础首先在于确定彼此对对方的战略定位。于中国而言，美国在中国外交战略中的定位是清晰的，中国视美国为实现国家发展与民族复兴最重要的外部环境因素，因而中国将维护与发展对美关系作为外交工作的重点。就当前而言，中国致力于与美国本着"不冲突不对抗、相互尊重、合作共赢"的原则推进与发展双边关系。然

---

① Richard Wike, "Americans' Views of China Improve as Economic Concerns Ease", April 4, 2017, http://www.pewglobal.org/2017/04/04/americans-views-of-china-improve-as-economic-concerns-ease/.

② 贾庆国：《新时期中美关系面临的挑战和机遇》，《国际观察》2015年第1期，第21页。

而，对于美国来说，中国在其外交战略中的定位既模糊不清又变幻莫测。实际上，冷战后美国对中国的定位一直处于建构之中，也一直处于变化之中。例如，克林顿政府大部分时期，美国不是将中国塑造成行将崩溃的"失败者"，就是塑造成威胁其利益的"敌人"，抑或是将中国视为美国"教育改造"的对象。① 1997 年 10 月 26 日—11 月 3 日，国家主席江泽民应邀对美国进行了国事访问，两国决定共同致力于建立面向 21 世纪的建设性战略伙伴关系，这或可视为美国尝试着将中国界定为"建设性战略伙伴"。然而，好景不长，两国关系因为 1999 年的南斯拉夫"炸馆"事件而一落千丈。② 小布什政府上台后，中国的身份被塑造成所谓的"战略竞争者"，双边关系急转直下。然而，随着国际形势的变化，尤其是美国国家安全战略转向"全球反恐"，中国身份日益被建构为"负责任的利益相关者"，两国关系迎来了相对稳定发展的阶段。奥巴马政府执政前期，美国将中国的身份先后界定为"应对共同挑战的伙伴"与"相互尊重、互利共赢的合作伙伴"，双方关系实现了良好开局。③ 但是，自 2010 年美国推进"亚太再平衡"战略以后，中美在亚太博弈的色彩愈加浓厚，其中双方在钓鱼岛问题、南海问题以及区域经贸协定上的较量更是令两国关系发展蒙上阴影。在此背景下，奥巴马政府日益将中国塑造成"地区现状破坏者"和"规则竞争者"的形象。正是由于美国对中国的战略定位不明朗，当美国政府换届之时，中美关系就要重新磨合与再次定位。如果说这一问题在此前中美关系发展中并不是一个突出问题，或者说不是一个显性问题，那么，随着中国综合实力的增强以及中国在建构中美关系中影响力的提升，如今它越来越成为制约中美关系平稳发展的"瓶颈"问题。很大程度上，美国对中国的战略定位的模糊性是影响未来中美关系发展的最重要的障碍之一。目前，特朗普政府对华关系定位似乎可以用两个词来概括：建设性与结果导向型（constructive, results - oriented relationship）。2017 年 6 月 6 日，特朗普政府发布了 2017 年《涉华军事与安全发展报告》（Annual Report to Congress：Military and Security Development Involving

---

①　陈积敏：《美国对华战略认知的演变与中美关系》，《外交评论》2011 年第 4 期，第 134—135 页。

②　相关内容可参见熊志勇《中美关系 60 年》，人民出版社 2009 年版。

③　陈积敏：《美国对华战略认知的演变与中美关系》，第 135—138 页。

the People's Republic of China），这是美国新政府发布的首份带有明确政策指向性的涉华报告，其中指出，"寻求与中国发展一种建设性与结果导向型关系是美国亚太战略的一个重要部分"。① 然而，这种关系定位本身就反映出一定的矛盾性。它似乎是为中美关系发展确立了一个方向，但似乎又不是，双边关系仍处于走一步看一步的状态。5 月 19 日，笔者在与美国企业研究所的专家进行座谈时，美方学者也感到特朗普的对外政策飘忽不定。显然，这会增加两国关系发展的难度，抑或是制约双边关系推进的速度与深度。因此，特朗普政府应尽快明确其对华战略定位，并在此基础上就双边关系的发展愿景展开战略性沟通。

二是实践推进。中美关系的发展既要有规划设计，也要有政策推动。这方面有三点需要注意：其一，中美应加强各自的实力建设，并保持双方力量增长的空间性。一个衰落的美国与一个崛起受挫的中国对于双边关系来说都是危险的。因而，双方应致力于各自的能力建设，并为对方的实力增长提供一定的空间，即一方实力增长不应压缩或制约对方力量的增长。这里的力量增长包括物质性权力、制度性权力等。其二，中美应加强双边互信的基础，以务实合作来展现诚意，以有效的制度性沟通来避免误解，以专门机制来管控分歧。良好的沟通与可信赖的"战略再保证"是规避"修昔底德陷阱"的必要前提，但要为中美关系的发展注入持久动力，就必须在战略互信上多做努力。在互信累积方面，双方需要就彼此的核心利益与重大关切展开坦率的讨论，并可以将这些要素按照重要性、紧迫性等指标进行排序，这样可以清晰地看出双方在哪些问题上是协调的，哪些是有矛盾的，哪些是存在冲突的。这些问题明确后，双方才能更有效地扩大共同利益，管控冲突利益。其三，双方应夯实与拓展共同利益的基础与领域，同时增进两国之于国际体系的共同责任。在国际关系中，共同利益是维持国家间稳固关系最有力的黏合剂与催化剂，建立"以利益为基础，以责任为纽带"的可持续双边关系应是两国的努力方向。

三是互需思维的构建，即两国应从互相需要的角度来认知对方的作用

---

① Department of Defense, "Military and Security Developments Involving the People's Republic of China 2017", p. 85, https：//www. defense. gov/Portals/1/Documents/pubs/2017_ China_ Military_ Power_ Report. PDF.

与价值，将对方视为实现彼此利益以及人类共同利益的助力，而非阻力。美国应认识到捍卫其全球优势地位不仅要有充足的实力，而且要能够赢得国际社会的认可，自我建设与他者认同不可或缺。故而，美国应将中国视为一个能够增益其利益与威望的可合作伙伴。于中国而言，既然已经将自己定位为国际体系的参与者、维护者与贡献者，中国对外战略就需以此为基本出发点，并保持其连续性与透明度。中国应承认美国在维持当前国际体系中的作用，并认识到变革与完善当前国际体系离不开美国。简言之，稳定有序的中美关系是一种相互的需要，而非一方对另一方的不对称需要。就这一点来说，两国应加强对国内舆论的引导与塑造，减少对对方"脸谱化"的负面认知，增进双方的积极互动与正向认知。美国学者谢淑丽（Susan Shirk）指出："两国大部分公众对对方的认识是负面的，这使得两国政府在高难度问题（high‑profile issues）上达成妥协变得困难……为保障谈判能力，美国与中国的政治家们应当尝试去引领建立起对对方务实而包容的大众舆论。"①

综上所述，未来中美关系的发展形态与特朗普的国际观、当前国际体系的演化以及中美关系互动等要素密切相关。展望未来，中美关系的敏感性、复杂性与重要性仍将相互交织、彼此共振，双方的战略力量对比会继续发生变化。但两国都把主要精力投入到内部事务上，且双方发展以及国际体系的存续与运转都离不开对方的配合，因而中美竞合型关系不会出现根本性变化。这种关系将呈层次性分布，表现为贸易领域竞争有限升级，安全领域竞争总体可控，价值观领域博弈可望减轻，国际议题合作继续探索（气候变化原本是中美扩大合作的增长点，但特朗普退出《巴黎气候协定》后使这种合作变得困难）。当然，应当看到的是，特朗普的国际战略仍处于形成时期，其执政团队的稳定性及其对外政策偏好尚需进一步观察，这决定了特朗普政府的对华政策仍在形塑过程中，对丁其中的反复应有一定的认知与应对预案。

（陈积敏：中共中央党校国际战略研究院副研究员）

---

①　Susan Shirk, "Trump and China: Getting to Yes with Beijing", *Foreign Affairs*, March/April 2017, pp. 23 – 24.

"9·11"事件以来美国意识形态政策的调整及中国的对策

刘江韵

【内容提要】"9·11"事件发生以来，暴力极端主义的全球扩散、美俄关系的进一步恶化和中国的迅速崛起等现象的叠加迫使美国政府对其意识形态政策做出一系列调整：一是把暴力极端主义列为国家安全的头号威胁，从法律、机构等层面建立反暴力极端主义的机制；二是加大对中国和俄罗斯的意识形态斗争力度，在国会通过《反外国宣传与虚假信息法2016》，将对中俄的意识形态斗争法律化和公开化。美国意识形态政策的调整再次暴露了西方"意识形态终结论"的虚伪本质，同时揭示了全球化背景下国家利益与意识形态日益紧密的关系。

【关键词】 美国外交 意识形态政策 调整 中国 对策

1991年苏联解体后，"意识形态终结论"一时甚嚣尘上。该理论认为资本主义意识形态已经夺得东西方意识形态斗争的最终胜利，全球范围内的意识形态斗争即将结束。不仅美国等西方国家对"历史的终结"津津乐道，在许多非西方意识形态的国家和地区也出现了"去意识形态化"和"普世价值论"的附和声音。然而，随着全球化的推进，意识形态斗争并未终结，特别是在2001年"9·11"事件发生后，反而变得更复杂、更激烈、更严峻。为此，美国出台了一系列针对暴力极端主义和中国及俄罗斯的法律和政策，继续加大对意识形态的投入力度。美国意识形态政策的新动向，为我国维护国家安全、抵御西方意识形态渗透、构建国家软实力战略带来了挑战与启示。

一　美国意识形态政策的新发展

"9·11"事件以后，美国对自身面对的意识形态挑战进行了重新评估，意识到西方不再是单纯的进攻者，还必须成为防守者。在此基础上，美国及其盟友积极应对，调整意识形态政策，增强对宗教极端主义的打击力度，整合资源对抗俄罗斯的反美主义，遏制中国软实力的全球扩张，以保持西方意识形态在全球范围内的优势地位。

（一）将反击暴力极端主义意识形态作为最迫切的任务

"9·11"事件发生后，美国立即把确保国土安全列为国际安全战略的首要任务，认为保卫国土安全的关键是在全球范围打击针对美国的暴力极端主义和恐怖主义。为应对上述威胁，美国政府采取了一系列措施，从人员、法律、机构等层面建立了反暴力和宗教极端主义机制。

美国反暴力极端主义的主要政策文件包括 2011 年 6 月发布的《国家反恐战略》（National Strategy for Counter – terrorism）和 2011 年 12 月发布的《支持地方伙伴预防国内暴力极端主义战略实施方案》（Strategic Implementation Plan for Empowering Local Partners to Prevent Extremism in the United States）。① 根据上述文件，美国政府于 2011 年 9 月建立了战略反恐沟通中心（The Center for Strategic Counter – terrorism Communication，CSCC）。战略反恐沟通中心最初设定的任务是"协调、指导和沟通"政府内部所有打击基地组织及其附属组织的工作。然而，随着反恐形势的恶化和伊斯兰国的崛起，CSCC 开始参与到直接与伊斯兰国进行意识形态斗争的工作中，尝试使用阿拉伯文和英文制作并发布反击伊斯兰国（ISIS）意识形态的宣传视频。在 2014 年伊斯兰国占领摩苏尔并宣布建国后，CSCC 加大了工作力度，转型成为专门负责对抗伊斯兰国意识形态的机

---

① 初冬梅：《浅析美国反击暴力极端主义政策》，《国际关系研究》2016 年第 3 期，第 132 页。

构。在 2014 年，CSCC 发布了至少 93 段阿拉伯文视频，在 2014 年 6 月至 12 月获得了超过 90 万次的点击量，其中最成功的视频"伊斯兰国对逊尼派的威胁"获得超过 11 万次的点击量。虽然该中心取得了一定的成果，但同时存在人员和设备短缺、影响效果难以评估、反应速度慢等问题，与伊斯兰国每天在社交媒体上发布的海量激进言论和制作精良的招募视频相比，还是杯水车薪。[①]

2016 年 3 月，随着国内"独狼式"恐怖主义袭击的增加和伊拉克及叙利亚的反恐战争进入胶着阶段，美国政府进一步加大反极端主义意识形态的力度，宣布成立全球接触中心（Global Engagement Center），以取代战略反恐沟通中心。全球接触中心可以说是战略反恐沟通中心的升级版本，机构目标从协调政府部门行动扩大至建立全球反暴力极端主义网络。该中心的四大核心任务为：一是建立全球伙伴关系网络，通过提供经费、技术援助、培训和联合项目来支持全球各地致力于反暴力极端主义的非政府组织、公民社会领袖、宗教领袖和政府等；二是利用美国的技术优势建立大数据分析系统，更紧密地掌控"网络意识形态"的发展动向，更精准地向受众投放信息，更客观地评估中心工作的实际成效；三是与反伊斯兰国国际联盟的成员合作制作更隐蔽的反极端主义内容产品，不打上美国或其他国家的记号，使之迅速融入社交媒体并更容易为受众所接受；四是提升政府部门间合作的效率。[②]

（二）借总统大选推动制定对俄意识形态斗争新策略

普京担任俄罗斯总统以来，美俄之间的意识形态斗争呈现逐年升温的状态。美俄分别在格鲁吉亚、乌克兰、吉尔吉斯斯坦等独联体国家或苏联势力范围内展开了激烈的角逐。[③] 2016 年的美国总统选举将美俄之间的意识形态斗争推至危险的临界点。2016 年 3 月，美国俄亥俄州参议员波特

[①] Alberto M. Fernandez, "Here to Stay and Growing: Combating ISIS Propaganda Networks: World U. S. – Islamic World Forum Papers 2015", The Brookings Institution, 2015, p. 15.

[②] US Department of State, "Global Engagement Center", available at: https://www.state.gov/r/gec/.

[③] Nicole J. Jackson, "The Role of External Factors in Advancing Non – liberal Democratic Forms of Political Rule: A Case Study of Russia's Influence on Central Asian Regimes", Contemporary Politics, 2010, 16: 1, pp. 101 – 108.

曼（Rob Portman）向参议院外交关系委员会提交《反信息战法2016》（Countering Information Warfare Act of 2016）草案。其后，随着关于俄罗斯攻击民主党电子邮箱系统、在社交媒体散布虚假消息等俄罗斯系统性地干预美国总统大选等消息的出现，该草案被更名为《反外国宣传与虚假信息法2016》（Countering Foreign Propaganda and Disinformation Act of 2016）。该草案明确针对俄罗斯和中国利用虚假信息和其他宣传手段损害美国及其盟友利益的行为，指出俄罗斯对美国及其盟国发起了有组织的大规模宣传攻势，散布虚假信息已经成为俄罗斯政府在乌克兰、摩尔多瓦、格鲁吉亚、巴尔干地区及中东欧国家实现其政治、经济和军事目标的关键手段。[1] 最终，该草案作为《2017年度国防授权法》（National Defense Authorization Act for the Fiscal Year of 2017）的一部分，于2016年12月由参众两院以压倒性票数通过，奥巴马总统在卸任之际签署了该法案。

虽然最终通过的法案版本删去了"俄罗斯"的字眼，但其实质就是美国政府提出的对俄意识形态斗争的最新指引。该法案的核心内容有两项，分别从战略和战术层面提出了针对俄罗斯的意识形态斗争新策略：一是根据该法案，将由国务卿与国防部长牵头，利用国务院现有的全球接触中心作为平台，升级其成为美国对抗俄罗斯宣传攻势的统筹机构。该中心的任务将包括搜集和分析外国政府的信息战情报，整合关于外国宣传攻势的数据和分析以制定国家应对战略，揭露外国政府针对美国的宣传和信息战行动，向盟国和其他非政府组织传授信息战的新技术和策略等。二是成立信息接入基金（Information Access Fund），其任务包括支持目标国当地的独立媒体收集外国政府针对美国及其盟国的虚假信息宣传资料，分析外国政府的信息战技术和策略，直接参与对抗外国的宣传攻势的行动。[2]

（三）积极在全球范围遏制中国软实力的扩张

其一，在《反外国宣传与虚假信息法2016》草案中，明确将中国列

---

[1] US 114th Congress, H. R. 5181, "A Bill to Counter Foreign Disinformation and Propaganda and for Other Purposes", 2016, p. 2.

[2] US 114th Congress, H. R. 4909, "To Authorize Appropriations for Fiscal Year 2017 for Military Activities of the Department of Defense, for Military Construction, and for Defense Activities of the Department of Energy, to Prescribe Military Personnel Strengths for Such Fiscal Year, and for Other Purposes", pp. 706 – 712.

为信息战的假想敌。虽然考虑到中美双边关系的整体利益,法案最终版本并未出现"中国"字眼,但该法案的发起人波特曼在接受采访时明确指出,"此法案的目的是为了赢得意识形态战争而创制更为全面、主动的策略",而"中国每年花费数十亿用于对外宣传","中国在南海问题上的策略就是通过散布虚假信息来获得主动权,可谓成功地抓住了美国及其盟友的软肋"。① 因此,该法案的目的就是在关乎中国重大利益的问题上通过意识形态手段争夺话语权,实质上就是把美国的对华意识形态战略公开化与法律化,一方面向美国民众灌输中国意识形态扩张的危害性和紧迫性,另一方面为政府部门、私营机构、非政府组织乃至公民个人参与对华意识形态斗争提供法理依据。

其二,进一步加大对独立媒体、非政府组织和公民社会领袖的资助,推动这些行为体在中国以及中国海外利益所覆盖的国家和地区进行意识形态渗透和对抗。具体任务包括传播西方的自由主义意识形态,批判中国传播的价值观,收集和分析中国软实力战略的相关信息。

其三,通过媒体报道、社交媒体、学术讨论等多种渠道,对传播中国文化的孔子学院下手,将孔子学院看作中国对外输出意识形态的工具。这导致美国多家高校以所谓的"价值观冲突"和"捍卫学术自由"为由,拒绝继续与中方合办孔子学院。② 美国对孔子学院的妖魔化宣传还引发了连锁反应,加拿大等西方国家的部分媒体和地方教育部门陆续提出对"孔子学院"所谓"干预教学"的质疑,部分学校更终止了与中方的合作。③

二 美国意识形态政策调整的原因分析

与冷战期间两极对峙的局势不同,随着"9·11"事件后国际反恐形

---

① Wei Qi and Violet Law, "Washington's New Anti – propaganda Law May Unleash War of Ideas with China", *Businesses Insider*, 2016 – 12 – 2, available at: http://www.businessinsider.com/us – anti – propaganda – law – may – unleash – war – of – ideas – with – china – 2016 – 12.

② 《美国再度叫停孔子学院风波的背后》,网易教育,2014 年 9 月 3 日,网址:http://edu.163.com/14/0930/09/A7CM8FHO00294MPA.html。

③ 蓝孝威:《关闭孔子学院,加拿大开先例》,《中国时报》2014 年 6 月 8 日,网址:http://www.chinatimes.com/cn/newspapers/20140608000346 – 260108。

势持续恶化，美俄关系进一步紧张，中国综合国力迅速提升，当下美国的意识形态挑战来自不同的领域与国家。美国政府及智库的报告认为，西方意识形态至少面临着以伊斯兰国为代表的暴力极端主义、以俄罗斯为代表的反美主义以及中国软实力全球扩张三种严峻挑战。

（一）暴力极端主义对美国利益的威胁日益严重

在"9·11"事件发生后至 2014 年伊斯兰国崛起之前，美国面对的主要是以基地组织为代表的恐怖主义威胁。总的来说，基地组织对西方的宣传攻势更为传统，依赖于广播、电视、刊物等途径，传播范围十分有限，对西方民众的影响力很小。美国对恐怖主义威胁的认识主要是直接的人员伤亡，而未上升至对西方意识形态的挑战。

然而，美国在集中力量打击基地组织的同时，伊斯兰国的前身伊拉克伊斯兰国（ISI）正在伊拉克地区酝酿着一场意识形态革命。伊拉克伊斯兰国初期的宣传主要针对伊拉克的逊尼派民众。随着其实力和意识形态传播经验的增长，伊拉克伊斯兰国趁叙利亚战争之机在 2013 年更名为伊斯兰国，同时推动意识形态传播策略的转型，即扩大受众面至泛伊斯兰和非阿拉伯语社区，提高宣传产品的质量，且更加重视利用社交媒体。2014 年，伊斯兰国的意识形态战略进一步升级，一是将意识形态宣传与战前动员紧密结合，在重大战役发起前（如摩苏尔战役前）发布重要的宣传视频及文字信息，结果伊斯兰国出乎意料地夺得该城，名声大振；二是发布更多语种的宣传视频，包括让参战的英国籍、澳大利亚籍战士现身说法，呼吁西方穆斯林参与"圣战"，成功鼓动了一批西方国家人士前往叙利亚和伊拉克参战；三是通过宗教极端主义的号召，成功煽动西方国家的公民就地发起"独狼式"恐怖主义活动。①

对美国等西方国家震撼最人的是第二种和第三种方式。不少在西方国家出生长大的本国公民，在宗教极端主义的号召下前往叙利亚参战或在祖国发起恐怖袭击，这打破了西方国家的意识形态自信，其一直引以为豪的"多元主义价值观"受到质疑。为此，以美国、德国、法国为代表的西方国家内出现了少有的严重分化乃至冲突，极右翼、民粹主义、种族主义等

---

① Alberto M. Fernandez, "Here to Stay and Growing: Combating ISIS Propaganda Networks: World U. S. – Islamic World Forum Papers 2015", The Brookings Institution, 2015, pp. 3 – 16.

政治势力借机迅速崛起，西方冷战后推动的民主化和全球化议程遭到了沉重打击。

(二) 美俄意识形态斗争白热化

对于俄罗斯的反美主义运动，美国一直保持着高度关注。2010 年美国传统基金会（The Heritage Foundation）发布的一份题为《俄罗斯的反美主义》的报告，较为完整地分析了美俄意识形态斗争在冷战后的发展。该报告指出，俄罗斯公众的对美态度曾在苏联解体后一度转好，但以北约东扩以及普京上台为转折点，俄罗斯的反美主义情绪开始迅速回升，特别是在 2008 年格鲁吉亚战争后达到了新高度。根据该报告中引用的皮尤研究所 2009 年的统计数据，62% 的俄罗斯人认为来自美国的影响是负面的，只有 15% 的俄罗斯人认为是正面的。[①]

该报告认为，俄罗斯对美国及其盟国的意识形态战略是将外交与内政目标相结合，即一方面以煽动国内的反美主义情绪来支持其在国际社会与西方的意识形态斗争；另一方面，又以对西方意识形态的攻击来巩固其国内统治的合法性。俄罗斯针对西方的意识形态战略主要有两种策略：一是通过文艺作品在国内传播反美主义，如制作反美主义电影（如《兄弟 2》《异星人》等）、反美纪录片（如《王朝覆灭：拜占庭的教训》，通过比较拜占庭的覆灭与俄国在 20 世纪 90 年代的衰落，指出权力的去中心化是拜占庭覆灭的原因，暗示西方推动的民主化运动就是为了削弱俄罗斯政府的权力，维持美国和西方的全球霸权地位）；二是借鉴苏共经验，建立青年运动和组织，包括纳什（Nashi）、共同前进（Marching Together）、俄罗斯青年保卫运动（Young Guard Youth Movement of United Russia）等，这些组织十分善于利用社交媒体，对俄罗斯和周边地区使用俄语的青年群体有巨大的吸引力；三是通过全媒体形式向西方国家推广俄罗斯意识形态和价值观，如"今日俄罗斯"（RT）开通了英语、阿拉伯语和西班牙语频道，并从电视领域扩张到互联网、社交媒体，2013 年成为 YouTube 上首家观看人次超过 10 亿的电视新闻频

---

① Ariel Cohen and Helle C. Dale, "Russian Anti – Americanism: A priority Target for U. S. Public Diplomacy", The Heritage Foundation, 2010 – 02 – 24, pp. 4 – 5.

道，覆盖了世界上 100 多个国家超过 7 亿受众，① 在反恐战争、乌克兰事件、世界经济危机等重要议题上提出与美国针锋相对的观点，并通过政府直接资助的《焦点新闻外的俄罗斯》项目向欧美重要报纸提供广告补贴，输出反映俄罗斯价值观的新闻报道，影响西方媒体和受众；四是通过俄罗斯政府资助的非政府组织来揭露西方的意识形态阴谋，如建立民主与合作研究所（Institute for Democracy and Cooperation），出版《橙网》（Orange Webs）杂志，控诉西方在苏联势力范围内推动"颜色革命"的真实意图危害俄罗斯的国家利益。②

2016 年的美国总统选举把美俄之间的意识形态斗争推至冷战结束后的最高潮。美国多位政府高官、国会议员和媒体纷纷表示怀疑俄罗斯对美国 2016 年总统选举进行了直接和间接的干预，具体行动包括对民主党邮箱系统发起攻击，向媒体泄露不利于总统候选人希拉里的信息，在社交媒体投放大量混淆选民视听的虚假信息等。美国国家安全局 2016 年 5 月发布的内部报告指出，有证据显示俄罗斯的情报部门曾对美国总统大选投票系统的软件和硬件承包商发起过网络攻击，试图影响美国总统大选的投票结果。③ 2017 年 1 月，美国国家情报总监办公室在发布的报告中断言俄罗斯总统普京直接下令发起了对美国 2016 年总统大选的干预行动，目的是削弱人们对美国民主制度的信心和阻碍希拉里当选。④

美国认为其对意识形态斗争的投入已经远落后于俄罗斯，这种比较优势使俄罗斯不仅能够抵御西方的意识形态渗透，而且能对苏联的势力范围施加有效影响，甚至直接干预美国的政治生态。⑤ 而且，这些行动的成功还增加了俄罗斯的信心，俄罗斯将会把对美国的意识形态干预行动变成

---

① 谢新洲、陈春彦：《新型媒体与国家软实力战略——"今日俄罗斯"（RT）的发展与启示》，《智库理论与实践》2016 年第 1 期，第 96 页。

② Ariel Cohen and Helle C. Dale, "Russian Anti-Americanism: A priority Target for U.S. Public Diplomacy", pp. 4-5.

③ David Smith and Jon Swaine, "Russian Agents Hacked US Voting System Manufacturer before US Election", The Guardian, May. 5, 2017, available at: https://www.theguardian.com/technology/2017/jun/05/russia-us-election-hack-voting-system-nsa-report.

④ Office of the Director of National Intelligence, "Background to Assessing Russian Activities and Intentions in Recent US Elections: The Analytic Process and Cyber Incident Attribution", 2017.

⑤ Jeanne L. Wilson, "Russia and China Respond to Soft Power: Interpretation and Readaptation of a Western Construct", Politics: 2015, Vol. 35, pp. 3-4.

"新常态"，继续使用类似的信息战手段来影响美国乃至欧洲的政治生态和选举政治。① 因此，加大对美国意识形态领域的投入，是抵御和战胜俄罗斯意识形态攻势的关键所在。

（三）中国软实力增长与中俄全面战略协作伙伴关系对美国构成巨大压力

2009 年，美国战略与国际研究中心（Center for Strategic and International Security）在有关中国软实力的报告中提出，虽然其时中国软实力政策的主要目标为反击"中国威胁论"和推广文化软实力，然而随着中国整体国力增强和开始夺得部分国际社会领导权，中国内部将会出现压力，讨论是否应在全球推广中国社会主义价值观以替代西方价值观，是否应该向国际社会输出"中国发展模式"。报告认为美国应该对这种趋势保持高度警惕。②

2009 年以来，中国持续加大对软实力建设的投入，完成了在全球建设 500 所孔子学院和 1000 个孔子学堂的目标，③ 加快了中国媒体的国际化与全球覆盖，更积极地参与全球治理和国际机制改革，在国际社会公开反对"逆全球化"思潮。④ 事实上，中国通过上述一系列政策，在非洲、中东、拉美、欧洲等地区均取得了不错的成果，既争取了对象国民众对中国政策主张的支持和理解，又在经贸、投资等领域形成了良性互动，"一带一路"倡议和亚洲基础设施投资银行等项目吸引了世界上大多数国家的积极参与。在美国看来，这正是"中国威胁论"预言的实现，即中国试图以"北京共识"削弱甚至替代"华盛顿共识"，通过输出"中国发展模式"和社会主义价值观来争夺国际社会的话语权。

从战略层面上来说，美国更为担忧的是中俄全面战略协作伙伴关系的

---

① Ivana Smoleňová, "The Pro - Russian Disinformation Campaign in the Czech Republic and Slovakia", Prague Security Studies Institute, 2015.

② CSIS, "Chinese Soft Power and Its Implications for the United States", *CSIS Smart Power Initiative*, 2009.

③ 《中国已建立 500 所孔子学院，遍及 134 个国家和地区》，中新网，2015 年 12 月 7 日，网址：http://www.chinanews.com/gn/2015/12 - 07/7659351.shtml。

④ 《"逆全球化"备受关注，"中国选项"兴利除弊》，中新网，2017 年 3 月 9 日，网址：http://www.chinanews.com/gn/2017/03 - 09/8169572.shtml。

建立。在 2008 年以来美俄关系不断恶化的背景下，中俄关系的迅速升温使美国担心失去其软实力的相对优势。在美国看来，中俄在意识形态领域有着相当深刻的共通点和共同利益：最重要的共通点是中国"北京共识"与俄罗斯"主权民主"概念内核的一致性，即国家要发展并不必然走西方资本主义道路，国家必须找到适合自身文化和传统的发展方式，其他任何国家不应试图将自身喜好强加于人；最重要的共同利益是中俄都希望全球秩序从 20 世纪 90 年代的单极世界转变为多极世界，这使两国能够在对美政策上取得很多共识并采取共同行动，最突出的表现是中俄在联合国安理会的投票高度一致。① 此外，共产主义所倡导的集体主义和反资本主义理念在中俄社会中仍有广泛的群众基础。

（四）转移民众对国内阶级矛盾的注意力

自 2008 年经济危机爆发开始，美国的阶级矛盾逐步升级。从带有浓烈左翼色彩、反对巨富阶层的"占领华尔街"运动，到"茶党"运动中美国右翼民粹主义的崛起，再到 2016 年总统选举中出现的两党激烈冲突，乃至特朗普就任后不断出现的对大选的质疑，无不凸显了美国政治中的极化现象。② 2017 年 6 月 14 日，美国众议院共和党党鞭史蒂夫·斯卡利斯（Steve Scalise）在华盛顿特区遭曾发表左派言论的枪手袭击而致重伤事件，③ 标志着政治极化已出现反社会和暴力倾向。美国当前出现的政治极化是美国阶级矛盾在不可调和的状态下集中爆发的结果，也是不可避免的结果。

面对国内政治出现的危机，通过意识形态斗争来转移矛盾是美国的惯用手法。例如，在第二次世界大战后期，美国开始系统地对苏联意识形态进行妖魔化，积极推动对苏联的遏制战略，其目的就是转移民众对战争期间生产过剩所带来的经济危机的注意，将苏联塑造为西方意识形态的假想敌，以凝聚国内民意和拉拢欧洲各国。今天，美国又通过强调俄罗斯对美国大选的干预及对西方意识形态构成的威胁，在一定程度上分散了选民对选举过程中揭露的政治丑恶现象的关注，减少了媒体和公众对选举中暴

---

① CSIS, "Chinese Soft Power and Its Implications for the United States", *CSIS Smart Power Initiative*, 2009.

② 节大磊：《美国的政治极化与美国民主》，《美国研究》2016 年第 2 期，第 73 页。

③ 田思奇：《共和党大佬遭枪击背后的美国"极化政治"现状》，界面新闻，2017 年 6 月 17 日，网址：http://www.jiemian.com/article/1403047.html。

露的阶级对立问题的责难和质疑，再次将民众的注意力转移至美俄之间的意识形态对立。

三 中国应对美国意识形态政策调整的对策建议

从维护国家意识形态安全的角度来看，美国意识形态政策的调整既给中国带来了新的挑战，也带来了重要的启发。

（一）再次宣告"意识形态终结论"的破产

"意识形态终结论"最初出现在卡尔·曼海姆（Karl Mannheim）的《意识形态与乌托邦》① 一书中。曼海姆认为当时的社会"已经达到这样一种阶段，在这个阶段，相互揭示和暴露理智存在的无意识根源这种武器"，"已经成为所有群体的财产了"，即意识形态正失去其欺骗性。该理论在苏联解体后再度兴起，却已沦为资本主义国家攻击社会主义制度的工具。伴随着西方意识形态终结论的兴起，俄罗斯、中国等非西方意识形态国家也出现了附和的声音，"普世价值""去意识形态化"等思潮此起彼伏。"意识形态终结论"一方面强化了一些人对资本主义意识形态和资本主义制度的认同，让他们认为西方国家的自由民主制度也许是"人类意识形态发展的终点"和"人类最后一种统治形式"，并因此构成了"历史的终结"；② 另一方面淡化了人们的马克思主义和社会主义信仰。"意识形态终结论"本身是一种反马克思主义的理论和社会主义失败论，将苏联社会主义实践的失败全部归咎于马克思主义理论，将苏联式社会主义的终结看作社会主义的终结。③

西方提出的"意识形态终结论"看似中立，实则故意模糊阶级矛盾，试图"把资产阶级意识形态作为普世价值，是西方中心论、社会主义失败论和和平演变论的翻版与再现，对我国的意识形态安全构成了严

---

① ［德］卡尔·曼海姆：《意识形态与乌托邦》，李步楼等译，商务印书馆 2014 年版，第68 页。

② 弗朗西斯·福山：《历史的终结及最后之人》，黄胜强、许铭原译，中国社会科学出版社 2013 年版，第 1 页。

③ 梁建新：《穿越意识形态终结的幻想》，中国社会科学出版社 2008 年版，第 63 页。

重的威胁"。① 所谓的"终结"，特指社会主义意识形态的终结，而非资本主义意识形态和意识形态斗争的终结。检视美国及西方近年来的种种加大对意识形态斗争投入的举措，可知意识形态斗争非但没有终结，反而变得多样化、复杂化和激烈化。其特点包括：一是意识形态斗争行为体多样化，即从以国家为主要行为体转变为国家行为体与准国家行为体、非国家行为体三者并行的复杂格局，恐怖主义组织、非政府组织、宗教团体的角色大大增强；二是意识形态传播载体复杂化，从主要以传统媒体、公共外交、人员往来为载体转变为更依赖互联网和社交媒体，渗透方式更为隐蔽，社会动员能力极其强大；三是意识形态斗争形式暴力化，虽然冷战期间意识形态斗争相当激烈，但因此造成的直接伤亡十分有限，上升至武装冲突或战争的例子更是少有，而当下的宗教极端主义已在中东、北非等地造成重大人员伤亡，以伊斯兰国为代表的宗教武装分子更是发动所谓的"圣战"，在伊拉克、叙利亚等地发动局部战争，在西方国家国内发起"独狼式"的暴力恐怖主义袭击，2017年以来英法两国遭遇的多达七次"独狼式"恐怖袭击已造成过百人死伤。② 从美国自身来说，即便在冷战最激烈的20世纪60年代至70年代，也从未发生过怀疑苏联试图干预总统选举的案例。虽然现时俄罗斯"干预"美国大选的提法尚未被完全证实，但从美国政府及公众的激烈反应来看，意识形态斗争的受关注程度可见一斑。

（二）国家利益与意识形态的关系随全球化得到进一步加强，中国迫切需要加强海外软实力建设

在全球化浪潮的推动下，西方意识形态似乎攻无不克，在苏联解体后的十多年内席卷全球。然而，全球化并未使国家主权和意识形态消亡。在短暂的平静后，由全球化带来的经济发展不平衡、贫困、价值观冲突、宗教矛盾、跨国企业干预内政等问题呈"井喷式"爆发，宗教极端主义、民族主义、民粹主义等意识形态与西方主导的自由主义秩序发生剧烈冲

---

① 王岩、茅晓嵩：《"意识形态终结论"批判与我国意识形态安全》，《政治学研究》2009年第5期，第77页。

② 《恐袭频发欧洲之殇：如何应对恐怖主义内生化》，中新网，2017年6月21日，网址：http://www.chinanews.com/gj/2017/06-21/8256467.shtml。

突。国家利益与意识形态的关系没有因全球化而弱化，反而变得越来越紧密。对美国来说，宗教极端主义在中东和北美地区的崛起使美国的地区利益受到严重威胁，导致油价不稳定、西式民主制度被挑战、海外军事基地和公民安全受到威胁。对俄罗斯来说，以美国为首的西方国家对俄罗斯及其传统势力范围的意识形态渗透，已经使乌克兰、格鲁吉亚、波兰等国倒向西方，中亚、东欧的亲俄国家中也出现了强大的反对派，对俄罗斯的地缘政治利益构成重大威胁。从中东国家来看，宗教极端主义导致不同教派之间的冲突暴力化，其投资环境受到影响，国内安全受到威胁，与西方的关系也变得更不稳定。

随着"走出去"战略和"一带一路"倡议的实施，中国海外利益迅速发展，意识形态与国家利益的关系将更为紧密，软实力与硬实力的结合将变得更为重要。中国国家主席习近平十分重视国家文化软实力的建设工作，提出"提高国家文化软实力，关系'两个一百年'奋斗目标和中华民族伟大复兴中国梦的实现"，"提高国家文化软实力，要努力提高国际话语权，加强国际传播能力建设"。① 综上所述，文化软实力建设一方面有助于吸引海外受众，说好中国故事，消除外界对中国海外投资及国际战略的疑虑，反击部分西方国家的蓄意抹黑；另一方面能提高中国的国际话语权，在国际制度和秩序的设计和运作上为中国和发展中国家争取更为平等的地位，促进国际社会的公平正义。

（三）应从法律和制度高度构建国家整体软实力战略，实现意识形态安全的长治久安

自改革开放以来，我国的外交政策从"以阶级斗争为纲"转变为后来"超越意识形态"的实用主义导向，至今已经取得了巨大的成就。② 但是，在意识形态被定义为维护国内政治安全的基石的同时，其维护中国国际利益的角色被弱化。随着国家海外利益的发展，中国政府比之前更为重视国际软实力的建设与运用，但在表述上仍以推动文化软实力建设为核

---

① 《习近平谈国家文化软实力：增强做中国人的骨气和底气》，中国共产党新闻网，2015年6月25日，网址：available at：http：//cpc. people. com. cn/xuexi/n/2015/0625/c385474 - 27204268. html。

② 章一平：《中国外交超越意识形态的内涵与外延》，《深圳大学学报》（人文社会科学版）2004年第6期，第55页。

心，尚未形成与其大国成长战略目标相适应的，具体可行的软实力建设的清晰战略框架。① 关键原因之一，是中国政府虽然重视意识形态对维护政权安全的作用，但对 20 世纪六七十年代意识形态对外交政策构成的负面影响仍记忆犹新，竭力避免重蹈覆辙。②

实际上，今天中国的意识形态现状与面对的国际格局与改革开放前已全然不同。从意识形态的现状来看，当今中国的主流意识形态以马克思主义指导思想和中国特色社会主义共同理想为核心和灵魂。③ 中国共产党在实践中不断推进马克思主义的中国化，形成了中国特色社会主义建设的基本经验，经济和社会建设取得了举世瞩目的成果。因此，今天中国的主流意识形态不仅不针对特定国家或制度，其指导下形成的"中国模式"更是为还原世界的多样性、启迪西方发展模式和激励发展中国家做出了重大贡献。④

从国际格局来看，各国在冷战后并未放弃把意识形态作为国际竞争的工具，国际意识形态斗争呈现多极化的特点。无论是美国、俄罗斯还是欧盟，都越发重视意识形态对维护国家安全和海外利益的重要作用，纷纷通过出台各种法律、建立相关的职能机构来推动国家意识形态战略的制度化。以美国为代表的西方国家更是一方面继续加大对中国的意识形态渗透力度；另一方面在国际经贸、安全乃至教育议题中嵌入意识形态因素，意图通过维系"意识形态阵营"来遏制中国的和平发展。

因此，中国政府只有通过进一步理顺意识形态与软实力建设的关系，在坚持"不输出意识形态"的前提下充分发挥主流意识形态对国际软实力建设的指导作用，形成意识形态战线上的国内外"一盘棋"，从法律和制度层面建构国家的整体软实力战略，才能真正实现意识形态安全的长治久安。

（刘江韵：上海外国语大学国际关系与公共事务学院博士研究生）

---

① 黄金辉、丁忠毅：《中国软实力建设战略的基本框架与优先序选择构想——以"资源禀赋—行为能力"为分析框架》，《教学与研究》2013 年第 4 期，第 52 页。

② 蒋华杰：《公共外交的意识形态化：冷战时期中国培训阿尔巴尼亚实习生计划解读》，《外交评论：外交学院学报》2012 年第 4 期，第 143 页。

③ 姜辉：《进一步增强当代中国主流意识形态自信》，《红旗文稿》2015 年第 3 期，第 12—14 页。

④ 王义桅：《中国模式既发展中国又造福世界》，人民网，2014 年 11 月 11 日，网址：http://theory. people. com. cn/n/2014/1111/c40531 – 26004996. html。

中美关系史

英人著述与美国早期孔子
认知模式的转变

张　涛

【内容提要】　美国人了解孔子，开始于耶稣会的译介。但到了 18 世纪末，基于耶稣会译介的全面赞扬孔子的一元认知框架，逐步让位于亦褒亦贬并延续至今的二元模式。在此转变过程中，英国人的著述发挥了决定性作用。就美国转载、重印与孔子有关的英人文献来看，传教士、对华外交及相关人员（包括作家与研究者的文人群体），是这一时期美国孔子信息最主要的三大来源。传教士侧重贬低和抨击孔子及其思想的世俗性，外交及相关人员批评孔子及其思想"差强人意"的社会效果，文人对孔子则持肯定态度。但三大群体都称赞孔子的人生经历、个人品行和道德伦理。批评孔子思想的世俗性和社会效果，赞赏孔子本人及其思想本身，构成了美国社会孔子认知二元模式的最初内容。

【关键词】　英人著述　孔子　早期美国　传播　二元模式

美国社会认识孔子，开始于 18 世纪前半期，最初的信息来源是欧洲大陆的耶稣会译著。总体上看，耶稣会笔下的孔子是一个人品高尚、道德完美、有着上帝信仰的西方意义上的完人。然而，到 18 世纪末 19 世纪初，正面的孔子形象逐渐被淡化。[①] 代之而起的是否定与肯定并存的二元形象：否定孔子思想与基督教的共通性，肯定孔子的人格和道德伦理本身。二元框架从此成为美国解读孔子的主要线索。在此过程中，英国人撰写的文献发挥了关键作用，是美国孔子认知从一元肯定模式向二元复合模式转变的重要原始动力。然而，学术界对于这一问题几乎没有关注。有鉴于此，本文拟利用 18 世纪末期到 19 世纪早期美英等国的历史文献，做一尝试，以期对相关研究有所裨益。

传教士的著述

英国传教士踏足远东，始于 18 世纪末。在最初阶段，他们主要聚集在印度的西孟加拉地区和东南亚一带，19 世纪早期才逐步渗入中国。到达远东之初，传教士就在为最终向中国传播福音进行准备，学习中国的语言和文化，研习孔子著作是其中极为重要的内容。这便有了自耶稣会之后，西方又一波传播儒家思想的高潮。鉴于美国人对英国的文化依附情结，尤其是在传教领域面临让异教徒皈依基督的"共同的光荣使命"，[②]英国传教机构和个人涉及孔子的著述很快传入美国并被美国社会所吸纳。在这些文献中，孔子虽然在人格和道德思想方面有其可取之处，却因为没有上帝信仰而受到批判。构建这一形象的英国传教士，大抵分布在西孟加拉、东南亚和中国广州三地。

源自孟加拉地区的英国传教士文献没有根本性颠覆美国社会此前基于

---

①　Donald F. Lach and Edwin J. Van Kley, *Asia in the Making of Europe*, Vol. 3 (Chicago: University of Chicago Press, 1993), pp. 1651 – 1654, 1724 – 1725; Thierry Meynard, *The Jesuit Reading of Confucius: The First Complete Translation of the Lunyu* (1687) *Published in the West* (Leiden, the Netherlands: Brill, 2015); Liam Matthew Brockey, *Journey to the East: The Jesuit Mission to China*, 1579 – 1724 (Cambridge, MA: Belknap Press of Harvard University Press, 2007), pp. 263 – 268; D. E. Mungello, *Curious Land: Jesuit Accommodation and the Origin of Sinology* (Honolulu: University of Hawaii Press, 1989), pp. 247 – 299; A. Owen Aldridge, *The Dragon and the Eagle: The Presence of China in the American Enlightenment* (Detroit: Wayne State University Press, 1993), pp. 23 – 46.

②　Emily L. Conroy – Krutz, "'Engaged in the Same Glorious Cause': Anglo – American Connections in the American Missionary Entrance into India, 1790 – 1815", *Journal of the Early Republic*, 34 (Spring 2014), pp. 21 – 44.

耶稣会信息建构的正面孔子形象。这说明，最初到达亚洲的新教传教士因为没有亲身感受到基督教与孔教之间的巨大反差，尚未将孔子与基督完全对立起来。马士曼（Joshua Marshman）是这批传教士的代表。他在 1809年出版了英汉对照的《孔子的著作》第一卷（计划出版四卷，但另外三卷未见付梓），1814 年又翻译了《大学》，将其作为《中国言法》的附录出版。①

　　相比较为专业和生僻的《中国言法》，《孔子的著作》在美国更加引人注意。该书虽在西孟加拉的塞兰布尔出版，但书讯和书评很快就出现在了美国各类媒体和出版物上。评论者称赞《孔子的著作》是英国传教士不知疲倦地学习新语言的"独特丰碑"，见证了"传教士的天才、勤奋和热情"，对于"在东方进一步传播福音具有重要的实用意义"。② 马士曼本人也在积极传播其译作。比如，1811 年，他致信美国费城的一位宗教人士，表示曾经拜托友人携带两本孔子译著前往美国，但最终未能如愿。所以，他再次请即将前往波士顿的朋友带来两册，望能将其中一本赠给宾夕法尼亚大学。③ 得益于诸如此类的大力宣传，马士曼的孔子译著引起了美国图书机构的注意，被众多图书馆收藏。④

　　《孔子的著作》第一大部分是孔子的生平。马士曼多次明确表示，他参照了耶稣会汉学家杜赫德（Du Halde）的著作。而杜赫德在其经典著作

―――――――――――

　　① Chris Murray, "'Wonderful Nonsense': Confucianism in the British Romantic Period", *Interdisciplinary Literary Studies*, 17 (2015), p. 596.

　　② "Intelligence from India", *Massachusetts Baptist Missionary Magazine*, May 1810, p. 292; "Religious Intelligence", *Poulson's American Daily Advertiser*, Aug. 1, 1810, p. 2; "Christian India", *Christian Observer, Conducted by Members of the Established Church*, Oct. 1811, p. 653; "Letter from India", *Panoplist, and Missionary Magazine*, Jul. 1812, p. 77; "Translations of the Bible", *Massachusetts Baptist Missionary Magazine*, Dec. 1811, p. 104; *The Works of the Rev. Claudius Buchanan, Ll. D.* (New York: Whiting & Watson, 1812), p. 22; "Evangelical Exertions in Asia", *Panoplist, and Missionary Magazine*, Jul. 1812, p. 63; "Literary Intelligence", *Churchman's Magazine*, Nov. / Dec. 1814, pp. 423 – 424; Rev. William Brown, *The History of the Propagation of Christianity among the Heathen since the Reformation*, Vol. 2 (New York: T. P. Low, 1816), pp. 224 – 225.

　　③ "Extract of a Letter from the Rev. J. Marshman, a Baptist Missionary in India, to a Clergyman in Philadelphia", *Adviser; or, Vermont Evangelical Magazine*, Dec. 1811, pp. 375 – 376.

　　④ "List of New Publications", *Christian Observer, Conducted by Members of the Established Church*, Oct. 1811, p. 657; Samuel B. Wylie, *The First Annual Address, Read before the Religious Historical Society*, May 20, 1817 (Philadelphia: John W. Scott, 1818), p. 20; "Theological Seminary at Alexandria", *Washington Theological Repertory*, Jul. 1, 1826, p. 561.

《中华帝国全志》中，极其赞赏孔子的人格和思想。除此之外，马士曼的资料来源还有《史记·孔子世家》和《论语》。这两种著作当然是把孔子作为圣人对待。鉴于其依据的文献有限且远离中国本土和华人聚居区，无法就中国人的精神状态形成直观认识，马士曼的孔子观延续了耶稣会和中国文献积极赞赏的风格。孔子的禀赋、美德、人生经历、巨大成就和身后殊荣，都在文中有着形象的体现。至于被后来的新教传教士轮番批判的孔子异教徒身份，马士曼不但没有丝毫提及，反而认为，孔子对于"上帝旨意"（Divine Providence）有着某些思考。①

美国媒体和美国人撰写的中国主题著作曾转载和引用马士曼的译著。例如，1813 年 4 月，美国著名的《文选杂志》全文刊登了《孔子的著作》介绍孔子生平的文字；小罗伯特·沃恩（Robert Waln, Jr.）的《中国》（1823），为反驳某些西方人关于孔子矫揉造作的偏见，从马士曼的著作中摘录了多条孔子语录，其中包括"厩焚。子退朝，曰：'伤人乎？'不问马"（《论语·乡党》）等，以证明孔子文风简洁朴实；其另一著作称赞马士曼"翻译精准"，并根据其译文，相信儒家是承认上帝的存在的。②

但是，在东南亚和中国本土的传教士，因为亲身感受着中国信仰与基督教的巨大差别，对孔子就没有如此客气了。不信上帝、不相信来世成为孔子的最大缺陷。论及英人在东南亚的传教活动，米怜（William Milne）是必须提及的人物。他翻译点评的《圣谕》和撰写的《新教在华使命前十年回顾》在美国社会广为流传，丰富了美国人对于孔子的了解。

《圣谕》包含清康熙九年（1670）颁布的《圣谕十六条》和雍正二年（1724）为阐释十六条而颁布的《圣谕广训》。译者前言交代了《圣谕》的来龙去脉，认为谕旨体现出孔子的所谓缺陷。米怜指责说，《圣谕》宣传的道德源自"自恋或自私"，没有阐述人与造物主的相互关系。在耶稣基督的福音面前，《圣谕》宣讲的孔子思想不过是"与正午太阳抗

---

① J. Marshman, *The Works of Confucius*; *Containing the Original Text, with a Translation*, Vol. 1 (Serampore: Mission Press, 1809), pp. i - xiii; P. du Halde, *The General History of China*, Vol. 3 (London: J. Watts, 1741), pp. 293 - 303.

② "Memoirs of the Life of Confucius", *Analectic Magazine*, Apr. 1813, pp. 345 - 351; Robert Waln, Jr., *China* (Philadelphia: J. Maxwell, 1823), p. 263; W. W. Wood, *Sketches of China: With Illustrations from Original Drawings* (Philadelphia: Carey & Lea, 1830), pp. 169 - 170.

衡的微弱烛光"。① 米怜译本于 1817 年在英国伦敦出版，而后引起美国人注意并传入美国。美国人称赞说，《圣谕》是一本"极为独特的著作，理应在乐于探究人类历史的每一间私人藏书中占有一席之地"。他们根据米怜提供的信息，认定孔子代表的"现世的智慧"在"上帝的智慧和上帝的救赎力量"面前相形见绌。② 译著本身也在美国有售。宾夕法尼亚历史学会图书馆保存有小罗伯特·沃恩（Robert Waln, Jr.）的一份手稿，创作时间为 1819 年。在记录广州商品价格的笔记本里，沃恩列举了他准备在返回美国期间购买的中国主题书籍。第 33 条就是《圣谕》，后面有"《印中搜闻》1819 年 1 月，第 7 期第 31 页"字样。查这一期杂志发现，第 31 页登载的是《圣谕》目录。③ 显然，沃恩是在广州从事贸易时读到了《圣谕》出版的消息，才希望在美国购买译本全文。

《新教在华使命前十年回顾》（1820）为颂扬基督教而写，批判孔子也就在情理之中。美国《长老会杂志》节选的部分声称，儒教虽然制定了"很多有利于管理家庭、治理国家、调节个人身心的法则"，却因为在上帝问题上完全沉默或观念错误，社会效果差强人意，"这就是中国信奉孔子哲学两千多年之后的现状！"另一刊物摘登了大致相同的内容，称中国为"庞大而愚昧的国家"，敦促美国教会尽早介入。④ 两份刊物直接摘登《回顾》一书，足以说明该书已在较短时间内流入美国，影响着美国人对于中国和孔子的看法。沃恩的著作也可见多次引用。⑤

另外一位在美国关注度较高的东南亚英国传教士是麦都思（W. H. Medhurst）。麦都思于 1816 年到达马六甲，随后在此处和巴达维亚（今印

① William Milne, *The Sacred Edict, Containing Sixteen Maxims of the Emperor Kang - he, Amplified by His Son, the Emperor Yoong - ching* (London: Black, Kingsbury, Parbury, and Allen, 1817), pp. xii - xiv.

② "Selected Review", *Boston Recorder*, Apr. 21, 1818, p. 65; "The Sacred Edict", *Analectic Magazine*, Apr. 1819, pp. 333 - 339.

③ Robert Waln, Jr., "Books to Be Procured on My Vacation Home for the Purpose of Consulting Relative to China", Book of Prices, Canton 1819, Waln Family Papers, Historical Society of Pennsylvania Library, Philadelphia, PA; "Bibliotheca Sinica", *Indo - Chinese Gleaner*, 2 (Jan. 1819), p. 31.

④ William Milne, *A Retrospect of the First Ten Years of the Protestant Mission to China* (Malacca: Anglo - Chinese Press, 1820); "Reviews", *Presbyterian Magazine*, Feb. 1822, 78 - 84; "China", *Missionary Herald*, Oct. 1828, pp. 326 - 330.

⑤ Waln, Jr., *China*, p. 343, p. 345.

尼雅加达）等地传教。早在 1829 年，麦都思的传教日记就刊登在了美国刊物上。在日记中，麦都思将孔子刻画为阻碍中国人接受基督教的绊脚石。他曾经深入巴达维亚的中国人聚居地，发现中国人以孔子的教诲为依据，坚称父母死后应该得到后代的祭祀。麦都思认为，这等于把父母抬高到了上帝的程度，是不可取的。①

就麦都思对美国孔子观的影响而言，他在 1838 年出版的《中国：现状与展望》无疑最值一提。该书提及孔子之处甚多。美国出版物和媒体转载部分的重点有二。一是孔子在中国有至高无上的地位。麦都思甚至把中国人口的庞大也归因于孔子，相信孔子说过"不孝有三，无后为大"（实际出自《孟子·离娄上》）。② 二是孔子缺乏上帝意识和来世思想。麦都思指责说，孔子"完全排除了精神和神灵主题"，忽略了崇敬上帝的义务。孔教也从来不把报应与来世联系在一起，而是认为奖惩都在现世完成。孔教因而"了无生气，冷酷无情，没有影响"。摘登者预计，孔教、道教、佛教终将消失，基督必将主导"长期遭受（精神）禁锢的成百上千万中国民众"。③

其他身在东南亚的英国传教士则有信件等刊登于美国媒体之上，基本立场无异于麦都思，都强调孔子逊于基督。例如，爪哇附属圣经会（Java Auxiliary Bible Society）的秘书 J. C. 萨帕（J. C. Supper）1817 年 1 月 22 日写给英国教会的信件出现在美国《基督教信使报》上。萨帕声称，他所认识的一位中国富人被《圣经》征服，认为基督教高于孔子思想，承诺将彻底告别"荒唐的偶像崇拜"。萨帕另外一封信件中的中国人也是如此，"热爱耶稣基督胜过孔子"。④ 见于美国刊物的英国传

---

① "Chinese Worship of Parents", *Virginia Literary Museum*, Dec. 23, 1829, p. 448.

② W. H. Medhurst, *China: Its State and Prospects, with Especial Reference to the Spread of the Gospel* (London: John Snow, 1838), esp. Chap. VIII; "China: Its State and Prospects", *Museum of Foreign Literature, Science, and Art*, Oct. 1838, p. 181; "Population of China", *American Quarterly Register*, May 1842, p. 359.

③ "Review of Medhurst's State and Prospects of China", *Methodist Magazine and Quarterly Review*, Jan. 1839, pp. 94 – 105.

④ "From the Rev. J. C. Supper, Secretary of the Java Auxiliary Bible Society, May 18, 1815", *Christian Messenger*, Jan. 22, 1817, p. 1; "From the Rev. J. C. Supper, Secretary to the Java Auxiliary Bible Society", *Religious Remembrancer*, May 10, 1817, p. 146; "Extract from the Correspondence of the British and Foreign Bible Society", *Boston Recorder*, May 20, 1817, pp. 91 – 92.

教士汤雅各（J. Tomlin）1831 年的暹罗日记声称，孔子"性本善"的观点与基督教的原罪思想背道而驰，理应抛弃。他发誓将用福音砍掉孔子思想的根基，让中国人作为罪人站在上帝面前，把救世主当作唯一的庇护者。①

　　1807 年，英国传教士终于抵达中国本土。自此以后，来自在华英国传教士的文献逐渐增多。当然，基调还是贬低孔子，颂扬基督。作为英国在中国传教事业的开拓者，并且与美国教会关系密切，马礼逊（Robert Morrison）的论著和信函在美国受到的重视程度自然很高。他于 1825 年在伦敦出版的《中国杂录》。该书主要讲解汉字的形意，有关中国文学的部分涉及孔子，被数家美国媒体转载。马礼逊指出，虽然以四书五经为代表的中国文学保存了诺亚传授给后代的某些知识，但完全没有体现上帝的旨意和恩惠。② 另外传递孔子信息的载体是与马礼逊有关的出版物。一是广州马礼逊教育会的年度报告。报告描绘了孔子在中国课堂的神圣地位，指责中国学生必读的四书五经只有圣人的语录，糅合着各种"神秘法则和少许历史事实"，从头至尾都没有能够激发学生的兴趣，开阔他们视野的知识。③ 二是马礼逊遗孀 1839 年编辑出版的《马礼逊回忆录》。该书显示，马礼逊希望通过贬低孔子，促使中国人接受耶稣。④ 马礼逊还有很多信件传入美国。他在信中重申，孔子只重视现世的道德伦理观念，丝毫没有提及神灵启示，其教导的思想不能称为宗教。他祈祷"中国唯拜耶和

---

①　"Rev. J. Tomlin's Journal in Siam", *Missionary Herald*, May 1833, pp. 170 – 171.

②　Robert Morrison, *Chinese Miscellany: Consisting of Original Extracts from Chinese Authors, in the Native Character; with Translations and Philological Remarks* (London: S. McDowall, 1825), p 34, p. 40, pp. 41 – 42; *Consisting of Original Extracts from Chinese Authors, in the Native Character; with Translations and Philological Remarks* (London: S. McDowall, 1825), pp. 33 – 43; "Chinese Literature", *Missionary Herald*, Jun. 1826, p. 194; "Literary and Philosophical Intelligence", *Washington Theological Repertory*, Aug. 1, 1826, pp. 39 – 41; "The Chinese Ancient Books", *Missionary Herald*, Sept. 1826, pp. 292 – 293.

③　"Primary Education in China", *Missionary Herald*, Jul. 1838, pp. 269 – 270.

④　*Memoirs of the Life and Labours of Robert Morrison, D. D. Compiled by His Widow* (London: Longman, Orme, Brown, Green, and Longmans, 1839); "Memoirs of Dr. Morrison", *Museum of Foreign Literature, Science, and Art*, Sept. 1839, p. 101.

华"的幸福时光尽快到来。①

　　1844 年抵达中国的四美（George Smith）是另外一名在美国产生影响的英国传教士。1847 年，四美在伦敦出版《中国领事口岸考察记》。同年，该书在美国重印，美国刊物亦有摘登。四美同样认为，孔子思想避免涉及上帝和来世问题，只是单纯的哲学体系，不是宗教。四美还抨击孔子容许中国人说谎。美国转载者称赞作者关心"愚昧无知的孔子追随者"，是"值得敬重的神圣宗教宣讲者"。②

　　马士曼、麦都思、马礼逊、四美等代表着英国传教士逐步接近并到达中国本土的传教足迹。他们的著作、信件以及相关的传教报告相继传入美国，成为美国社会解读孔子的重要依据。马士曼在没有亲身感受孔教与基督教巨大差别的情况下，只能根据耶稣会的解释和中国经典著作的描述，建构出极其正面的孔子形象，在美国社会代表着即将淡出历史舞台的孔子观。麦都思和马礼逊等则基本抛弃了耶稣会的肯定性描述，代之以纯粹站在基督教角度的解读，孔子相应地变成了虽有某些可取之处，但总体逊于耶稣基督的中国思想家。这种看法传入美国以后，成为美国孔子观的重要转折点。

英国外交人员的作用

　　因为历史原因，英国与中国的官方接触要早于中美之间。在 18 世纪末 19 世纪初，英国就向中国派出了外交使团。使团成员留下的著述和其

---

　　① "A Letter from Mr. Morrison, a Missionary in China, to Rev. Dr. Staughton of Philadelphia", *Herald of Gospel Liberty*, Dec. 7, 1810, p. 239; "Extract of a Letter from Mr. Morrison, a Missionary in China, to Rev. Dr. Staughton of Philadelphia", *Adviser; or, Vermont Evangelical Magazine*, Feb. 1811, p. 62; "Remarks on the Language, History, Religions, and Government of China, by Dr. Morrison," *Christian Watchman*, Oct. 7, 1825, p. 1; "China", *Episcopal Watchman*, Nov. 7, 1829, p. 272; "Letter of Rev. Dr. Morrison", *Western Recorder*, Jul. 9, 1833, p. 1.

　　② George Smith, *A Narrative of an Exploratory Visit to Each of the Consular Cities of China, and to the Islands of Hong Kong and Chusan, in Behalf of the Church Missionary Society, in the Years* 1844, 1845, 1846 (New York: Harper & Brothers, 1847); "China", *Littell's Living Age*, Oct. 30, 1847, pp. 218 – 219, p. 224; "Extracts from New Books", *Literary World*, Nov. 27, 1847, pp. 406 – 407; "Notices of New Works", *Southern Literary Messenger*, Jan. 1848, p. 63.

他资料，体现出英国外交人员认识中国社会与文化的努力。同时，与英国在华存在有关的人员也撰有中国主题的观感游记，提及孔子之处颇多，而且多流入美国或在美国再版，构成美国早期孔子认知的重要信息来源。相比传教士文献突出孔子的异教思想家身份，与英国对华外交相关的资料更注重从现实生活的诸多方面，佐证孔子在中国的主宰地位及其思想的"缺陷"。

　　近代英国派遣来华的第一个外交使团是1793年的马戛尔尼使团。虽然此次访华在外交层面收效甚微，但马戛尔尼的两位秘书给世人留下了非常详尽的中国主题的著作。一位是乔治·斯汤顿（George Staunton）。斯汤顿撰写的《大不列颠国王遣使中国皇帝权威记录》于1796年在伦敦出版，1799年在美国费城再版。书中记载了孔子在中国受到尊崇的程度。如在描述北京的寺庙时，斯汤顿注意到，孔子得到中国官员和文人的"敬重而不是爱戴"，官员和文人在"陈设简单但是整洁的建筑"内纪念孔子。作者特意区分"敬重"（venerate）和"爱戴"（adore），目的应该是突出孔子思想"缺少"触及人类内心深处的东西，潜意识中在把孔子与耶稣的慈父形象进行比较。此外，尽管孔子受到道教、佛教等"迷信体系"的挑战，但由于儒教与官员阶层的密切联系，孔子得到的尊重远非其他两教所能比拟。孔子的后代殊荣满身，有皇帝赐予的豁免权，施行德政仁治的官员被称为"孔子第二"，以示品行的高操和民众的认可。①

　　另外一位是约翰·巴罗（John Barrow）。巴罗的《中国旅行记》1804年在英国出版，翌年在美国再版。该书花费较长篇幅讲述了孔子在中国教育体系中的绝对主导地位，宣称中国学生必须将孔子著作烂熟于心，达到听到几个字就能找到具体出处的地步。巴罗批评孔子著作充斥着迷信内容，用词模糊而神秘。但巴罗否认孔子是宿命论者，相信他认可迷信，是为了更好地管理国家，因为中国人就是一个迷信的民族。巴罗声称，从这层意义而言，传教士把孔子看作无神论者是错误的。但他也相信，孔子没

---

① George Staunton, *An Authentic Account of an Embassy from the King of Great Britain to the Emperor of China*, vol. 1 (Philadelphia: John Dioren, 1799), pp. 112–113, p. 136, p. 176.

有涉及西方宗教中的上帝。①

鸦片战争之前，英国对华的另一次大型外交行动是派遣阿美士德（Amherst）使团。阿美士德勋爵 1816 年率团抵达北京，但因与清廷在礼节上的分歧太大，无功而返。作为副使，亨利·埃利斯（Henry Ellis）记录了访华的整个进程。其出使日志 1817 年在英国面世，1818 年就在美国再版，可见美国社会对于中国问题的兴趣。埃利斯多次提及孔子，孔庙不陈设偶像、只摆设牌位的特点与佛教庙宇截然不同，给他留下了深刻印象。埃利斯也注意到孔子在朝鲜和琉球的影响。虽然埃利斯称赞孔子努力将自己的思想应用于日常生活，但批评其思想过于平淡浅显，没有得到神灵的启示或人类律法的赞同。所以，欧洲人如果阅读孔子著作，不会有任何收获。美国的一家刊物转载了埃利斯日志的章节，包含部分前述内容。在纽约出版的另一本记载阿美士德使团经历的书籍，对于孔庙有着大致相同的描述，应该是吸纳了埃利斯的记录。②

英国在华的外交势力不局限于两次高调的外交使团，住在中国、有官方背景的英国人也是英国外交群体的有机组成部分。他们的著作同样很快传入美国，成为美国人认识中国和孔子的重要渠道。作为这一群体的代表，约翰·弗朗西斯·戴维斯（John Francis Davis）值得一提。1813 年，年仅 18 岁的戴维斯来到广州，供职于英国东印度公司。他 1816 年随同阿美士德使团到访北京，1833 年出任英国驻华商务监督，1844 年充任香港第二任总督。戴维斯钻研中国文化与习俗，写下《中国人》一书，于 1836 年先后在伦敦和纽约出版。

《中国人》从两个方面刻画孔子。一是孔子与中国政治的相互依存关系。戴维斯指出，孔子以家庭关系为基础的忠孝思想尤其适合看重稳定和秩序的中国政治体制。政府因此把儒家思想作为教育和考试内容，并在各

---

① John Barrow, *Travels in China, Containing Descriptions, Observations, and Comparisons, and Collected in the Course of a Short Residence at the Imperial Palace of Yuen - Min - Yuan, and on a Subsequent Journey through the Country, from Pekin to Canton* (Philadelphia: W. F. M'Laughlin, 1805), pp. 175 - 177, p. 292, pp. 305 - 311.

② Henry Ellis, *Journal of the Proceedings of the Late Embassy to China* (Philadelphia: A. Small, 1818), p. 193, p. 248, p. 252, pp. 277 - 278, p. 348, p. 350, p. 357; "Ellis's Journal of the Late Embassy to China", *Atheneum*, Feb. 14, 1818, pp. 382 - 384; *Scenes in China, Exhibiting the Manners, Customs, Diversions, and Singular Peculiarities of the Chinese, Together with the Mode of Travelling, Navigation, & c. in That Vast Empire* (New York: Samuel Wood & Sons, 1819), pp. 163 - 166.

个层面贯彻孔子的思想原则。戴维斯还描绘出孔子毕生都在尝试将自己的思想用于治理国家的政治实践，以显示孔子思想本质上就是"道德与政治"体系。二是孔子及其思想的缺陷。就社会治理而言，戴维斯指责孔子制定的原则有失公允，甚至走向极端。比如，针对如何对待杀父仇人的提问，孔子曾说，"寝苫，枕干，不仕，弗与共天下也"（《礼记·檀弓上》）。戴维斯认为，这是在鼓励儿子用最为极端的方式替父报仇，"将忠孝义务发挥到了极其荒唐有害的地步"；"父为子隐，子为父隐，直在其中矣"（《论语·子路》）则促使中国法律不予追究协助罪犯逃跑的亲属或仆人。即便在广为称颂的道德方面，戴维斯也认为，孔子并非无懈可击。如孔子休妻，导致子孙效仿，让整个孔氏家族的道德都可能受到攻击。孔子思想之所以存在诸如此类的"弊端"，戴维斯解释说，是因为它"只是人创造的哲学体系"。① 可见，虽然戴维斯主要关注世俗问题，基督教的影子还是无处不在。该书在美国刊物上亦有转载。波士顿出版的《1840年美国年鉴》引用戴维斯的著作，来说明"孔子的神圣著作"是中国翰林院研究和阐释的对象。②

　　与英国在华外交有关的其他人员也有中国主题的文献面世并传入美国，其孔子观与前述情形大体类似，有赞扬，但不满和批评时而有之。1847 年，时任英国驻广州领事馆翻译的密迪乐（Thomas Taylor Meadows）出版了《中国政府与人民以及中国语言杂记》。美国《文学世界》刊登长幅摘录，指责孔子著作的语言精练晦涩，充斥着众多虚词而又不讲韵律，导致读者难以理解，影响了中国书写语言的总体状况；《马萨诸塞评论季刊》刊登的部分称赞孔子思想"总体上是站得住脚的"。③ 而在密迪乐原著的其他部分，作者批评了孔子鼓励父子相互包庇，以及他轻视勇猛刚毅的品质导致中国人胆小怕事［"宽柔以教，不报无道，南方之强也，君子

　　① John Francis Davis, *The Chinese: A General Description of the Empire of China and Its Inhabitants*, Vol. 1 (New York: Harper & Brothers, 1836), pp. 164 – 166, pp. 196 – 197, pp. 208 – 209, p. 225, pp. 231 – 232, p. 276; Vol. 2, pp. 45 – 51.

　　② "China and the Chinese", *Southern Literary Messenger*, Feb. 1841, p. 137, p. 140; "Ancient Chinese Temple near Macao", *Dwight's American Magazine, and Family Newspaper*, Dec. 11, 1847, p. 786; *The American Almanac and Repository of Useful Knowledge, for the Year* 1841 (Boston: David H. Williams, 1840), p. 267.

　　③ "Extracts from New Books: The Chinese Language", *Literary World*, Jul. 10, 1847, p. 537; "Short Reviews and Notices", *Massachusetts Quarterly Review*, Mar. 1848, p. 266.

居之。衽金革，死而不厌，北方之强也，而强者居之"（《中庸》第十章）].①

以批评孔子为主调、在美国引起关注、与英国在华外交有关的文献，还有海军军官 F. E. 福布斯（F. E. Forbes）的《在华五年》（1848）。该书刻画了一个历经磨难、广受崇敬但没有明确上帝信仰的孔子，描述了农村宗祠和教室里张贴孔子语录，学生摇头晃脑地诵读孔子格言"犹如暴风雨中的桅杆"的情形。福布斯明确表示，没有证据表明孔子知晓上帝的存在。② 英国外交大臣巴麦尊（Henry John Temple Palmerston）1836 年收到的一封信件则是另外一例。信件批评孔子带领中国人排外，使用带有贬损和蔑视意义的"夷"指代外来者，孔子著作中有"无数段落"可资为证。③

鸦片战争之后出任香港立法会成员的 R. 蒙哥马利·马丁（R. Montgomery Martin）也许是与英国对华外交有关的群体中，极少数全方位正面看待孔子的人员之一。他在 1847 年出版并被美国刊物转载的著作中，称赞孔子善于从自然事物入手，说明事理。为此，他引用了孔子见罗雀者的典故："孔子见罗雀者，所得皆黄口小雀。夫子问之曰：'大雀独不得，何也？'罗者曰：'大雀善惊而难得，黄口贪食而易得。黄口从大雀则不得，大雀从黄口亦不得。'孔子顾谓弟子曰：'善惊以远害，利食而忘患，自其心矣。而独以所从为祸福，故君子慎其所从。以长者之虑，则有全身之阶；随小者之戀，而有危亡之败也。'"（《孔子家语·六本》）他还大赞孔子的个人品行和治理国政的能力，对于受到其他英国文献批判的忠孝等级思想，只是简单陈述，未加任何评论。在信仰上帝的问题上，马丁甚至与当时欧美的主流看法背道而驰，声称孔子"笃信至高无上的上帝"。④

① Thomas Taylor Meadows, *Desultory Notes on the Government and People of China, and on the Chinese Language* (London: Wm. H. Allen, 1847), p. 200, pp. 215 – 216.

② Lieut. F. E. Forbes, *Five Years in China; From 1842 to 1847* (London: Richard Bentley, 1848), pp. 81, p. 103, pp. 110 – 129; "A Chinese Farm House," *Norfolk Democrat*, Jul. 13, 1849, p. 1.

③ "The Great Wall of China," *North American and Daily Advertiser*, Oct. 25, 1843, p. 1.

④ R. Montgomery Martin, *China; Political, Commercial, and Social; in an Official Report to Her Majesty's Government*, Vol. 1 (London: James Madden, 1847), pp. 58 – 65, p. 76, pp. 128 – 133, pp. 432 – 437; Vol. 2, p. 466; "China – Political, Commercial, and Social", *Albion*, Dec. 18, 1847, p. 607.

与英国在华外交存在相关的人员留下的文献在描述孔子时，具有明显的世俗化倾向。他们较少关心孔子是否是异教徒，而是更加关注孔子思想在社会现实中的体现。孔子的个人品行和人生经历受到赞赏，在中国体制中的地位也是各种文献竞相刻画的重点。但与此同时，孔子思想的某些"缺陷"也被暴露出来。综合观之，英国外交相关人员的文献展现孔子，秉持了传教士文献的二元模式，即经历坎坷、精神可嘉但思想有着不容忽视的弊端。

文人群体的文献

包含作家、研究者在内的英国文人虽然几乎没有访华经历，但因为西方与中国的接触日渐密集，也对中国及其文化有着浓厚的兴趣。他们写作的各类题材的著述涉及孔子的情况较多，传入美国的也不在少数。正因为没有亲身感受中西文化的差异，文人文献在刻画孔子时基本停留在抽象或理论层面，缺乏植根于现实生活的所谓证据。如此建构出来的孔子正面色彩较为明显，在多数情形下是一个值得西方研究甚至学习的东方哲人。

在此群体中，18 世纪英国著名的剧作家奥利弗·戈德史密斯（Oliver Goldsmith）可谓对美国的孔子观产生过非常广泛的影响。从 1760 年 1 月到翌年 8 月，戈德史密斯在英国报纸上连续发表 119 封信件。虚构的写信者是居住在伦敦的中国哲学家 Lien Chi Altangi。[①] 1790 年，信件结集出版，冠名《世界公民》。很快，该书就在美国拥有了大量读者，数个重印版本相继出现，摘录和引用非常频繁。

《世界公民》塑造了一个眼光敏锐、针砭时弊而又呼吁世界大同的中国哲学家的形象。这名哲学家与孔子联系紧密。在一封信中，哲学家写道，"我手拿孔子的著作，在阅读中变得谦卑、坚韧、睿智"。同一封信的编者按直接表示，信件内容"几乎就是用摘自中国哲学家孔子的句子

---

① Ros Ballaster, *Fabulous Orients: Fictions of the East in England* 1662 – 1785（New York: Oxford University Press, 2005）, p. 204.

写就的狂想曲"。① 可见，戈德史密斯的本意，就是要把这位虚构的哲学家当作孔子的化身，哲学家的言论就代表孔子的形象。

哲学家以外来者的身份，引用附会的孔子语录，批判英国和欧洲其他国家存在的众多社会问题。例如，看到很多人反对享受物质财富，哲学家声称，奢侈品越多，一个国家在政治上就越团结，因为人们会由于享受的动机而连接在一起。而且，一个追求奢侈品的人还可以催生一千个不同的艺术家为其生产，这对国家经济是大有裨益的。哲学家信手杜撰一句"孔子"语录作为依据："只要不危及我们自身的安全和他人的福祉，我们就应该尽量享受生活；能够发现新快乐的人是最为有用的社会成员之一。"听闻俄国人对异族偏见极深而且极其残酷，哲学家用另一杜撰的"孔子"语录作了点评："知道智者在通往美德的路途上比蠢徒在走向邪恶的道路上行进更加缓慢，我们不要感到惊奇，因为欲望拖着我们前进，而智慧却只是指引方向。"目睹权欲熏心者太多，而思想高尚者太少，哲学家想到了德高望重的孔子，认为大自然全然忘记了"三千多年前"是如何塑造孔子的大脑的。此外，哲学家还以孔子的口吻，规劝人们少安毋躁，自得其乐。而与此同时，孔子著名的天下大同思想也在信中得到了充分体现。比如，哲学家在一封信中声称，"孔子认为，将社会更加紧密地团结起来，并促使人们成为世界公民，这是学者的义务"。在另一处，哲学家表示，孔子与17世纪英国坎特伯雷大主教约翰·蒂洛森（John Till-otson）的思想没有本质区别，证明所有国家的率真之人都秉性相通。孔教和基督教都教导人们要在逆境中坚韧刚毅，则被视为两大信仰殊途同归的证据。②

在《世界公民》中，遵从孔子教诲的中国哲学家是评点欧洲弊病的冷静旁观者。但在戈德史密斯一篇广为散布的散文中，熟读孔子著作的中国人则显得自以为是，变身被讽刺的对象。此人据称认识一万四千个汉字，他造访欧洲，希望了解那里的风土人情。某日，他走入荷兰阿姆斯特丹一家书店，希望购买"不朽的Xixofou"的著作，店主却表示，他从未

---

① Oliver Goldsmith, *Letters from a Citizen of the World, to His Friends in the East*, Vol. 1 (Baltimore: F. Lucas, Jr., and Jos. Cushing, 1816), p. 30.

② Goldsmith, *Letters*, Vol. 1, p. 42, p. 154, pp. 156 – 157; Vol. 2, pp. 28 – 29, p. 35, p. 58, p. 72, p. 124, p. 173, p. 224.

听说过这本书。闻听此言，中国人极度惊诧，而且怒不可遏。[1] 戈德史密斯的意图，显然在于讽刺中国人希望全世界都顺从自身喜好的自大自负心理。在此语境下，孔子不再是能让人冷静的睿智哲学家，而是培养自我中心意识的保守者。

戈德史密斯笔下两种截然相反的孔子形象传到美国，与正在形成的孔子认知二元框架不谋而合。除了都有美国本土版本，戈氏两种文献还都被广泛转载和引用，扩大了二元孔子形象的社会接受面。早在信件结集出版前后，美国报纸就已在关注，并转载了部分内容，其中不乏与孔子有关的文字。[2]《道德教师》是美国学校在 19 世纪上半期普遍采用的伦理阅读教材。在"孔子的生平与原则"一章的最前面，编者摘录了《世界公民》哀叹权欲熏心者众多、大自然似乎忘记了当初如何塑造孔子大脑的部分，突出了孔子的高尚人格和完美道德思想与近代社会现实的巨大反差。[3]1827 年，一家宗教刊物声称获得《世界公民》，称赞该书从哲学的角度，暴露了英国乃至美国社会的荒唐与铺张现象，认为戈德史密斯不鸣则已，一鸣惊人。摘登的部分含有孔子要求人们自得其乐的段落。[4] 讽刺孔子追随者的散文则被收入学校和青少年读物，用以教导年轻人谦虚谨慎，避免自负虚荣。[5]

英国文学群体的其他人物所塑造的孔子也随着英美之间的交流，渗入了美国的社会文化意识。亚历山大·蒲伯（Alexander Pope）是 18 世纪英国最伟大的诗人，其诗歌在美国拥有很大的读者群。在美国出版的一本作品集中，诗人称赞东方思想界群星璀璨。他对孔子赞誉极高，称其"优

---

[1]　*The Miscellaneous Works of Dr. Goldsmith*（Boston：P. Edes, 1793），p. 60.

[2]　"A Letter from Lien Chi Altangi", *New Haven Gazette*, May 13, 1784, p. 2; "To the Editor of the American Citizen", *American Citizen*, Oct. 17, 1808. p. 2.

[3]　Jesse Torrey, Jr. , *The Moral Instructor, and Guide to Virtue and Happiness*（Ballston Spa, NY：U. F. Doubleday, 1819），p. 45.

[4]　"Miscellaneous", *Christian Intelligencer and Eastern Chronicle*, Mar. 16, 1827, p. 44.

[5]　Walley C. Oulton, *The Wonderful Story – Teller*; or Pocket Library of Agreeable Entertainment（Boston：Joseph Bumstead, 1797），p. 103; *Elegant Extracts: or, Useful and Entertaining Passages in Prose, Selected for the Improvement of Scholars at Classical and Other Schools, in the Art of Speaking, in Speaking, Thinking, Composing, and in the Conduct of Life*（Philadelphia：P. Byrne, 1810），p. 440.

秀而孑然，教导了让人从善的有用学问"。① 约瑟夫·艾迪生（Joseph Ad-
dison）是 17 世纪的英国散文家。美国多个版本的学生读物选录了艾迪生
的一篇散文。在文中，艾迪生谈论书籍的作用，认为书籍是天才留给人类
的遗产，应该世代相传。正因为书籍有此历史功能，作者们必须谨言慎
行，以免毒害社会。艾迪生批判那些空有才能，却散布颓废思想的人，斥
责他们在摧毁子孙后代，其发挥的作用与孔子和苏格拉底刚好相反。②

　　在美国的孔子认知框架塑造过程中占有一席之地的，还有专事思想研
究的英国人。18 世纪英国著名的东方学家威廉·琼斯爵士（Sir William
Jones）的观点在美国多种文本载体上出现，引起美国社会关注。琼斯表
示，自己极其推崇孔子著作中"令人肃然起敬的高尚情感"以及点缀在
孔子言论中的诗一般的语言。琼斯也把孔子视为中国历史的权威界定者，
声称因为孔子宣布，中国周朝以前的历史没有证据支撑，中国的起源就没
有传说中的那么久远。美国的一部百科全书采信了琼斯多次表达过的这一
说法。③《基督教记录》杂志刊登的琼斯著作章节更加明确无误地体现出
琼斯推崇孔子的态度。琼斯认为，从耶稣会翻译的孔子著作来看，他及其
追随者是"坚决信仰上帝的"，他们通过描绘天体与自然的完美秩序，展
示了上帝意旨的存在。至于那些不愿引用孔子的西方人，琼斯斥责他们
"虚伪粗暴"。④ 1817 年，曾任美国第二任总统的约翰·亚当斯写信给已
经移居美国的荷兰朋友，称赞孔子"己所不欲，勿施于人"和拒绝以牙

① *The Poetical Works of Alexander Pope, with His Last Corrections, Additions, and Improvements*, Vol. 1 (Philadelphia: T. & C. Palmer, 1804), p. 190.

② *The Addison Miscellany* (Boston: Joseph Bumstead, 1801), pp. 174 – 175; Enos Hitchcock, *Memoirs of the Bloomsgrove Family*, Vol. 1 (Boston: Thomas and Andrews, n. d), pp. 191 – 192; Asa Lyman, *The American Reader: Containing Elegant Selections in Prose and Poetry*, 2nd ed. (Portland, Me.: A. Lyman, 1811), pp. 199 – 200.

③ Lord Teignmouth, *Memoirs of the Life, Writings, and Correspondence, of Sir William Jones* (Philadelphia: W. Poyntell, 1805), p. 82, p. 392; *Supplement to the Encyclopedia, or Dictionary of Arts, Sciences, and Miscellaneous Literature*, Vol. 1 (Philadelphia: Budd and Bartram, 1803), pp. 471 – 472.

④ "Sir William Jones's Account of the Old Religions of the East", *Christian Register*, Apr. 30, 1825, p. 1.

还牙的思想，视其为"伟大的原则"，依据就是威廉·琼斯的著作。[①]

此外，琼斯对孔子编选的《诗经》赞不绝口，将其译成了拉丁文。他人再根据琼斯的拉丁文，把《诗经》中的某些段落翻译为英语。1807年，马萨诸塞州报纸就刊登了这样一首诗歌，让读者体会了孔子品位的高雅。原诗是："瞻彼淇奥，绿竹猗猗。有匪君子，如切如磋，如琢如磨。瑟兮僴兮，赫兮喧兮。有匪君子，终不可谖兮!"（《诗经·卫风·淇奥》)，《大学》第四章有引用。[②] 17—18 世纪的英国自然神论者马修·廷德尔（Matthew Tindal）对于孔子则持有保留的赞赏态度。在重印于美国的一本著作中，廷德尔推崇孔子所言"以直报怨，以德报德"（《论语·宪问》)，但认为孔子还不够完美，因为他没有如耶稣基督一样，教导人们热爱敌人。虽然如此，廷德尔还是相信，孔子与耶稣基督的思想在本质上没有区别，孔子的简单浅显格言甚至有助于解释基督教更加晦涩的原则。[③]

文人群体囊括甚广，谈论孔子的不在少数，但在早期美国社会拥有较大影响的，应该就是前述几位。他们的一个共同点，是赞赏孔子的思想、人格和品位。虽然也偶尔流露出不满于孔子的情形，但文人的批判调门显然比传教士和外交人员要低得多。基本没有来华经历的这一群体，没有体会到文化差异带来的冲击，对于中国的文化象征——孔子还保持着较为浪漫化的认识。

结　语

由于美英两国在文化上的特殊亲缘关系，早期美国一直非常依赖英国的文化资源。美国孔子认知框架的成型过程就是如此。大量的英人著述涌入美国社会，既丰富了美国人的阅读生活，又拓展了他们认知孔子的渠

---

① "From John Adams to Francois Adriaan Van der Kemp, 1 October 1817", Founders Online, National Archives, last modified Jul. 12, 2016, http: //founders. archives. gov/documents/Adams/99 – 02 – 02 – 6807.

② "A Very Ancient Chinese Ode", *Essex Register*, Aug. 24, 1807, p. 4.

③ Matthew Tindal, *Christianity as Old as the Creation: Or the Gospel, a Republication of the Religion of Nature* (Newburgh, NY: David Denniston, 1798), pp. 295 – 296.

道。源自英国传教机构和个人的文献，普遍以基督教为参照，强烈批判孔子及其思想。同样在中国体会到了巨大文化差异的外交人员，也从自我优越论出发，揭露孔子和孔子思想的所谓缺陷。只不过，他们的兴趣点不在宗教层面，而在世俗领域。相比之下，英国文人对待孔子的态度似乎更加友好。综合观之，美国社会从这些文献中能够获得的认识是，孔子在宗教信仰和社会引导效果方面存在明显不足，但其智慧、坚韧乃至道德思想都有很多可圈可点之处。这种信息奠定了美国孔子认知二元框架的基础。

　　亦褒亦贬的孔子认知模式在 18 世纪末期开始出现，到 19 世纪上半期脱颖而出，这在美国孔子观的演变历史上有着重要的意义。一方面，二元框架的崛起代表着美国早期孔子观转型过程的基本完结，是美国认识孔子的历史上极为重要的转折点。在此之前，耶稣会的译介和受耶稣会影响的欧洲启蒙思想家决定着美国人的孔子观。众所周知，耶稣会出于传教之需，对孔教采取调和策略，极力颂扬孔子及其思想。但 18 世纪末期开始抵达中国周边的英国新教传教士却认为耶稣会的策略没有效果，转而采用文化对抗措施，大力贬低和抨击中国的思想传统。传教士的孔子观在一定程度上得到了外交人员的附和，但与文人群体的理想化看法有着明显的区别。这些英人文献的进入，改变了美国社会之前单纯赞扬孔子的做法，催生了一个新的模式。另一方面，虽然英人著述的作用在 18 世纪末到 19 世纪上半期表现得最为明显，其塑造的认知模式却逐步固定下来，成为迄今为止美国孔子观最为连贯的一条线索。比英国人晚一些到达中国的美国传教士、商人和外交人员基本上沿袭了英国人在中国思想文化上的态度，他们发回的文献资料进一步巩固了二元认知框架。至于孔子及其思想被褒贬的具体内容，则随着时代的不同而产生变化。

（张涛：四川外国语大学美国研究所教授、所长）

排斥与反排斥:排华法下的中国移民与美国移民官员

吴金平

【内容提要】 美国因开发西部的需要，与中国签订《蒲安臣条约》而招募大量的中国劳工去修建横贯美国东西部的大铁路。但铁路建成后，美国就通过排华法案，其主要条文是禁止新的中国劳工入境，甚至那些返乡探亲的也被禁止再次入境。面对这样不公不义的排华法案，中国移民利用司法、外交和社区斗争等多种形式，与美国移民官员展开了不屈不挠、机智英勇的长期斗争。虽然在废除排华法案方面效果有限，但在这一过程中，有数千土生华人群体出现，为中国移民在美国扎根打下了基础。

【关键词】 美国社会与文化　排华法案　移民官员　土生华人

美国排华史就是一部中国人移民美国的苦难史。在排华法出笼后及其演变过程中，一方面，美国移民官员要执行排华法，尽量阻止中国人移民美国；另一方面，中国人则力图打破排华法加在他们身上的不公正限制。这两股力量朝着两个完全相反的方向进行了长期斗争。本文欲就排华法实施早期（1882—1905）的有关情况作一些探讨。

一　排华法的出笼及其演变

美国排华法起源于华工问题。由于中国人最初是以近似奴隶地位的苦力身份赴美的，所以，他们从一开始就受到自由主义者的攻击，因为根据美国宪法，自由州不准蓄养奴隶。早在1853年，加州州长毕格勒就公开指责中国移民的苦力身份，说他们"贪婪、缺乏道德和责任心，不能同化和威胁本州的幸福"，吁请议会立法禁止华工来美。这是美国政府把矛头指向华工的开端。①

在加州及西部各州的多次吁请和努力下，美国政府和国会终于开始限制华人移民。1874年，尤里西斯·格兰特总统在向国会发表的国情咨文演说中要求国会采取行动，压制所谓华人移民的两大祸害——苦力和妓女——向美国的输入。他宣称，"如果这些祸害能够通过立法来压制，那么我将很乐意并且有责任来执行这一决策，使其达到所期望的目的。"②

作为对总统呼吁的回应，国会通过了《1875年佩奇法案》（Page Act of 1875）。该法案规定，禁止通过签约的方式提供契约劳工；禁止输入强迫劳工；禁止输入以卖淫为目的的妇女；禁止因非政治理由而被判刑的罪犯进入美国等。

1875年移民法案被看作是美国移民法律史上的一个分水岭。它是国会通过的第一个在全国范围内管理移民入境的法律，从那以后，国会在移民事务上拥有越来越多的权力。这也是对东方移民的第一个限制性法案，它对华人妇女移民来美造成威胁，对阻滞华人家庭团聚起了很大作用。

在排华势力的推动下，1882年5月6日，切斯特·艾伦·阿瑟总统签署了臭名昭著的排华法案。该法规定，在十年内禁止从中国输送劳工到美（不论是技术高超的工匠还是一般的劳工），只允许外交官、学者、学生、商人和旅行者在美国短期停留。这项法律还禁止原来已经在美国居住的华人取得美国国籍，理由是，中国劳工到美国来，"破坏了美国当地的良好秩序"。③ 这种说法是站不住脚的。诚然，中国移民最初远道而来是想来淘点金的，但他们也付出了自己的辛勤劳动，而且他们的辛勤劳动对美国西部的开发功不可没。为了能够在中国招募到足够的劳工，美国政府在1868年还与中国政府签署了著名的《蒲安臣条约》（Burlingame Trea-

---

①　郝贵远：《清政府就排华问题与美国的交涉》，载中国美国史研究会编《美国史论文集》（1981—1983），三联书店1983年版，第341页。

②　张庆松：《美国百年排华内幕》，上海人民出版社1998年版，第108页。

③　周敏：《唐人街》，商务印书馆1995年版，第48页。

ty），规定两国人民"或愿长住入籍，或随时来往，总听其自便，不得禁阻为是"。① 1882 年排华法案所持的理由不仅违背历史事实，也违背了《蒲安臣条约》。

1888 年 9 月，美国国会通过另一个法案，即《斯科特法案》（Scott Act），禁止中国劳工进入美国。该法的规定比以前更加严格，除在 20 年内禁止中国人以任何原因进入美国外，还规定在美国的中国劳工一旦离开美国，不得再进入美国，除非他有合法妻子、子女或父母在美国，或有价值 1000 美元的财产在美国，或别人欠了他 1000 美元的债等待他来美处理。另外，符合本条规定、可以再次入境的中国劳工，也必须从他离境的那个港口入境。

从 1888 年起，所有回中国探亲的中国劳工很少能再次返回美国，因为劳工家属很少有在美国的。此后几年约有两万名中国人回中国探亲后被拒绝再次进入美国，尽管其中有许多人持有所需要的再次入境证件，也不起作用。一些商人在美国有股份生意，或贷款给了别人，由于无法回到美国，而蒙受惨重损失。②

1892 年，排华法案到期，美国国会通过《吉里尔法案》（Geary Act）将它再延长十年。而且，该法还规定：居住在美国的华人需一年登记一次，否则将会被驱逐出境。这些规定在 1893 年的修正案中得到强化，将被排斥的对象——劳工的范围加以扩大，其中规定，华人如果想成为商人，必须有固定场所来进行商品买卖，声明他的经营范围。当时华人商人许多都是些肩挑手提、走街串巷的小本经营者，不可能符合该修正案的要求。因此，许多华人小贩失去生计。此外，它也把劳工的范围扩大到尽可能多的行业，如供销员、文职人员、采购员、记账员、会计、经理、店主、学徒、经纪人、出纳、医生、餐馆老板和厨师、管家及其他许多职业，都被算作劳工，按规定都不得入境。

1898 年，美国吞并夏威夷，排华法也随之推行到了那里。除不准华人进入夏威夷外，也禁止夏威夷的华人移居美国大陆。1902 年，美国将排华法无限期延长。直到 1943 年，中美两国因为在第二次世界大战中已

① 志刚：《初始泰西记》，第 23—26 页，转引自杨生茂主编《美国外交政策史》，人民出版社 1991 年版，第 190 页。

② 周敏：《唐人街》，第 50 页。

经结为盟国，美国从多方面考虑，才将排华法予以废除。

二　排华法下的美国移民官员

　　排华法案通过后，执行它的任务落到美国移民官员头上，美国内部的排华势力则对之予以监督和施加压力，敦促他们严格执法。在排华法案通过后不到三个月，加利福尼亚州在国会的代表 W. S. 罗森克兰茨（W. S. Rosenkrantz）就写信给当时主管移民事务的财政部长查尔斯·詹姆斯·福尔杰（Charles James Folger），表达他的选民对1882年的排华法案能否有效阻止中国移民的所谓担心。他认为，一分预防胜过十分治疗。因此，他建议加强执行排华法机构的力量，阻塞所有从加拿大到墨西哥边境地区中国人进入美国的可能通道。他告诫说，"要让我们太平洋岸边的人们确信：你的财政部对所有排华法案的执行进行了有效的监督。"①

　　除了上书财政部，要求加强移民官员的权力、加强对执法的检查外，排华势力的根据地加州等地的报纸还对移民事务官员的日常工作和中国人涌入美国的情况进行了调查报道，自行监督移民机构的执法情况。这些报纸常常进行所谓的"曝光"，揭露移民官员在处理中国移民问题上的"仁慈和腐败"。这些排华势力的聒噪影响很大，美国财政部甚至不得不几次派员去旧金山进行核查。②

　　在西部太平洋沿岸各州排华势力的压力之下，移民事务官员在处理中国移民问题时丝毫不敢怠慢，他们甚至逐渐同排华势力同流合污，沆瀣一气，以期将中国人彻底禁绝。他们自己严格执法，甚至滥用权力，对可豁免的人士也无理刁难，或予以拘留、折磨。其中最臭名昭著的为1903年执行的一宗错案。在该案中，中国驻美公使馆武官谭锦镛被怀疑其英文文件有问题，旧金山的警察便把他扣留起来，还用他自己的辫子把他系在篱笆上，毒打他。这个不幸的人感到自己给祖国和人民丢了脸，便在被释放

---

　　①　Chinese Historical Society of America Chinese, ed. , *Chinese America: History and Perspectives* (California: Brisban, 1997), p. 4.

　　②　Ibid. , p. 5.

后含愤自杀。①

执法力度的加强使在美国的中国人人人自危。以 1892 年的《吉里尔法案》的执行为例，1902 年之前，由于执法比较宽松，尽管该法要求中国人每年进行一次居留登记，大多数中国人对此并未遵守，他们也没有感到有多少不便或受到了该法案的威胁。但在 1902 年以后就不同了。仅在 1905 年，就有 1100 名中国人因为没有遵守该条款而被捕。②

执法力度的加强也使中国人进入美国更加困难。例如，在 1897 年至 1899 年，总共有 7762 名华人申请进入美国境内，有 725 名被拒，大约占总数的 1/10。而 1903 年至 1905 年，四个人中间就有一人被拒。同样，1903 年前，约有四万名中国旅游者光顾美国，没有一人被拒入境。而在 1903 年，有 2493 名中国人要停经美国，95 人被拒绝入境。而且，移民官员有权要求旅行者提供任何能证明暂时入境者身份的证据。如果旅行者不属于被豁免者，还得接受所谓“背屈笼制度”③ 的检查。该制度创始于 1903 年，也就是裸体确定身份的制度。有的中国妇女因不堪美国移民官员的羞辱而自杀。

在加强执法力度的同时，美国移民官员还积极与排华势力配合，联合向联邦政府和国会施加压力，要求被赋予更大的权力。例如，在 1885 年，当财政部指示旧金山税务稽查员改变其不准两位中国学生入境的决定时，该稽查员回信发出严厉警告说，“该大洋（指太平洋——编者注）沿岸各州人民对中国移民问题非常敏感，尤其是当他们有理由相信存在违反排华法的情况时，更是如此。在目前的情况下，这种激动的情绪比以前任何时候都要强大，都要更加明显。这个地区的各个市镇正在举行集会……他们甚至威胁要用非法手段铲除他们各自地区的中国人。在旧金山，有一股被压抑的、针对中国人的潜流……政府应采取一切手段监督排华法得到忠实地执行”。④

在排华势力的强大压力和支持下，移民局官员得到的权力越来越大，

---

① Shih - shan Henry Tsai, *China and the Overseas Chinese in the United States*, 1868 - 1911 (Fayetteville: University of Arkansas Press, 1983), p. 106.

② Mary Roberts Coolidge, *Chinese Immigration* (New York: Holt and company, 1909), p. 327.

③ 张庆松：《美国百年排华内幕》，第 357 页。

④ Chinese Historical Society of America Chinese, ed., *Chinese America: History and Perspectives*, p. 6.

甚至在许多方面，已凌驾于法律之上。有一些新增权力是法律授予他们的，如在 1903 年邢塔案中得到的授权。在该案中，最高法院裁定，移民官员有权对土生华人案件进行审讯。法院还裁定，联邦地区法院不得接受没有先提交给移民总局官员并经过检查的证词。换句话说，移民总局官员也能逮捕并审讯土生华人，而且华人的证词和证据都要首先经过移民官员审查，然后才能在法庭上呈示。因此，华人在被捕后，在移民官审查阶段就得提出自己的所有证据。这就增加了华人在法庭胜诉的难度。这里的所谓土生案件是指那些自称是在美国本土出生的华人被捕后的诉讼案件。根据原先的排华法，移民局的权力主要适用于对华人在边境口岸的海关申请时，根据排华法作的各种规定和限制来行使的职责，也就是说他们只负责入境申请的审查和管理。在入境申请案件中，因为入境申请者是外国出生的外国移民，不能享受美国法律的保护，因此行政当局（主要是移民局官员）有权最终决定拒绝或批准入境者的申请。法院一般不能介入。同样，根据排华法，行政当局不能最终决定那些自称为土生华人的回美申请。如果华人自称是土生的，那么他就可以出入美国，或在美国任何地区定居，因为美国宪法明文规定凡是美国出生的人都是美国公民，那么根据美国法律制度，土生华人就拥有宪法保护的人身自由和行动自由。如果他们的申请被拒绝，那么他们可以向法院申请人身保护令，让法院来做出最终裁决。同样，也是根据排华法，行政当局对在美国境内被抓的自称是美国土生的华人也没有最终的决定权，顶多只能把他看作是非法居民，交给法院处理。

所以，邢塔案的判决对移民局是一个有力的支持，使它的权力大大扩张，土生华人的遣返率大大增加。1904 年，共有 1793 名土生华人因偷渡罪被捕，其中 1010 名作为土生释放，763 人被遣返；1905 年有 1401 人被捕，其中 647 人被遣返，只有 441 人得到释放，第一次出现遣返人数超过释放人数；1906 年，574 人被捕，其中 319 人被遣返，255 人被释放；1907 年，503 人被捕，其中 336 人被遣返，只有 114 人被释放。[①]

1905 年，最高法院在朱舵案中对移民局赋予的权力再一次扩大。这一判决比 1904 年的判决更加无理。最高法院认为，根据排华法，如果移民官员拒绝一名声称是美国出生的华人后裔入境，而且这个决定被商务劳

---

① 张庆松：《美国百年排华内幕》，第 374 页。

工部长确认，① 就是最高的和结论性的决定，法庭应该否决人身保护令的申请，并不再接受新的有关公民权的证据。

根据这个理由，朱舵尽管有足够证据证明他在美国出生，最高法院还是判他不是美国公民，并命令将他遣返中国。

在执法过程中，移民局官员的有些权力是违法的，是僭取的。例如，移民局官员可以未经宣誓便取得搜查证，随意无理搜查华人个人、家庭、商店，甚至整个社区。按照美国司法制度，个人的人身自由和个人的尊严受到法律保护。如果要逮捕某个人，或要进入居民家庭搜查，执法人员要先从法院得到搜查许可证。而申请许可证时，执法人员要向法院提出控诉，并且还要发誓，保证为申请许可证而提出的证据是确凿的。这个司法程序，目的是防止官员任意侵犯个人的权利。但是在排华法案实施过程中，移民局官员可以随意取得搜查证，而不用发誓，因而违反了法定程序。总之，移民官员剥夺了华人享受正常司法程序的权利。一个典型的案件是 1902 年的波士顿案件。1902 年 10 月 11 日深夜，移民官员突然袭击了波士顿唐人街，逮捕了 200 多名华人，将他们在几个房间里关押了三天。只是在社会舆论严厉谴责后，他们才被释放。② 约翰·怀斯（John Wyeth）在担任旧金山港口海关收税员时（当时海关移民检查由财政部税务稽查局管理），规定只接受白人的证词，从而使土生华人要证实他们的土生身份更加困难。1893 年，怀斯在给加州一位律师的信中吹嘘说，这一政策使"华人想证明他是在美国出生根本不可能……因为华人从来不看白人医生，并且 20 年前也没有保存这些出生记录。"按照法律，他认为，某些华人的证词将为错误打开方便之门。此外，怀斯还阻碍华侨商人的妻子和孩子来美与其团聚。③ 这些都是排华法本身不曾授予他的权利。

三　排华法下中国移民的反应

当美国排华势力和移民官员加紧工作，关闭中国人进入美国的大门的

---

① 移民事务管理权已从 1903 年开始转归商务劳工部管辖。

② 张庆松：《美国百年排华内幕》，第 365 页。

③ Chinese Historical Society of America Chinese, ed., *Chinese America: History and Perspectives*, p. 7.

时候，中国人并没有坐以待毙，他们进行了反击。其主要方法是在法庭上
利用美国司法制度挑战排华法及其严格的实施；在法庭外，通过华人社区
的集体力量和外交途径把排华法对他们的损害降到最低程度。

　　排华法及其实施虽然严厉，但也不是无懈可击，有许多法律漏洞。例
如在居民身份认证上，移民官员要求必须有白人作证时才有效，而法庭并
不要求这一点，它只在中国商人回美料理商务时才要求有白人证人作证；
移民官员只要发现申请人的陈述有一点点漏洞，那么这个申请人肯定会被
拒绝入境，但法官则未必会这样。中国移民在发现这些司法制度上的可乘
之机后，便动起脑筋。

　　法庭上的斗争主要体现在两个方面。第一种情况是由自称的土生华人
闯关引发的诉讼事件。华人采取这一办法进入美国主要依据美国宪法关于
出生于美国即为美国公民的规定，并且在 1898 年的黄金德案裁决中得到
最高法院的支持。该裁决确认土生华人的美国国籍，使他们的公民身份获
得法律保障。在 1883 年到 1885 年进入美国的 14423 名华人中，有 1145
名是被法庭以人身保护令方式接受入境的。[①] 第二种情况是由偷渡被捕引
发的诉讼案件。由于从 1892 年起西部地区法院在审理土生华人闯关事件
时比较严格，所以华人后来便由美加边境、美墨边境偷渡进美国。在偷渡
成功后，即使不被逮捕，他们也会主动投案，然后声称自己是美国土生华
人，之后进入诉讼程序。他们这样做的法理依据同第一种情况一样。在法
庭上，他们会找出一些证人作证，证明自己是土生华人。这样，根据这些
证人的证词，法院就会宣布土生华人的美国公民身份已被确认，将他们予
以释放，并发给土生公民释放证。因偷渡引发的诉讼中最早也很重要的一
个决定，是由佛蒙特州联邦地区法院的郝亚·维勒（Howa Wheeler）法官
作出的。1895 年 5 月 13 日，一个名叫洪易的华人在佛蒙特州被抓，被送
到驻扎在圣爱尔班市的美国特别检察官麦克翠克（McChrystal）的办公
室。洪易声称，他是美国出生的华人，但是，麦克翠克检察官认为他没有
足够证据证明他是出生在美国的华人，因此是非法入境，要遣送他回中
国。洪易向地区法院提出上诉。维勒法官在听证后，认为洪易已经提供了
足够的证据，应该被承认是美国公民，于是命令检察官立即将洪易予以释
放。从 1895 年到 1900 年，共有 2481 人通过这种方式从美加边境成功进

---

① 张庆松：《美国百年排华内幕》，第 194 页。

入美国。在 1900 年之前，总共有大约 4648 人以上面的两种方式进入美国，并取得美国国籍。① 华人的闯关和偷渡策略取得成功，使联邦移民局官员处于束手无策的境地几乎有十年时间，直到 1904 年邢塔判决案之后，这种情形才有所改变。在 1905 年最高法院就朱舵一案作出有利于执法人员的判决后，情形就翻转过来，移民局官员获得了更大权利，华人在同他们的诉讼案中再难取胜。

在法庭外的斗争方式主要是通过社区的努力和外交渠道。例如，当 1892 年《吉尔里法案》通过后，一些华人撕掉官方的登记告示，旧金山和洛杉矶的华人社区拒绝合作，抗议这一法案违反了中美之间的条约，只是在 1893 年最高法院判定《吉尔里法案》合乎宪法后，他们才被迫进行登记。② 同样在《斯科特法案》通过后，旧金山六大公司曾筹集十万美元为蔡参平能够重新返美进行法庭诉讼。只可惜这些斗争大多未能成功。不过，社区力量对于土生华人案件的胜诉无疑是起了相当重要的作用的。正是由于华人社区的华人充当证人和提供证词，那些土生华人案中的当事人才有可能躲过移民局官员将他们遣返的命运。充当证人的华人每次在作证后是要冒一定风险的，因为移民官员可能会详细检查他自己留在美国的权利是否存在。比如，1903 年，当商人李将和齐宝在移民局前为李将的侄儿李可州提供宣誓证书和证言后，他们既要回答李可州的有关情况，也要回答他们自己的许多问题。移民局对这两个证人的豁免地位的可信性，商业来往的详细记载都进行了调查，并把他们的名字同公司合伙人名单进行对照，还要求察看他们的居民登记证书。③

除借助华人社区的力量外，美国华人还依靠中国在美的外交机构把排华法对华人的损害减少到最低程度。美国华人会把他们所受的苦难告知中国驻美使节，而中国公使也会要求美国政府官员给予中国人更好的待遇。在 1900 年，旧金山的中国学生和商人就曾写信给中国驻华盛顿的公使，抱怨他们在旧金山受到移民官员刁难的事。他们在信中说，"商人通常在拘留所被扣压几个星期，甚至几个月。只接纳白人的证词带来诸多不便与

---

① 张庆松：《美国百年排华内幕》，第 332 页。

② Chinese Historical Society of America Chinese, ed., *Chinese America: History and Perspectives*, p. 9.

③ Ibid.

麻烦；……交上身份证明后，他们要等待，因为中国处的移民官员什么时候高兴，什么时候才会来查对这些文件；他们会受到检察官就一些无关紧要的问题而发出的喋喋不休的提问。……结果造成……说不出的精神和经济损失。"①

中国公使在接到美国华人的投诉后，一般也尽力帮助他们。例如，中国公使伍廷芳就曾向美国务院致函，要求给予在美华人公正待遇。1902年，伍廷芳曾公开批评美移民总局局长约瑟夫·鲍德利（Jeseph Powderly）对华人的诬蔑。在接受《华盛顿邮报》采访时，鲍德利说什么华人在美国不能成为好公民，所以应被关在美国的大门之外。

不过，通过外交努力改善华人境遇的结果并不令人满意。无论是移民总局还是美国国务院，对中国公使的声音都是充耳不闻。不仅如此，在19世纪末到20世纪初之际，美国政府还在公众排华情绪的支持下将排华法无限期延长，而且执行起来比排华法颁布之初的前20年更加严格。华人进入美国更加艰难。总之，在与移民局官员的斗争中，美国华人可以说是有得有失。但正是由于他们同美国移民当局的巧妙而长期的斗争，才使数千土生华人进入美国，而正是这些土生华人的存在，才使日后华人社区得以在美国扎根，发展并达到今天这样的规模。

（吴金平：暨南大学国际关系学院/华侨华人研究院教授）

---

① Chinese Historical Society of America Chinese, ed. , *Chinese America: History and Perspectives*, p. 10.

19 世纪后期旧金山华人的反排华斗争

——以保护华埠为例

李 涛

【内容提要】 自华人移居美国开始，当地白人排斥华人的活动不断发生。随着 19 世纪 70 年代美国西部排华氛围的高涨，旧金山华埠逐渐成为排华运动的主要目标。旧金山工人党分别于 1876 年、1877 年发动了对华埠的破坏活动，旧金山政府及加州议会也分别出台了排斥华埠的法令法规。华人面对这些排斥活动进行了不懈的斗争，在会馆组织的领导下防御工人的破坏，使华埠避免被毁。在旧金山总领事黄遵宪鼓励下，华人积极抵抗排斥法令，运用法律武器斗争，并取得了胜利，维护了自身利益。在斗争过程中可以看出 19 世纪后期华人开始由原来的忍受排斥转变为积极抗争，并寻求清政府外交人员的帮助来保护华埠，心态发生了变化。同时华埠也反映了中美文化的碰撞与融合。

【关键词】 美国社会与文化　排华运动　旧金山　华埠　反排斥

第二次世界大战期间中国和美国处于战时同盟关系，美国于 1943 年废除了一系列排斥和限制华人移民的法令，罗斯福总统宣告持续 61 年的排华运动结束。2011 年 10 月 6 日，美国参议院通过决议，向历史上受排华法案歧视与限制的华人道歉。① 2012 年 6 月 8 日，美国众议院通过决议，向在排华运动期间受到伤害的华人道歉。② 在美国国会的这两次道歉中，文件名中的关键词是"regret"而不是"apology"，这说明美国政府并没有深刻反思排华运动给华人造成的伤害。从 1882 年的排华法案（Chinese Exclusion Act）开始至 1943 年《马格纳森法案》（Magnuson Act）结束，美国长达 60 多年的排华运动给华人留下了无法弥补的阴影。排华运动不仅对华人入境严格限制，而且也影响到了美国境内华人的正常生活。面对美国主流社会的排斥，华人并不是一味地忍受，他们通过不同的途径进行了相应的抗争。华人新移民不仅利用美国法律漏洞通过移民官员的检查，越过加拿大、墨西哥的边境进入美国，而且还根据美国国籍法中的血缘、地缘原则，成为美国的合法公民。同时留美精英和清政府驻美外交官员也不断鼓励在美华人与排华势力斗争。旧金山华埠是当时美国最大的华人聚集区，受到的排斥最为严重，当然华人的斗争也最为激烈。

美国主流社会对旧金山华埠的排斥及华人华侨的斗争，可以说是美国排华运动及华人反排华的一个缩影，通过旧金山华人可以看到 19 世纪后期整个美国华人的历史。目前关于美国华人已有非常多的研究，大多数是美国华人历史的整体概述，如杨生茂的《美洲华人华侨史》、③ 玛丽·柯立芝（Mary Coolidge）的《中国移民》、④ 宋李瑞芳的《美国华人的历史和现状》⑤ 和麦礼谦（Lai. Him Mark）的《从华侨到华人——20 世纪美国华人社会发展史》⑥ 等。他们分别叙述了华人移民美国的原因、对美国社会的贡献，以及排华运动的起因、经过和影响，对华人的反排华斗争很少涉及。

关于华人斗争的研究，张庆松主要论述了排华运动期间华人如何利用

---

　① "Expressing the Regret of the Senate for the Passage of Discriminatory Laws against the Chinese in America, including the Chinese Exclusion Act", S. Res. 201. 112th Congress. 1st Session. October 6, 2011.

　② "Expressing the Regret of the House of Representatives for the Passage of Laws that Adversely Affected the Chinese in the United States, including Chinese Exclusion Act".

　③ 李春晖、杨生茂:《美洲华人华侨史》，东方出版社 1990 年版。

　④ Mary Coolidge, *The Chinese Immigration* (New York: Henry Holt and Co., 1909).

　⑤ Betty Lee Sung, *The Story of the Chinese in America* (New York: Macmillan Publishing Co. INC, 1972).

　⑥ 麦礼谦:《从华侨到华人——二十世纪美国华人发展史》，三联书店（香港）1997 年版。

美国法律的漏洞或通过非法渠道进入美国境内，以此抵制排华法案。① 莫光木在分析 20 世纪初美国移民政策及移民环境的基础上，以《中西日报》的资料为基本史料，分析了在排华法背景下华侨移民自身的移民活动。② 关于这一时期在美华人的斗争，如华人精英黄清福和伍照盘的斗争演说，③ 华人争取自己教育、④ 医疗⑤等方面权益的抗争，近些年一些学者已经关注。综上所述，学者主要集中于在美华人争取自身权益的斗争，目前对旧金山华人为保护华埠而进行的斗争相对研究较少。

排华运动不仅禁止华人进入美国，而且也影响到了在美华人的正常生活。当时美国最大的华人聚集区华埠就处在随时被清除的威胁之中。旧金山华埠⑥形成于加州"淘金热"时期，最开始是为矿区华人提供生活物资的地方。随着美国西部各地排华情绪的高涨，矿区及郊区的华人不断受到排华势力的威胁。为了自己的安全，他们纷纷进入旧金山唐人街。19 世纪后期美国国会通过了 1882 年排华法案、《斯科特法》（Scott Act）、《吉尔里法案》（Geary Act）等一系列法案，整个美国都笼罩在排华的氛围之下。华埠内人口不断上涨，成为排华势力主要攻击的目标。在 19 世纪后期的排华运动中，工人党、旧金山市政府等企图将华埠搬离城市，不断寻找机会驱逐华侨，而华侨在中华会馆、旧金山领事馆、清政府驻美使馆的帮助下进行了顽强的抵抗，在一定程度上保护了华埠，维护了自身权益。

本文将研究重点集中于对美国华人具有重要意义的旧金山华埠，回顾了 19 世纪后期旧金山华埠受到的破坏与排斥，分析了华人为保护华埠与排华势力进行的斗争，为美国排华运动时期华人的抗争提供了一个新的研

---

① 张庆松：《美国百年排华内幕》，上海人民出版社 1998 年版。
② 莫光木：《20 世纪初华侨对"排华法"的调适与挑战》，载纪宗安等《暨南史学：第十二辑》，广西师范大学出版社 2016 年版。
③ 陈英程：《论 20 世纪初旅美华侨的反排华游说——以伍盘照为中心》，《华人华侨历史研究》2013 年第 3 期。
④ 李永：《旧金山华人争取平等教育权利的抗争（1860—1947 年)》，《中南民族大学学报》2017 年第 1 期。
⑤ 栗晋梅：《旧金山华侨华人争取医疗平等权利的斗争研究》，华中师范大学，硕士学位论文，2014 年；何美英：《二十世纪之初旧金山唐人街"鼠疫事件"与华侨权益》，暨南大学，硕士学位论文，2012 年。
⑥ Chinatown，又称"唐人街""中国城"。

究视角。

一　19 世纪后期美国社会排斥华埠的原因

从 1848 年加州"淘金热"开始，华人大规模前往美国。最初中国人在美国受到了广泛的欢迎，1852 年加州州长约翰·麦克杜格尔（John Mc-Dougal）曾称赞华人"是我们的新居民中最有价值的一支"。① 之后华侨不断来到美国，在淘金热时期就达到两万人。到 19 世纪 70 年代，美国西部的开发基本完成。华侨在美国的处境发生了变化，在各个方面都受到了白人的排斥。那么是什么原因导致美国大众转变对华侨的态度呢？

（一）美国社会各方面因素

19 世纪 70 年代，美国西进运动即将结束。随着边疆开发的结束，美国人的心理也发生了巨大的变化。原来无限的土地资源变得有限，而且新移民在不断到来，与老移民争夺生存空间。排外主义在美国社会中暗流涌动，随时可能爆发。

1869 年 5 月 10 日，太平洋铁路竣工，加强了美国东、西部的联系。东部劳动力通过太平洋铁路到达西部寻求就业机会，再加上原来修建铁路的华工也分散到西部各行各业，使西部劳动力充足。在农业方面，19 世纪 70 年代西部土地的垦殖基本结束，也出现了大量剩余劳动力。1873 年爆发了经济危机，造成大批工人失业。华人为了生存不挑剔职业，待遇低于白人劳工，所以华工在就业方面比白人劳工有优势。另外，随着经济危机的爆发，劳资矛盾不断激化，白人劳工为争取自身权益经常发起罢工运动。华工一般不参与罢工，而且成为罢工期间工厂生产的主力，这种行为在一定程度上破坏了白人工人的罢工运动。因为经济利益上的直接冲突，引起了白人劳工对华人的仇视。

在就业竞争方面华人比白人有优势，这进一步加强了白人的种族歧视观念。19 世纪前期，"天定命运"论在美国盛行，种族主义者"把盎格

---

① G. Barth Gunther, *Biteer Strength: A History of the Chinese in the United*, 1850 – 1870（Cambridge: Harvard University Press, 1964）.

鲁—撒克逊人视为被上帝选中的最高等种族,把其他人看作劣等落后的种族"。① 在他们眼中,华人自然属于后者。受这种观念影响,他们戴着有色眼镜看待华人,因华人勤劳、能吃苦的特点,导致他们认为华人是类似奴隶的苦力(coolie),"只会模仿,没有上进心"。② 同时,华人与白人在肤色、外貌、生活习惯等方面不同,中美两国之间存在文化差异,这也加深了白人对华侨的误解。华侨到美国后依然保持自己原有的生活方式,没有接受美国白人的文化与思维方式。种族主义者认为中国人"只熟悉自己的法律和语言,只想过着自己远离麻烦的安逸生活",③ 并不想成为美国人,不会永远留在美国。

自华人大规模移民美国开始,带有种族主义倾向的加州州长、立法委员会委员企图通过州级法案限制华人。从 1850 年到 1870 年,加州及旧金山议会出台了一系列歧视华人的法律,针对华人矿工收取额外税,禁止华人出庭作证,禁止华人入境,不允许华人拥有地产,不给华人发放营业执照。④ 在这些法令的限制下,华人无法像其他移民群体一样自由地生活、工作在加州,很难融入美国主流社会,只能局限在唐人街内。

当时,美国尤其是西部发展不稳定,社会容忍度较低,失业的困境遍布整个西部社会,无论是美国工人还是美国社会,都需要寻找"替罪羊"来发泄。恰好这一时期美国华人的数量不断增加,威胁了白人的就业情况,使白人心生忌恨。以盎格鲁—撒克逊人为主的美国白人社会,对外来种族的容忍度较低。经济危机的刺激、就业岗位的竞争和中美文化冲突的共同作用,最终导致了美国西部排华运动的兴起。在以自由、正义自诩的美国,华人无法得到法律的保护,反而受到各种限制。

(二)旧金山华埠内华人的生活及其问题

旧金山是华人在美国的第一个落脚点,也是与各地华人的联络地点,

① 滕凯炜:《"天定命运"论与 19 世纪中期美国的国家身份观念》,《世界历史》2017 年第 3 期,第 69—81 页。

② "The COOLIE Trade", *New York Times*, 1873 - 6 - 19 (2).

③ "Citizen John Chinaman", *Daily Alta California*, 1869 - 6 - 24 (2).

④ Charles J. McClain, Jr., "The Chinese Struggle for Civil Rights in Nineteenth Century America: The First Phase, 1850 - 1870", *California Law Review*, Vol. 72, No. 4 (Jul., 1984), pp. 529 - 568.

最开始是为矿区华人提供生活物资的，后随着华人数量的增加，逐渐形成了较大的华人聚居区。旧金山唐人街的形成几乎是与旧金山的城市建设同步发展的。1886 年驻美公使张荫桓到旧金山时，冈州会馆的董事吕春荣曾描述道，"此华侨来金山始居之地，初本海滩，支布栅以避风雨，商务渐拓，沿海沙砾逐年填筑，遂城冲衢"。① 早期华侨大部分生活在沙加缅度街，后华侨社区规模不断扩大。随着旧金山城市的发展，华埠逐渐成为城市的中心地带，地理位置优越，具有很高的商业价值。

华埠的华人保持着与在国内时一样的生活方式，同时也存在一些问题。受中国传统观念的影响，华人往往与同乡或同一宗族的人聚居生活，在华埠内说着同样的语言，穿着一样的衣服，保持着同样的风俗习惯。由于就业方面的限制，华人只能从事家庭仆人、洗衣和餐馆类的行业。华人移民的主要原因是"淘金"，所以在众多的华人中男性青壮年占了绝大多数，平均"在 20 个中国移民中只有一个女性"。② 因为传统思想的束缚与现实法律的制约等各种原因，华人不像其他种族一样可以很快"美国化"，而且不说英语，不信奉基督教。华埠内的保守观念、男女比例严重失调、中国风俗等，成为种族主义者排华的理由。

同时，华埠自形成以来并没有一个系统规划。《蒲安臣条约》（Burlingame Treaty）签订后，华人移民剧增，导致华埠内人口膨胀。有限的华埠面对源源不断的华人，自然会出现各种各样的问题。首先是华人数量的增加导致住房拥挤，华埠内卫生条件差。其次是为了满足单身华人消遣的需要，赌馆、鸦片馆与妓院被带到了旧金山，"很多白人将赌馆、妓院和鸦片视为华人社区的特征。"③ 还有就是华埠内各堂会之间为了各自利益经常争斗，也不利于华人正面形象的塑造。不讲卫生、道德低下、爱打斗成为当时很多白人谈论华人形象时经常用到的词汇。这不是传教士的叙述，而是他们亲眼观察到的。华埠内的这些问题进一步恶化了美国人眼中的中国形象，成为白人眼中社会发展的阻碍。

此外，清政府采取不理睬海外华侨的政策，使华人在美国的境况更加

---

① 任青、马忠文：《张荫桓日记》，上海书店出版社 2004 年版，第 10 页。

② Mary Coolidge, The Chinese Immigration（New York：Henry Holt and Co, 1909），p. 503.

③ Chin - Yu Chen, San Francisco's Chinatown：A Socio - economic and Cultural History, 1850 - 1882（Moscow：University of Idaho, 1992）.

糟糕。鸦片战争后，清政府内外交困，无暇顾及华侨事务，而且在统治者眼中出海之人是叛逆。无论是观念上还是行动上，清政府对华侨事务采取不理睬的态度，导致在美国早期的排华活动中华人得不到保护。

美国社会各方面的变化及华人社区的发展与问题，将排华浪潮引到了华埠。华埠受到了各方力量的威胁，不仅有白人工人的疯狂破坏，而且还有政府法令的种种限制。华侨为了自身的权益，积极抵抗旧金山各方势力针对华埠的排斥活动。

二　破坏华埠活动与华人的防御

最早的排华活动发生在淘金时期的矿区，那时华人因实力有限只能躲避。后来白人劳工成为排华运动的主力，他们殴打华人，组织破坏华埠的活动。华人曾参与了旧金山城市的建设，在 19 世纪 70 年代的旧金山随处可见中国人的身影。无论是街道上的中国工人、华人小商小贩，还是中国人开的洗衣馆，都经常受到白人无赖的攻击。随着排华氛围的高涨，散居各地的华人陆续进入唐人街避难。旧金山华埠成为排华势力发泄的目标，工人党开始营造反华的氛围，彻底清除华埠成为他们真正的目的。

（一）第一次破坏活动及华人的准备

19 世纪后期的新移民到美国后主要从事非技术类的体力劳动，华工也不例外。然而华工的到来直接影响到了爱尔兰工人的就业，所以他们反华最为激烈。丹尼斯·卡尼（Denis Kearney）是 19 世纪后期旧金山劳动职工联合会较有影响力的组织者之一。他原是爱尔兰人，1868 年来到旧金山，1876 年 7 月加入美国国籍，成为美国公民。他经常通过召开反华集会鼓动工人反华，组织了多次排华暴动，并扬言要将华埠彻底毁灭。"1876 年之前丹尼斯·卡尼就在旧金山工人大会上高喊 'The Chinese Must Go!'"，①这在一定程度上煽动了白人劳工的排华情绪。1877 年卡尼成为工人俱乐部的主席，在他的倡导下工人俱乐部提出"中国劳工是我们的

① Roger Olmsted, The Chinese Must Go! (San Francisco: California Historical Society, 1971), p. 285.

一个祸害，他们会降低我们的道德水平，还会威胁我们的生活，应该严格限制中国人并且将他们永远清除出去，'中国人必须滚出去！'"① 早期著名的美国华人民主先驱王清福曾在纽约与丹尼斯·卡尼（Danis Ksarney）论战，反对他的排华言论。在王清福倡议下，美国第一个华人参政联盟成立，增强了华人在美国的影响力，为整个美国的华人增添了信心，鼓舞了华人联合起来抵抗排华运动的斗志。

由于 1876 年美国西部气候异常，加州旱灾严重，金矿也被采掘殆尽，导致经济进一步下滑，失业问题更加严重。白人劳工处境艰难，开始将矛头指向华人，纷纷成立工人俱乐部，组织各种反华活动。1876 年 4 月，白人劳工组织计划发动一次对华埠的破坏活动，企图烧毁华埠。华人得知这一消息后，由中华会馆出面写信给旧金山市长，请求得到警察的保护。华人并没有依赖旧金山警察的保护，"他们申明他们已在美国住了很长时间，因而了解在美国自我防卫是人的正当权利"。② 华人社团组织承担起保护华人的责任，购买了武器、弹药，并告知华人关闭商店，不要随意走动。在旧金山警察和华人社团的配合下，为防御可能发生的暴乱做了充分的准备。结果，排华暴徒只对华埠之外的 20 多家华人商店进行了破坏，华埠内基本没有被影响。

（二）第二次破坏活动与华人的防御

然而，一些激进的排华势力并没有放弃对唐人街的再次攻击。1877 年 7 月 23 日，旧金山反华分子又一次组织了对华埠的破坏活动。1877 年 7 月 22 日，工人党召集工人开会，声援铁路大罢工，之后将矛头指向中国人。"他们高喊'让我们去唐人街'，这得到了很多人的响应，大约集合了 10000 人围攻唐人街。"③ 暴徒们砸毁华人商铺，放火烧掉华人的房屋，甚至还想破坏运送中国人到达的码头。最初警察根本无法制止，直到第三天美国海军被派出镇压，暴乱才被平息。在这次暴乱中，华人自然也不会坐以待毙。会馆组织先是代表华人求助于警察，接着在唐人街外围布

---

① Kevin Jenks, "Denis Kearney and the Chinese Exclusion Acts", The Socal Contract, Spring 1996: 215.

② 张庆松:《美国百年排华内幕》，上海人民出版社 1998 年版，第 156 页。

③ Michael Teitelbaum, Immigration to the United States: Chinese Immigrants (New York: Facts On File, Inc. 2005), p. 44.

置了封锁线，使暴徒只能活动在外围。这两次对华人的暴行，都是将华埠作为发泄的目标。白人工人企图破坏唐人街，将华人赶出旧金山。

白人工人的破坏严重威胁到了华人的生命与财产安全。梁启超先生曾对此描述道，"旧金山所谓唐人埠者，遂为暴民横行之地，抛砖掷石，干唾热骂，殴辱频仍，掠劫相续，不日发生"。① 在 1876 年、1877 年两次排华暴动期间，华人商店处于歇业状态，华埠内的商业贸易无法正常运转，对华人造成的损失非常严重，多名华人丧失了生命，多家商店被毁坏，威胁到了旧金山华埠内华人的日常生活。

1878 年以前，清政府还没有在海外设立领事馆来保护华人华侨，所以在与排华暴徒作斗争时，会馆组织对华埠的保护起到了关键作用。会馆的形成可以说是华人华侨团结起来反抗歧视的最初形式。早期华人移民到达美国后以血缘、地缘为纽带成立会馆组织，势力比较大的包括四邑、三邑、阳和、新安、宁阳和冈州六大会馆，后合并为中华会馆，也称六大公司（Chinese Six Companies）。中华会馆对内管理华侨一切事务，包括购买船票、安排住处、处理纠纷等，对外代表华侨与美国政府协商，维护华侨利益。1874 年，中华会馆曾代表华侨上书美国国会和总统："此地（旧金山市）有一种冲动与激烈的仇视以排斥中国侨民，及反对另外的中国移民，是由三藩市及其市府人员所领导，并由加州州长与本州其他的巨绅所支持……倘若中国人被认为有损于贵国之最佳利益，或我们居留这里是妨害贵国人民，无论禁止或限制另外的中国移民，自然应将美中间现行条约的关系修改；倘若愿意的，甚至要求现在居留中国侨民，逐渐撤回。"② 中华会馆从华侨的优良品质和中美之间的条约出发，向美国总统陈述了美国不应该排华的理由，希望总统能够干预加州的排华活动。在 19 世纪 70 年代旧金山的两次排华暴动中，中华会馆也出面要求旧金山警察援助，并自行组织人员保护，减小了华侨的损失。华人通过自己的力量保护了华埠，认识到唐人街内部巨大的凝聚力，这为以后华人继续同排华势力斗争积累了经验，增添了信心。

在美国西部尤其是加州的经济发展过程中，华人分布于农业、交通、

---

① 张品兴：《梁启超全集》（第四卷），北京出版社 1999 年版，第 1201 页。

② Mrs. S. L. ，"Baldwin, Must the Chinese Go? A Memorial from Representative Chinamen in California"，转引自刘伯骥《美国华侨史》，（台北）黎明文化事业公司 1982 年版，第 198 页。

工业等各个行业之中。但随着排华运动的兴起，此时分散各地的华人不愿与白人发生正面冲突，为了寻求保护，纷纷聚集到唐人街。随着排华运动的发展，排华势力步步紧逼，将矛头指向了唐人街，工人党不断组织破坏唐人街的活动。旧金山唐人街是为早期华人移民建立的，是华人工作、生活的场所。最初大多数华人到美国的目的是"淘金"，他们只想挣够钱回国，所以受到排斥时选择逃避。与早期华人移民的心态不同，19世纪70年代的华人已经将唐人街当作自己的家，所以坚决抵抗排华暴动，心态发生了变化。当自己的家园被破坏时，华人不再一味忍让，开始团结起来保卫华埠，反抗排华暴动。

三　排斥华埠法令与华人的挑战

华埠除了受到排华暴徒的威胁外，还受到旧金山城市法令条例的种种限制，在美国的安稳生活无法得到保障。在旧金山的城市发展过程中，华人起着至关重要的作用。随着西部各地排华运动的发展，旧金山市也开始改变了之前对华人温和的态度。工人组织成立的工人党，控制着工人的选票，势力不断壮大，在旧金山市议会制定城市管理条例方面推动了排斥华人的法令的出台。

（一）旧金山《立方空气法》（*Cubic Air Law*）的实施

1870年7月25日，旧金山市议会通过了关于每个人住房面积的法令，"要求本市中每个成年人至少有500立方尺的居住空间。这时中国移民拥挤着住在一起，只有四分之一的标准。虽然白人贫民窟同样拥挤，但此项法令对唐人街的执行力度更加严格"。[1] 1873年，旧金山市的警察开始执行该法令，他们经常半夜进入华埠搜查中国人是否符合《立方空气法》，凡是不符合此项法令的都被拘留在监狱里，"警长于7月拘捕152人，8月拘捕95人，使177人定罪"。[2] 然而具有讽刺意味的是，在监狱里每个中国人也只有20英尺的空间。"很多中国人也做了消极的抵抗，

---

①　Michael Teitelbaum, *Immigration to the United States: Chinese Immigrants*, p. 42.

②　刘伯骥：《美国华侨史》，第 524 页。

他们拒绝支付罚金，在监狱里静坐以示抗议。"[1]该法令在制定时就存在明显的歧视性，警察在执行过程中也带有针对性。华埠内部人口密度高，住房非常拥挤，基本上每个人的居住空间都无法达到 500 立方尺。旧金山市议会在立法规定住房面积时，根本没有考虑到华人的实际困难，"警方一批种族主义者经常以此为借口，随时随地关押那些因为贫穷而蜷缩在极为拥挤的房屋里的中国劳工"。[2]制定这一法令的根本目的，就是想通过警察的拘捕来恐吓华人，让他们迁移别处或者回国。

（二）加州《立方空气法》的实施

1876 年 4 月 5 日，旧金山市长发动了一场多达两万人参加的联合大堂会，参与者包括加州州长威廉姆·艾温（William Irwin）等各级政府官员，"大会通过议案，要求立即驱逐加州的中国人，并表示非常坚决的反对这一种族"。[3] 这样声势浩大的集会参与者众多，州、市各官吏代表了官方对华人的态度，使排华的氛围持续升温。1876 年，加州议会通过了《立方空气法》，规定"每人卧室，须有 500 方尺空气，违者房东处以 500元以下罚款，或兼受监禁，房客则处以 50 元以下的罚款，或兼监禁"。[4]警察这次的执行力度比上次更大，经常突袭检查，"华人因为躲避而致坠楼受伤甚至死亡的事屡有发生，这就是所谓的'拉房'事件"。[5] "这一年 4—6 月，又有 918 名华侨因此而被捕入狱。"[6] 最初这一法令出现于旧金山市，这时已经扩大至整个加州。华埠内部人口上涨，根本不符合这一法令的要求，所以导致很多华人被监禁。

（三）领事馆鼓励下华人的挑战

当然，华人已经了解了美国的法律体系，了解了这些带有歧视性质的

① Iris Chang, The Chinese in America（New York：Penguin Books，2003），p. 84.
② ［加］施吉瑞：《人境庐内：黄遵宪其人其诗考》，孙洛丹译，上海古籍出版社 2010 年版，第 29 页。
③ 刘伯冀：《美国华侨史》，第 499 页。
④ 郑海麟：《黄遵宪与近代中国》，三联书店 1988 年版，第 124 页。
⑤ 何慧：《从美国华人史研究看美国华人的形象、成就和认同》，《西部学刊》2014 年第 10期。
⑥ 杨国际、刘汉标等：《美国华侨史》，广东教育出版社 1989 年版，第 237 页。

法令法规，他们也在无声地抵抗。警察进入华埠执行《立方空气法》，凡是不符合条例的华人要么被拘禁，要么交罚款。华人最开始交罚款，后来则选择消极抵抗，当被警察检查不符合规定时，宁愿被捕也不交罚款，导致监狱里非常拥挤，受到社会各界的强烈指责。

在这一时期的华人华侨反排华斗争过程中，清政府外交政策发生了变化，于1878年设立了驻美使馆。第一届驻美公使陈兰彬路过旧金山时曾看到华人所受到的排斥，有感于保护在美华人华侨的迫切性。在他的主张下，建立了驻旧金山总领事馆，陈树棠为第一届旧金山总领事。旧金山总领事馆有力地支持了华人华侨维护自身权益的斗争。1882年，黄遵宪离开日本前往美国担任清政府驻旧金山总领事，那时正值旧金山市政府实施《立方空气法》，他了解了这一严苛的法令及旧金山华人的具体情况后，鼓励华人联合抵抗。他对华人业主说，"被拉走的人，你们要保留他们的职业，不要开除他们"。[1] 这解决了被捕华人出狱后的生存问题，使华人能够抵抗到底。之后，"遵宪径诣狱中，令从者度其容积"，[2] 并要求美国监狱官员也能够遵守《立方空气法》，让被关押的每一个华人都能拥有500立方尺的空间。黄遵宪曾对旧金山政府官员说，"此处卫生，顾右于侨居耶"。[3] 旧金山政府官员在事实面前，"无词以对，遂释群犯，此后即将'方尺空气'法例废除，华人为之欣幸"。[4] 黄遵宪与华人共同抵抗旧金山市政府的排华法令，有效地保护了华人的权益。

（四）寻求外交与司法的保护

旧金山市对华埠的排斥持续不断。1890年年初，旧金山市政府在华埠内发布公告，要求华人在两个月内搬离唐人街，迁移到市政府指定的远离市区的区域，不然的话就会被监禁。旧金山市政府发布这一公告的理由是华埠内卫生条件不合格，严重影响了整个城市的面貌。

经过长时间对排华运动的抵抗，旧金山华侨已经比较熟悉美国法律体系，积累了丰富的斗争经验。迁移法令公布后，在华埠内引起了激烈的反

① 司徒美堂：《我痛恨美帝》，《光明日报》编辑所1951年版，第4页。
② 赵尔巽等：《清史稿·黄遵宪传》，中华书局1977年版，第12742页。
③ 黄遵宪：《人境庐诗草笺注》，钱仲联注，上海古籍出版社1981年版，第1161页。
④ 吴天任：《清黄公度先生遵宪年谱》，台湾商务印书馆1986年版，第42页。

响。他们认为 1880 年中美续修条约中规定"目前已经定居在美国境内的华工或华人，如果他们受到侮辱的威胁，美国政府应该全力保护华人的安全，与在美国的其他外国人享受同等待遇，应该互相履行此条约"，① 而这一法令违反了该条约，因此，华人拒绝搬迁。

限期结束后，"金山地方官拒执华人二十六名，逼令迁徙"。② 中华会馆代表华人向清政府驻美公使请求保护，当时驻美公使崔国因向美国政府提出抗议，美国政府以联邦无权干涉地方行政为由，将责任推卸给司法部门。美国西部最开始是蛮荒之地，司法体系不完备。随着城市的发展，居民人数的增多，逐渐建立了比较系统的司法体系。旧金山华人不断熟悉美国法律，了解美国的司法程序，开始明白法律对他们自身权益有保护作用。然而没有公民权的华人是不能成为律师的，而且法律规定华人不能出庭作证，所以，华人只能聘请白人律师进行司法斗争。而白人律师的薪金太高，一般华人难以支付，于是中华会馆集资高薪聘请律师，帮助华人维权。面对多名华人被捕的问题，中华会馆向当地法院提起诉讼，后经法院调查后判决这一法令违宪，旧金山市政府才终止了这一法令的实施。

结　语

华埠是在美华侨的生活之地，在华侨心目中相当于第二故乡。19 世纪后期旧金山华埠受到的破坏和限制，只是美国华侨华人在排华时期艰难生存的一个方面。旧金山华侨华人的斗争虽然不能彻底解决华埠的迁移问题，但华人会馆、旧金山领事馆、驻美使馆等方面团结起来，通过集体力量和外交手段将华人的损失降到了最低程度。在这一时期保护华埠的过程中，可以发现华人也发生了一些变化。

首先是华人由"寄居"到"定居"、由忍受到抗争的转变。从"散居"视角来看，美国华侨华人以成年男子为主，他们一直与家乡保持联

① "Additional Articles to the Treaty between the United States of America and the Ta‐Tsing Empire, of June 18, 1858. Concluded at Washington," July 28, 1868, http://www.loc.gov/resource/rbpe.23602400.

② 崔国因：《出使美日秘日记》，黄山书社 1988 年版，第 136 页。

系，而且保持着自己传统的生活方式和社会习俗，不可否认他们属于
"寄居者"。淘金时期华人就已经受到白人的歧视，但他们只是尽量避免
冲突，在生活上远离白人社会，将自己封闭在华埠之内，无法融入美国主
流社会。随着在美生活逐渐稳定，部分华侨打算定居在美国。因此，当自
己的生存受到威胁时，华人不再忍让，能够团结起来通过不同的方式保护
华埠。他们将华埠视为赖以生存的家园，最初的侨居、忍耐心态逐渐
转变。

其次，华人的斗争加强了自己与祖国的联系。因为华人个人力量有
限，所以他们会寻求旧金山领事馆、驻美使馆的帮助。华人不但有了维权
意识，而且斗争方式也变得多种多样。华侨在保护华埠方面能够取得初步
胜利，旧金山领事馆和驻美使馆发挥了相当重要的作用。旧金山领事馆总
领事黄遵宪鼓励华侨抗议《立方空气法》，驻美公使崔国因通过外交方式
与美国政府交涉，这些都是清政府保护华侨的表现。最开始清政府对华侨
采取不理睬的态度，后来逐渐在海外华人聚集区设立领事馆来保护华侨。
保护华埠的初步胜利改变了清政府在旅美华侨心中的形象，华侨开始加强
与清政府联系，这激发了他们的民族主义情怀。

最后，华侨的维权斗争促进了中美文化交流。排华时期美国主流社会
对华埠的破坏与威胁没有使华人社区消失，经过不懈斗争，华人更加稳固
地屹立在了异国他乡，成为美国多元文化中独具特色的一支，到今天我们
依然可以看到唐人街传统文化气息浓厚的中国元素。在旧金山华侨华人保
护华埠的过程中，他们不断了解美国的法律体系、民主制度，通过司法斗
争维护自身权益。华侨既是传统文化的传播者，又是美国文化的学习者，
华埠是中美文化碰撞、融合的见证。

西部加州的旧金山作为当时美国华侨数量最多的地区，排华运动最为
激烈，历时最长。华埠作为华侨聚居区，确实存在住房拥挤、卫生条件差
等情况，这为排华势力提供了搬迁华埠的理由。对于华埠的争议存在了长
达40年之久，华侨为保护华埠联合各方力量，进行了有力的抵抗，并且
在斗争过程中逐渐融入美国社会。

（李涛：辽宁师范大学硕士研究生）

浅谈美国华工出入境档案

——以旧金山分馆馆藏档案为例

朱　祺

【内容提要】在美国颁行 1882 年排华法案前已有不少华工居住于旧金山，华工赴美也多以旧金山为目的地。1882 年排华法案限制华工前往美国，旧金山港口面临大量华工出入境问题，为管理此事务，由此而产生了有关华工出入境事务的档案文件。这些档案文件包含美国海关档案、美国联邦法庭档案和华人入境调查档案，通过利用这些档案将有助挖掘华工个人档案资料，进而了解排华时期华工入境经历的具体史实，加深对华工为自身争取入境权利的认识。

【关键词】美国社会与文化　排华　华工出入境档案　旧金山档案馆

1882 年美国颁行排华法案——《关于执行有关华人条约诸规定的法律》（An act to Execute Certain Treaty Stipulations Relating to Chinese）后，美国各口岸的海关、移民归化管理局、美国法警局等部门为加强管理华人出入境事务，在执行排华法案过程中产生了大量部门间往来的文件、信件、记事簿等公文材料。因此，旧金山档案馆保存有大量关于华人出入境管理事务的文件以及华人个人的档案，其中有关华工出入境的记录和华工个人的档案数量大，内容丰富，时间跨度大，是了解和研究华工赴美历史的重要史料。

一　有关华工档案的种类及内容

（一）旧金山海关档案

在美国移民局严格执行排华法案之前，各口岸的海关官员除负责日常征收关税和对商船、货物及人员进出港进行监管之外，也负责执行排华政策，管理中国人的出入境事务。在旧金山海关档案中，即有旧金山海关与美国财政部和其他部门执行排华政策的记录，以及相关事务的往来信件。有关华工出入境问题，华工个人档案的信息存在于以下这些往来信件中：

1. 1869—1912 年，旧金山海关发给美国财政部的信件，共计 70 卷。每卷信件数量不等，其中大多数为手写英文体。这些信件里包含了华工申请返境的证明文件，以及关于管理未持证件入境的华工和遣返华工等事宜向财政部征询处理意见的信函。

2. 1895—1912 年，财政部发给旧金山海关的信件，共计 60 卷。信件内容包括针对允许华工入境、华工离境手续、华工护照问题、过境华工管理等事宜，有关部门给予旧金山海关的答复和指示。

3. 1869—1916 年，旧金山海关发给联邦政府其他部门的信件，共计 238 卷。旧金山海关发给政府其他部门的信件涉及诸多部门，有关华工出入境事项的咨询意见、通知、报告十分丰富。其中包括中国驻旧金山领事、美国驻香港领事就华工证件问题与旧金山海关的往来信件，还有涉及华工妻子入境、调取华工亲友证词等事务的往来信件。

4. 1894—1928 年，旧金山海关收到的来自联邦政府其他部门的信件，共计 250 卷。这些信件来自美国其他口岸的海关、其他国家口岸的海关、美国领事馆和联邦法庭。在这些信件中，有关华工的信件大多是华工从美国过境前往其他国家时的咨询信件和收到的答复，甚至有关于华工在等候海关审问期间逃跑事件的处理办法的信件。

据笔者统计，以上海关档案中，1882—1900 年，与华工出入境证件申请要求、华工滞留、华工遣返等直接相关的共计260份。① 根据1888年出台的《斯科特法案》（The Scott Act），禁止华人离开美国后再次入境，但从海关档案中却发现，1888年后有关华工出入境问题的信件并没有减少，仅1888—1900年，关于华工的信件就有210份，从中可了解到1888年《斯科特法案》颁布后旧金山海关管理华工返境的实际情况。如1897年7月6日亚特兰大海关官员给旧金山海关官员的信件中提及一位华工离美已超过一年，但他持返境证明返美，询问是否应允他的入境要求。旧金山海关给出的建议是，考虑到有可能华工其间因病或其他本人无法控制的因素，无法尽快在预期时间内返回，所以需要他出示出发地的中国领事提供的完整报告并经海关认可后，即可入境。② 由此可见，通过海关档案中有关华工问题的档案，可具体了解排华时期华工出入境情况的历史事实。

除以上信件涉及华工出入境状况以及排华法案执行部门与华工周旋的事务外，另一部分与华工直接相关的档案记录，即1882—1888年华工从旧金山返回美国的登记名单。该名单为缩微胶卷档案，原档已失。这份名单简要注明了华工的姓名、首次抵达旧金山的时间、职业、居住地址等信息。另外，在海关档案文件中，不容忽视的一类档案记录是1882—1914年抵达旧金山的中国旅客的名单。

根据1882年排华法案，每艘抵达旧金山口岸的轮船除附有货物清单外，还应分列附有船上中国乘客的名单。③ 这些名单分别列明抵达旧金山的中国人、途经旧金山转乘其他轮船前往其他城市的中国人，详细记录了中国人的姓名、船票号、所持入境证明文件类型及编号、年龄、性别、职业、上一个居住地、身高、肤色、眼睛颜色及体貌特征。此外，有部分名单背面附有船只关于搭载华人的规章条例，如"洋船在香港搭载唐人规

---

① 此统计以海关往来信件中指明为"中国劳工"身份者为准。有关华人出入境事务的信件中，大部分没有具体指明华人的身份。由于信件里提及的"中国人"包含多种身份的华人，所以实际上有关华工的信件应比本人统计的更多。

② Letters Sent, 1869–1916. RG. 36.

③ U. S. Congress. An Act to Execute Certain Treaty Stipulations Relating to Chinese, Section 8. 47th Cong. , 1st sess. , Chapter. 126, May 6, 1882.

条开例"。①

在以往的相关论著中，曾有学者通过相关报告统计抵达旧金山的华人人数，② 以及在美华人的人数，③ 而目前尚未有对在各口岸入境的华工人数的统计。因此，从这些乘客名单里的职业记录可以判断并统计一艘轮船上的华工人数，进而统计华工抵达旧金山时的年龄、职业情况。从名单里海关的备注还可以统计分析出华工被允许入境的人数、被拒入境的人数，以及途经旧金山前往其他地方的人数。④

（二）美国联邦法庭档案

美国于 1882 年颁行的排华法案是美国历史上第一部对单一民族实行排斥和禁止入境的法律。美国移民局官员称，"这可能是被置于法典中最难执行的一项立法"。⑤ 美国宪法第十四修正案第一条款规定，"任何人，凡在合众国出生或归化合众国并受其管辖者，均为合众国及所居住州的公民。任何州不得制定或执行任何限制合众国公民特权或豁免的法律。任何州，未经正当法律程序，均不得剥夺任何人的生命、自由或财产；也不得

---

① Immigration and Naturalization Service, List of Chinese Passengers Arriving in San Francisco, California, 1882 – 1914.

② 例如，柯立芝（Mary Roberts Coolidge）的论著《中国移民》（Chinese Immigration）记载了限制和排斥华人期间抵达旧金山的华人人数。另可参考 Erika Lee, At America's Gate: Chinese – Immigration during the Exclusion Era, 1882 – 1943（Chapel Hill: The University of North Carolina Press, 2003），p. 115。笔者根据美国劳工部和移民总处的报告，将申请入境的华人按照不同身份统计出了 1894 年至 1940 年被允许入境的华人人数占申请入境的华人总数的比例，笔者列出的华人不同身份依次是：可豁免入境的商人、学生、教师、官员；在美国居住的居民；作为美国公民的华人。

③ 梁启超的著作《新大陆游记》列举了在美国从事不同职业的华工的人数。参见梁启超《新大陆游记》，新民报社版光绪三十年版，第 163—169 页。另可参见陈勇见《华人的旧金山：一个跨太平洋的族群故事，1850—1943》，北京大学出版社 2009 年版，第 61 页。本书综合分析了中外相关论著、特别联合委员会报告、联邦人口普查局记录中记载的在美华人人数，指出官方报告的统计不完全客观，实际在美人数应比官方报告统计的人数多。

④ 轮船上的中国乘客名单按照目的地列，就笔者查阅的 1882 年至 1898 年的乘客名单来看，大部分华工经旧金山前往的目的地为维多利亚港、哈瓦那、火奴鲁鲁，有的则是途经旧金山返回中国。

⑤ Bureau of Immigration, Annual Report of the Comissioner – General of Immigration（Washington: GPO, 1901）.

对在其管辖下的任何人，拒绝给予法律的平等保护。"① 借由此人身保护法，许多华人展开了争取入境的行动。当华人被拘押等候海关提审时，通过向联邦法庭申请人身保护令，可以获取被释放入境的机会，因此，美国联邦法庭产生了大量关于排华期间华人入境申请人身保护令的案件。旧金山档案馆内即藏有上千份美国排华期间美国加州北区联邦地区法庭和美国第九巡回法庭的华人人身保护权案件的档案，其中有部分华工人身保护权案件的档案。这些案件的文件包含上诉人的上诉申请书、法令条文、法庭判决意见、上诉人护照、照片、法庭传票、审问记录，以及证明上诉人身份的文件，如中国领事馆发的商人证明文件、华工返境证明文件等。这些档案皆为纸质版档案。需要注意的是，每个案件并非都有上诉完整的文件内容，例如有的案件有十分详细的庭审过程记录，包含出席庭审各证人的证词，有的案件则没有庭审记录。但基本上，这些档案都包括上诉人的起诉书、法庭发的人身保护令、法庭的判决，以及加州北区联邦检察官的介入声明。

　　以往利用联邦法庭档案分析美国华人在排华时期利用法律保护自身权益的论著，让人们了解排华时期华人利用法律对抗歧视的行动，② 美国加州北区联邦地区法庭和美国第九巡回法庭的大量有关华人人身保护权案件的档案资料，则向世人展示了不同身份的华人利用人身保护权这一法律武器对抗海关和移民局、打开美国国门的具体经过。以这些案件中的上诉申请书为例，华人人身保护权案件的上诉书一般都会说明上诉人申请海关释放该人的原因。在华商的上诉案件中，申诉的主要原因为上诉人的身份并不在排华法案限制入境的规定范围之内，旧金山海关拒绝其入境并拘押等候再审，对上诉人造成了人身伤害。在涉及华工的案件中，华工的代理律师会指出该华工于1882年排华法案颁布之前已在美国居住，不在法案限制的范围之内，但在旧金山海关审问时却被拒绝登岸入境且拘留在岸，这

---

① U. S. Statute at Large. An Act to protect all Persons in the United States in Their Civil Rights, and Furnish the Means of Their Vindication, Section 1, Chapter XXXI, Volume14, p. 27.

② Ralph James Mooney, "Matthew Deady and the Federal Judicial Response to Racism in the Early West", *Oregon Law Review*, 63 (1985), pp. 561 – 644; Hyung – chan Kim, *A Legal History of Asian Americans*, 1790 – 1990 (Westport, Conn. : Greenwood Press, 1994) .

限制了该人的自由。① 一般情况下，法庭首先会对上诉案件的当事人发放人身保护令，允许其出席庭审，然后上诉人会收到出席庭审的传票。在庭审开始前，法庭会收到该地区联邦检察官对上诉人的介入调查声明，该声明具体阐述了检察官对此华工是否能登岸提出的意见，经庭审后法官会给予最终的判决，决定该华工是否能从旧金山海关拘留屋内被释放并登岸进入美国。未能上诉成功的华工可以继续逐级上诉至美国第九巡回法庭，或被驱逐出境返回原出发地。

查阅这些法庭案件的档案材料，不仅能了解美国司法部门如何解决华工入境时排华法案与美国宪法中关于人身保护权之间的矛盾，还能通过调查华工亲友的补充资料和庭审证词，了解该华工的家庭婚姻状况及其与亲友之间的联系。

（三）1884—1944 年移民入境调查档案

旧金山海关和移民局在执行排华法案的过程中，对华人采用一系列调查取证的审问程序来管理华人出入境事务，由此产生了大量华人个人档案。② 旧金山档案馆保存了约上万份华人个人档案，有关华工个人的档案也可从中查找。一般而言，一份华人个人档案记录了此人的姓名、出生日期、出生地点、体貌特征、职业等基本信息，以及调查审问的详细内容或简要概述。有些个人档案还包含了证明该人身份的补充材料，如居住证明、入境证明材料、护照、照片、婚书、华工的返境证明、华工在美亲友的证词，甚至中国驻旧金山领事的证词。此外，除了海关和移民局官员在现场的审问记录外，还有特别检查员前往华工工作和居住地向周边邻居取证的记录，特别检查员发现的华人携带的口供纸。如在一份对 Chew Dew 的调查档案中，海关调查员前往此人提供的地址调查其相关信息。有意思的是，住在该地址周边的华人纷纷表示见过 Chew Dew，还能明确指出 Chew Dew 于哪一年搬进 725 Clay Street，表示自己和 Chew Dew 及 Chew Dew 的父母关系很好。然而，在调查周边其他非华人住户时，他们却表示并不知道有 Chew Dew 这个人，不了解此人何时搬来现住址，甚至有人表

---

① 笔者查阅了 1882 年至 1889 年加州北区地区法庭和巡回法庭的档案，发现大部分案件的上诉申请书的上诉理由基本如文中所提。

② 1900 年后海关档案中有关华人的个人档案被移交给移民局。

示想要搬走，因为这个中国人要搬到自己的住处附近。最终，尽管 Chew Dew 有充分的返境证明，也自称是美国公民，但海关官员仍拒绝让其入境。① 由此可见，华人入境调查档案的内容不仅包含移民局和海关对华人抵达时的审问内容和华人的身份证明，还有现场调查华人提供的信息是否正确无误的记录，只有充分结合这些档案文件，才能更全面地了解包括华工在内的华人入境成功与否的过程和经历。此外，通过这些入境调查记录，也可以了解当时华人社会里华工与其亲朋好友及当地人之间的关系。值得注意的是，这些个人档案不仅是华工第一次入境时的调查文件，还有其在排华时期数次返境时接受调查的记录，移民局官员会调阅和交叉审查该人亲属的入境档案的副本，以此证明其所言属实。所以，通过一份文件翔实的华工个人档案，可以了解此人出入境美国的经历，其家族成员的组成和迁移历史。

另外，由于各排华法案的出台和施行，产生了不同的根据条文法规规定的身份证明材料、出入境记录表格格式，相应的文本形式也有所不同。在 1884 年至 1888 年的移民入境调查档案中，关于华人个人基本信息的文件经历了从手写概述记录至 1885 年后用表格形式填写的转变，这从侧面反映了美国政府管理华人出入境事务日趋规范化。细心筛选和查阅其中的华工入境调查档案，亦可了解海关和移民局官员审问华工内容的变化，以及调查华工真实身份的方法的演变。

（四）加州北区法警署档案

如前文所述，华人利用人身保护权令（Habeas Corpus）上诉至联邦法庭争取入境的机会，在案件上诉前后，则由美国法警署执行联邦法庭的判决指令。因此，在旧金山档案馆中，收藏了有关美国法警署配合联邦法庭执行排华法案的活动记录和往来信件。② 这些记录中包含了从羁押送审到庭审释放或遣返回出发地的相关报告，以及征求意见的信函等。譬如，在一份关于 Ma Gee 的华工的档案中，法警员就如何遣返该华工回菲律宾

---

① Immigration and Naturalization Service, Arrival Investigation Case Files, 1884 – 1944, 9465/97.

② 美国法警署隶属于美国司法部，其主要职责是押运法院犯人，保护证人，追捕法院逃犯。

群岛、遣返此人所需的生活费、美国境内交通费、船费等开支，征求了财政部和司法部门的意见。[1] 笔者所查阅的美国法警记录的有关华工事务的档案，大多数为遣送华工的开支费用报告，有的遣送路线甚至是从美国各地到旧金山，再乘轮船回香港。例如，一份关于 Leung Ming 的档案显示，此人在蒙特利尔被捕，遣返路线从盐湖城至旧金山再到香港，全程交通费、伙食费、船票、行李运送费等共计 62.5 美元。[2] 可见，若遣返人数增多，则遣返是一项开支不小的工作。了解法警员羁押和遣返华工的工作，有助于全面认识华工庭审前后的经历和美国执法部门执行排华法案的具体工作及其面临的问题。

二　对赴美华工官方档案的利用

旧金山档案馆所藏的海关档案中有关华工个人的出入境记录，有助于了解美国排华时期执法部门管理华工出入境事务的具体细节、面临的问题及解决办法的演变。除此之外，利用华人入境调查档案中的华工个人档案，有助于了解华工出国的流向、职业类型、年龄情况、亲友关系，婚姻家庭等，是更全面地了解华工个人、群体出入境经历的重要史料。然而，从上述旧金山海关档案中查找出华工的个人资料仍存在一定难度。前述海关档案里的乘客名单基本为手写记录，并未按职业、性别分类，这增加了阅读和统计的难度。但另外，因为记载了每一艘抵达旧金山的轮船上的所有抵境及过境华人的名字，所以记录比较具体和客观，有助于与旧金山海关、移民局或其他部门的统计报告相互佐证，从而得出更全面客观的关于美国华工入境人数的数据。

在美国联邦法庭档案方面，学界曾有露西·萨利尔教授（Lucy E Salyer）和查尔斯·麦克莱恩教授（Charles McClain）利用部分地区法庭和巡回法庭中有关华人上诉申请"人身保护令"的案件，阐述美国排华时期华人通过利用合法的法律途径使自己成功入境的历史事实，探讨美国行

---

[1] Records of the Northern District of California, San Francisco, 1874 - 1919, RG 527, 1902.8.22.

[2] Ibid. , 1903.7.21.

政管理部门与司法部门就执行排华法案在法理解释方面的不同意见和矛盾。[①] 但该研究仅从大量华人上诉案件中挑选极具代表性的案件来讨论，未能专门分析美国排华期间华工通过上诉申请"人身保护令"成功入境美国的案件。因此，若能充分利用美国联邦地区法庭和巡回法庭的档案，探讨从 1882 年开始美国多次出台、修订的一系列排华法案对华工申请入境美国的影响，并分析华工如何根据法案规定为自己申请"人身保护令"，将有助于了解美国排华时期华工是如何为自己争取入境权利的。但若利用这些法庭档案，同样面临着一些难题。由于地区法庭和第九巡回法庭中华人申请人身保护令案件的数量很大，早期的案件均为手写英文体，且不按上诉人身份进行分类，只按上诉时间来排列，这为查找华工的档案增添了难度。

旧金山档案馆所藏的移民局华人入境调查档案已于 20 世纪 80 年代对外开放，但学界尚未系统地利用此类档案。埃里卡·李（Erika Lee）曾利用其中的几百份华人个人档案资料研究美国排华时期美国华人与移民局之间的互动，但没有具体研究华工的个人档案。[②] 这一方面是因为华工个人档案不易从中查找，华人入境调查档案仅以华人所持船票的号码作为华人个人档案的文件号，并未注明华人的身份，因而需花费大量时间逐一查阅筛选出华工的档案。另一方面有关海关官员和移民局的审问记录有可能存在华人为应对问答提前准备应答答案的情况，这给辨别这些档案的真实程度增加了难度。

因此，笔者认为，若要充分利用旧金山档案馆有关华工的档案，首先，需要逐份查找和整理有关华工的个人档案，分门别类地编写目录、索引。其次，需要按照研究主题对华工的出入境档案进行统计。这将有助于了解华工群体在排华时期出入境美国的情况的变化。目前，很少有人通过乘客名单系统全面地分析华工入境的基本情况。旧金山档案馆所藏 1882 年至 1910 年的旧金山口岸中国旅客名单共计有 12 卷缩微胶卷，笔者对

①　McClain Charles Jr. , *In Search of Equality： The Chinese Struggle against Discrimination in Nineteenth Century America* （Berkeley： University of California Press, 1994）； Lucy E Salyer, Laws Harsh as Tigers： Chinese Immigrants and the Shaping of Modern Immigration Law （Chapel Hill： University of North Carolina Press, 1995）.

②　Erika Lee, *At America's Gate： Chinese - Immigration During the Exclusion Era*, 1882 - 1943 （Chapel Hill： The University of North Carolina Press, 2003）.

1882 年 8 月 9 日至 1883 年 12 月的 167 份乘客名单进行统计后显示，这期间共有 7602 名中国人抵达旧金山，其中有 1496 名是华工。[①] 再者，可以结合海关档案中的乘客名单、移民入境调查档案和法庭档案，使其互为补充，形成华工的个案。一般情况下，可通过乘客名单查找某华工入境调查档案的编号，根据编号找到该华工的入境调查档案。不过，由于 1906 年的旧金山大地震，加之相关部门之间档案发生移交，档案馆并没有完整地保留所有华人的个人档案。因此，需要借助联邦法庭档案中的华人人身保护权案件的相关个人信息，来补充华工的个人档案文件。由于旧金山档案馆馆藏有关华工出入境管理的档案为官方档案，所以，还需要借助民间史料进行相互考证，以更加深入地了解华工赴美的经历和影响。

（朱祺：中山大学历史系博士研究生）

---

① 笔者所统计的抵达旧金山的华工人数，指名单上显示目的地为旧金山。

美国内政

美国经济政策协调机制的演变与制度化

罗振兴

【内容提要】随着第二次世界大战后美国总统经济权力的扩大，经济政策协调的必要性日益增加。第二次世界大战后美国经济政策协调机制经历了从罗斯福总统到肯尼迪总统时期的初创阶段以及从约翰逊总统到老布什总统时期的探索阶段，最后在克林顿政府时期随着国家经济委员会的建立而实现了制度化。在制度化的美国经济政策机制下，国家经济委员会的成员构成和内部组织结构都较为稳定，并且建立了较为完整的决策系统和稳定的运行机制。克林顿总统时期能实现经济政策协调机制的制度化首先是因为定位清晰，有效地解决了经济政策协调与制定之间的关系；其次是当时的外部环境比较有利；最后是国家经济委员会的经济政策协调成效显著。

【关键词】美国经济　经济政策　协调机制　制度化

经济政策协调的目的在于超越个人利益、部门利益、行业利益和地区利益的狭隘立场，克服专业局限性、信息不充分等的制约，处理经济问题本身的复杂性和极强的外溢性，实现政治、经济、社会等现实可行条件下的最优经济政策目标。随着大萧条以后美国政府对经济干预的程度越来越高，经济政策协调的重要性日益突出，富兰克林·罗斯福总统之后的历届总统，或多或少都遇到了经济政策协调不畅的问题，并力图建立和实施高效的经济政策协调机制，但直到克林顿总统建立国家经济委员会之后，这一任务才算完成。本文首先介绍了经济政策协调的必要性，接着重点介绍了美国经济政策协调的演变，阐释了美国国家经济委员会的成立和发展，分析了美国经济政策协调的制度化过程，最后总结了美国经济政策协调机制建设的经验，以资借鉴。

一　总统经济权力的扩大与经济政策协调的必要性

现代经济离不开经济政策协调，这是由现代经济的复杂性、高度发达的专业化分工水平、官僚机构的本质等因素决定的。从美国的实践来看，随着现代经济变得日益复杂、专业分工水平日益发达而需要进行专业化管理，进而导致美国联邦政府经济权力扩大，官僚机构数量随之膨胀，机构之间因职能交叉、重叠而争权，或者因其他利益而产生矛盾和冲突，或者互相推诿，从而不得不进行协调。此外，经济政策本身的溢出效应很大，也有必要进行协调。"几乎所有的政策选择都有其经济原因，并且这些原因还经常足以导致或破坏政策。……不管什么问题——环境、能源、福利等——其政策都与经济连在一起。一些最糟糕的政策往往就是在决策者忘记了这一基本点的时候被制定的。因此，经济政策具有优先性，它影响着所有的其他政策。"[①]

美国总统经济权力的扩大增加了经济政策协调的必要性。具体而言，第二次世界大战后联邦政府经济权力的扩张从以下四个方面增加了经济政策协调的必要性：

一是内阁部门增多。1945—1990年，内阁部门的数量经历了最为迅猛的增长，新增了健康教育和福利部（1953年设立，1979年重组为卫生与公众服务部和教育部两个新部）、住房和城市发展部（1965年设立）、运输部（1966年设立）、能源部（1977年设立）、退伍军人事务部（1989年设立）。2002年还成立了国土安全部。一般而言，新设部门会涉及经济权力在新机构与传统机构之间的重新划分，在职责不清或重叠的经济政策领域会发生权力纷争或矛盾，需要对其进行协调。

二是总统幕僚机构增多。总统幕僚机构的设置可由国会立法或总统发布行政令而设立，第二次世界大战后由国会立法而设立的总统幕僚机构包

---

① 迈克尔·罗斯金等：《政治科学》（第6版），林震等译，华夏出版社2000年版，第371页。

括经济顾问委员会（1946 年设立）、国家安全委员会（1947 年设立）、美国贸易代表办公室（1962 年设立）、科技办公室（1976 年设立）、环境质量委员会（1969 年设立）、国家毒品控制政策办公室（1988 年）等。由总统通过行政令而设立的幕僚机构就更多了，但这类幕僚机构的设立和废除都相对简单，常常随总统更替、总统个人风格和偏好、机构业绩而变化。总统幕僚机构的增多意味着它们之间的协调必要性也在不断增大。

三是幕僚和内阁部门之间的协调必要性日益突出。随着幕僚地位的上升和巩固，幕阁之间的冲突日趋激烈，[①] 而且内阁数量和幕僚数量都在增长，意味着协调的必要性随之大幅增长。

四是全球化及经济体系的深入发展造成的利益重组扩大了协调的必要性。随着第二次世界大战后全球化的深入发展以及经济体系复杂性的提高，政府涉及的经济领域越来越广，这势必引起各内阁部门之间、幕僚机构之间、幕僚机构与内阁之间对这些新经济领域的管辖权之争。特别地，由于这些内阁部门所代表的利益往往会固化为部门利益或行业利益等，与代表美国人民整体利益的总统可能不一致，协调的必要性因此而增加。

二　美国经济政策协调机制的演变

（一）美国经济政策协调机制的初创

1939—1963 年，即从罗斯福总统到肯尼迪总统时期，是美国经济政策协调机制的初创阶段。

罗斯福总统 1939 年于第二任期内成立的总统行政办公室，可以说是

---

① 按照国内学者的分析，美国总统幕僚与阁员的权力消长经历了四个时期：一是从新中国成立初期华盛顿总统至 1933 年罗斯福总统上台之前的阁员中心主义支配时代，但这一时期已经出现了现代幕僚制的萌芽；二是从 1933 年罗斯福上台到 1959 年艾森豪威尔总统任期结束的幕僚制确立与发展时期，但阁员仍居主导地位；三是从 1960 年肯尼迪总统上任到 1974 年尼克松总统被迫辞职的幕僚制迅速上升和阁员地位严重衰退时期；四是从福特上台至今的幕僚制表面收敛、发展趋缓、阁员地位有所回升时期。参见袁瑞军《美国总统幕僚与阁员的权力消长》，《美国研究》1992 年第 3 期。

最早的以总统为中心的美国经济政策协调机构。① 第二次世界大战后，1946 年创建的白宫经济顾问委员会（Council of Economic Advisers，CEA）和 1947 年创建的国家安全委员会（National Security Council，NSC）都属于总统行政办公室的下属机构。前者负责为总统提供客观的经济分析，并对国内外经济政策问题的制定和执行提供建议，在一定程度上承担了经济政策协调的职能。后者主要负责国家安全政策的制定和协调，其中也包含某些国际经济政策的制定和协调。1970 年以前，当没有专门指定的白宫幕僚机构负责国际经济政策协调时，国家安全委员会就被默认为国际经济政策协调的负责机构。② 杜鲁门总统时期，他主要依靠少数几个内阁官员和白宫助手，以非正式的方式对经济政策进行协调。艾森豪威尔时期，经济政策协调变得正式多了，标志就是成立了专门的机构。例如，国内经济政策协调的职能大部分由以经济顾问委员会主席为首的经济增长与稳定顾问委员会（Advisory Board on Economic Growth and Stability）负责，该委员会由几位副部长级官员组成。国际经济政策协调的职能主要由 1954 年成立的对外经济政策委员会（Council on Foreign Economic Policy，CFEP）负责。但该委员会的协调工作并没有真正开展起来，最后沦为信息交流机构和方案转交机构，原因在于各主要职能部门不合作，各政策部门独立协调

---

① Harold C. Relyea，"The Executive Office of the President: An Historical Overview"，November 26，2008，https://www.fas.org/sgp/crs/misc/98 – 606.pdf. 罗斯福总统时期已经出现了不少需要协调的问题。例如，1943 年，副总统亨利·华莱士（Henery Wallace）和商务部长杰斯·琼斯（Jesse Jones）之间发生了谁应负责政府战时海外购买项目的争执。参见 John R. Steelman，H. Dewayne Kreager，"The Executive Office as Administrative Coordinator"，*Law and Contemporary Problems*，Vol. 21，No. 4，1956，pp. 688 – 709。

② 从其历史来看，国家安全委员会一直就是国际经济政策协调的积极参与者。美国国际经济政策协调机构最早可以追溯至第二次世界大战前国务院牵头、商务部和农业部委为成员的贸易协定委员会（Committee on Trade Agreements）。第二次世界大战期间，国务院在国际经济政策协调方面占据主导地位，主要的竞争对手是白宫幕僚。第二次世界大战后，国际经济政策协调逐渐转由总统幕僚机构负责。参见 Stephen D. Cohen，*The Making of United States International Economic Policy: Principles, Problems, and Proposals for Reform* （5th Edition）（Connecticut: Greenwood Publishing Group，2000），pp. 61 – 76。

小组继续存在，未能满足成为经济领域的国家安全委员会这一期望。[1] 肯尼迪总统执政后，撤销了这两个机构。国内经济政策协调方面，肯尼迪代之以住房信贷、劳工管理政策、小企业等特别委员会；国际经济政策协调方面，主要依靠外国经济政策副部长跨部委员会（Interdepartmental Committee of Undersecretaries on Foreign Economic Policy）、国际收支内阁委员会（Cabinet Committee on Balance of Payments）以及主管国际经济事务的国家安全副顾问卡尔·凯森（Carl Kaysen）等。不过，肯尼迪并不依靠正式的组织，而主要依靠他与其高级顾问之间的个人关系来进行协调。[2] 肯尼迪治下的协调模式，实际上相当于总统亲自进行总体协调。

这一阶段的经济政策协调有以下几个特点：一是尽管总统逐渐意识到经济政策协调的重要性，但还没有将其放在非常优先的地位；二是经济政策协调职能无专门机构承担，而是由白宫的幕僚、机构或其他行政部门兼管；三是经济政策协调职能还比较分散，国际经济政策和国内经济政策的协调是由不同机构分别承担的；四是还没有形成稳定的机制。

（二）探索阶段

从约翰逊总统到老布什总统时期，是美国经济政策协调机制的探索阶段，即对以前的机制不断调整和不断试错，以便发现高效协调机制的阶段。

约翰逊总统时期，在经济政策制定方面，财政部、预算局和白宫经济顾问委员会这"三驾马车"迎来了全盛时期。通常，在提供政策建议之前，这"三驾马车"之间会进行协调以期达成一致意见，这也是约翰逊

---

① 美国对外贸易和对外援助政策的制定和协调主要由美国国务院领头；贸易谈判由贸易协定委员会（Trade Agreements Committee）协调；国际货币和财政政策由国际金融货币问题国家顾问委员会（National Advisory Council on International Financial and Monetary Problems, NAC）负责。参见 Stephen D. Cohen, *The Making of United States International Economic Policy: Principles, Problems, and Proposals for Reform* (5th Edition), p 46, pp. 75-76。

② Jonathan Orszag et al., "The Process of Economic Policy – Making during the Clinton Administration", *American Economic Policy in the 1990s*, eds. by Jeffrey A. Frankel and Peter R. Orszag (Cambridge: MIT Press, 2002), p. 985.

总统所强烈要求的。① 约翰逊总统时期的国内经济政策协调要比肯尼迪时期更为集中，主要由其首席国内政策助手约瑟夫·卡利法诺（Joseph Califano）负责，《纽约时报》称其为"国内事务副总统"（Deputy President for Domestic Affairs）。作为当时关注焦点的国际收支问题，由财政部长担任主席的国际收支内阁委员会负责制定和协调。在国际经济政策的总协调方面，约翰逊主要依靠主管国际经济问题的国家安全副顾问弗兰西斯·巴托（Francis Bator）。约翰逊执政后期，由于巴托的离职，该职位被废除，职能由处理对外援助的一名官员和处理贸易和货币事务的另一名官员分别承担。国家安全委员会在对外经济政策方面的主导地位也由此被削弱，主管经济事务的助理国务卿以及贸易谈判代表等官员的地位增强。② 总的来看，约翰逊时期的经济政策协调大多数依靠各种非正式的委员会和小组，它们有的是临时的，也有如国际收支内阁委员会等持续到任期结束的机构。尽管和肯尼迪时期一样，经济协调仍然以临时协调和非正式协调为主，但其组织性和规范性都有所提高，用学者安德森（James Anderson）的话来讲就是"有管理的临时协调"（regularized ad hocracy）。③

尼克松总统 1969 年就职后，很快就设立了经济政策内阁委员会（Cabinet Committee on Economic Policy，CCEP），由总统亲自担任主席，经济顾问委员主席负责协调具体工作，成员由副总统，经济顾问委员会主席，农业部、财政部、商务部、劳工部、住房和城市发展部的部长，两位总统顾问，预算局局长和主管经济事务的次国务卿组成，主要职能是协助总统"制定和协调国家经济项目和政策"以及"制定国家经济政策的总目标和具体目标"。由于规模太大，运转不灵活，缺乏效率，加之总统对经济政策缺乏强烈兴趣且不关注该委员会，经济政策内阁委员会实际上形同虚设。随后，经济政策内阁委员会于 1972 年被新成立的经济政策委员

---

① James E. Anderson, "Economic Policy: Comparative Advisory Arrangements", in *Presidential Policymaking: an End - of - Century Assessment*, eds. By Steven A. Shull (New York: Routledge, 2015), pp. 234 - 236.

② Roger B. Porter, "Economic Advice to the President: From Eisenhower to Reagan", *Political Science Quarterly*, Vol. 98, No. 3, 1983, pp. 403 - 426.

③ James E. Anderson, "Economic Policy: Comparative Advisory Arrangements", p. 236; James L. Conchrane, "Economists and Presidential Decision Making: The Johnson Years", *Presidential Studies Quarterly*, Vol. 8, No. 1, 1978, pp. 32 - 35.

会（Council on Economic Policy，CEP）所取代。该委员会由财政部部长担任主席，成员包括农业部、劳工部、运输部和商务部等部的部长、管理预算局（Office of Management and Budget，OMB）局长、经济顾问委员会主席、生活费用委员会（Cost of Living Council）主任、国际经济政策委员会（Council on International Economic Policy，CIEP）执行主任等，负责协调所有的经济政策。实际上，这一协调过程的核心是总统行政办和经济政策委员会财政部成员的晨会，经济政策委员会的大多数具体工作则由财政部长乔治·普拉特·舒尔茨（George Pratt Shultz）领导的一系列跨部门工作组完成。① 舒尔茨还兼任总统经济事务助理以及经济政策委员会、国际经济政策委员会和东西方贸易政策委员（East – West Trade Policy Committee）的主席。在国际经济政策协调方面，最初两年基本延续约翰逊时期的协调机制，即由国家安全委员会负责，由时任国家安全委员会中层官员的 C.弗雷德·伯格斯坦（C. Fred Bergsten）具体负责，到了 1971 年，则由新成立的类似国家安全委员会的国际经济政策委员会负责，由彼得·彼得森（Peter Peterson）担任执行主任。该委员会的目的是使高层关注国际经济问题，保证国内和国际经济政策的一致性，与政策总体目标相协调。尽管获得了国会立法的支持，并且名义上延续到了 1977 年，但该机构成立不久后实际上就被弃之不用，只是偶尔发挥作用。该机构的失败主要有三个原因：一是缺乏总统的支持——这是关键原因，从一开始委员会就很少开会，总统参会次数更是屈指可数，委员会的执行主任与总统关系疏远；二是国务院和财政部等主要职能部门拒绝合作，并且遭到了负责协调贸易政策的贸易谈判特别代表办公室（Office of the Special Representative for Trade Negotiations）的强烈反对；三是权威丧失，1973 年国会修订相关法律后，总统不再是该委员会的成员，将委员会变为次要问题的临时协调人，机构的废除也就是早晚的事了。实际上，自 1972 年以后，国内和国际经济政策的高层协调都由经济政策委员会负责了。② 很明显，尼克松总统实行的是等级幕僚制，经济"沙皇"（Czar）舒尔茨作为总统完全信任的核心幕

① James E. Anderson, "Economic Policy：Comparative Advisory Arrangements", pp. 236 – 238.
② CIEP 的主席最初是总统，后来降格为内阁部长，通常由财政部长担任。参见 Stephen D. Cohen, *The Making of United States International Economic Policy：Principles，Problems，and Proposals for Reform* (5th Edition), pp. 77 – 79.

僚，负责了所有重大经济决策，而且是协调过程的核心人物。但由于舒尔茨在协调时并不偏向于财政部，而是作为一个中立的协调人，平等对待各个经济职能部门，因此，其治下的经济协调职能运转非常顺利，经济政策协调的效率较高。但舒尔茨辞任财长之后，各个机构忙于权力之争，经济政策协调也陷入混乱。[1]

福特总统于 1974 年成立了经济政策委员会（Economic Policy Board，EPB）取代了经济政策委员会（Council on Economic policy，CEP），由财政部部长威廉·西蒙（William Simon）和总统经济顾问威廉·塞德曼（William Seidman）分别任主席和执行主任，成员包括农业部、商务部、卫生教育福利部、住宅和城市发展部、内政部、劳工部、财政部等部的部长，国务卿，管理预算局局长，经济顾问委员会主席，国际经济政策委员会执行主任及白宫其他官员等。该委员会就所有国内和国际经济政策向总统提供建议，负责美国所有经济政策的制定、协调和执行，是经济政策决策的中心。与尼克松时期的经济政策委员会相比，经济政策委员会有以下几个特点：一是实际上由白宫主导，即威廉·塞德曼负责了议程设定、组织会议、管理研究团队等，财政部长只是挂名；[2] 二是基本理顺了内部管理，建立了执行委员会，最初成员由财政部长、管理预算局局长、经济顾问委员会主席、白宫顾问威廉·塞德曼和美国贸易代表等组成，后来增加了劳工部长、商务部长和国务卿，执行委员会负责日常运营和每天的早餐例会等；三是总统和内阁部长参与积极，经济政策委员会举办了内阁级会议 520 次，大部分主官参加了其中的 90% 还多，总统一般一周参加一次。[3] 经济政策委员会的效率很高，一位在福特、卡特和老布什总统时期都任过职的高级官员评之为"最好的协调机构"。[4] 同时，经济政策委员会的协调还是存在一些问题。首先，权威性不够，总统允许其他机构直接向其建言重大经济政策建议。在实践中，发生了一些正式或非正式机构绕过委员会直接提交经济政策建

---

[1] James E. Anderson, "Economic Policy: Comparative Advisory Arrangements", p. 238; Stephen D. Cohen, *The Making of United States International Economic Policy: Principles, Problems, and Proposals for Reform* (5th Edition), p. 80.

[2] James E. Anderson, "Economic Policy: Comparative Advisory Arrangements", p. 238.

[3] Jonathan Orszag et al., "The Process of Economic Policy – Making during the Clinton Administration", pp. 987 – 988.

[4] Ibid. , p. 988.

议给总统的情况。比如，1975 年一项高达 280 亿美元的减税计划是由一个与该委员会无关的特别小组完成的，而且这是总统所默许的，尽管该委员会最后参与了该方案细节的调整工作。① 其次，国际经济政策协调不畅。1975 年基辛格担任国务卿后，国务院一开始就对成为经济政策委员会的成员不积极，认为该机构是财政部主导的。基辛格宁愿通过私人渠道向总统提供政策建议，而且他也有条件这么做，因为他还保留了总统国家安全事务助理的头衔。1975 年 7 月，国务卿成为经济政策委员会的执行委员会成员，同年 11 月基辛格不再担任国家安全顾问之后，国务院才更为积极地参与经济政策委员会，主要由主管经济事务的次国务卿参与。但是，国务院仍然更愿意与国家安全委员会打交道，处理敏感的外交政策问题，这样，国家安全委员会和经济政策委员会在国际经济政策制定过程中就存在竞争，前者强调国家安全和外交政策，后者更为强调国内经济政策，最后通过成立联合工作组以及联合撰写提交给总统的备忘录，才解决了它们之间的矛盾和冲突。②

卡特总统则用经济政策小组（Economic Policy Group，EPG）取代了经济政策委员会，负责全面协调国内外的经济政策。经济政策小组包括全体内阁成员、副总统、管理预算局局长、经济顾问委员会主席、国家安全顾问、总统国内事务助理等。最初由财政部长迈克尔·布卢门撒尔（Michael Blumenthal）和经济顾问委员会主席查尔斯·舒尔茨（Charles Schultze）担任经济政策小组联席主席，但不久舒尔茨就辞去该职务，因为他认为该职务与其作为总统经济顾问的身份不相容。经济政策小组最初的运行充满了问题，最终并没有成为一个特别有效率或有用的政策制定和协调机构。其原因主要有：第一是机构太大，一开会就有 11 个部长再加上他们的助手及总统的助手，最多能达到 40 人。这么大的规模导致无法开展坦诚的讨论，而且泄密的可能性也人人增加。尽管 1977 年和 1979 年先后做了调整，取消了执行委员会的日常会议，只处理非常重大的事情，同时创建了新的指导委员会，成员只包括财政部长、负责经济事务的次国务卿、管理预算局局长、经济顾问委员会主席、总统国家安全顾问和国内事

① James E. Anderson, "Economic Policy: Comparative Advisory Arrangements", p. 239.
② Stephen D. Cohen, *The Making of United States International Economic Policy: Principles, Problems, and Proposals for Reform* (5th Edition), pp. 80 – 81.

务顾问六名官员，每周四召开会议，同时只留一名秘书，但还是存在参会人数规模扩大的趋势。① 第二是白宫内部缺乏高级官员负责协调，导致运转不灵。舒尔茨不再担任经济政策小组联席主席后，还强烈反对白宫内部设置正式的、与经济顾问委员会主席不同的白宫经济顾问，如总统经济政策助理等。第三是总统更为信任并依靠其助手进行协调。比如，相比于经济政策委员会，总统宁愿选择国内事务助理斯图尔特·艾森施塔特（Stuart Eizenstadt）和总统安全事务助理布热津斯基的政策建言，在国际经济政策方面则主要依靠国家安全委员会的亨利·欧文（Henry Owen）进行协调。② 第四是经济政策小组成员之间存在明显的矛盾和冲突。例如，艾森施塔特和布卢门撒尔之间就存在矛盾，而总统也不愿去平息他们的矛盾。③ 不过，在国际经济政策协调方面，特别是在次于内阁官员级别的跨部协调方面，协调得比较好，运转也比较顺利，这主要是因为远离了部门之间的权力之争（特别是国务院和财政部之间的权力之争），按政策议题而不是按部门决定跨部协调参与人员，不同部门之间的官员交流任职增进了相互间的了解和合作。④

里根总统初期的经济政策协调极为分散，一开始成立了由总统担任主席并主持、相关部部长担任临时主席的五个内阁委员会，分别是经济事务内阁委员会（Cabinet Council on Economic Affairs，CCEA）（财政部牵头）、自然资源和环境内阁委员会（Cabinet Council on Natural Resources and the Environment）（内政部牵头）、商业和贸易内阁委员会（Cabinet Council on Commerce and Trade）（商务部牵头）、食品和农业内阁委员会（农业部牵头），以及人力资源内阁委员会（Cabinet Council on Human Resources）（卫生和公共事务部牵头）。这些内阁委员会又由总统顾问埃德文·米斯（Edwin Meese）负责协调，每个内阁委员会都由白宫政策制定办（White House Office of Policy Development）派一人担任执行秘书，并由其管理。

① Ibid. , pp. 81 – 82; James E. Anderson, "Economic Policy: Comparative Advisory Arrangements", pp. 240 – 241.

② Jonathan Orszag et al. , "The Process of Economic Policy – Making during the Clinton Administration", p. 988; James E. Anderson, "Economic Policy: Comparative Advisory Arrangements", p. 240.

③ James E. Anderson, "Economic Policy: Comparative Advisory Arrangements", pp. 240 – 241.

④ Stephen D. Cohen, *The Making of United States International Economic Policy: Principles, Problems, and Proposals for Reform* (5th Edition), pp. 81 – 82.

每个内阁委员会由相关内阁成员组成。例如，经济事务内阁委员会的成员包括财政部长、国务卿、商务部长、劳工部长、运输部长、管理预算局局长、经济顾问委员会主席和美国贸易代表等。其他内阁成员根据情况应邀参加经济事务内阁委员会的会议。经济事务内阁委员会最初两年有内阁级别官员参加的常规会议一般每周举办两到三次，处理的范围包括国内和国际经济政策问题；同时成立了次内阁级别的跨部门工作小组，以解决内阁官员们所提出的问题。① 1982 年还成立了由司法部领头的法律政策内阁委员会（Cabinet Council on Legal Policy）和由总统顾问米斯担任临时主席的管理和行政内阁委员会（Cabinet Council on Management and Administration）。这七个内阁委员会都由总统担任主席。② 此外，国家安全委员会没有变化，另于 1982 年成立了国际经济政策跨部门高级小组（Senior Interagency Group on International Economic Policy）。从这些数量众多、新创立的正式协调机构的实际运行情况来看，里根政府第一任期的经济政策协调存在若干问题。一是一些协调机构之间存在权力和职责界限不清、职能交叉和重叠等较为严重的问题，如经济事务内阁委员会与商业和贸易内阁委员会之间即是如此。又如，由白宫办公厅主任詹姆斯·贝克（James Baker）领导的白宫立法战略小组（White House Legislative Strategy Group）掌握的政策制定权力非常大，引起了其他机构的不满。特别是在国际经济政策协调领域，至少有七个协调机构参与其中，包括国际经济政策跨部门高级小组、经济事务内阁委员会、商业和贸易内阁委员会、国家安全委员会、食品和农业内阁委员会、自然资源和环境内阁委员会、贸易政策委员会等。二是缺乏总体的设计和规划，比如尽管新成立了不少协调机构，但仍然召集临时小组准备经济峰会。三是协调机构和内阁之间的矛盾冲突不断，如时任国务卿亚历山大·黑格（Alexander Haig）就抵制商业和贸易内阁委员会的会议。③ 四是由于缺乏有效的、正式的政策协调过程，最后

---

① Roger B. Porter, "Economic Advice to the President: From Eisenhower to Reagan", pp. 412 – 413.

② Ronald Reagan, "Announcement of the Establishment and Membership of the Cabinet Council on Management and Administration", September 22, 1982, http: //www. presidency. ucsb. edu/ws/? pid = 43028.

③ Stephen D. Cohen, *The Making of United States International Economic Policy: Principles, Problems, and Proposals for Reform* (5th Edition), p. 82.

实际上形成非正式的协调过程占主导的情况，即部分高级官员组成小群体，定期碰头评估决策并向总统提供政策建议。

由于这种复杂的内阁委员会体制责任分散、职能重叠、缺乏效率，甚至一些委员会陷入废弃状态，里根政府于 1985 年对此进行了大幅调整，将这些机构整合为经济政策委员会（Economic Policy Council，EPC）和国内政策委员会（Domestic Policy Council，DPC），里根总统担任这两家机构的主席。经济政策理事会由财政部长牵头，负责协调整合国内和国际经济政策决策。[①] 为了让经济政策委员会更像一个白宫机构而不是财政部的附属机构，每个会议的议程都由四个白宫官员（包括内阁部长和国家安全委员会官员）和财政部副部长组成的工作小组决定。议程争议则由总统办公厅主任裁决。在头一年，经济政策委员会通常至少一周召开一次会议，主要讨论由助理部长领头的跨部工作小组所提交的政策建议或行动方案。相关的备忘录则主要由经济政策委员会白宫方面的执行秘书撰写草稿，参与制定该政策的所有部门和机构通过后再呈送总统。相比国际经济政策的其他领域而言，经济政策委员会在协调对外贸易事务方面发挥了主要作用，接管了贸易政策委员会的贸易协调职能。尽管有内阁成员抱怨财政部长绕开经济政策委员会处理一些敏感的财政问题，但总体而言，多数观察家认为，贝克领导下的经济政策委员会在政策协调方面的效果还是非常好的。[②]

老布什时期经济政策委员会继续运转了三年，不过相比贝克领导下的经济政策委员会逊色不少。老布什总统的经济决策缺乏组织性，毫无效率，经济顾问之间缺乏协调。此外，老布什总统经常绕过经济政策委员会从其他地方获取政策建议。[③] 大力应对国内经济问题、支持率大幅下降、新任办公厅主任对总统行政办公室的管理缺乏效率，是当时老布什政府亟须解决的三个问题。为此，老布什总统在执政最后一年创建了无所不包的政策协调小组（Policy Coordination Group，PGG），集中承担经济政策委员

---

① Ronald Reagan, "Statement on the Establishment of the Economic Policy Council and the Domestic Policy Council", April 11, 1985, http://www. presidency. ucsb. edu/ws/? pid = 38462.

② Jonathan Orszag et al. , "The Process of Economic Policy – Making during the Clinton Administration", p. 989.

③ Ibid.

会的经济职能和国内政策委员会的政治职能。①

在从约翰逊到老布什时期的这一长期探索过程中，美国经济政策协调机制的演变具有以下特点：

一是不稳定，变化和调整频繁。经济政策协调机构绝大多数都是通过由总统颁发行政令、备忘录、指示等方式成立的，政府换届后新任总统很容易就能以新机构取代旧机构。尤其当新任总统和前任总统不属于同一党派时，基本上都会以各种理由废除以前的协调机构。也有因为运转不灵、效果不好而被创建它们的总统自己在任内加以改革或调整。总的来看，这些新创立的经济政策协调机制的寿命都很短。②

二是向白宫集中的趋势明显。所谓向白宫集中，指由白宫官员负责协调，而不是由内阁职能部门负责协调。尽管这一时期经济内阁的部长（如财政部部长等）往往担任白宫经济政策协调机构的负责人，但实际运作和管理往往都是白宫官员负责。因"水门事件"的影响，福特总统和卡特总统都力图改变白宫权力过大的印象，更为重视由经济内阁部长负责协调。不过，这并没有改变经济协调权力逐渐向白宫集中的趋势。

在这一时期，美国经济政策协调存在以下三个主要问题：

一是未能处理好经济政策协调与制定之间的关系。经济政策协调的实质是要协调不同经济职能部门之间的关系，处理这些部门的经济权力之争，而不是要取代这些机构制定经济政策的权力；否则，经济政策协调机构就很容易陷入权力之争的旋涡之中，最终成为权力之争的牺牲品。因此，经济政策协调机构能不能做到公正、公平、公开是至关重要的。经济政策协调的核心是客观、平等地对待不同部门的意见，公正地解决它们之间的分歧和纷争；否则，一旦这些经济职能部门感觉受到不公对待，它们就会绕开经济政策协调机构，转而寻求直接说服总统，久而久之协调机构实际上就会被架空，协调也难以继续进行下去。但是，这一时期成立的大多数经济政策协调机构，都未能处理好经济政策协调与制定的关系，没有搞好与经济职能部门之间的关系，最终这些协调机构也未能生存下去。

---

① Stephen D. Cohen, *The Making of United States International Economic Policy: Principles, Problems, and Proposals for Reform* (5th Edition), p. 83.

② 只有"三驾马车"（Troika）（财政部长、管理和预算局长和经济顾问委员会主席）或"四人组"（Quadriad）（财政部长、管理和预算局长、经济顾问委员会主席、美联储主席）等官员定期或不定期碰头的非正式的协调机制得以延续下来。

　　二是对国内和国际经济政策的相互作用重视不够。在这一时期，国内和国际经济政策大多数情况下是由不同的机构进行协调的。通常情况下，国际经济政策协调机构缺乏国内经济专家，而国内经济政策协调机构则缺乏国际经济专家。随着国内和国际经济问题之间的界限日益模糊，同时涉及国内和国际方面的重大经济政策越来越多，国内和国际经济政策的相互作用日益加强，由于任何一家协调机构都难以独立进行协调，而国内和国际经济政策协调机构之间的合作也难以进行，所以分开协调的模式常常遭到失败。

　　三是效率低下。如果协调不充分，特别是如果各个参与机构的不同意见未能经过充分的讨论，那么政策的沟通和执行可能就会遇到或明或暗的抵制，降低政策效率。协调效率低下一般表现为不同意见满天飞，政府各个部门各自为政，有时还发生不必要的争吵，从而损害行政系统的有效性和政策的可信度。特别地，由于未能有效解决行政系统内部如何发出同一声音的问题，经常给反对党提供了弹药。这可能会削弱国会对相关政策法案的支持，也有可能在国际经济谈判中被对手加以利用。[1]

（三）国家经济委员会的成立与美国经济政策协调机制的制度化

　　冷战结束之后，作为世界上唯一的超级大国，美国面临的安全形势大为改观，经济问题日益成为美国精英和民众关心的核心问题。正是在这种背景之下，以"笨蛋，重要的是经济"（It's the economy, stupid!）这句俏皮话风靡全美的克林顿凭借聚焦国内经济问题成功赢得1992年大选。竞选期间，他提出拟成立"国家经济安全委员会"，作为其振兴美国经济的重要抓手。宣誓就职后不久，他就于1993年1月25日发布了"12835号行政令"，成立了国家经济委员会（National Economic Council，NEC）。[2]

　　国家经济委员会属于白宫办公厅下设机构，而白宫办公厅又属于总统行政办公室的组成部分。1996年，克林顿总统重新设置了政策制定办（Office of Policy Development），国家经济委员会成为其下属两个机构之

---

　　① Jonathan Orszag et al. , "The Process of Economic Policy – Making during the Clinton Administration", pp. 889 – 990. 另参见罗伯特·鲁宾《在不确定的世界：从华尔街到华盛顿的艰难选择》，李晓岗等译，中国社会科学出版社2004年版，第109页。

　　② William J. Clinton, "Executive Order 12835 – Establishment of the National Economic Council", January 25, 1993, http：//www. presidency. ucsb. edu/ws/? pid = 61531.

一。根据 12835 号行政令，国家经济委员会主要有四项基本职能：协调国内和国际经济政策制定；协调提交给总统的经济政策建议；确保经济政策的决策和项目与总统的经济目标相一致，并有效地实现这些目标；监督总统经济议程的执行。^① 国家经济委员会由总统担任主席，成员由相关部门和机构的"一把手"组成，由总统经济政策助理担任国家经济委员会主任。国家经济委员会在白宫西翼办公，西翼也是椭圆形办公室所在地，按照离总统越近权力越大的规律，国家经济委员会地位比较高，属于总统的核心智囊机构之一。

国家经济委员会成立至今已有 24 年，这和第二次世界大战以后其他短命的经济政策协调机构形成鲜明的对比。在这 24 年中，国家经济委员会不仅经历了克林顿到特朗普四任总统换届和党派政治博弈的考验，而且还经历了从罗伯特·鲁宾（Robert Rubin）到科恩（Gary Cohn）11 届主任的不同领导风格的考验，并得到了国会的基本认可。^② 而且自成立以来，国家经济委员会在美国总统经济团队里的地位一直比较稳定，且有持续上升的趋势。目前，国家经济委员会主任与财政部长、管理和预算局长、经济顾问委员主席被称为四大"经济沙皇"，即经济权力最大的四大官员。实际上，在克林顿总统时期，以国家经济委员会为中心的美国经济政策协调机制就已经基本定型，而且在成员构成、组织结构与运行机制等方面都基本实现了制度化。

---

① William J. Clinton, "Executive Order 12835 – Establishment of the National Economic Council", January 25, 1993, http：//www. presidency. ucsb. edu/ws/？ pid = 61531.

② 国家经济委员会不仅成为总统协调经济政策的中枢，而且在经济政策建言方面也起到了一定的作用。很大程度上，行政办内设机构的期限和持久性取决于它对总统的用处——协助管理或协调政策、国家象征、政治恩庇的天堂。但或者因为相关机构的权力过大，或者由于相关机构不尊重国会，不去参加国会的听证会，国会进而要求相关机构负责人必须得到参议院的确认并设定一定任职期限，还采取合并、撤销或不予拨款的方式处理这些机构，如 1981 年政策制定办负责人拒不参加国会听证会，其预算申请就被否决。国家经济委员会存在了 20 多年，意味着得到了国会的基本认可。不过，也有人认为白宫无须国家经济委员会这样的协调机构。参见 Harold C. Relyea, "The Executive Office of the President：An Historical Overview", November 26, 2008, https：//www. fas. org/sgp/crs/misc/98 – 606. pdf, pp. 10 – 11；Bruce Bartlett, "The NEC：An Unnecessary White House Organization", August 6, 2010, http：//capitalgainsandgames. com/blog/bruce – bartlett/1893/nec – unnecessary – white – house – organization。

三　制度化美国经济政策协调机制的特点及其原因

（一）制度化的美国经济政策协调机制

美国经济政策协调机制的定型或制度化，是指美国经济政策协调按照相关的法律或规章稳定、规范和有序地运行，不因人事变动而剧烈变化。制度化的美国经济政策协调机制主要有以下几个特点。

一是国家经济委员会的成员构成保持基本稳定。按照 12835 号行政令，国家经济委员会的成员分为两部分：其一是正式成员，指该行政令明确规定应当作为国家经济委员会成员的部门和机构的首脑，包括总统、副总统、国务卿、财政部长、农业部长、商务部长、劳工部长、住房和城市发展部长、运输部长、能源部长、环保署署长、经济顾问委员会主席、管理和预算局局长、美国贸易代表、总统经济政策助理、总统国内政策助理、国家安全顾问、总统科技政策助理等；其二是总统指定的其他成员，即总统根据情况变化指定为该委员会成员的行政部门和机构的其他官员。一般而言，不同的总统可以根据自己经济政策的优先目标和重点确定国家经济委员会正式成员的构成，每个总统在其任内也可以随环境和形势的变化改变这一构成。不过，总的来看，在这 24 年里，国家经济委员会的成员构成变化不大，基本保持了稳定。比如，小布什政府于 2003 年 2 月 28 日颁布行政令修订 12835 号行政令，新增加了国土安全部长为国家经济委员会成员；[①] 2009 年 2 月 5 日，奥巴马政府颁布行政令修订了 12835 号行政令，新增加了卫生部长、教育部长、总统政府间事务和公共联络助理和高级顾问（Senior Advisor and Assistant to the President for Intergovernmental Affairs and Public Liaison）、总统能源和气候变化助理（Assistant to the President for Energy and Climate Change）、总统助理和首席技术官（Assistant to the President and Chief Technology Officer）、小企业局局长（Adminis-

---

① George W. Bush, "Executive Order 13286 – Amendment of Executive Orders, and Other Actions, in Connection With the Transfer of Certain Functions to the Secretary of Homeland Security", February 28, 2003, http://www.presidency.ucsb.edu/ws/? pid = 61382.

trator of the Small Business Administration）为国家经济委员会成员。[1] 因为取消了总统能源和气候变化助理这一职位，2011 年 4 月 5 日，奥巴马政府颁布行政令，由环境质量委员会主席取代因取消该助理职位而空缺出来的成员位置。[2]

二是内部组织结构较为稳定。自成立以来，国家经济委员会的工作人员规模长期维持在 20—30 人，而且内部组织结构较为稳定。国家经济委员会的职员精干并且以专业人士为主，其内部组织结构比较扁平，官员分为四个层级，每个职员都可以直接面见主任。[3] 这四个层级的官员职位分别是主任（总统经济政策助理担任）、副主任（总统经济副助理担任）、分管具体业务的总统特别助理、业务主办（Director）。此外，还有 1 名办公室主任和其他后勤辅助人员；副主任一般 2 名，1 名负责国内经济，1 名负责国际经济；总统特别助理 7 名左右，分管的具体业务在不同总统治下可能因总统关注的政策重心不同而不同；业务主办一般 5—10 人，剩下的是其他专业人员和后勤辅助人员。

三是建立了较为完整的决策系统，形成了稳定的运行机制。按照 1993 年 3 月 24 日发布的总统决策令的要求，国家经济委员会建立了较为完整的决策协调系统，形成了稳定的运行机制。这一决策协调系统分为以下四个层次：

最高的层次是国家经济委员会及总统经济决策会议。该会议是由国家经济委员会召开的主官会议（principal forum），总统主持或者出席该会议，参会人员主要是委员会的相关成员、应邀参加的其他部门或机构的领导、白宫总统助理、国家经济委员会副主任等，主要讨论需要总统进行决

---

① Office of the Press Secretary, The White House, "Executive Order 13499 – Amendments to Executive Order 12835, Establishment of the National Economic Council", February 5, 2009, https：// obamawhitehouse. archives. gov/the – press – office/executive – order – further – amendments – executive – order – 12835 – establishment – national – eco.

② Office of the Press Secretary, The White House, "Executive Order 13569 – Amendments to Executive Orders 12824, 12835, 12859, and 13532, Reestablishment Pursuant to Executive Order 13498, and Revocation of Executive Order 13507", April 5, 2011, https：//obamawhitehouse. archives. gov/ the – press – office/2011/04/05/executive – order – 13569 – amendments – executive – orders – 12824 – 12835 – 12859 – and – .

③ Jonathan Orszag et al. , "The Process of Economic Policy – Making during the Clinton Administration", p. 998.

策的经济政策议题。

其次是国家经济委员会主官委员会（NEC Principals Committee）及主官会议。主官委员会是跨部门的高层论坛，负责综合考虑对国家经济有重大影响的政策议题。主官委员会由国家经济委员会主任担任主席，主要成员包括财政部长、管理和预算局长、经济顾问委员会主席、商务部长、劳工部长。① 主官委员会的主要职能是评估、协调和监督国家经济政策的制定和执行。和总统经济决策会议不同，主官会议无须总统参加，相关议题由参会的内阁级别的官员碰头讨论和解决即可。

再次是国家经济委员会副官委员会（NEC Deputies Committee）及副官会议（Deputies Meeting）。副官委员会是仅次于内阁官员级别的跨部门高官论坛，负责影响国家经济的政策议题。副官委员会评估和监督国家经济委员会跨部门的工作（包括跨部门工作小组）。副官委员会还将重点关注政策执行，对政府重大经济政策进行周期性评估，确保这些政策得到及时有效的执行，同时还要周期性地评估现有政策指令是否应该修改或取消。副官委员会由国家经济委员会副主任担任主席，由国家经济委员会成员部门或机构的副部长或次长（Under Secretary）级别的官员组成。其他部门和机构的高级官员则根据所讨论的议题应邀参加相关副官会议。

最后是跨部门工作小组（Interagency Working Groups）及政策协调会（Policy Coordinating Committee，PCC）。一些跨部门工作小组是永久性的，另一些则是临时的。跨部门工作小组根据副官委员会的指令而成立，该指令同时决定国家经济委员会跨部门工作小组的主席人选，可能由内阁部门或国家安全委员会、国家经济委员会或国内政策委员会的官员担任。跨部门工作小组定期举行会议，具体也由副官委员会决定，会议主要评估和协调总统相关决策执行的情况。②

除了建立上述较为完整的决策系统之外，国家经济委员会还形成了稳定的运行机制。这一运行机制的核心是所有重大经济政策建议必须通过国家经济委员会这一关后才能上报总统。换言之，国家经济委员会是总统与

---

① 总统国家安全事务助理是否参加主官会议视情况而定，其他部门和机构的领导则应邀参加主官会议。

② The White House, "Organization of the National Economic Council", March 24, 1993, http://www.sechistorical.org/collection/papers/1990/1993_ 0324_ NECOrganization. pdf.

经济职能部门之间最重要的、最诚实的中间人。在实践中，对所有经济政策建议，国家经济委员会建立了充分辩论和严格分析的流程，给予各部门充分表达不同意见的机会，从而创建了一套"诚实透明"的工作机制。①此外，在这一运行机制下，什么情况下召开不同级别的会议，什么情况下应与财政部、管理与预算办、国家安全委员会等机构协商，是否召开相关会议，国家经济委员会内部由哪一级别的领导人决定会议议程和准备文件，各相关部门和机构如何支持国家经济委员会的工作，这些常规问题都得到了有效的规范。

（二）美国经济政策协调机制为什么能实现制度化

美国经济政策协调机制能成功实现制度化，既是克林顿政府主观努力的结果，也离不开当时外部环境的支持，具体原因如下：

首先是因为定位清晰，有效解决了经济政策协调与制定之间的关系。在首任主任鲁宾的领导下，国家经济委员会定位于担任总统与经济职能部门之间最重要的、最诚实的中间人，划清了该委员会与负责经济政策制定和执行等职能机构的界限，基本实现了经济政策建议需经过该委员会协调的目标。按照12835号行政令，国家经济委员会并不会取代财政部、管理和预算局以及经济顾问委员会的职能。财政部长继续是总统的首席经济发言人；管理和预算局长继续是总统主要的预算发言人，经济顾问委员会继续发挥其传统的分析、预测和顾问职能。②

其次是因为当时的外部环境比较有利。克林顿政府上台时正值冷战结束不久，国内和国际经济问题成为总统及全美上下关注的重心，有利于将国内和国际经济政策协调交给一个机构负责。特别是在国际经济政策协调方面，因长期偏重于国家安全因素而遭到忽略的经济因素逐渐得到重视，从而有利于国内和国际经济政策的统一协调。此外，国家经济委员会进行了较大的机制创新，克服了之前的协调机构与国家安全委员会之间的矛盾。国家经济委员会主任和国家安全委员会主任都参加关于国际经济政策的"主官"委员会会议，双方主管国际经济政策的副主任则共同主持关

① 罗伯特·鲁宾：《在不确定的世界：从华尔街到华盛顿的艰难选择》，第108页。

② William J. Clinton, "Executive Order 12835 – Establishment of the National Economic Council", January 25, 1993, http://www.presidency.ucsb.edu/ws/? pid=61531.

于国际经济议题的副官委员会会议。① 此外，双方共用同一批职员，这和以前的经济政策协调机构明显不同。

最后是因为国家经济委员会经济政策协调的成效显著。国家经济委员会是公认比较成功的，基本完成了其"诚实的中间人"的任务。② 克林顿总统把设立国家经济委员会视为其任期内最重要的创新之一，认为没有这样一个协调各经济部门的机构，任何总统都不能坐稳白宫。③ 克林顿时期大部分重要经济政策都是在国家经济委员会召集的会议上制定的。那些没有经过该流程的，如 1994 年的医疗保健计划，往往失败了，没有经过审慎的决策过程是失败的原因之一。④ 鲁宾也指出，医疗保健计划在白宫内部决策程序存在缺陷，各种争论和批评意见没有充分表达出来，在行政机构内部也没有达成广泛的共识，机构之间的合作没有达到应有的程度。⑤这也反映出经过国家经济委员会协调的和没有经过其协调的经济政策之间的实际效果差别巨大，而这种实际效果也有利于促进和巩固经济政策协调的制度化。

四 对完善我国经济政策协调机制的借鉴意义

中共十八大三中全会通过的《中共中央关于全面深化改革若干重大问题的决定》要求"形成参与国际宏观经济政策协调的机制"，⑥ 这对我国经济政策协调机制建设提出了新的目标。要实现这一目标，必须完善国

---

① 相比克林顿时期，小布什时期一个明显的变化是，负责国际经济事务的总统经济政策副助理，同时也是国家安全委员会副顾问，需要接受国家经济委员会主任和国家安全顾问的双重领导。

② Jonathan Orszag et al., "The Process of Economic Policy – Making during the Clinton Administration", p. 1016.

③ Ibid, p. 983.

④ Sarah Rosen Wartell, "The White House: National Economic Council", in Mark Green and Michele Jolin eds., *Change for America: A Progressive Blueprint for the 44th President* (Washington: The Center for American Progress Action Fund, 2008), pp. 15 – 22.

⑤ 罗伯特·鲁宾：《在不确定的世界：从华尔街到华盛顿的艰难选择》，第 114 页。

⑥ 《中共中央关于全面深化改革若干重大问题的决定》，新华社，2013 年 11 月 15 日，网址：http://news.xinhuanet.com/politics/2013 – 11/15/c_ 118164235. htm。

内和国际经济政策的统一协调机制。为此，我们可以从美国经济政策协调的演变与制度化过程中借鉴以下经验：

一是要高度认识到经济政策协调机制建设的重要性，各部门领导要积极支持和配合协调机构的工作。从美国的经验来看，总统重视与否是经济政策协调机制能否发挥作用的关键因素之一，而各经济职能部门领导的积极支持和主动配合则是协调能否顺利开展的关键之一。

二是对经济政策协调机制建设的难度要有充分的估计。从美国的实践来看，建立稳定的经济政策协调机制不是一蹴而就的，探索出一条适合本国国情的高效协调机制的过程是漫长的。如果从 1939 年算起，并以 2001 年小布什总统保留国家经济委员会为标志的话，美国建立稳定的经济政策协调机制前后花了 52 年，这表明建立稳定的经济政策协调机制是非常不容易的。

三是经济协调机制的建设要注重定位、程序化和制度化。从美国的经验来看，经济政策协调机构不是政策制定机构，只有定位为"诚实的中间人"才能获得政策制定机构的信任与合作。因此，应制定相关的法规明确经济政策协调机构的定位和核心职能，将经济政策协调机构与经济职能部门区分开。此外，要在实践中处理好经济政策协调和制定之间的关系，协调过程要尽量程序化和制度化，防止群体思维扼杀少数人的不同意见，防止不同意见送达最终决策人的通道被阻断，真正做到求同存异，凝聚共识，统一目标、路径和工具。

四是应加快国内和国际经济政策统一协调机制的建设。中国作为世界第二大经济体，国内政策的全球溢出效应越来越大，国内和国际经济政策的相互作用日益增强，而两者不协调的问题较为严重。可以借鉴美国经验，将国内和国际经济政策统一协调的职能赋予类似美国国家经济委员会这样的专门机构来负责。

（罗振兴：中国社会科学院美国研究所副研究员）

美国铁路业的兴衰及其影响因素[①]

付美榕

【内容提要】 在 19 世纪的工业化浪潮中，铁路业曾拉动美国经济一路领跑并跃居世界首位。如今，相较于其他交通工具的繁荣，美国的铁路客运明显落后，但铁路货运仍在美国经济中发挥着举足轻重的作用。从 1830 年至今，美国的铁路业经历了繁荣、衰落与复兴三个阶段。这一演变过程主要表现为三个特征：其一，美国政府对 19 世纪铁路业发展所采取的态度既不是放任自流，也不是大包大揽，而是有限且有效地介入；其二，美国的高速公路系统是政府主导的"计划经济"的产物，体现了美国政治经济传统中的"国家利益至上"原则；其三，美国的高铁梦想成为泡影的根本原因，在于决策机制分散和利益集团的诉求不同。

【关键词】 美国经济　铁路业　高速铁路　兴衰史　影响因素

2009 年，美国新任总统奥巴马在一系列重要讲话中盛赞中国"拥有最快的火车"，并表示美国要向中国学习，建设关乎美国未来的高速铁路。耐人寻味的是，时光倒回至 1909 年，中国自主设计的第一条铁路——京张铁路建成通车，这条铁路的总工程师詹天佑曾作为一名公派的留美学童，在耶鲁大学土木工程系专习铁路工程，并在归国后把美国的先进技术学以致用。光阴荏苒，百年已逝，中国正引领高速铁路建设的潮

① 本文为中央高校基本科研业务费专项资金资助项目"中外一流大学经济史教学模式比较研究"（项目批准号：2017JJ028）的部分成果。

流，尽显"长风破浪会有时，直挂云帆济沧海"的大国崛起之势。反观美国，奥巴马执政八年，高铁梦想却最终化为泡影。相较于航空业和公路运输业，美国的铁路业呈江河日下之势，尤其是州、城际客运铁路因线路少、速度慢、票价贵而饱受诟病。2015 年，华盛顿开往纽约的美国国家铁路客运公司（National Railroad Passenger Corporation of the USA）的列车发生出轨事故；2017 年 12 月，在华盛顿州塔科马（Tacoma）以南运行的该公司的列车再次发生脱轨事故。这些事故又引发了公众对美国铁路安全问题的议论。

铁路，这个被马克思称为"实业之冠"的交通运输主力军，在 19 世纪的工业化浪潮中曾牵引美国经济的列车一路高歌并跃居世界首位。进入 21 世纪，美国依然是全球经济发展的先锋，交通运输业依然是美国经济实力的重要体现，但美国铁路客运业的发展却不尽如人意，这是耐人寻味的。目前，国内外学术界在美国铁路研究领域已取得了相当多的研究成果，主要涉及 19 世纪美国交通运输业的历史轨迹、美国铁路业飞速发展的动因、美国铁路发展的外部效应，以及华工对美国铁路建设的贡献等，但对于美国铁路业的兴衰演变过程及其背后的影响因素，尚缺乏比较全面而深入的探究。按照经济学原理，铁路作为国民经济的重要基础设施，具有耗资多、周期长、风险高的特点，难以吸引私人投资者，所以发展铁路业往往需要政府的大力支持与资助。那么美国的铁路建设遵循怎样的模式？铁路业在美国经济中的地位有何变化？美国为何缺少一个符合其大国形象的高铁系统？本文将从经济史的视角围绕这些问题展开论述，探究美国铁路业的兴衰和演变过程及其背后隐藏的政治与经济因素，以期为中国经济特别是铁路业的发展与改革提供启示。

一　工业化进程的先行者

1825 年，世界第一条铁路在工业革命发祥地英国诞生，美国的铁路业发展紧随其后。1828 年，巴尔的摩—俄亥俄铁路（Baltimoreand Ohio Railroad）动工兴建，两年后即告完工。1833 年，从南卡罗来纳州的查理斯顿（Charleston）至汉堡（Hamburg）的铁路顺利通车，并首次采用美国自主设计的蒸汽机车运行，铁路建设的热潮由此兴起。到 1840 年，美国共修筑铁路约 2818 英里（1 英里 =1.609 公里），成为当时铁路里程最多的国家。1850 年，美国铁路总里程增至 9021 英里，主要集中在东北部地区。[1] 1853 年，纽约至芝加哥的铁路通车，中西部与东海岸就此联结起来。到 1860 年，美国铁路总长度达到三万英里，已经扩展到中西部和南部地区，建设规模居世界首位。[2] 南北战争结束之后，美国的铁路建设突飞猛进，高潮迭起。1869 年，中央太平洋铁路（Central Pacific Railroad）和联合太平洋铁路（Union Pacific Railroad）在犹他州接轨，美国大陆东西海岸一线贯通。在此之前，从纽约到旧金山要乘船绕行南美洲合恩角，最快也需要六个月。1869—1893 年，另有四条横贯东西的铁路干线陆续竣工，即圣菲铁路（Santa Fe Railroad）、北方太平洋铁路（Northern Pacific Railroad）、南方太平洋铁路（Southern Pacific Railroad）和大北铁路（Great NorthernRailroad）。随着这些铁路干线及其支线建成通车，纵横交错的大规模铁路网出现在美国版图上。进入 20 世纪，美国铁路迎来鼎盛时期。1910 年，美国共拥有铁路线 353761 英里，约占当时世界铁路总里程的一半。[3] 1916 年，美国铁路业发展达到顶峰，总投资额达到 210 亿美元，运营线路达到 1785 条，运营收入共计 33.5 亿美元，铁路公司雇员人数共计 170.1 万人。[4]

　　铁路是美国工业革命的产物，也是推进美国工业化的重要因素。按照美国经济史学家沃尔特·罗斯托（Walt W. Rostow）的"经济成长阶段理论"（Theory of the Stages of Economic Growth），又称罗斯托起飞模型（Rostoviantakeoff model），世界各国的经济发展历程可以分为传统社会、准备起飞、起飞、成熟社会、大众消费五个阶段，其中第三阶段即"起飞"阶段最为重要。罗斯托认为，铁路业作为工业化的主导产业（trigger off industry），是美国经济"起飞阶段最强有力的发动力量"，1843—1860

①　Jonathan Hughes and Louis P. Cain, *American Economic History* (Boston: Pearson Addison Wesley, 1998), p. 151.

②　Ibid., p. 273.

③　Ibid.

④　John. F. Stover, *American Railroads* (Chicago: The University of Chicago Press, 1997), p. 165.

年美国经济的飞跃与持续增长，在很大程度上归功于铁路。① 现代创新理论代表人物约瑟夫·熊彼特（Joseph Schumpeter）从企业创新的角度指出，铁路是 19 世纪后期美国经济生活中最重大的革新和经济发展原动力。② 归结起来，铁路业对美国工业化与现代化的促进作用主要体现在四个方面：其一，四通八达且运费低廉的铁路运输加快了地区间的人员与物资流动；其二，铁路运输为美国农业的区域专业化创造了必要的流通条件，促进了农产品的出口；其三，铁路建设带动了美国钢铁、煤炭、机器制造、食品加工等产业的发展，这种连锁效应加速了美国经济的增长；其四，铁路建设的巨额资金需求刺激了美国资本市场的形成。铁路业的扩张促使铁路企业通过建立现代意义上的"上市公司"在资本市场筹集资金，从而催生了新的商业组织形式，促进了以华尔街为象征的金融帝国的形成。此外，作为现代企业的先驱，铁路公司在管理理念、组织结构、专业分工、人员培训等方面，为美国企业的现代化管理提供了先进经验。总之，如美国经济史家维克托·克拉克（Victor S. Clark）所言，"没有哪个国家的工业像美国那样深受铁路的影响"。③

　　美国铁路业之所以在不到一个世纪的时间里从无到有，迅速发展，达到世界领先水平，主要得益于美国联邦政府的大力支持。首先，联邦政府利用其掌握大量公地的权力向铁路公司无偿赠予土地。早在 1833 年，联邦政府就把原本计划挖掘从伊利诺伊至密歇根的运河的土地赠予铁路公司。1850 年颁布的《赠地法案》（Land Grant Act）正式开启了联邦政府对铁路建设的土地赠予援助计划。从 1850 年到 1871 年停止赠地，铁路公司共获得 1.31 亿英亩联邦政府赠予的土地。④ 铁路公司通过售卖这些受赠土地和建立城镇开发公司，获得了大笔可充作铁路建设资金的收入。例如，1856 年建成的伊利诺伊中央铁路（Illinois Central Railroad），其 5/6 的建设资金来自铁路公司出售国有土地的收入。26% 的中央太平洋铁路建

　　① Walt W. Rostow, *The Stages of Economic Growth: A Non - Communist Manifesto* (New York: Cambridge University Press, 1960), p. 55.

　　② 杨生茂、刘绪贻：《美国内战与镀金时代》，人民出版社 2008 年版，第 83 页。

　　③ Victor S. Clark, *History of Manufactures in the United States: 1607 ~ 1860* (Washington: Carnegie Institution of Washington, 1916), p. 535.

　　④ ［美］杰里米·阿塔克、彼得·帕塞尔：《新美国经济史：从殖民地时期到 1940 年》，罗涛等译，中国社会科学出版社 2000 年版，第 433 页。

设资金和 34% 的联合太平洋铁路建设资金，也来自政府赠予的土地所产生的收益。① 其次，联邦政府实施了针对铁路业的关税减免政策。1830—1834 年，联邦政府通过多次降低用于修建铁路的进口钢材的关税，削减关税共计 600 万美元。政府还对进口的铁路用铁和路轨实行免税政策，从而为铁路公司节省了大约 6000 万美元的成本。② 最后，联邦政府以贷款形式为铁路公司提供财政援助。1862 年，林肯总统批准了《太平洋铁路法案》（Pacific Railroad Act），确定由联合太平洋铁路公司和中央太平洋铁路公司共同承建横贯大陆的太平洋铁路。该法案规定，政府按铺设铁轨的里程发放贷款，每一英里的贷款分别为：平原地区 1.6 万美元；丘陵地带 3.2 万美元；高海拔地区 4.8 万美元。据统计，联邦政府共计向铁路公司提供了 6500 万美元的贷款。③

　　铁路业作为经济起飞的先行产业，带动了 19 世纪美国经济的迅速发展，这已成为美国经济学界的主流观点。然而，这一观点在 20 世纪 60 年代得到以罗伯特·福格尔（Robert Fogel）为代表的美国新经济史学家的修正。这位 1993 年诺贝尔经济学奖获得者的获奖研究④表明，铁路对 19 世纪的美国经济增长并非不可或缺。福格尔运用反事实（counterfactual）论证方法进行了定量研究，分析了铁路与经济增长的关系，进而指出，假设没有铁路，美国的适航运河网络也能满足经济增长对运输业的需要。⑤ 这一结论隐含着对政府干预铁路发展的行为的批评。福格尔继承了芝加哥学派经济学家的学术传统，认为美国政府对铁路业的慷慨援助未必有效，负面效应倒是很明显。大规模的铁路投资导致重复建设和资源浪费，这突出体现在赠地政策和财政援助方面。由于政府根据修筑铁路的长度与难度发放土地与贷款，导致铁路公司为获得更多的利益而争先恐后地铺设新线

---

① 杨牛茂：《美国史新编》，中国人民大学出版社 1990 年版，第 147 页。

② 张芬梅：《交通运输与近代美国经济》，《徐州师范学院学报》1984 年第 2 期，第 138 页。

③ 刘绪贻、杨生茂：《美国通史》（第三卷），人民出版社 2002 年版，第 88 页。

④ 福格尔采用反事实推理方法测算了铁路对 19 世纪美国经济发展的贡献，并于 1964 年出版了《铁路和美国经济增长：计量经济学论文集》。该研究为他带来 1993 年诺贝尔经济学奖的桂冠。

⑤ Robert W. Fogel, "A Quantitative Approach to the Study of Railroads in American Economic Growth: A Report of Some Preliminary Findings", *Journal of Economic History*, Vol. 22, No. 2, 1962, pp. 20 – 21.

路，"铁路延伸至荒无人烟的地方——即便那里没有什么运输业务可做。"①

　　实际上，美国国会在是否对铁路建设进行资助的问题上曾经争论不休，运河利益集团也反对联邦政府介入铁路建设。从 19 世纪早期开始，内河航运在美国日渐兴盛，并成为主要的运输方式。然而，铁路闪亮登场之后，水路运输遭遇了替代性竞争的沉重打击。这从 1829 年 1 月 31 日纽约州州长马丁·范布伦（Martin Veblen）写给安德鲁·杰克逊（Andrew Jackson）总统的信函中可见一斑："我国的运河系统目前受到被称作'铁路'的新兴运输方式的威胁。……'铁路'机车由时速高达 15 英里的引擎驱动，除了危及旅客生命和身体外，风驰电掣般穿过乡间会引起庄稼失火，惊扰牲畜，吓坏妇女儿童。上帝当然不会让人们以这样危险的速度旅行。"② 范布伦恳请联邦政府保护运河，因为如果铁路取代运河，造船工、维修工、护闸员、养马人将会被剥夺生路。更重要的是，伊利运河对美国防御外敌以及与英国交战非常关键。③ 为了捍卫自身的利益，美国内河航运行业联手向铁路业发难，致使几个州的铁路运输业务被限制在运河停运季节进行。俄亥俄州的一家铁路公司被要求赔付铁路竞争给运河航运造成的损失，另一些铁路公司则被勒令支付"吨位税"（tonnage tax），用以补偿运河营运的成本。尽管如此，强悍的"铁马"依然势不可当。不过，铁路业最终花了 1/4 世纪的光阴，才在区域运输战中打败运河利益集团。④

　　在那个自由竞争的理念深入人心的时代，美国政府大力援助铁路业有其政治和经济方面的动因。美国建立之初，内外交困，百业待兴，交通运输为百业之重，财力匮乏的联邦政府只能利用土地资源和国家信用支持铁路建设。1850 年联邦政府颁布《赠地法案》的主要目的，是鼓励铁路公

---

　　① ［美］谢帕德·克拉夫、西奥多·马伯格：《美国文化的经济基》，仲子、叶苍译，三联书店 1989 年版，第 150—151 页。

　　② James W. Brosnan, "Foe of Regulation Finds Moral in Tale of Canal, Railroad", The ［Memphis］ Commercial Appeal, March 29, 1992, available at: http://www.snopes.com/history/document/vanburen.asp.

　　③ Ibid.

　　④ ［美］杰里米·阿塔克、彼得·帕塞尔：《新美国经济史：从殖民地时期到 1940 年》，罗涛等译，第 164 页。

司开发北美洲五大湖地区至墨西哥湾的铁路。1862 年林肯政府通过《太平洋铁路法案》向铁路公司提供贷款的动因则是，当时美国内战的硝烟已经燃起，建设太平洋铁路对于北方的胜利及其政权的稳定具有战略意义。随着美国铁路业进入高速发展的黄金时代，联邦政府对铁路公司的援助明显减少，尤其是 19 世纪 70 年代之后，铁路建设资金主要通过组建铁路股份有限公司在资本市场上筹措。这种制度安排为美国基础设施建设主要由私营部门进行投资的传统奠定了基础。

二　行业竞争的失败者

19 世纪后期美国铁路业的扩张造成诸多弊端，如私人投资集中、无序竞争加剧、价格歧视盛行、贿赂丑闻不断等，从而引发了社会各界的强烈不满。为此，美国政府于 1887 年颁布了《州际商业法》（Interstate Commerce Act），同时成立州际商业委员会（Interstate Commerce Committee，ICC），铁路业成为该法令的管制对象。随着美国进步运动（Progressive Movement）的深入，联邦政府又颁布了《1890 年谢尔曼反托拉斯法》（Sherman Antitrust Act of 1890）、《1906 年赫普本法》（Hepburn Act 1906）和《1910 年曼－埃尔金斯法》（Mann Elkins Act of 1910），进一步加强了对铁路垄断企业的管制，包括减少投资、冻结运价、限制企业合并等。第一次世界大战期间，为了实施战时经济动员并整治铁路业的混乱局面，联邦政府成立了美国铁路管理局（United States Railroad Administration，USRA），把美国铁路系统接管下来进行集中管理。战时经济管制下的铁路业客运和货运量有所增加，但经济效益大幅下降，从 1917 年的盈利 57 亿美元变为 1920 年的亏损 15 亿美元。[①] 第一次世界大战结束后，联邦政府把铁路系统交由私人管理，但同时施加了一些限制性条令，甚至要求铁路公司即使经营亏损，也不得放弃"与公共利益有关的"的铁路线路和客运服务。如此一来，铁路业虽然属于私营部门，却具有很大的公益性。这导致铁路业失去了发展的活力，在运输市场上的份额逐渐减少。20 世纪 30 年代爆发的经济大萧条，对美国的铁路运输行业造成了沉重的打击。到

---

① 王全斌：《美国铁路模式研究》，《中国经济时报》2001 年 9 月 25 日。

1937 年，超过七万英里的铁路处于破产管理状态。^①第二次世界大战期间，由于工业产能调整，铁路的运输量暂时回升。然而，随着战后美国经济恢复常态，铁路业在过度的政府管制下经营管理日趋僵化，客运铁路的处境尤其艰难。20 世纪 60 年代，美国邮政总局（U. S. Postal Service）取消了客运列车运送邮件的合同，这令美国的客运铁路雪上加霜，一蹶不振。为了帮助客运铁路摆脱困境，美国政府出台了《1970 年美国铁路客运服务法案》（Rail Passenger Service Act of 1970），并成立了由政府资助的美国国家铁路客运公司，简称美铁（Amtrak），统一提供跨州和城际铁路客运服务。根据该法案，美铁成为美国为数不多的国有制联邦企业，采用公私合营的经营方式，在特定的铁路线上拥有受保护的客运经营权，铁路客运业务覆盖美国 46 个州和加拿大的三个省。^②面对市场萎靡、融资困难、法规限制等多重压力，美铁依靠联邦财政补贴勉强求存。1973 年，国会又颁布了《地区铁路改组法》（Regional Rail Reorganization Act），旨在对铁路公司进行资产重组和联合兼并，以提高美国铁路业的竞争力。

在屈从于政府管制的同时，美国的铁路企业还面临运输市场的激烈竞争。火车遭遇汽车"碾压"的情形，恰似当年奔驰的列车取代轮船和马车的景象。20 世纪 20 年代，美国汽车制造业的迅猛发展改变了美国交通运输的格局。大规模生产的福特汽车以低廉的价格投入市场，为美国人的中短途出行提供了更加方便灵活的选择；大型长途客车的诞生，则进一步瓜分了铁路客运市场。基于第二次世界大战期间运输机与轰炸机的研发成果和生产经验，20 世纪 50 年代，以波音 707 和道格拉斯 DC－8 为代表的大型喷气式民航客机应运而生，美国商业航空的发展领先全球。^③20 世纪 60 年代，美国运输市场的竞争呈现出白热化状态，铁路业的颓势更加明显。就货运而言，主要威胁来自公路运输、管道运输和略现生机的内河航运；就客运而言，公路与航空运输给铁路客运带来了巨大的冲击。1965

---

① 孟祥春：《美国铁路的历史沿革与管制变迁》，《理论学习与探索》2008 年第 3 期，第 56—57 页。

② Amtrak, "1970s : The Journey Forward," available at: https://history.amtrak.com/amtraks－history/1970s.

③ 寇伟：《美国铁路客运的历史困境及借鉴》，《全国商情·理论研究》2016 年第 29 期，第 63—65 页。

年，美国的铁路客运量较 1929 年减少了 85%。[1] 由于缺乏资本投入，日常维修难以保证，铁路公司出于安全考虑不得不降低列车速度，同时大量铁路被拆除。至此，美国铁路经历了先建后拆的过程。以 1916 年为界，此前铁路里程逐渐增加，此后逐渐缩减。[2] 20 世纪 70 年代，美国铁路处于严重衰退状态，曾经独霸天下的"铁老大"从"宠儿"沦为"弃儿"，风光无限的火车时代随之远去，但美国人对铁路和远方的美好记忆并未远去。正如美国小说家约翰·契弗（John Cheever）在其小说《弹园之地》（*Bullet Park*）中所感叹的，"我们出行多半是坐飞机，可是我国在精神上，似乎仍属铁路之国"。[3] 如今，矗立在华盛顿、费城、纽约等城市一角的昔日的火车站依然雄伟，街道上的火车轨道痕迹依然清晰，记录着美国铁路业的兴衰起伏。

回顾美国铁路业由盛及衰的过程不难发现，影响铁路业发展的一个关键因素是公路运输主导的行业竞争，联邦政府对铁路业的插手则加剧了这一竞争。如前所述，美国的铁路建设资金主要通过资本市场来募集，由此形成了美国公共工程投资由私营部门而非政府提供的传统。然而，美国的高速公路系统几乎完全由国家统一规划并出资建设。美国政府为何厚此薄彼？简言之，国防需要使然。随着美国进入汽车时代，建设州际公路的需求日益迫切。美国经济大萧条时期，为了振兴美国经济，美国总统富兰克林·罗斯福于 1938 年提出了修建三纵三横六条州际高速公路的构想和全国公路网的计划，但因资金短缺及第二次世界大战爆发而未能实现。第二次世界大战期间，基于军事需要，美国的公路建设在政府管制下高效进行。著名的阿拉斯加公路即为抵御日军入侵而建，九个月内便顺利完工。1943 年，美国国会批准了修建 6.44 万公里全国高速公路网的计划，但由于资金问题再度搁浅。1956 年，在美国总统怀特·艾森豪威尔的大力推动下，美国政府最终颁布了《联邦公路资助法》（Federal - aid Highway Act），同时建立了联邦高速公路信托基金（Highway Trust Fund），为高速公路建设提供大量的拨款，总投资约为 274.25 亿美元。根据《联邦公路

---

① John. F. Stover, *American Railroads* (Chicago: The University of Chicago Press, 1997), p. 133.

② 王全斌：《美国铁路模式研究》，《中国经济时报》2001 年 9 月 25 日。

③ 参见 John Cheever, quotable quote, https://www.goodreads.com/quotes/7766947 - paint - me - a - small - railroad - station - then - ten - minutes - before。

资助法》，从 1956 年 7 月 1 日开始，美国将用 30 年时间建成 6.56 万公里的州际高速公路，筑路资金由联邦政府和州政府按照 9∶1 的比例分摊。其中联邦政府提供的资金由"公路信托基金"提供，该基金 87.6% 的资金来自低税率的机动车燃油税；其余部分主要来自对道路磨损较大的大型车辆征收的销售税和使用税。《联邦资助公路法》还规定，州际高速公路建设与基金收入挂钩，收多少钱，办多少事，不再另外借款修路。建设州际高速公路的伟大构想，源自艾森豪威尔将军在第一次世界大战期间驾驶军车与训练坦克营的经历。因此，美国州际高速公路网又称国防公路网，其功能之一是满足第二次世界大战之后的战备需要：一旦核战争爆发，四通八达的高速公路可以把人口紧急疏散到全国各地，并快速运送军事装备与物资。[1] 在东西方冷眼相对的时代，美国的政治领袖们或多或少地继承了罗斯福的"新政"遗产，[2] 无论是民主党还是共和党主政，联邦政府都敢于集中力量办大事，尤其是在事关国家利益与国土安全的情况下。联邦政府设计的州际高速公路资助机制解决了融资问题，迅速推进了高速公路网的形成。将燃油税收入专用于州际高速公路建设支出，可以将税收负担转由道路用户承担，且易于征收，体现了"谁受益，谁支付"的公平原则。[3] 根据美国高速公路管理处（Federal Highway Administration）的统计，到 2016 年，美国州际高速公路总长度已达到 7.7557 万公里。[4]

综上所述，美国铁路业从顶峰跌入低谷主要有三个方面的原因：其一，汽车、民航和管道等运输方式的兴起，尤其是廉价而高效的汽车拥有量的增加，导致运输市场的竞争日趋激烈，铁路失去独霸天下的地位是大势所趋；其二，过于严格的政府管制导致铁路公司经营僵化，不能适应运输市场的变化；其三，冷战时期的国防需要促使美国政府大力资助和参与全国高速公路网的建设，并通过燃油补贴政策进一步降低公路交通的成本，从而加深了美国铁路业面临的困境。

---

① Henry Petroski, "On the Road", *American Scientist* Vol. 94, No. 5, 2006, pp. 396 – 399.

② 从 20 世纪 30 年代大萧条期间罗斯福总统实行"新政"开始，美国政府承担起保证经济正常运行的责任，政府不干预的自由放任主义（Libertarianism）从此宣告终结。

③ 李玉涛、荣朝和：《交通规划与融资机制的演变：美国高速公路百年史回顾》，《地理研究》2012 年第 5 期，第 922—930 页。

④ Federal Highway Administration, "Highway Statistics 2016", https：//www.fhwa.dot.gov/policyinformation/statistics/2016/hm16.cfm.

三　迈上复兴之路

　　面对铁路业濒临崩溃的局面，从 20 世纪 70 年代后期起，美国政府开始逐步放松对铁路业的管制，出台了《1976 年铁路复兴和规章改革法》（The Railroad Revitalization and Regulatory Reform Act of 1976）和《1980 年斯塔格斯铁路法》（Stagger Railroad Act of 1980）。这两部法律的主要内容包括：放松对铁路公司资产重组的管制，不再要求铁路公司继续经营亏损的线路；扩大铁路公司的定价范围，允许其与客户协商定价或给予大货主优惠运价，以便与客户建立长期、稳定的业务关系。1995 年，美国国会又颁布了《ICC 终止法》（ICC Termination Act），州际商业委员会被撤销，取而代之的是地面运输委员会（Surface Transportation Board，STB）。地面运输委员会是一个独立监管机构，由美国民主党和共和党两党成员组成，负责对铁路的监管范围、对象进行重新界定和调整。[①] 一系列放松管制的政策在资产重组、业务选择、价格制定等方面给予了铁路业一定的自由，促使铁路公司不断加大投资，对线路基础设备和运输设备进行更新改造，竞争力逐渐增强，经济效益显著提高，开始迈上复兴之路。进入 21 世纪以来，随着全球化的深入和石油价格的不断上涨，以货运为主的美国铁路业重现生机。2006 年，美国铁路的货运运营收益为 540 亿美元，以"吨/英里"计算的货运市场占有率达到 40%；在全部 559 家货运公司中，有七家一级铁路公司的营业收入超过 3.468 亿美元。2008 年，美国铁路总投资额高达 5850 亿美元，运输效率和铁路运量有所上升。截至 2013 年年底，美国铁路营业里程为 26.0423 万公里，居世界首位。在激烈的国内运输市场竞争中，美国铁路仍保有相当大的货运市场份额，大铁路公司大都能够保持盈利。目前美国铁路系统包括 7 个一级货运系统、21 个区域货运系统和 510 个本地货运系统，货运总里程数高达 22 万公里。铁路业承担着煤炭、石油、木材等基础物资的运输任务，在美国经济发展中发挥着至关重要的作用。根据美国运输部 2016 年的统计，美国货运铁路每天运送约 5500 万吨货物，以"吨/英里"来计算的运量在美国各类运输方式

① 孟祥春：《美国铁路的历史沿革与管制变迁》，第 56—57 页。

中排名第一。① 与其他货运行业相比，铁路货运既经济又节能。从 1981
年到 2014 年，铁路货运运费下降了 43%。从环境保护方面看，铁路货运
的燃油效率平均比卡车高出四倍，而温室气体排放量则平均比卡车减
少 75%。②

　　与铁路货运业务相比，美国的铁路客运业务在整个客运市场中占比很
小，复兴之路十分艰难。自 1970 年成立以来，美铁的财政支持主要来自
国会年度拨款。美国铁路史研究者理查德·怀特（Richard White）把美铁
比作政府创造的一头"怪兽"，由于缺乏盈利来源，一生下来就不得不依
赖大量补贴存活。③ 实际上，批准美铁赖以生存的补贴，经常会面临政治
上的角力。一些人一直主张取消政府对铁路的资助，让美铁在市场中自生
自灭。另一些人则主张"一碗水端平"，认为既然政府对航空和汽车运输
业提供优惠和补助，对铁路业同样可以提供资助。值得欣慰的是，自
1993 年以来，美国铁路的客运量以 50% 的速度逐年增长。2007 年，美铁
客运人数比 2006 年增加 6%，实现了连续五年增长。④ 2015 财年，美铁共
运送旅客 3080 万人次，票务收入达 21.85 亿美元，雇员超过 2 万人。⑤ 电
子票务系统和宽带通信的应用，在很大程度上推动了铁路客运的发展。
2016 财年美铁的总客流量为 3130 万人次，总营业收入为 21.4 亿美元，
均创下历史新高。⑥ 美国运输部 2015 年曾在其官方网站发布白皮书《展
望 2045：美国综合交通发展趋势与战略选择》（Beyond Traffic, 2045
Trends and Choices），从城际客运与城际货运两方面阐述了美国铁路发展
的趋势和战略。白皮书指出，就城际客运而言，未来 30 年美国人口将增

　　① U. S. Bureau of Transportation Statistics, "Transportation Statistics Annual Report: December
2016", https://www. bts. gov/archive/publications/transportation_ statistics_ annual_ report/2016/in-
dex.
　　② 数据来源于美国运输统计局（U. S. Bureau of Transportation Statistics）网站，参见 ht-
tps://www. bts. gov/。
　　③ 参见 Richard White, "Our Trouble with Trains", *The New York Times*, May 17, 2015。
　　④ 数据来源于美国运输统计局网站，参见 https://www. bts. gov/。
　　⑤ Amtrak Media Center, "Amtrak Ridership and Ticket Revenue Steady in Fiscal Year 2015", ht-
tps://media. amtrak. com/2015/12/amtrak – ridership – and – ticket – revenue – steady – in – fiscal –
year – 2015 – 3/.
　　⑥ Amtrak Media center, "Amtrak Delivers Strong FY 2016 Financial Results", https://
media. amtrak. com/2016/11/amtrak – delivers – strong – fy – 2016 – financial – results/.

加 23%，美国人对出行方式的多样化需求进一步增加。由于人口增长与经济活动越来越向大城市集中，铁路客运的吸引力和竞争力可能会提升，为应对日益增长的货运需求，应加大对交通基础设施的投资力度，并实行交通体制改革。①

综上所述，自 1980 年开始，美国的铁路业逐渐复苏。在拥有世界上最发达的公路网和航空网的美国，铁路运输仍在发挥着不可替代的作用，在激烈的运输市场竞争中稳步发展，整体上保有相当大的市场份额。美国铁路货运业的盈利业绩，体现了经济学的效率原则。美国拥有最发达的重载运输技术，这项技术成就了美国铁路货运的高效率和低成本。促使铁路业走向复兴的主要原因，是美国政府放松了对铁路业的管制，构建了对铁路行业进行适度管制的有效监管体系，赋予了铁路业灵活经营的制度环境。② 促使美国政府放松对铁路业的管制的原因，是铁路企业的大量破产对美国经济与社会生活造成了不利影响，以及日渐突出的能源和环境保护问题。③ 高速公路的扩展导致郊野地区繁荣，打破了自然的宁静，同时占用了大量林地与耕地，对自然生态环境造成了很大的破坏。美国人在享受自驾出行的快乐时，也在思考高速公路规划给环境造成的破坏、经济利益分配不公带来的教训，以及高速公路带来的经济效益如何能以破坏性更小的方式实现。④

四　高铁时代的"后进生"

放眼今日世界，高速铁路已遍地开花，而强盛的美国却缺少符合其大国形象的高铁系统。实际上，早在 1964 年日本新干线投入运营时，美国就开始构思高铁计划，并于 1965 年出台了《高速地面运输法》（The High

---

① Department of Transportation, *Beyond Traffic*, 2045 *Trends and Choices*, available at: http://www.dot.gov/BeyondTraffic. Retrieved March 10, 2017.

② 王全斌:《美国铁路模式研究》,《中国经济时报》2001 年 9 月 25 日。

③ 孙群郎:《当代美国郊区的蔓延对生态环境的危害》,《世界历史》2006 年第 5 期, 第 15—29 页。

④ 李玉涛、荣朝和:《交通规划与融资机制的演变: 美国高速公路百年史回顾》, 第 922—930 页。

Speed Ground Transportation Act)，拨款 9000 万美元用以建设东北走廊的城际高速客运铁路。1992—1998 年克林顿执政期间，联邦铁路局又批准了共计 11 条高铁建设计划。然而，目前已经建成的只有东北走廊中华盛顿至波士顿的平均时速为 128 公里的"阿西乐"快速列车（Acela Express）。目睹在中国、欧洲奔驰的高铁列车对当地国民经济和人民生活带来的革命性影响，美国人的"高铁梦"越发强烈。2009 年，美国国会批准了《美国复兴与再投资法》（American Recovery and Reinvestment Act，ARRA），也称经济刺激计划（Economic Stimulus Plan），计划为高铁建设投资 100 亿美元。奥巴马总统发出誓言，将启动艾森豪威尔州际高速公路工程以来最宏大的基础设施投资计划，修建 13 条高铁线路，惠及 31 个州。2011 年，奥巴马在国情咨文演讲中描绘了美国的高铁梦想：在未来25 年里，我们要让 80% 的美国人坐上高铁，闪亮的"子弹头"列车将以320 公里的时速在城市间奔驰。[①] 然而，共和党控制众议院之后，却拒绝为高铁项目拨款，奥巴马的"高铁蓝图"成为泡影。2014 年美国中期选举结束之后，已经准备修建高铁的几个州纷纷取消了高铁计划并退回联邦政府的拨款。随着奥巴马总统八年任期的结束，除佛罗里达州迈阿密至奥兰多的高铁项目如期进行外，[②] 关乎美国未来发展的高铁计划最终惨淡收场。

　　造成这种结局的原因是多方面的。就经济因素而言，妨碍美国高铁计划推进的一个核心观点是"美国建高铁不划算"。相关研究表明，成功建设高铁网络的国家通常具有"三高一低"的特点，即人口密度高、汽油价格高、公共交通利用率高、汽车持有率低，而美国的国情与之大相径庭。首先，美国的地理结构决定了铁路客运的需求小，修高铁不符合规模经济原则。具体地说，美国大多数地区地广人稀，大城市之间相距遥远且中间缺乏人口密集点，铁路旅客人数少，车票收入不足以覆盖高铁的运营

---

① The White House Office of the Press Secretary, "Fact Sheet: The State of the Union: President Obama's Plan to Win the Future", available at : https://obamawhitehouse.archives.gov/the - press - office/2011/01/25/fact - sheet - state - union - president - obamas - plan - win - future.

② 2012 年，佛罗里达东海岸工业公司（Florida East Cost Industries）宣布动工建设从迈阿密市中心到奥兰多国际机场的"光明线"（Brightline）快速列车。截至 2017 年 7 月，"光明线"列车营运测试已经启动，预计 2017 年年底开启迈阿密与西棕榈滩区间的客运服务。整个"光明线"工程耗资 30 亿美元，全部来自私有资金与债券，无联邦政府拨款。

成本。其次，公路与航空客运的替代效应削弱了高铁的竞争力。美国人的主要交通工具是私家汽车，即使不自驾出行，他们也会选择比高铁更经济的交通工具。自 20 世纪 50 年代高速公路网和航空客运兴起后，美国形成了飞机—汽车—"灰狗"（Greyhound）① 搭配的国内客运模式。目前，美国人的出行方式仍以驾车为主，其次为搭乘飞机，乘坐高铁的比例微乎其微。

因为发达的高速公路，美国被誉为"汽车轮子上的国家"，但建设高速公路要付出占据大量空间、破坏生态环境、浪费资源的高昂代价，因而在经济、环境和社会进步方面都不具有可持续性。建设高速铁路虽然是利国利民的大计，却受到冷遇，究其原因，正如美国《时代周刊》的评论所言，"一切都是因为政治"。就政治因素而言，美国的高铁建设困局缘于以下四个方面的原因：

第一，铁路建设由私营部门投资的传统是高铁建设面临的主要阻碍。从 19 世纪美国铁路业起步，到 20 世纪建设高速公路，美国国内逐渐形成了一种保守的政治理念：只有在出现经济危机或事关国家利益的情况下，联邦政府才会考虑提供财政支持。政府对经济和社会事务的过多介入，不仅有悖于市场竞争中的优胜劣汰原则，而且有悖于机会均等原则。加利福尼亚州的高铁建设项目就证明了这一点。早在 20 世纪 80 年代，加州州长、民主党人杰瑞·布朗（Jerry Brown）就提出兴建加州高铁的计划，但该计划由于遭到奉行"小政府"（small government）理念的共和党议员的反对而被搁置。由于议员们与各方利益相关者争执不休，最后采取了全民公决的方式。2008 年 11 月，加州民众通过投票表决做出决定：可以利用州政府发行的 99.5 亿美元债券和部分联邦拨款进行高铁的前期建设。然而，巨额资金缺口及环保评估、土地征用、居民搬迁等方面的困扰使高铁计划再度被搁置。2010 年，再次当选加州州长的杰瑞·布朗继续推进加州的高铁建设，并促使美国私人企业西部快线公司（Xpress West）于2011 年同意为加州高铁项目向联邦政府申请 60 亿美元的贷款，但此举遭遇共和党方面的巨大阻力。2013 年 3 月 7 日，时任众议院预算委员会

---

① 灰狗长途巴士，是美国最著名的长途汽车公司，在美国各地都有班车服务。在美国长途旅游，乘坐灰狗巴士是最方便、最经济的出行方式。与乘飞机相比，它的价钱要便宜一半；与自驾相比，它可免自己开车和搬运行李之劳。

(House Budget Committee) 主席、现任众议院议长保罗·瑞恩（Paul Ry-an）和参议员杰夫·赛森斯（Jeff Sessions）致函当时的美国交通部部长雷伊·拉胡德（Ray LaHood），表示他们坚决反对用纳税人的钱投资如此高风险的项目，因为美国"正经历的债务危机已经威胁到当前和未来美国人的福祉"，并要求政府问责办公室（Government Accountability Office）就西部快线公司高铁项目的经济可行性和对纳税人带来的真实风险撰写报告。[1] 2015 年 1 月 6 日，遭遇重重阻力的加州高铁项目终于在加州中部城市弗雷斯诺（Fresno）启动。然而，2017 年 2 月 17 日，联邦公共交通管理局（Federal Transportation Administration，FTA）宣布，将延后决定是否向加州拨付用于旧金山湾区高速铁路电力化的 6.47 亿美元的补助，因为 14 名共和党众议员联名上书美国新任交通部部长赵小兰（Elaine Chao），批评加州高铁项目的耗资持续增长，且无法吸引到私人投资。[2]

第二，缺乏统一规划能力的联邦体制成为州际高铁建设的"瓶颈"。在美国投资兴建州际高铁系统的前提，是各州能够就高铁项目和规划达成一致。这对于联邦政府和州政府来说显然困难重重，东北走廊的城际高铁项目就是一个例证。现有的"阿西乐"快速列车由于铁路和桥面老化，从纽约到华盛顿需行驶 2 小时 45 分钟；若换成新轨道和子弹头列车，则仅需 90 分钟。该项目涉及的四个大都市分属于四个州，其中任何一个州都难以组织协调各州间的通力合作。因此，一些舆论认为，美国之所以建不成高铁，原因在于联邦政府太弱势，缺乏坚强的意志力。在艾森豪威尔执政的年代，公众对联邦政府的信任度高达 70%，如今这一数字已降至 20% 以下。在和平时期，任何公共工程项目的兴建都会引发争议，高铁也不例外。

第三，保护主义的政治诉求加剧了高铁建设的艰难处境。2015 年 1 月，加州高铁项目旧金山至洛杉矶线宣布正式开工，但此后仍面临巨大的资金缺口。为此，加州高速铁路管理局（California High Speed Rail Admin-

① Emily Goff, "Sessions and Ryan to LaHood: Halt the High-Speed Train to Vegas", *The Daily Signal*, March 8, 2013, http://dailysignal.com/2013/03/08/sessions-and-ryan-to-lahood-halt-the-high-speed-train-to-vegas/.

② Ralph Vartabedian, "California Republicans Ask Trump Administration to Block Bullet Train Funding", *Los Angeles Times*, February 6, 2017, http://www.latimes.com/local/california/la-me-bullet-train-trump-20170206-story.html.

istration，CHSRA）努力寻求国际资本以解燃眉之急。2015年9月，中国铁路国际（美国）有限公司（简称中铁国际）与美国西部快线公司签署协议，双方决定合作建设和经营拉斯维加斯至洛杉矶的高速铁路，计划投资127亿美元。然而，2016年6月，西部快线公司却单方撕毁协议，中美两国首个高铁合作项目戛然而止。中国铁路总公司对此予以严厉谴责，指出"这一行为是错误的，不负责任的"，并表示将依法进行交涉。许多人认为，美国西部快线公司之所以任性违约，与特朗普在大选期间提出的"购买美国货，雇用美国人"的口号有关。西部快线公司在公告中称，现在"面临的最大挑战是联邦政府要求高速列车必须是美国制造的"。①

第四，庞大的利益集团为高铁建设设置了重重阻力。美国高铁计划的一大亮点是，高速列车将使用风能、太阳能、地热、潮汐等新能源，终结美国铁路的石油消耗模式，而这无疑威胁到美国石油公司的利益。多年来，以科氏兄弟（Koch brothers）为代表的石油巨头一直凭借自身巨大的游说力量阻挠美国高铁的发展。正如朱莉·道布尔迪（Julie Doubleday）所揭露的，"美国每一次铁路计划流产，背后都能找到石油大亨科氏兄弟的影子。他们要么出资支持反对铁路项目的政党，要么扶植有保守倾向的智库……凭借其幕后操纵成为利益博弈中的最大赢家"。② 2011年，佛罗里达州州长里克·斯科特（Rick Scott）宣布拒绝联邦高铁计划拨款，从而暂时终止了奥兰多—坦帕（Orlando - Tampa）的高铁建设，这在很大程度上是石油公司游说的结果。当时，佛罗里达州共和党众议院运输和基础设施委员会（House Transportation and Infrastructure Committee）主席约翰·迈卡（John Mica）坦言，高调反对高铁建设的议员的竞选资金，绝大部分来自石油行业。③ 总之，建设新能源驱动的高速铁路系统，将大大减少铁路对石油的依赖，损害石油公司的利益，所以遭到石油公司的极力

---

① Julie Makinen，"China Will Not Build L. A. - to - Vegas Rail Line：U. S. Company Calls the Deal Off"，*Los Angeles Times*，*June* 8，2016，available at：http：//beta. latimes. com/world/asia/la - fg - xpresswest - rail - line - 20160608 - snap - story. html.

② Julie Doubleday，"How Two Billionaires Are Destroying High Speed Rail in America"，https：//www. attn. com/stories/295/how - two - billionaires - are - destroying - high - speed - rail - america.

③ Robert Cruickshank，"John Mica Abandons NEC Privatization Plans"，*California High Speed Rail Blog*，November 9，2011，http：//www. cahsrblog. com/2011/11/john - mica - abandons - nec - privatization - plans/.

反对。出于同样的维护自身利益的原因，航空、汽车、环保等行业的利益集团也成为阻碍高铁建设的力量。

美国要想实现特朗普总统提出的"让美国再次伟大"（Make America Great Again）的梦想，重建基础设施是前提之一。随着公路的老化和人口的增加，高速铁路的建设不仅必要，而且很有盈利前景——尤其是大城市之间的高铁。特朗普在大选期间多次承诺将改善美国的基础设施建设。2017 年 2 月 28 日，特朗普总统宣布，将要求国会通过一万亿美元的基础设施投资方案。然而，这个宏伟蓝图的实现路径尚不明朗。像中国和欧洲那样的高速铁路网在美国是否能够实现？前景似乎并不乐观，其面临的主要障碍包括党派之争、利益集团的阻力和资金保障困局等。

结　语

从 1830 年建成第一条铁路起，美国的铁路业发展经历了繁荣、衰落与复兴三个阶段。与其他国家相比，目前美国的铁路客运在经济效益与社会效益方面远远落后于公路与民航两大运输方式，因而难免让人产生"美国的铁路交通已经衰落"的误解。实际上，美国拥有发达的铁路系统。美国铁路客运的作用虽然有限，但铁路货运在美国经济中仍发挥着举足轻重的作用。

美国铁路业的兴衰和演变与政治、经济因素的影响有关，具有三个主要特征。其一，交通基础设施产业的特殊属性，决定了美国政府在其发展中扮演重要的角色。美国政府对 19 世纪铁路业的发展既不放任自流，也不大包大揽，而是有限且有效地介入，这为美国基础设施建设主要由私营部门投资的传统奠定了基础。其二，美国现有的高速公路系统完全是政府主导的"计划经济"的产物，这显然有悖于美国的政治传统。实际上，这恰恰体现了美国政治传统中的"国家利益至上"的原则。为了维护美国的国家利益，美国政府从不吝惜金钱，连年增长的巨额军费即为明证。其三，美国的高铁梦想成为泡影的根本原因，在于分散的决策机制和不同群体各有其利益诉求。美国并不缺乏建设高铁的技术和经济条件，只是尚未就建设高铁的必要性达成共识。正如中国学者郑永年所言，"民主制度是一种极其保守的制度。在民主政治下，各方面的利益都可以得到表达，但要他们之间作重大妥协则非常困难，因此民主制度非常有利于维持现状"。① 美国政府支持交通基础设施建设的行为所引发的争论，是美国历史上延续最久的公共政策争论，未来这种争论仍将持续。美国铁路业的发展模式为中国的交通设施建设提供了经验和教训。美国政府的减税政策、多元的投资渠道等有值得借鉴之处，而铁路建设对自然环境的破坏、先建后拆造成的资源浪费，以及放任自流导致的投机腐败，则应引以为戒。

（付美榕：北京外国语大学英语学院美国研究中心教授）

---

① 郑永年：《中国崛起，重估亚洲价值观》，东方出版社 2016 年版，第 109 页。

对特朗普政府能源政策的分析与评估

付随鑫

【内容提要】特朗普能源政策的目标是追求美国能源独立和促进经济与就业，核心措施是发展化石能源。这在很大程度上延续了前几届政府的政策，并反映和适应了过去几年里美国化石能源行业的发展状况。特朗普的能源政策在短期内将有力推动美国化石能源的增长，不利于清洁能源的发展，但市场和技术因素会发挥更重要的作用。特朗普的能源政策还会给国际能源价格带来下行压力，改变既有定价模式，冲击现有的国际能源格局和地缘政治。

【关键词】美国经济　特朗普政府　能源政策

从 2016 年 5 月提出第一份能源计划到执政至今，特朗普的能源政策已初具规模并在逐步推进。它在多大程度上预示了美国能源政策的未来走向，对美国能源行业乃至国际能源市场将产生何种影响，中国能从中获得哪些机遇，本文将对这些问题做出初步的分析和评估。

一　特朗普的能源政策与举措

能源政策是特朗普竞选和执政的优先事项之一。早在 2016 年 5 月，尚未得到共和党正式提名的特朗普就前往北达科他州宣布他的能源计划，主要内容包括：强调"美国优先"和"能源独立"；为促进就业增加化石能源开采；放松对油气公司的管制；开放更多联邦土地供能源开发；支持拱顶石管道（Keystone XL）项目；拯救煤炭产业；等等。[①] 就职后第二天，特朗普就发布了"美国优先能源计划"，以此作为新一届政府能源政策的总体纲领[②]，其内容延续了竞选期间的承诺。

此后，特朗普逐步推进其能源新政。2017 年 1 月 24 日发布的行政令批准了拱顶石项目和达科他（Dakota Access）项目的管道建设。2 月 1 日，共和党主导的国会废除了一项要求美国上市石油和矿业公司必须披露海外经营中向当地政府支付款项的规定。3 月 28 日发布的"促进能源独立和经济增长"行政令要求重新评估奥巴马政府的《清洁能源计划》，允许租赁联邦土地用于煤炭项目，并赋予各州更多权力来决定能源项目。4 月 28 日发布的"执行美国优先离岸能源战略"行政令启动了向油气开发活动开放新的近海水域的程序。[③] 6 月 1 日，特朗普正式宣布退出《巴黎气候协定》。纵观特朗普的能源举措，可以发现几个突出的特点。

第一，凸显"美国优先"理念，奉行单边行动。"美国优先"是贯穿于特朗普所有政策的核心理念，在能源政策上的表现就是强调实现美国"能源独立"和促进增长与就业这两个首要目标。特朗普宣称，其能源政策致力于降低美国的能源成本，最大限度地利用本国资源，减少对国外石油的依赖；继续推进页岩油气革命，给数百万美国人带来就业机会和经济繁荣；充分开发价值约 50 万亿美元的油气储备，利用这些收入来重建道路、桥梁、学校和其他公共基础设施。[④] 特朗普的"美国优先"理念还表现在他的单边行动上。他只关心美国自身的能源安全和经济利益，不顾国际社会的普遍反对，执意发展化石能源和退出《巴黎气候协定》。

第二，化石能源开发占据特朗普能源政策的中心地位。特朗普迄今的能源举措都是为了促进煤炭、石油和天然气的开发和利用。针对煤炭行业，特朗普已经多次亲赴美国煤炭产区演讲，表示要重振煤炭产业。他还

---

① Matt Egan, "Donald Trump's Energy Plan: Regulate Less", http://money.cnn.com/2016/05/26/investing/donald-trump-energy-plan/index.html.

② The White House, "An America First Energy Plan," https://www.whitehouse.gov/america-first-energy.

③ "2017 Donald Trump Executive Orders", https://www.federalregister.gov/executive-orders/donald-trump/2017.

④ The White House, "An America First Energy Plan", https://www.whitehouse.gov/america-first-energy.

取消了联邦土地新开煤矿禁令，放松煤炭行业的碳排放限制。对于石油行业，特朗普放开对近海石油开发的限制，批准石油管道建设，鼓励用水利压裂法开采页岩油。对于天然气行业，特朗普放松对页岩气开发的限制，并努力推动液化天然气（以下简称 LNG）出口。

第三，特朗普否认气候变化并轻视新能源技术。他曾声称气候变化是中国设计的"骗局"，上台后执意退出《巴黎气候协定》。在其"美国优先能源计划"中，特朗普将气候行动计划视为美国能源产业的负担。他不仅大幅度削减美国环保署的预算，还明显缩小其工作范围，将其重点限于保护干净的空气和水，保护自然栖息地，保护自然保护区。特朗普虽然表示能源开发和环境保护要协调发展，但至今并没有出台重要的环保政策。特朗普对一般的清洁能源技术缺乏兴趣。他多次声称太阳能发电太贵，风能发电会大量杀死鸟类，其实这些说法都不符合事实。他偶尔强调能源技术创新和可再生能源发展，主要是为了争取选民的支持。

第四，特朗普公然将能源出口当作一种贸易政策工具和地缘政治武器。奥巴马政府虽然支持 LNG 的开发与出口，但并未把它视为贸易战略中的一个关键因素。特朗普则努力推动对中国、日本和印度等地区出口 LNG，以创造就业并减少美国的贸易赤字。特朗普还认为，扩大美国能源产量有利于美国国家安全。他计划逐渐摆脱对石油输出国组织（欧佩克）及其他有损美国利益的国家的依赖，逐渐实现能源独立；同时作为反恐战略的一部分，将与海湾同盟国家维持积极的能源关系。

二　特朗普能源政策背后的原因

特朗普制定和推行这种能源政策出于以下多方面的原因：

第一，特朗普的能源政策真实反映了他的个人理念和利益。从特朗普的历年言论可以看出，偏爱化石能源、轻视新能源和否认气候变化是他一贯的理念。[①] 新能源行业妨碍过特朗普的商业利益。他曾努力阻止电力公司在其高尔夫球场附近建设风力发电厂，但诉讼被法院驳回。这引发了他

---

① "Donald Trump on Energy & Oil", http：//www. ontheissues. org/Celeb/Donald_ Trump_ Energy_ + _ Oil. htm.

对风力发电的激烈攻击。

第二，扩张化石能源满足了特朗普发展经济和迎合选民的需要。促进就业和经济增长是特朗普竞选和执政的首要议题。特朗普相信撤销对美国能源的各种限制，可在未来七年内使美国每年多创造 1000 亿美元的国内生产总值（GDP），创造 50 万个工作岗位，为工人增加 300 亿美元的收入。虽然太阳能发电增加了最多的能源行业工作岗位，但特朗普并不关心这些新能源产业，其主要原因是它们不能为特朗普提供关键选票。相反，为数仅三四万的煤炭工人聚集于宾夕法尼亚、西弗吉尼亚和俄亥俄等关键州，所以特朗普反复对他们许诺将振兴煤炭产业。

第三，特朗普的政策适应了共和党和保守派利益集团的要求。虽然特朗普是非典型的共和党候选人，但他的能源政策却是典型的共和党式政策。共和党向来代表化石能源行业的利益，且不愿承认气候变化。如果将特朗普和罗姆尼两人在竞选期间提出的能源计划作对比，就能发现两者几乎如出一辙。①

第四，人事即政策。特朗普将多位具有传统能源行业背景的人士安排在内阁关键职位上。国务卿雷克斯·蒂勒森（Rex Tillerson）曾担任埃克森美孚石油公司前任董事长兼首席执行官。能源部长里克·佩里（Rick Perry）坚定支持石油行业发展，并强烈质疑气候变化。内政部长瑞恩·津凯（Ryan Zinke）和环保署署长斯科特·普鲁伊特（Scott Pruitt）都质疑全球变暖造假，否认气候变化理论并大力支持传统能源的发展。

三　政策的延续和调整

虽然特朗普以"局外人"的身份当选总统，他的能源政策也确有独特之处，但他还是继承了前几届政府的许多政策。特朗普政府和奥巴马政府的政策表面上有不少对立，但实质上它们只是突出了美国能源政策演变的不同侧面。

第一，能源独立和安全是尼克松政府以来的历届美国政府追求的目

---

① Brad Plumer, "The 6 Most Important Parts of Donald Trump's Energy Policy", https://www.vox.com/2016/5/26/11788374/donald-trump-energy-speech.

标，只不过特朗普将该目标更凸显出来。由于石油危机，尼克松政府在 1973 年提出"能源独立"计划，计划到 1980 年实现能源独立。福特政府制定了《能源独立法》（Energy Independence Act），并建立了战略石油储备。卡特政府则成立了能源部。随后 20 年，美国的能源供应相对稳定，但各届政府仍将能源独立作为美国能源政策的目标。[①] 小布什时期，由于恐怖袭击，能源问题跟国家安全更加紧密地联系在一起，而且由于油价持续高涨，能源独立的呼声再次高涨。2007 年，美国国会通过了《能源独立和安全法》（Energy Independence and Security Act），以推进石油独立和能源替代。奥巴马政府的《能源安全未来蓝图》（Blueprint for a Secure Energy Future）则提出要持续增加美国国内的石油生产，寻找各种可替代能源，发展清洁能源。追求能源独立和安全是两党的共识，只是民主党看重减排、管制和清洁能源，共和党则偏爱生产、去管制和化石能源。

第二，加强美国化石能源开发和出口，促进就业和经济增长。奥巴马时期美国兴起了页岩气革命。页岩油的产量从 2009 年的每日 100 万桶增长到 2016 年的 460 万桶，同期页岩气的产量从 4 万亿立方英尺增加到 14 万亿立方英尺。[②] 奥巴马政府还在 2016 年解除了美国长达 40 余年的石油出口禁令。由于特朗普的大力推动，美国化石能源产量将在未来几年加速增长，到 2026 年美国或将变成能源净出口国。不同的是，奥巴马政府担心油气管道和水力压裂法对环境的负面影响，而特朗普政府则少有顾忌。

第三，特朗普政府并未阻挠清洁能源的开发和利用。奥巴马政府曾大力推动清洁能源，为此专门制订了《清洁电力计划》（Clean Power Plan），期望到 2030 年美国电力行业的碳排放能比 2005 年减少 32%。其主要措施包括：通过提高现有燃煤电厂的热效率来减少发电的碳排放量；用现有碳排放较低的天然气发电厂替代高排放的燃煤电厂发电；用"零排放"的可再生能源发电替代现有的燃煤发电。[③] 特朗普大力推动天然气生产延续了奥巴马政府的措施。在过去几年里，单靠天然气发电替代煤炭发电，美国就已实现了减排的重大跨越。但特朗普对奥巴马的其他目标和措施缺乏

---

① 赵宏图：《美国能源独立辨析》，《现代国际关系》2012 年第 6 期，第 29 页。

② U. S. Energy Information Administration, "Annual Energy Outlook 2017", https://www.eia.gov/outlooks/aeo/pdf/0383（2017）.pdf, pp. 22, 60.

③ 周琪、付随鑫：《美国〈清洁电力计划〉及其对美国能源行业的影响》，《国际石油经济》2015 年第 10 期，第 28 页。

兴趣。他声称其能源战略包含核能、风能和太阳能，但前提是不能以牺牲化石能源为代价去发展清洁能源。[①] 特朗普唯一看重的清洁能源技术只有清洁煤技术。它主要是通过碳捕捉与封存技术，将煤炭利用过程中排放出的碳埋藏在地下，阻止其流向大气，减缓温室效应。小布什和奥巴马都曾将其作为一种应对气候变化和振兴煤炭产业的措施来推动。特朗普还将奥巴马环保政策的重点从应对气候变化转向保护清洁空气、水资源、自然栖息地、自然保护区和保护国民健康等传统目标。

四　对美国能源行业的影响

虽然特朗普的大量政策都严重受阻，至今未能取得重大立法成就，其能源政策也只能依靠行政令来推进，但他实际上已经显著改变了美国能源产业的规则和预期，并将在未来几年内对美国能源产业产生不可忽视的影响。

第一，特朗普的政策将促进美国油气的生产，增加出口，减少进口。美国的页岩油产量在过去几年增长迅猛，在 2015 年达到平均每日 487 万桶的峰值，最近两年有小幅度下滑。由于特朗普能源政策的刺激，2017 年美国页岩油产量将止跌回升。美国能源信息署预测，今后几年页岩油产量将稳步增长，到 2050 年平均日产量仍能维持在 600 万桶以上，占到美国石油总产量的 63%，年均增长率为 0.9%。页岩气的产量在未来 30 年仍能保持快速增加的势头，产量将从 2016 年的 14 万亿立方英尺增加到 2050 年的 27.45 万亿立方英尺，占美国天然气总产量的比例相应从 53% 上升到 68%，年均增长率为 2%。[②] 总体而言，未来 30 余年，美国本土能源产量将以年均 0.6% 的速度稳步上升，其中 2/3 的贡献来自天然气产量的增长，另外 1/3 来自可再生能源。同期，美国能源进口量将以年均 0.1% 的速度下降，其中天然气的进口量将下降 40%，而石油进口量仍将

---

① The White House, "An America First Energy Plan," https：//www.whitehouse.gov/america - first - energy.

② U. S. Energy Information Administration, "Annual Energy Outlook 2017：Table 14. Oil and Gas Supply", https：//www.eia.gov/outlooks/aeo/tables_ ref.php.

长期维持在当前水平；美国的能源出口有望快速增加，预计年均增长率将达到 1.4%，其中天然气和原油年均出口增长率将分别达到 3.6% 和 0.8%，远高于 1.2% 和 0.3% 的产量增长率。①

　　第二，特朗普的政策对煤炭产业是个重大利好，但无法逆转其衰落趋势。在过去几年，主要由于页岩气产量猛增和价格低廉，大约 600 亿瓦特产能的低效煤炭发电厂被迫关闭。2016 年美国煤炭产量同比下降了 1.26 亿吨，幅度高达 16%；煤炭消费量减少了 0.84 亿吨，其中仅电厂的消费量就减少了 0.81 亿吨。可见，煤炭发电的减少是美国煤炭产业衰落的主要原因。特朗普的大力推动可能使美国煤炭行业未来 5 年的前景略有好转。从 2017 年到 2021 年，煤炭产量有望从 6.9 亿吨增至 7.5 亿吨，电煤的消费量也会相应增长。② 但这种短暂的好转或将与特朗普的政治意愿相悖。他希望振兴阿帕拉契亚山脉地区的煤炭产业。该地区煤炭工人最集中，但生产效率却最低。在利润的驱动下，生产商将把产能转移到怀俄明州的粉河盆地和伊利诺伊州的南部，未来几年的增产都将来自这两个地区。长期来看，美国煤炭产业的衰落是无法避免的。预计 2021 年后美国的煤炭产量和消费量就将快速下降。煤炭在能源生产中的比重将从 2016 年的 18% 下降到 2050 年的 11%，在能源消费中的比重将从 14% 下降到 9%。③

　　第三，特朗普的能源政策将减缓清洁能源发展，妨碍能源转型，但负面影响有限。不利影响表现在多个方面：一是特朗普对化石能源的大力支持将增强这些行业的竞争力，挤压清洁能源的发展空间；二是清洁能源的发展部分程度上依赖税收优惠政策，而特朗普不愿延续这些措施；三是特朗普试图削减环保署 31% 的预算，其中很大一部分原本用于清洁能源的研发与推广。奥巴马政府曾努力推动美国向新能源和低碳经济转型，特朗普的政策虽然不会逆转这种趋势，但肯定会减缓其速度。特朗普的政策将

① U. S. Energy Information Administration, "Annual Energy Outlook 2017: Table 1. Total Energy Supply, Disposition, and Price Summary", https: //www. eia. gov/outlooks/aeo/tables_ ref. php.

② U. S. Energy Information Administration, "Annual Energy Outlook 2017: Table 15. Coal Supply, Disposition, and Prices", https: //www. eia. gov/outlooks/aeo/tables_ ref. php. 本文中将煤炭的质量单位都由原文献中的短吨换成了公吨。1 短吨约等于 0.907 公吨。

③ U. S. Energy Information Administration, "Annual Energy Outlook 2017: Table 1. Total Energy Supply, Disposition, and Price Summary", https: //www. eia. gov/outlooks/aeo/tables_ ref. php.

迫使新能源产业提高自身竞争力。据统计，2012—2016 年，北美陆上风电成本共下降9%，并网光伏发电成本下降21%。最新中标的风电和光伏项目成本已经下降至5 美分/千瓦·时和7 美分/千瓦·时，非常接近美国电力批发市场的常规电价区间。[①] 可以预见，具备技术的新能源企业将逐渐在不依赖政府补贴的情形下，获得与油气抗衡的竞争能力。

化石能源和新能源并非不能协同发展。民调显示，75%的特朗普支持者对美国发展新能源持肯定和支持的态度。保守的得克萨斯州既是最大的油气生产地区，也是风电装机规模最大的州。截至 2016 年，太阳能行业的工作岗位已达到 26 万个，远远超出煤炭行业。既然新能源能创造大量就业岗位，特朗普就不大可能坚持反对它们。此外，由于美国存在联邦分权体制，加州和纽约州等能源消费大州都在自主推进减排和能源转型。长远来看，以风能和太阳能为代表的可再生能源将继续快速增长，预计年均增长率将达到 3.5%，远高于化石能源的增长率，可再生能源的比重也将从 2016 年的 3.6% 增加到 2050 年的 9.2%。[②]

五　对世界能源的潜在影响

特朗普能源政策的影响还将波及全球，特别是会对其他能源生产大国和消费大国产生明显的影响。

第一，特朗普的政策将给低迷的国际能源市场带来进一步的下行压力。美国原油产量的增长将抵消欧佩克减产的影响，油价面临下行压力，并推动全球石油市场从供不应求的卖方市场向供大于求的买方市场转变。美国页岩油可能接替欧佩克，成为全球原油边际供应的调节器，继而成为影响国际油价走势的最主要因素之一。页岩油产量的增加，将对国际油价的恢复形成明显阻力。美国 LNG 项目的投产将加剧全球 LNG 市场疲软，LNG 价格将继续保持低迷状态。预计未来几年，美国的 LNG 出口将迅速

---

① 张礼貌：《特朗普能源政策阻碍美国能源转型》，《中国石油报》2017 年 2 月 14 日，第 2 版。

② U. S. Energy Information Administration, "Annual Energy Outlook 2017: Table 1. Total Energy Supply, Disposition, and Price Summary", https://www.eia.gov/outlooks/aeo/tables_ref.php.

增长。2016 年美国的 LNG 出口量仅为 900 亿立方英尺，2020 年可能增至 2.86 万亿立方英尺，增长幅度达 31 倍之多，而且其远期出口量将超过 4 万亿立方英尺。[①]

第二，它将改变国际油气市场的既有定价模式。20 世纪 70 年代以来，国际油价很大程度上受欧佩克的影响。美国曾通过释放战略石油储备、联合沙特阿拉伯等国增产等手段打压国际油价。现在美国有了更多手段，可以采取加大本土页岩油气生产、加快 LNG 出口来影响油价。可以预见，未来任何没有美国参与配合的国际油价协调机制都将失去原有的作用。同时，美国 LNG 的出口将导致北美地区天然气供应大增，从而加快北美、欧洲、亚太三大天然气定价中心的定价机制的调整，并有利于全球天然气价格的平衡。

第三，它将加速改变现有的国际能源格局和地缘政治。特朗普对美国能源独立目标的追求将加快全球油气供应的西移。以常规油气为主的传统供应带主要集中在东半球，包括波斯湾、北非、里海和西伯利亚等地区，油气储量为 2631 亿吨油当量，占世界总量的 68%。但是，西半球以非常规油气为主的新供应带已经兴起，包括美国的页岩油气、加拿大的油砂和委内瑞拉的超重油。该地区的油气储量达到 994 亿吨油当量，占世界的 26%。[②] 美国能源对外依存度的下降，将使其进一步减轻对中东等不稳定能源供应地的依赖，并放松对该地区冲突的介入和管控。这些因素结合起来将导致西半球成为更加丰富和稳定的油气供应地。随着从最大石油进口国转变成最大石油生产国，美国更有能力将能源供应当成一项贸易政策工具或地缘政治武器。利用低油价对政见不同的国家实施"和平打压"，对美国有利无害。由于最近几年的低油价，以沙特阿拉伯为代表的中东产油国已出现财政赤字，俄罗斯也是勉强支撑。美国还试图增加对欧洲的 LNG 供应，从而削弱俄罗斯利用能源垄断作为战略手段或谈判筹码所带来的不利影响。

---

① U. S. Energy Information Administration, "Annual Energy Outlook 2017: Table 62. Natural Gas Imports and Exports", https://www.eia.gov/outlooks/aeo/tables_ ref. php.

② 陈蕊：《特朗普能源新政实施，世界油气市场格局或将重塑》，《中国石油和化工》2017 年第 5 期，第 5 页。

六 中国的机遇和挑战

从美国进口能源,有利于中国降低能源风险,缓和来自美国的贸易压力。目前,中国面临着巨大的能源安全压力。2016 年,中国进口了 3.6亿吨石油,对外依存度超过 65%;还进口了 1369 亿立方米天然气,对外依存度达 35%。预计到 2030 年,中国的石油和天然气进口量将分别接近5 亿吨和 2500 亿立方米,对外依存度或将分别超过 70% 和 50%。[1] 而且,中国的石油进口主要来自沙特阿拉伯、俄罗斯、安哥拉、伊拉克、伊朗、安曼等国,这些国家的安全形势非常复杂。相比之下,2016 年美国的石油净进口量仅占消费量的 25%,其石油进口国集中在西半球,特别是加拿大和墨西哥,而来自波斯湾各国的仅占 18%。[2] 美国的 LNG 出口增长迅速,成本较低且供应稳定。中国加快进口有助于分散能源风险、压低能源价格和改善环境污染。特朗普政府也一直希望通过向中国出口 LNG 来减少对华贸易赤字。中美在这方面的合作具有明显的双赢性质,两国政府已经就此达成了初步的共识和协议。此项交易刚刚起步,扩展空间甚大。

中美在化石能源上也存在广阔的合作空间。美国在水力压裂法上拥有先发技术优势,页岩气革命已取得了显著成效。中国页岩油气资源丰富,需求量巨大,双方合作开发已初现成效,但尚需美国进一步放开技术转让限制。[3] 美国化石能源的振兴有利于中国企业对美投资。由于特朗普放开在联邦土地和近海的油气开发,中国企业将有更多的参与机会,而且美国公司可能需要中国的资金。随着中国进一步放开民营企业的石油进口权和使用权,它们将有机会利用美国廉价的 LNG。[4]

---

[1] 戴彦德、朱跃中、刘建国:《从特朗普能源新政看中国能源安全形势》,《中国经济报告》2017 年第 4 期,第 70 页。

[2] U. S. Energy Information Administration, "How Much Petroleum Does the United States Import and Export?", https://www.eia.gov/tools/faqs/faq.php?id=727&t=6.

[3] Sarah M. Forbes, "The United States and China: Moving toward Responsible Shale Gas Development", The Brookings Institute, https://www.brookings.edu/wp-content/uploads/2014/01/USChina-Moving-Toward-Responsible-Shale-Gas-Development_SForbes.pdf.

[4] 张爱国:《特朗普能源政策下中国油企对美投资策略》,《中国石化》2017 年第 7 期,第65 页。

中国对美国的清洁能源技术也有巨大需求。在中国一次能源消费中煤炭仍占到62%。中国的煤炭资源较为丰富，相对于其他能源类型具有明显的比较优势。这本来可作为中国能源独立的基础，但由于面临环境污染和低碳减排的压力，中国需要推进能源结构调整，降低煤炭消费比重，增加天然气和可再生能源的供应。这不仅增大了中国能源独立的难度，也增加了对清洁煤技术和新能源技术的需求。美国在这方面具有技术优势，中国则拥有广阔的市场，双方的合作能实现双赢。特朗普政府或许对清洁能源缺乏兴趣，但美国许多州和地方政府以及新能源公司却可以成为中国合作的对象。

美国能源政策的变化也可能给中国带来风险。由于美国"能源独立"的目标越来越接近实现，美国在国际能源格局中的地位和话语权会持续提升，这将在一定程度上挤压中国的国际能源战略和能源外交。美国的能源增产和出口已经对中东国家和俄罗斯等国产生了严重冲击，特朗普政府还试图将能源作为一种地缘政治工具。这些都可能导致油气产地的安全形势变化和动荡。中国的能源安全可能因此面临更大的风险和压力。

（付随鑫：中国国际问题研究院助理研究员）

美国外交

美国霸权地位的衰落

——基于实力与政治领导力关系的视角

杨卫东

【内容提要】 美国战略学家克莱因的国力公式认为，国家力量＝（自然基本力量＋经济力量＋军事力量）×（国家战略＋意志），即一个国家的综合国力不光受到资源、经济、军事等因素的影响，也受制于国家意志与国家战略等政治领导力因素。依照克莱因衡量综合国力的理论，考察美国霸权地位是否衰落，应该综合分析美国的实力和政治领导力是否下降。冷战结束以来，以国内生产总值为核心要素的美国实力全球的份额比例不断缩小，呈下降趋势，故美国的实力相对下降。近几十年来，美国的政治极化现象日益严重，导致美国式民主不断陷入否决式政治的政治僵局，进而制约了国家意志的有效整合，加之对外战略出现失误，导致美国的政治领导力不足。实力相对下降和政治领导力不足的双重因素，决定了美国综合国力的下降以及美国霸权地位的衰落。

【关键词】 美国外交　实力　政治领导力　霸权　衰落

美国"衰落论"是中外学界不断热议的话题。在这场学术讨论中，占主流观点的是美国"兴盛论"。"兴盛论"主要从美国国力或综合国力的角度出发，认为由军事实力、经济实力、文化实力等构成的美国实力近几十年基本没有下降，故此，美国并没有衰落。① 本文在承认美国的实力没有明显衰落的前提下，从国家实力与政治领导力的关系的视角出发，重点研究了美国的霸权地位是否衰落的问题。

一 国家实力与政治领导力的辩证关系

如何衡量一个国家的综合国力，是国际政治中一个不断被探讨的议题。经典现实主义的代表人物汉斯·摩根索（Hans J. Morgenthau）在分析国家权力②的构成要素时认为，一个国家的地理、自然资源、工业能力、战备、人口、民族性格、国民士气以及外交的素质等，都是构成国家权力的重要组成部分。③ 尽管摩根索对国家权力的诸多构成要素进行过详细的分析，但他并没有指出哪些要素在国家权力天平中的分量更为重要，以及各种要素的权重是如何分配的。法国著名学者雷蒙·阿隆（Raymond Aron）在分析国家权力时已经意识到政治影响力在权力构成要素中的重要性。他在《和平与战争》一书中指出，权力是一个政治单元将其意志施加于其他政治单元的能力。他认为决定政治单元权力的三大要素应该是

---

① 国内学术界关于美国"兴盛论"的主要代表作有王缉思：《西风瘦马，还是北天雄鹰：美国兴衰再评估》，载黄平、倪峰主编《美国问题研究报告（2011）：美国的实力与地位评估》，社会科学文献出版社 2011 年版；陶文钊：《如何看待美国实力地位》，《当代世界》2012 年第 1 期；孔祥永、梅仁毅：《如何看待美国的软实力》，《美国研究》2012 年第 2 期；朱成虎、孟凡礼：《简论美国实力地位的变化》，《美国研究》2012 年第 2 期；余丽：《美国霸权正在衰落吗？》，《红旗文稿》2014 年第 8 期。美国学术界关于美国"兴盛论"的主要代表作有 Robert Kagan, *The World America Made* (New York: Alfred A. Knopf, 2012); Robert J. Lieber, *Power and Will-power in the American Future: Why the US Is Not Destined to Decline* (New York: Cambridge University Press, 2012); Josef Joffe, *The Myth of America's Decline: Politics, Economics, and the Half Century of False Prophecies* (New York: Liveright Publishing Corporation, 2013); Joseph S. Nye, Jr., *Is the American Century Over?* (Malden, MA: Polity Press, 2015)。

② 在衡量国家综合国力方面，西方学者一般用"Power"表示，翻译成中文多指权力或实力。在西方语境中，权力或实力的核心多指控制力，指一个国家影响或改变其他国家行为的能力。本文为了阐述方便起见，多用中文语境中的综合国力来表述国家的国力。

③ ［美］汉斯·摩根索：《国家间政治：权力斗争与和平》，徐昕等译，北京大学出版社 2006 年版，第八章至第十章。

环境、资源与集体行动。① 在雷蒙·阿隆的权力观中，"集体行动"就具有政治领导力的特点。作为研究权力的大师级人物，约瑟夫·奈（Joseph S. Nye）将权力划分为硬权力与软权力，认为硬权力主要指经济与军事权力，软权力的构成要素主要有制度、文化、政治价值观和外交政策。② 约瑟夫·奈特别强调软权力的重要性，在其所谓的软权力的构成要素中，政治领导力的作用已经显现。中国社会科学院黄硕风研究员在研究国力时，较早地提出了"综合国力"这一概念。按照他的解释，综合国力是一个主权国家生存与发展所拥有的全部实力（物质力和精神力）及国际影响力的合力。③ 他明确提到了国际影响力对于衡量综合国力的重要性。但关于如何评价一个国家的综合国力，学界争议较大。由于对国力概念的界定存在差异，依据的数据不同，以及各影响因子权重与合成方法计算存在分歧，导致综合国力的计算结果差异较大。

在分析国家的综合国力方面，美国战略学家雷·克莱因（Ray S. Cline）的观点极富启发性。早在 20 世纪 70 年代，克莱因就提出了衡量国力的所谓"克莱因国力公式"，即 $Pp = (C + E + M) \times (S + W)$。④ 用中文表达即为：国家力量 = （自然基本力量 + 经济力量 + 军事力量）×（国家战略 + 意志）。克莱因的独特之处在于他特别强调国家战略与国家意志对提升国家力量的重要性。按照克莱因的解释，除非将国家战略目标的连贯性与国家意志力这两个无形因素考虑进去；否则，更为具体并可量化的国家实力将是不现实的。克莱因甚至认为，如果缺少连贯的国家战略或者有组织的国家政治意志，国家实力也许会损失殆尽。⑤ 鉴于大多数战略学家忽视国家意志研究，克莱因特别指出，国家意志是规划、贯彻国家

① ［法］雷蒙·阿隆：《和平与战争：国际关系理论》，朱孔彦译，中央编译出版社 2013 年版，第 46 页、第 53 页。

② Joseph S. Nye, Jr. , *Soft Power: The Means to Success in World Politics*（New York: Public Affairs, 2004），p. 8.

③ 黄硕风：《综合国力新论》，中国社会科学出版社 2001 年版，第 5 页。

④ Pp 指可感知的力量，C 指领土、资源、人口等较为自然或基本的力量要素，E 指经济力量，M 指军事力量，S 指战略，W 指意志。参见 Ray S. Cline, *World Power Assessment*（Boulder, Colo. : Westview Press, 1977），p. 12。转引自楚树龙《国际关系基本理论》，清华大学出版社 2003 年版，第 72 页；参见 Ray S. Cline, *The Power of Nations in the 1990s: A Strategic Assessment*（Lanham, Maryland: University Press of America, 1994），p. 29。

⑤ Ray S. Cline, *The Power of Nations in the 1990s: A Strategic Assessment*, p. 97.

战略并取得成功的基石，是国家调动民众就政府在防务与对外政策方面做出决定的能力，是一个国家能够有效调动资源与实力从而贯彻可预见之国家目标的特质。克莱因认为，国家意志力的构成要素是多层次与多元的，没有一项是绝对必需的，但有些因素是国家意志力构成中常有，例如，一个民族在感情上忠诚于国家的文化整合程度；有效的国家领导力；国民对国家战略与国家利益的关联性的理解。[①] 从克莱因的分析可以看出，国家战略与国家意志对提升国家综合国力具有不可替代的作用。而国家战略与国家意志又类似于国家软实力，属于国家政治领导力的范畴。清华大学阎学通教授也强调国家战略与国家意志等软实力因素对提升国家综合国力的作用，认为一个国家的综合国力主要由军事实力、经济实力、文化实力与政治实力等综合因素叠加而成，即综合国力 =（军事实力 + 经济实力 + 文化实力）×政治实力，也就是 CP =（M + E + C）×P。[②] 国家的综合实力由可操作性实力要素和资源性实力要素构成，前者指政府的领导能力，后者指可供决策者运用的军事、经济和文化等社会资源。政治实力是其他实力能否发挥作用的基础，而政治制度与国家战略又是政治实力的核心要素。阎学通将道义现实主义作为理论依据，强调政治决定论在道义现实主义中的突出地位，认为大国综合实力的基础是国家的政治实力，而政治实力的核心是领导者实施改革的能力。

综上所述，关于如何衡量一个国家的综合国力，克莱因与阎学通等在注重传统的国家实力因素的基础上，突出强调了政治因素的重要性。也就是说，除了一个国家本身具有的实力（资源、经济、军事与文化等因素）之外，国家意志与国家战略整合程度等政治领导力因素也对提升国家的综合国力具有举足轻重的作用。一个国家本身具有超强的实力，并不意味着其综合国力强大，在世界上具有超强的影响力；一个实力较小的中等国家，如果能充分整合国家意志，内外战略得当，也能够使国家的综合国力充分地展示在国际舞台上。正如中国先秦哲人所言：夫国大而政小者，国从其政。国小而政大者，国益大。[③] 具体到如何衡量当今美国的综合国

---

① Ray S. Cline, *The Power of Nations in the 1990s: A Strategic Assessment*, p. 102.

② 阎学通：《世界权力的转移——政治领导与战略竞争》，北京大学出版社 2015 年版，第21—22 页。

③ 转引自《管子·霸言》。

力，从国家实力与政治领导力关系的视角出发，可以发现美国的实力在相对下降，政治极化与否决式政治导致美国的国家意志整合受阻，美国对外大战略的失误则制约了美国的国力。国家意志整合不利与战略失误共同制约了美国的政治领导力，导致美国在全球的霸权地位日益衰落。

二　美国实力变化分析

依据克莱因提出的衡量国家综合国力的公式，这里的美国国力（或称为综合国力）主要指国家的经济实力、军事实力、资源实力以及文化软实力。在这些构成国力的因素中，经济实力是核心。衡量美国的经济实力，应该从纵向与横向两个角度综合考虑。从纵向的角度讲，近半个世纪以来，美国的国内生产总值（Gross Domestic Product，GDP）在世界 GDP 总量中所占比重是一个重要的参考指标。约瑟夫·奈结合多方数据绘制的1900—2010 年美国 GDP 总量占全球总量的曲线图显示，1900 年美国 GDP 总量大约占全球 GDP 总量的 23%，尽管第二次世界大战后美国 GDP 总量一度占全球 GDP 总量超过 35% 以上，但 2010 年又回落到占全球 GDP 总量 23% 左右。故此，约瑟夫·奈得出结论，认为美国经济并没有衰落。但约瑟夫·奈忽略了一个重要现象，即他所提供的曲线图中，美国自 21世纪以来的 GDP 总量一直处于下行趋势，由占世界比重不到 30% 下滑到大约 23%，而且这种下行趋势还在继续。[1]

关于美国 GDP 总量占世界总量的变化情况，以及美国与中国 GDP 总量的对比，美国农业部经济研究服务中心结合世界银行提供的资料所统计的数据具有重要参考价值（见表 1）。

该数据显示，美国 GDP 占世界总量的比重由 1980 年的 23% 上升到2000 年的 26%，随后逐渐下降到 2020 年的 22%，乃至 2030 年的 20%。而中国 GDP 占世界总量的比重则从 1980 年的 1% 上升到 2000 年的 4%，进而上升到 2020 年的 14%、2030 年的 17%。因此，可以得出这样的结论：就综合国力中具有重要地位的 GDP 指标而言，美国近几十年来总体

---

① Joseph S. Nye, Jr. , *Presidential Leadership and the Creation of the American Era* (Princeton, New Jersey: Princeton University Press, 2013), p. 4.

上呈下降趋势。

表1　　中美两国GDP在世界经济总量中的比重变化（1980—2030年）

年份	美国 GDP （10 亿美元）	中国 GDP （10 亿美元）	世界 GDP （10 亿美元）	美国 GDP 占 世界 GDP 总量 的比重（%）	中国 GDP 占 世界 GDP 总量 的比重（%）
1980	6529. 17	338. 18	27813. 29	23	1
1985	7686. 57	561. 78	31685. 53	24	2
1990	9064. 41	824. 16	37622. 81	24	2
1995	10299. 02	1471. 65	41791. 22	25	3
2000	12713. 06	2223. 79	49467. 90	26	4
2005	14408. 09	3542. 97	57530. 87	25	6
2010	14964. 37	6039. 93	65407. 79	23	9
2015	16672. 72	8800. 79	74469. 99	22	12
2020	18498. 31	11758. 26	85276. 68	22	14
2025	20523. 95	15042. 58	98337. 90	21	15
2030	22771. 39	19198. 57	113745. 98	20	17

资料来源：USDA Economic Research Service，Historical Real Gross Domestic Product（GDP）for Baseline Countries/regions，http//：www. ers. usda. gov。

如果从综合国力统计指标来看，美国近些年来的综合国力总体上也呈下降趋势。2012 年，美国国家情报委员会提供的全球趋势研究报告认为，到 2030 年，权力的消融以及权力从国家行为体向信息网络的过渡，将对全球造成巨大的冲击。亚洲在经济规模、人口总量、军费支出、科技投入等方面，将超过北美与欧洲之和。中国在 2030 年之前经济规模就会超过美国，成为全球第一大经济体，届时没有任何国家会成为霸权国，美国自 1945 年以来在国际政治中形成的泛美时代的上升趋势将迅速放缓。① 该研究报告依据衡量国家综合实力的四个重要指标（GDP、人口、军费支出、科技），基于传统四维数据支撑的国家实力统计数据显示，中国大约在 2030 年超越美国。如果再增加健康、教育与政府治理等重要指标，基于

① National Intelligence Council，"Global Trends 2030：Alternative Worlds"，December 2012，p. 16.

新的多维数据支撑的国家实力统计数据显示，中国大约在 2045 年之前超越美国。图 1 显示，美国、欧盟与日本的综合指标在全面下降，中国和印度的指标则在全面上升。

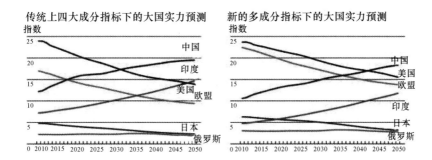

图 1　中国、美国、欧盟、印度、日本与俄罗斯综合实力比较（2010—2050 年）

资料来源：National Intelligence Council，"Global Trends 2030：Alternative Worlds"，December 2012，p. 17。

三　政治极化与美国政治领导力的下降

政治极化是困扰当今美国政治生态的一个重要问题。尽管美国实行两党制，两党在内政方面分歧不断，但美国政治学家并不认为政党忠诚所导致的政策分歧会对美国对外政策产生实质性的影响。确实，自第二次世界大战结束以来，美国对外政策总体来说以"两党一致"为特色，表现在外交上，两党都认同总统制定的对外政策。但是，自 20 世纪 70 年代以来，政治极化现象导致这种"一致"开始崩塌，美国战略学家沃尔特·李普曼（Walter Lippmann）所希冀的"政治止于水边"（politics stopped at the water's edge）的情景很难再现。美国学者史蒂文·赫斯特（Steven Hurst）指出，从 1944 年至 1964 年，共和党与民主党在总统选举中谈及对外政策议题时，对 47% 的议题是有共识的，只在 6% 的议题上存在严重分歧，但自 20 世纪 70 年代以来，两党分歧日益严重。尽管自由国际主义是两党跨党联合的政治哲学基础，但两党在如何看待国际机制的问题上存在分歧。一派更多地强调合作与基于同意的一致，主张支持国际组织、对外援助和自由贸易。另一派更多地强调强制性的手段，主张扩大国防预算、打造绝对军事优势、运用武力等。史蒂文将这种政治极化称为"政党极化"（partisan polarization）。他认为，美国第 112 届国会（2011 年至 2013 年）的政治极化现象是 20 世纪以来最为严重的。① 美国学者布赖恩·马歇尔（Bryan C. Marshall）和布兰登·普林塞（Brandon C. Prins）研究 1953—1998 年总统提交国会的涉及经贸和对外政策的议案后发现，1974 年之前，总统提交的涉及经贸的议案中有 77.4% 获得通过，涉及对外政策的议案有 80.7% 获得通过，但 1974 年之后，这两类议案的通过率分别下降至 38.7% 和 59.6%。② 到奥巴马政府时期，美国的政治极化现象日益严重。奥巴马上台不久就提出要修复美国与联合国之间的关系，强调外交与软实力在塑造国家形象中的重要作用，这完全符合民主党的风格。为此，奥巴马希望 2010 年财政年度国会增加 600 亿美元的预算。但是，由于国会众议院中共和党占据多数，奥巴马增加预算的提议遭到否决。在随后的 2011 年与 2012 年财政年度预算中，美国国会反倒从奥巴马的呼吁中分别削减 650 亿和 600 亿美元预算。在美国第 112 届国会期间，共和党控制的国会甚至将奥巴马呼吁向国务院增加预算的要求降到最低。由于共和党的阻挠，奥巴马第一个任期内国会仅通过了 9 个协定，而小布什的两个任期内总共通过了 163 个协定。③ 鉴于政治极化严重，有学者甚至感慨，两党都支持总统倡导的对外政策已成为一种例外，而非常态。④ 关于国会两党政见分歧严重这一问题，美国布鲁金斯学会研究员莎拉·宾德（Sarah Binder）曾根据《纽约时报》涉及国会司法议题的报道制作了一个细致的统计表，该曲线图显示，1947—2012 年，美国国会就一系列司法

① Steven Hurst, "Parties, Polarization, and US Foreign Policy", in Linda B. Miller and Mark Ledwidge, eds., *Obama and World: New Directions in US Foreign Policy* (London and New York: Routledge, 2014), pp. 95 – 97.

② Bryan C. Marshall and Brandon C. Prins, "The Pendulum of Congressional Power: Aagenda Change, Partisanship and Demise of the Post – World War Two Foreign Policy Consensus", *Congress and the Presidency*, Vol. 29, No. 2, 2002, pp. 195 – 212. in Linda B. Miller and Mark Ledwidge, eds., *Obama and World: New Directions in US Foreign Policy*, p. 103.

③ Linda B. Miller, and Mark Ledwidge, eds., *Obama and World: New Directions in US Foreign Policy*, pp. 101 – 102.

④ Ibid., p. 103.

议题产生政治僵局的频率呈上升趋势。^① 2014 年 6 月，美国皮尤研究中心
公布的一份调查统计数据也验证了美国国会两党政治极化的严重程度
（见图 2）：

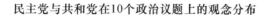

民主党与共和党在10个政治议题上的观念分布

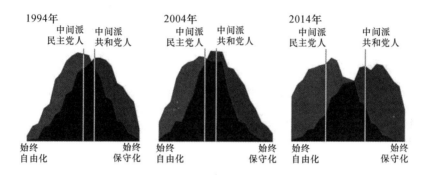

图 2　民主党与共和党在意识形态方面比过去更加分裂

资料来源："Political Polarization in the American Public: How Increasing Ideological Uniformity and Partisan Antipathy Affect Politics, Compromise and Everyday Life, Pew Research Center", June 12, 2014. http://www.pewresearch.org。

图 2 显示，从 1994 年到 2004 年，民主党与共和党在 10 个主要政治
议题上的极化现象还不太严重，但从 2004 年到 2014 年，民主党的自由化
倾向与共和党的保守化倾向以及两党的分裂日趋明显。

政治极化是困扰美国政治生态的一个现实问题。美国前联邦参议院情
报委员会主席戴维·博伦（David Boren）曾在致美国人民的一封公开信
中呼吁国人捐弃前嫌，团结一致。他认为，今天的美国正处于十字路口，
美国应该进行改革以恢复政治机制的功能。博伦告诫国人，当对党派的忠
诚超越国家利益之上时，党派忠诚对国家利益具有毁灭性的影响。所以，
为了美国的国家利益，两党应该携手合作。博伦基于过去 30 余年中做州
议会议员、州长、联邦参议员、大学校长的经历指出，作为一个国家，美
国现在处于衰落的危险时期。如果美国人民不迅速行动起来，这种衰落将

---

① Sarah Binder, "Polarized We Govern?", May 2014, Center for Effective Public Management at Brookings.

会加剧。① 博伦在一本书的序言中再次强调，美国政治机能失调让美国非常难堪，自由派与保守派之间的合作正日益变成一种奇妙的回忆，美国对外政策逐渐被党派政治拖了后腿。民主党与共和党无法在欧洲、中东、中国等问题上达成一致的看法，不愿通力合作以促进国家利益。博伦回忆20世纪八九十年代在参议院情报委员会任职的经历，当年两党成员就所有问题的表决几乎都能全票通过，那样的日子已经成为过去。今天，众议院各小组委员会在许多表决中都以党派划线。"政治应该止于水边"这一至理名言已成过去。② 博伦指出，他担任国会参议员时就知道两党分裂对美国对外政策产生的后果。两党分裂会分化美国的盟友与朋友，会使朋友变成敌人，会歪曲美国在国际社会的形象，会促使美国对国家利益的追求变得复杂化。博伦清楚，当对外政策被党派政治左右时，美国的国家利益将会受损。③

美国对外政策中出现政治极化的原因非常复杂，一方面是美国不同利益集团间的冲突所致，另一方面缘于西方政党追求政权的本质特征。但美国学者彼得·海斯·格里（Peter Hays Gries）认为，这些都是表面现象，其深层原因是不同的意识形态所致，即两党就这个世界应该如何运作产生了分歧。格里指出，绝大多数美国民众都分享着"大'L'的自由主义"（big "L" Liberalism）观，即珍视个人自由，对国外的集权政体持谨慎的态度。但是，在"大'L'的自由主义"观之下，就文化、社会、经济与政治问题而言，美国民众在许多具体问题上又分裂为"小'L'自由主义"与保守主义两大类。④ 美国学者奥德里奇（J. H. Aldrich）和大卫·W. 罗德（David W. Rohde）认为，导致政党极化的一个重要原因，是20世纪60年代以来美国南部选民的党派认同发生了变化。他们指出，60年代美国通过一系列民权法案之后，南部选民的党派认同发生了变化。南方白人保守派不断加入共和党阵营，南方非洲裔美国人则不断加入民主党阵营。南方白人保守派的强大促使共和党不断右倾，迫使原先共和党中的自

---

① David L. Boren, *A Letter to America* (Norman, Oklahoma: University of Oklahoma, 2008), p. 3.

② Peter Hays Gries, *The Politics of American Foreign Policy: How Ideology Divides Liberals and Conservatives over Foreign Affairs* (Stanford, California: Stanford University Press, 2014), p. xv.

③ Ibid., p. xvi.

④ Ibid., p. 52.

由派不断转向民主党方面。而民主党在不断吸纳非洲裔美国人与原共和党自由派的同时，也不断损失着南方白人民主党内的保守派。这样，美国形成了两个各自不断走向团结、意识形态同质化和极化的政党。与此同时，两党各自的意识形态同质化又促进了两党战略与领导力的变化，而这些变化又强化了政党极化的进程。随着美国地方选区选民的意识形态同质化，每个政党的成员为了推动有利于自身政党利益的立法，选择遵从于本党的领导。这一变化导致"有条件的政党政府"（conditional party government）在国会出现，即党派领导控制着国会内部的立法议程，在绝大多数投票选举中，两党内部大多数成员结成一个紧密的团体统一投票，少数自由/温和派成员在这种强大的政治压力之下选择追随本党大多数成员的意向投票，这进一步强化了政党的极化。①

　　进入 21 世纪以来，愈演愈烈的政治极化导致国家政治资源、国家意志无法有效地整合，这在一定程度上制约了美国实力的发挥，削弱了美国在国际社会的影响力。2013 年 10 月，美国第 112 届国会与奥巴马政府之间的矛盾甚至导致美国政府关门，奥巴马总统被迫取消了参加一系列亚太会议的计划。该事件对奥巴马政府极力推动的"亚太再平衡"战略产生了严重的消极影响。2012 年，美国国家情报委员会出台的一份研究报告指出，国内政治对美国规划与贯彻其所扮演的国际角色至关重要。许多美国人都强调，美国需要一种强有力的政治一致性，以此作为美国在国际经济中更具竞争力的手段，而一个分裂的美国社会将导致美国在国际社会扮演新角色时要花费更多的时间。② 2013 年，约瑟夫·奈出版了《总统领导力与美国世纪的创立》一书，③ 他在书中强调了总统领导力即美国的政治领导力对于美国主宰未来世界的重要性，但他研究总统领导力的潜台词是美国的政治领导力不给力，因为政治极化加剧导致总统领导力无法有效地

---

① J. H. Aldrich and David W. Rohde, "The Consequences of Prganization in the House: The Role of Majority and Minority Parties in Conditional Party Government", in R. Fleisher and J. R. Bond, eds., *Polarized Politics: Congress and the President in a Partisan Era* (Washington, D. C.: CQ Press, 2000), pp. 31 – 72.

② National Intelligence Council, "Global Trends 2030: Alternative Worlds", December 2012, pp. 108 – 109.

③ Joseph S. Nye, Jr., *Presidential Leadership and the Creation of the American Era* (Princeton, New Jersey: Princeton University Press, 2013).

发挥作用，削弱了美国在世界的影响力。

四　否决式政治与美国政治领导力的下降

1796 年，美国建国之父华盛顿在发表告别演说时曾告诫国人党派分立的危害性，他指出，"它是一团火，我们不要熄灭它，但要一致警惕，以防它火焰大发，变成不是供人取暖，而是贻害于人。"① 2017 年年初，即将卸任的奥巴马在芝加哥发表告别演说时，对美国民主体制运转中存在的问题深表忧虑，他真诚地呼吁国人应该加强团结。但是，政治家美好的愿望无法替代残酷的政治现实。20 世纪后半期以来的政治实践表明，美国式民主政治不断陷入政治极化，以政治极化为标志的否决式政治正在日益取代早期的民主政治，美国式政治体制已经不可避免地陷入功能性失调，美国否决式政治存在的弊端愈益明显。用美国著名评论家托马斯·弗里德曼（Thomas Friedman）的话说，就是美国民主从一种旨在防止当事者集中过多权力的制度，变成了一个谁也无法集中足够权力做出重要决定的制度。在弗里德曼看来，国会制衡权力的扩大、两党政治分歧的加剧、特殊利益集团影响力的上升等，都是导致权力碎片化和整个体制瘫痪的重要原因。弗里德曼断言，只要我们是一个否决政体而非民主政体，我们就不可能是伟大国家。②

美国的政治精英以美国式民主引以为豪，美国式民主的政治精髓集中体现于麦迪逊民主。麦迪逊民主基于民众对政府的不信任，强调分权与权力制衡。基于"权利在民"的思想，设计了一整套制衡体系来保护个人权利，以约束国家权力。基于麦迪逊民主的政治理念，总统与国会在竞争中共享内政与外交权力。但是，麦迪逊民主发展到今天逐渐演变成一种否决式政体（vetocracy）。2013 年 10 月，奥巴马总统与国会之间的矛盾导致政府关门，这一政治事件引发学者不断思考美国政治体制存在的深层问

---

① United States Information Service, ed. , *Living Documents of American History*（Hong Kong: China Translation and Publishing Corp, 1979）, p. 71.

② 吴心伯：《美国引以为豪的发展模式面临挑战》，《红旗文稿》2014 年第 12 期，第 30—31 页。

题。在 2016 年美国总统大选的争议中胜出的特朗普更加剧了美国社会的政治分裂。英国《经济学人》杂志发表了一篇题为"一个分裂的国家"的文章，指出特朗普总统不仅是美国分裂的征兆，也是美国分裂的原因，他固化了美国政治的分裂。①

关于美国的否决式政治产生的深层原因，美国政治学家弗朗西斯·福山（Francis Fukuyama）做过深入的研究。按照福山的理解，美国式民主体制并非旨在终止冲突，而是试图通过和平的方式，通过基于规则的协议解决、缓和彼此之间的冲突。好的政治体制可以促进代表尽可能多的民众利益的政治结局的产生，而当政治极化面对美国式的麦迪逊制衡政治机制时，其结果却是民主体制的严重恶化。一方面，民主必须提供一种制衡机制，以允许所有人通过政治参与满足其需求。另一方面，民主又必须制衡这种需求，从而能够做成事情。② 福山在《政治秩序与政治衰败》一书中指出，民主不能再作为衡量一个政府或政治制度的首要标准，而应该将政府执政能力作为首要标准。真正的政治发展是国家建构、法治与民主之间的平衡。他认为，人们在研究西方政治时过多地强调民主、法治的重要性，忽视了国家建构的重要性。按照福山的解释，运作良好的政治秩序必须让国家、法治与民主负责制处于良性平衡。"一边是有效强大的国家，另一边是基于法治和民主负责制的约束制度，将两者结合起来的自由民主制，要比国家占支配地位的政体更公正，更有助于自己的公民。"③ 福山认为，美国政府质量衰败的根源在于，它在某些方面又回到了"法院和政党"治国——法院和立法机构篡夺很多行政部门的应有功能，使政府的整个运作变得颠三倒四和效率低下。④ 福山认为，美国的政治体制在随着时间的推移发生衰败，因为美国政治体制中传统的制衡体制愈益深化和僵化。由于政治极端化日趋尖锐，这个去中心化的体制越来越无法代表大多数人的利益，却让利益集团和活跃的组织拥有过度的影响，然而它们加

---

① "A Divided Country", *The Economist*, July 1, 2017, p. 9.

② Francis Fukuyama, "America in Decay: The Sources of Political Dysfunction", *Foreign Affairs*, September/October 2014, pp. 19 – 20.

③ ［美］弗朗西斯·福山：《政治秩序与政治衰败——从工业革命到民主全球化》，毛俊杰译，广西师范大学出版社 2015 年版，第 492 页。

④ 同上书，第 428 页。

起来并不等于代表拥有最高权力的美国人民。① 针对当今美国政治中的极化现象，福山指出："自 19 世纪末以来两党在意识形态上从未像今天这样极端。""这种激烈的政党竞争，导致争夺竞选资金的'军备竞赛'，两党之间的个人礼让之风荡然无存。"② 作为一个理性的政治学家，福山跳出了早年"历史终结论"的思维窠臼，潜心研究近代以来各国的政治秩序，不再特意强调民主与法治在政治秩序中的重要性，认识到国家建构在政治秩序中具有独特作用。福山意识到，美国存在的问题并非民主与法治没有得到充分发展，而是美国国家建构不足和欠缺，是政治极化导致美国无法产生一个有效率的政府，是否决式政体制约了美国国家意志的整合。当今美国政治极化与政治僵局正是美国国家建构不足的体现，而一个政治失序的国家自然会走向政治衰败。所以，美国政治极化与否决式政治的深层次问题是美国政治体制发展到今天，出现了政治衰败。

从政治极化的角度探讨美国政治体制是否存在问题，是学界近年来的研究热点。美国政治评论家法里德·扎卡里亚（Fareed Zakaria）撰文指出，目前的政治极化是美国自内战以来最为严重的。扎卡里亚对美国政治体制是否有能力确保美国在一个竞争的世界中保持领先地位表示怀疑，他甚至担心政治僵局将意味着美国民主的危机。③ 1975 年，由美国、欧洲与日本组成的三边委员会出台的《民主的危机》（*The Crisis of Democracy*）研究报告曾指出，工业化世界的民主政府在面对大量问题的情况下会被击垮。报告撰写人之一萨缪尔·亨廷顿（Huntington Samuel）在涉及美国部分时，对美国民主的前景表示忧虑。但十多年之后，美国经济日益复苏，苏联却危机四伏，资本主义并没有垮，苏联垮了，悲观主义垮了。然而，冷战结束 20 多年后的今天，发达的西方工业化国家再次陷入困顿。所以，扎卡里亚开始怀疑西方民主是否面临着新的危机？按照"美国国家选举研究"（American National Election Studies）的民调统计，在 1964 年，76% 的美国人认同"相信华盛顿政府总是或者绝大多数情况卜会做出正确的决定"；20 世纪 70 年代，这个数字是 40% 多；2008 年，下降到

---

① ［美］弗朗西斯·福山：《政治秩序与政治衰败——从工业革命到民主全球化》，毛俊杰译，广西师范大学出版社 2015 年版，第 458 页。

② 同上书，第 446—447 页。

③ Fareed Zakaria, "Can America Be Fixed? The New Crisis of Democracy", *Foreign Affairs*, Vol. 92, No. 1, January/February 2013, pp. 22 – 23.

30%；2010 年，下降到 19%。扎卡里亚认为，当年民主的危机并没有真正消除，它只是被一系列幸运的事件所打断并掩盖。今天，民主危机爆发的可能性上升了。美国式民主比过去更加功能紊乱，更加难以确立权威。扎卡里亚最后发出这样的感慨：也许这次悲观主义是正确的。① 美国南加州大学荣休教授亚伯拉罕·劳文特尔（Abraham Lowenthal）指出，美国在 21 世纪头二十五年面临的核心挑战，是政治系统的推进以及执行公共政策以有效应对当前和未来问题的能力。当今美国面临的问题是政治系统失败，而不是经济问题。他在分析美国政治体制存在的诸多问题时指出，美国政治和立法表达的极化导致了政治僵局。他指出，美国的开国元勋面临的问题是防止权力过度集中在个人、派系、政党或政府部门的手中，今天美国面临的问题则是政府系统无法推进，无法执行连贯和有效的公共政策以应对国家当前面临的重大挑战。劳文特尔认为，美国政治体系能否恢复其调动国家资源和力量的能力，是美国在未来几年的中心问题。② 约瑟夫·奈对美国政治极化所导致的政治衰败也深表忧虑。他并不认为，帝国的过度扩张是导致美国衰落的原因——事实上，他认为，美国并没有过度扩张，其军费支出占 GDP 的比重处于下降状态。不过，他知道罗马的衰落源于内部这一道理，意识到美国可能发生的衰落源于国内政治运作的紊乱。他认同一些观察家的观点，即美国将失去影响世界的能力是美国国内的争斗文化、衰败的政治机制和经济滞胀所致。约瑟夫·奈认为，这些可能性不能排除，但这种趋势目前还不明显，很难判断今天的美国政治僵局是否就比历史上的政治僵局更为严重。③

五　对外战略失误与美国政治领导力的下降

　　按照克莱因的综合国力公式，国家战略与国家意志同等重要，共同构成国家政治领导力的重要组成部分。克莱因认为，除非将国家战略目

① Fareed Zakaria, "Can America Be Fixed? The New Crisis of Democracy", pp. 23 – 24.

② ［美］亚伯拉罕·劳文特尔：《衰落或复兴：21 世纪初美国的走向》，《国际经济评论》2014 年第 4 期，第 141—155 页。

③ Joseph Nye, Jr., "The Future of American Power: Dominance and Decline in Perspective", *Foreign Affairs*, Vol. 89, No. 6, November/December 2010, pp. 5 – 8.

标的连贯性与国家意志力这两个无形因素考虑进去；否则，更为具体并可量化的国家实力将是不现实的。克莱因甚至认为，如果缺少连贯的国家战略或有组织的国家政治意志，国家的实力也许会损失殆尽。[①] 所以，合理的国家大战略对于一个国家综合国力的提升具有重要意义。从理论上讲，大战略涉及一个国家所追求的目标与实现目标的手段之间的关系。美国著名冷战史专家约翰·路易斯·盖迪斯（John Lewis Gaddis）指出，大战略就是从各种手段到大目标的一种深思熟虑的关系。[②] 王缉思在总结学界对大战略概念的讨论后指出："大战略是一个国家将其长远目标同手段相连接的进程，这一进程受促进国家利益的原则所指导，基于一种支配一切而持久的远见卓识。"[③] 所以，国家大战略要回答什么是国家利益、国家所追求的目标与手段之间的关系这些问题。目标即一个国家所追求的利益，手段则是国家调动一切资源从而实现这些目标的方法。按照美国空军学院克里斯托弗·亨默（Christopher Hemmer）的解释，大战略涉及"What"与"How"两个方面。"What"即目的或国家利益是什么，"How"即国家如何运用各种手段或方法达到所追求的目的或国家利益。[④]

　　具体到美国而言，美国的对外大战略必须搞清楚何为美国所追求的国家利益，美国需要动用哪些战略资源来实现国家利益。就整个美国外交史而言，美国在20世纪以前比较好地界定了国家利益，将国家利益主要局限于经济与安全两大方面。所以，在整个19世纪，美国的对外大战略是以孤立主义为特征的现实主义对外大战略。但是，20世纪以来，美国对外大战略逐渐受威尔逊主义的影响，将民主、人权等价值理念作为国家利益的一个重要组成部分，对外奉行自由国际主义大战略。冷战期间，这种

①　Ray S. Cline, *The Power of Nations in the 1990s: A Strategic Assessment* (Lanham, Maryland: University Press of America, 1994), p. 97.

②　John Lewis Gaddis, "What Is Grand Strategy?", Duke University, February 26, 2009, http://www.duke.edu/web/agsp/grandstrategypaper.pdf, p. 7.

③　2010年10月8—9日，北京大学国际战略研究中心和美国农工大学布什学院联合举办了题为"历史与比较视角下的大战略及其对中美关系的影响"的学术研讨会，中美双方学者经过讨论一致接受该观点。参见王缉思《大国战略——国际战略探究与思考》，中信出版集团2016年版，第301页。

④　Christopher Hemmer, "Grand Strategy for the Next Administration", *Orbis*, Summer 2007, p. 453.

对外大战略的具体表现是 NSC68 号文件的出台；冷战结束后则表现为克林顿政府出台的"参与与扩展大战略"。进入 21 世纪以来，面对新兴经济体的强势崛起和美国实力的相对衰落，奥巴马政府为了确保美国在全球的领导地位，在其任内出台的两份国家安全战略报告中首次将国际秩序纳入美国国家利益的范畴，认为经济繁荣、国家安全、价值观与国际秩序是美国对外追求的四大国家利益。奥巴马政府的国家利益观表明，美国继续奉行自第二次世界大战结束以来的自由国际主义大战略。

对美国对外大战略有深入研究的得克萨斯农工大学教授克里斯托弗·莱恩（Christopher Ryan）指出，美国对外大战略追求的目标有三个：其一，谋求和维护美国在世界经济中的主导地位；其二，谋求和维护美国在世界地缘政治中的主导地位；其三，用美国的价值观塑造整个世界并使美国在国际社会处于主导地位。莱恩认为，美国对外大战略强调全球的"门户开放"，以达到上述三大目标。他进而指出，美国大战略在过去 60 年的历史就是一部扩张史，其战略逻辑强调美国在北美洲之外的西欧、东亚和波斯湾这三个世界上最重要的地区建立霸权。也就是说，美国追求的是超地区霸权。[①] 莱恩认为，这种追求霸权的大战略并非是一种明智的大战略。霸权大战略并不能给美国带来安全，相反还会使美国更加不安全。威尔逊主义导致美国更加不安全，而不是更加安全。[②] 在美国学术界，许多学者与莱恩持相似立场。美国麻省理工学院教授巴里·波森（Barry Posen）对冷战后以"合作安全论""主导论"为主要理论支撑的美国自由霸权战略并不认同。他认为，美国主导的自由主义霸权秩序不符合美国的国家利益，因为美国付出太多，实际获益较少。[③] 芝加哥大学教授约翰·J. 米尔斯海默（John J. Mearsheimer）与哈佛大学教授斯蒂芬·M. 沃尔特（Stephen M. Walt）撰文指出，按照自由霸权战略的逻辑，美国不仅必须运用其权力解决全球性问题，而且必须建立一个基于国际制度、代议制政府、开放市场、人权的世界秩序。作为一个"必不可少的国家"，美国有权力、责任和智慧来管理几乎全球任何角落的政治问题。这

---

① ［美］克里斯托弗·莱恩：《和平的幻想：1940 年以来的美国大战略》，孙建中译，上海人民出版社 2009 年版，第 4 页。

② 同上书，第 11 页。

③ ［美］巴里·波森：《克制：美国大战略的新基础》，曲丹译，社会科学文献出版社 2016 年版，第 38—109 页。

种战略的核心是修正主义的大战略，它强调美国承诺要在世界上任何地区促进民主，捍卫人权。这种大战略不同于美国在关键地区奉行的均势制衡大战略。所以，他们认为美国民主、共和两党奉行多年的自由霸权大战略具有误导性，其遭遇挫折是一种必然的结果。①

国家对外大战略必须处理好战略目标与手段之间的平衡。美国自 20 世纪逐渐形成的自由国际主义大战略的一个致命缺陷，是无法有效地处理好目标与手段之间的关系。美国战略学家沃尔特·李普曼（Walter Lippmann）认为，美国对外政策的原则应该是承诺与实力平衡，目标与实力相符，手段与目标平衡，国家所拥有的资源与其承诺相符。按照李普曼的说法，"我们必须确保我们清楚地知道，我们对外的承诺与实力之间的平衡"。② 自 20 世纪中期尤其是冷战结束以来，美国的对外大战略总体处于战略透支状态，即对外战略中追求的目标与做出的承诺超越了美国所能够调动的所有战略资源。正如保罗·肯尼迪（Paul Kennedy）所指出的那样，美国面临着可称为"帝国战线过长"的危险。也就是说，华盛顿的决策者不得不正视这样一种棘手而持久的现实，即美国全球利益和它所承担的义务的总和目前已远远超过它能同时保卫的能力。③ 在保罗·肯尼迪看来，美国面临的主要问题是帝国的过度扩张所导致的目标与手段之间的失衡。

2017 年高举"美国优先"口号上台的特朗普政府，其执政举措多方面背离了自第二次世界大战结束以来美国民主党和共和党所奉行的自由国际主义大战略，在对外战略上总体呈战略收缩态势。之前的美国历届政府所奉行的自由国际主义大战略导致美国处于战略透支状态，损害了美国的国际领导力。特朗普政府则回归杰克逊民族主义的对外政策，但由于其以狭隘的民族主义为出发点，在经济全球化日益深化的 21 世纪，最终还是可能会损害美国的国家利益。此外，特朗普政府主动放弃自由国际主义这面"旗帜"，导致美国作为世界领导者的国家声誉遭受重挫，美国的国际

---

① John J. Mearsheimer and Stephen M. Walt, "The Case for Offshore Balancing: A Superior U. S. Grand Strategy", *Foreign Affairs*, Vol. 95, No. 4, July/August 2016, p. 71.

② Walter Lippmann, *U. S. Foreign Policy: Shield of the Republic* (Boston: Brown and Company, 1943), pp. 7 – 9.

③ ［美］保罗·肯尼迪：《大国的兴衰》，陈景彪等译，国际文化出版公司 2006 年版，第 502—503 页。

领导力进一步受损。

结　语

从实力与政治领导力结合的角度分析一个国家的综合国力，具有重要的理论价值与现实意义。一般而言，学术界更多地从国家实力的角度探讨美国的国力是否衰落，忽视了美国政治领导力不给力对于美国综合国力提升的负面作用。影响国家政治领导力的因素主要有两个：国家意志与国家战略。国家意志的整合程度是制约国家综合国力的一个重要方面，而美国存在的突出问题是政治极化和否决式政治所导致的国家意志无法有效整合。这削弱了美国在国际社会发挥影响力的能力。就构成国家政治领导力的两个核心要素而言，国家意志与国家战略缺一不可，任何一方出现问题都会制约国家政治领导力的有效发挥，限制国家综合国力的提升。在美国的国家意志无法有效地发挥作用的同时，美国对外大战略也存在失误。以自由国际主义为理论基础的自由霸权战略存在战略目标与手段失衡的问题，从而导致美国的对外大战略长期透支。所以，长期奉行自由国际主义大战略也削弱了美国的综合国力。就一个国家而言，雄厚的实力并不一定能转化为巨大的国际影响力。完成这种转化需要强有力的国家政治领导力，具体而言，要有一个能够有效发挥国家意志的国内政治秩序，将国家意志有效整合；要有一个能够将强大的国家资源转化成全球影响力的国家对外大战略。美国学者迈克尔·韩德（Michael Hunt）认为，雄厚的物质财富、民族信心的确立与成功的领导力这三大因素的有效结合，为美国在世界上不断取得成功奠定了基础。[①] 但今天的美国实力相对下降，政治领导力日益弱化，并进而导致霸权地位面临衰落。美国霸权地位的衰落，又会导致美国在国际社会的政治领导力的合法性与霸权正当性受到质疑。盎格鲁—撒克逊民族治理北美的合法性，基于一种意识形态的话语构建，这种话语构建的核心是基督新教的宗教使命说与盎格鲁—撒克逊民族白人种族优越论。美利坚民族以世界领导者自居的心态，也是基于这样一套意识

---

① 韩德：《美利坚独步天下：美国是如何获得和动用它的世界优势的》，马荣久等译，上海人民出版社 2011 年版，第 2 页。

形态话语构建，即美国是西方文化中心论的继承者，美国式自由主义导致了美国的经济繁荣与政治民主，美国国内的宪政秩序具有普世性。但是，美国霸权地位的衰落将会颠覆这样一整套话语体系，从而导致美国式自由国际秩序的正当性与合法性以及美国式自由主义的普世性受到质疑。所以，美国的一些政治和知识精英无论如何都不会接受美国日益衰落的事实。在他们看来，如果承认美国衰败，或美国真的衰落了，就意味着美国赖以立国的核心价值观及其基本原则在全世界受到了冲击与动摇。所以，美国衰落与否首先是一个"政治正确性"问题，其次才是一个学术问题。美国布鲁金斯学会高级研究员罗伯特·卡根（Robert Kagan）指出，罔谈美国衰落是缺乏历史与现实知识的表现。美国衰落引发的悲观主义对于民众是一种误导，如果任其泛滥，世界将陷入崛起大国与守成大国之间的一场战争。在卡根看来，对于美国霸权最大的威胁是美国人也许会相信美国的衰落的确不可避免。他告诫世人，如果美国衰落，美国主导的自由国际秩序也会行将衰落，这对未来世界的影响将是灾难性的。所以，美国主导的自由国际秩序必须保留，美国不可能衰落。① 约瑟夫·奈也认为，美国的衰落不光是一个经济问题，也是一个政治问题。如果认为美国衰落，会促使中国推行其危险的对外政策，或者促使美国由于担心其国力有限而产生过于敏感的反应。② 所以，在他看来，断言美国的衰落更多是一个心理学方面的问题，其心理因素大于实际因素。③ 约瑟夫·奈在多种场合反复强调，美国衰落论是一个错误的命题。从学术上讲，基于政治极化、否决式政治与对外战略的失误，美国国家意志与国家战略存在的现实问题将导致美国的政治领导力不给力。当美国的实力相对下降、政治领导力不给力时，由实力与政治领导力决定的美国综合国力将会下降，美国在全球的霸权地位也自然会衰落。

（杨卫东：天津师范大学政治与行政学院教授）

① Robert Kagan, *The World America Made*, pp. 85 – 99.

② Joseph S. Nye, Jr., *The Future of Power* (New York: Public Affairs, 2011), p. 203.

③ Ibid., p. 157.

小布什政府对朝决策中的内部博弈

刘卫东

【内容提要】朝鲜核问题是冷战结束以来影响东亚地区安全的最大危机。第二次朝核危机爆发以后，小布什政府对此给予了大量关注。但是，由于美国国内在如何应对这一危机方面缺乏基本共识，导致在危机延续的不同阶段，美国政府内部的接触派与孤立派展开了长期的、激烈的对抗。作为外交决策的核心人物，小布什总统没有展现出明确的决断力。直到朝鲜的核武装能力得到显著提升从而导致美国的选项不断减少，以及美国陷入伊拉克战争长期无法脱身后，小布什政府才开始逐步明确对朝政策，决定采用对话手段予以应对。在这一过程中，其决策表现出决策核心自信封闭、意识形态色彩浓厚、小圈子影响超过机制等诸多特征，其中的一些表现至今还在发挥影响。

【关键词】美国外交 朝鲜核问题 小布什政府 博弈

朝鲜核问题是冷战结束以后出现的影响地区安全的热点问题之一，其起因与演变错综复杂，不仅对地区安全和国际防核扩散的努力带来了前所未有的严重挑战，同时也考验着有关国家决策层危机处理的能力。由于美国是朝鲜发展核武器的基本威慑对象，所以从一开始，美国就成为最关注朝核问题演变的国家。但是，自从第二次朝核危机爆发以来，美国政府内部始终充满分歧，接触派与孤立派之间展开了长期的较量，而在这一过程中总统本人的立场也反反复复。这一现实导致朝鲜核问题在小布什政府任内没有得到解决。研究小布什政府在朝鲜核问题上的决策及其内部的博弈，对于理解美国政府的决策特征、不同派别斗争对决策造成的影响，以及朝核问题始终无解的成因，都具有重要意义；同时，对于分析和评估特朗普政府的对朝决策也有参考价值。

一　危机初起：主导权的争夺

小布什政府上台以后，一直没有真正解决的朝鲜核问题摆在了它的面前。2001年3月6日，国务卿鲍威尔在与到访的瑞典外长举行的联合记者会上表示，美国政府将延续克林顿政府的对朝接触政策。[1] 然而，次日小布什会见金大中时，明确地否定了鲍威尔的观点。一名高级行政部门官员回顾说："这是总统不许国务卿随心所欲发表自己看法而发出的一个较早的信号。"[2] 鲍威尔后来承认他犯了一个错误，不该说新政府班子将继续前任政府的政策，因为班子中的其他人对此有不同看法。鲍威尔为此自嘲道："滑雪时你有时会比别人滑得快一些。"[3]但是鲍威尔并未因此而放弃自己的观点。2002年2月5日，他在参议院对外关系委员会举行的听证会上称，小布什政府愿意与朝鲜在"任何时间、任何地方、无前提条件地"恢复对话。助理国务卿凯利则表示："金大中总统提出了建设性接触的政策，即阳光政策，除此之外，美国也没有更好的主意。"[4] 但国防部长拉姆斯菲尔德在发生"9·11"恐怖袭击事件两周后就提出了对付"敌对势力轴心"的概念，[5] 认为朝鲜是对美国的真正威胁。2002年1月8日，拉姆斯菲尔德在向国会提交的《核态势报告》中，把包括朝鲜在内的七个国家列为核打击的目标。于是，美国政府中具有不同观点的两派的

① "Chronology of U. S. North Korea Nuclear and Missile Diplomacy", *The Nonproliferation Review*, January 2003. 转引自张业亮《布什政府对朝政策与朝核危机》，《美国研究》2004年第1期，第38页。

② 詹姆斯·曼：《布什战争内阁史》，韩红等译，北京大学出版社2007年版，第173页。

③ William Douglas, "Powell Acknowledges Some Miscues", *Newsday*, May 5, 2001, p. A7.

④ Remarks to the Asia Pacific Parliamentary Forum by James A. Kelly Assistant Secretary of State for East Asianand Pacific Affairs, "U. S. Policytoward the Asia Pacific Region", Honolulu, Hawaii, January 7, 2002.

⑤ Donald H. Rumsfeld, "A New Kind of War", *The New York Times*, Sep. 27, 2001, p. 21; David Sanger, "Don't Forget North Korea", *The New York Times*, November 15, 2001.

分歧逐步明朗化。

当时美国政界对朝核问题大体存在三种认识。小布什、赖斯、布伦特·斯考克罗夫特（Brent Scowcroft）以及新保守主义者均认为，除了被动遏制，还要主动促使朝鲜政权崩溃。以威廉姆·J. 佩里（William J. Perry）和克林顿政府时期负责朝鲜政策的杰克·戴尔·克劳奇（Jack Dyer Crouch）为代表的防扩散派则认为，应当承认金正日的体制，积极推进美朝对话。第三派是以理查德·李·阿米蒂奇（Richard Lee Armitage）为主的重视同盟派，它提出首先要考虑东北亚的稳定，重视与盟国的合作。[①] 但阿米蒂奇的观点由于代表性不足，很快被放弃。这样，在第二次朝核危机发生后，小布什政府从上层决策者到中层官员迅速分裂成"接触"和"孤立"两派。前者的主要代表机构是国务院，后者则是副总统办公室以及国防部。接触派鉴于伊拉克战争的不利局面，强调军事打击难以达到目的，只有通过谈判才能解决朝核问题。而孤立派则坚持认为，美国应首先对朝鲜进行经济制裁，同时做好进行军事打击的准备，必要时以武力迫使朝鲜放弃核计划。作为接触派的代表人物，鲍威尔一直认为，只有通过多边和平谈判来解决朝核问题，才是对美国最有利的选择。他在众议院预算委员会作证时表示，"我们应当拓宽对话渠道，中国受到了威胁，俄罗斯受到了威胁，好多其他国家都受到了影响"。[②] 但是，孤立派顽固地反对谈判，认为朝鲜不守信用。他们还担心如果中国帮助解决了冲突，华盛顿在朝鲜半岛部署四万军队的理由就没有了，那将会显著改变该地区的战略平衡。总统安全事务助理赖斯在两派之间表现得相当弱势，实际上她更关注的是小布什本人的态度。所以，至关重要的国家安全委员会未能发挥应有的作用。

由于小布什政府没有立即做出权威性的决策，导致孤立派与接触派在朝核问题上争夺主导权的斗争一直在继续。2003 年上半年，拉姆斯菲尔德与鲍威尔在外交问题上的矛盾已经成为美国政府内部公开的秘密，[③] 以

---

① ［日］春原刚：《美国对朝外交的三大势力》，《日本经济新闻》2005 年 3 月 7 日。

② Sonni Efron and Mark Magnier, "Rumsfeld May Reduce Forces in S. Korea," *Los Angeles Times*, February 14, 2003.

③ 2003 年 4 月 22 日的《华盛顿邮报》对此有详细的披露。参见 Glenn Kessler, "State – Defense Policy Rivalry Intensifying; Gingrich to Urge Overhaul Of Powell's Department", *The Washington Post*, Apr. 22, 2003; A. 01。

至于与拉姆斯菲尔德关系密切的前众议院议长纽特·金里奇（Newt Ging-
rich）呼吁对国务院进行一次大范围的改组，并要求国会就国务院的工作
效果举行听证会。① 鲍威尔非常清楚自身的处境，知道自己没有在部门间
成功说服对手的能力，也不愿浪费自己所拥有的"不断降低的资本"，②
于是就把注意力放在"进行有选择的努力"上。对于美国来说，"一次只
能处理一个流氓国家"。③ 在伊拉克的战事尚前途未卜、对朝军事打击也
没有"好的方案"④ 的情况下，国务院寄希望于获得小布什总统在朝鲜问
题上对多边谈判政策的认同。在白宫声称并不寻求改变对朝政策以后，鲍
威尔于 2003 年 2 月在东京表达了自己对于解决朝核问题的思路，指出
"美日一致认为这些关切、会谈或讨论必须在多边环境下予以处理，原因
很简单，因为这不仅是美朝之间的问题，也是事关整个地区的问题"。⑤

但孤立派并不甘心因为备战伊拉克而放弃在朝核问题上的控制权。美
国国防部一方面表示赞同和平解决朝鲜问题的方案，⑥ 另一方面却在不断
进行战争准备。拉姆斯菲尔德声称，即使美国把兵力投入对伊拉克的军事
打击中，仍有能力阻止朝鲜的核计划。⑦ 美国参谋长联席会议主席理查
德·迈尔斯（Richard Myers）在 2003 年 2 月 27 日接受 NBC 采访时表示，
"军队对世界各地都有计划，对朝鲜也不例外"。2 月 28 日的《纽约时
报》则透露，美国国防部正在制订一个秘密计划，要对朝鲜核设施实施

---

① 2003 年 4 月 22 日的《华盛顿邮报》对此有详细的披露。参见 Glenn Kessler, "State – De-
fense Policy Rivalry Intensifying; Gingrich to Urge Overhaul Of Powell's Department", *The Washington
Post*, Apr. 22, 2003; A. 01。

② Jeffrey, "Six Party Deal: Implications for Iran?", *Arms Control*, February 13, 2007.

③ Terence Roehrig, "One Rogue State Crisis at a Time – the United States and North Korea's Nu-
clear Weapons Program", *World Affairs*, Vol. 165, No. 4 (Spring 2003), pp. 155 – 175.

④ David E. Sanger, "U. S. Eases Threat on Nuclear Arms for North Korea", *The New York Times*,
December 30, 2002.

⑤ "Secretary Colin L. Powel, Press Conference", U. S. Embassy, Tokyo, Japan, February 23,
2003.

⑥ 拉姆斯菲尔德的发言人维克多·克拉克（Victor Clark）4 月 21 日表示，国防部长完全支
持总统解除朝鲜武装的和平战略。2003 年 4 月，中国同意举办三方会谈后，拉姆斯菲尔德给布什
的高级顾问发了一个备忘录，表示外交努力已经进行，现在是改变金正日政权的时候了，而这份
备忘录中也没有要求采取军事解决手段。参见 David E. Sanger, "Administration Divided Over North
Korea," *The New York Times*, April 21, 2003。

⑦ "Rumsfeld Warns N. Korea for Its New Move," *The Washington Times*, January 6, 2003.

军事打击。6月5日，美国公布了驻韩美军部署调整计划，显示将分阶段把驻"三八线"附近的美军部队南撤到朝军前沿火力射程以外，以防美军成为朝鲜武力威胁的"人质"。除了主张武力威慑之外，孤立派还试图分享制订对朝谈判计划的权力。拉姆斯菲尔德于2003年上半年连续给小布什政府高官发出三份备忘录，先是表示反对参加中国倡导的三方会谈，随后又要求撤换谈判代表詹姆斯·凯利（James Kelly），而用约翰·罗伯特·博尔顿（John Robert Bolton）或者罗伯特·约瑟夫（Robert Joseph）代替他，这些都遭到了鲍威尔的拒绝。

鉴于两个派别之间的争端愈演愈烈，小布什政府于2003年5月7日召开了一个总统高级外交政策顾问的会议以弥合分歧，但问题并未解决。于是，小布什总统本人的态度就显得尤为重要。2002年11月小布什曾声称，"虽然有人认为推翻金正日政权将会带来沉重的财政负担，因此没有必要操之过急，但我不同意这种观点"。① 相对于与其讨厌的国家和领导人进行直接谈判，小布什更倾向于政权变更。② 但是，小布什也明白对朝动武是不切实际的，用他本人的话说，美国和伊拉克是"军事摊牌"，但同朝鲜是"外交摊牌"。③ 由于小布什当时的外交重心在伊拉克问题上，国会还在犹豫是否应当支持对伊动武，因此对于刚刚出现的朝核问题，小布什只好用"指鹿为马"的策略，当危机四伏时不说它是危机。④ 对于国防部和国务院的冲突，他宁愿置身事外，让高级幕僚们先争斗一番。有白宫官员表示，"总统正在很舒服地从鲍威尔和拉姆斯菲尔德那里收到相互冲突的建议，必要时他会做出决定"。还有官员表示，拉姆斯菲尔德与鲍威尔是小布什政府最有权势的阁员，但白宫里没有人能够让这两个人相互赞同，结果导致没有外交经验的小布什在关键议题上时常犹豫不定。⑤ 显然，两派的斗争是美国对朝政策难以定型的重要原因。

① Bob Woodward, "A Course of 'Confident Action' – Bush Says Other Countries Will Follow Assertive U. S. in War on Terrorism", *The Washington Post*, November 19, 2002, p. A01.

② Ivo H. Daalder and James M. Lindsay, "Bush's Revolution", *Current History*, Nov. 2003.

③ Glenn Kessler, "Bush Stresses Iraq, N. Korea Differences – President Says Hussein's Reckoning Near", *The Washington Post*, January 3, 2003.

④ 陈雅莉：《美国专家：期待中国协助解决美朝危机》，《华盛顿观察》（周刊）2003年第2期。

⑤ Barbara Slavin, "Rivalry Can Make U. S. Policy Look Shaky", *USA TODAY*, 06/13/2002.

　　但是，美国期待的伊拉克与美对抗失败的警示作用和朝鲜自己崩溃的景象都没有出现。随着伊拉克国内战乱的升级，鲍威尔的对朝方案逐渐占据上风，但直到 2003 年 7 月国防部的注意力完全被伊拉克问题占据后，鲍威尔才看到了一个可以推动小布什做出决定的机会。在前往非洲的飞机上，他与小布什谈论了朝鲜问题，赢得了小布什对美国派人参加六方会谈的提议的赞同。[1] 8 月，当小布什在克劳福德农场休假时，他基本认同了鲍威尔的观点，于是美国代表被派往中国参加六方会谈，但谈判代表凯利仍只得到了极其有限的授权，而且不允许他做出任何微小的退让。[2] 这表明小布什政府的妥协只是无奈的权宜之计。从这一阶段的整个过程来看，美国一开始主要是希望在尽可能广的范围甚至是联合国框架内来处理朝核问题，[3] 后来在 2003 年 1 月 25 日，鲍威尔在世界经济论坛会议上谈到"多国提案"，表示美国希望联合国五个常任理事国以及欧盟、澳大利亚和日本都参与解决朝鲜问题，随后美方才接受了六方会谈的谈判框架。可见在六方会谈初期，小布什政府并没有真正严肃地对待与朝鲜的谈判。[4]在两种力量都在争取决策主动权的情况下，总统这个最高决策者反倒显得轻描淡写，优柔寡断，反复无常，决策程序相对随意。正如布鲁金斯学会高级研究员伊沃·达尔德（Ivo H. Daalder）所说的那样，美国政府目前在到底如何考虑解决朝鲜的问题上和朝鲜政府的举止一样让人摸不着头

　　① Glenn Kessler, "Bush Faults Clinton Policy, But the Debate is Complex", *The Washington Post*, October 12, 2006, p. A23.

　　② 凯利不被准许与朝鲜代表进行直接会谈。在凯利根据朝鲜的提议要求举行双边谈判，中国也向赖斯发出个人请求之后，华盛顿仍然强硬地拒绝了。在三方会谈第一天的议程结束时，凯利在国防部官员理查德·罗理斯（Richard Loris）以及安全委员会官员迈克尔·格林（Macheal Green）的陪同下，回答了朝鲜人的四个问题，但他们每次得到的答案都是"回去仔细读我们的声明"。具体参见 Glenn Kessler, "U. S. Has a Shifting Script on N. Korea", *The Washington Post*, December 7, 2003。

　　③ 2002 年 2 月 12 日，国际原子能机构决定将朝核问题提交安理会和联合国大会，美朝围绕核问题的较量开始进入多边领域。但在积极准备攻打伊拉克的战略态势下，美国在联合国的外交活动主要是敦促安理会在朝鲜核设施、接受国际监督和不试射导弹等方面采取行动，以避免两线作战，并寻求国际社会特别是朝鲜周边邻国的支持。

　　④ 刘见林：《新书介绍：〈濒临战争：第一次朝鲜核危机〉》，《华盛顿观察》（周刊）2004年第 31 期。

脑。① 这一现象直到三次六方会谈以后才有所改变。

二　局势激化：推动势力消长

小布什政府决定参加六方会谈后，美国国内围绕着对朝政策的争论仍在继续。在示强主张占上风的小布什政府内，接触派虽然极力维持着美国对于六方会谈的参与，但一直受到对手强有力的干扰和牵制。据称有一次，切尼曾走进椭圆形办公室直接要求结束在北京举行的六方会谈，因为他担心协议里没有出现小布什总统所希望的强硬言辞，而鲍威尔是在一次晚餐上才得知这一消息的。② 此外，美国的外交重点始终聚焦于中东的现实也使其对六方会谈关注不足。因此，六方会谈进展缓慢。

进入 2006 年以后，朝鲜将要进行导弹试射的消息不断出现在美国报端。美国国内对此的反应仍然是两面的。一方面，小布什政府坚决拒绝朝鲜提出的通过双边谈判来解决问题的提议。前国防部长威廉·佩里（William Perry）和前助理国防部长阿什顿·卡特（Assheton Carter）还于 6 月 22 日在《华盛顿邮报》上联合撰文，呼吁小布什政府在必要时以"先发制人"的手段摧毁朝鲜的导弹发射基地。同时，美国军方宣称，已经启动了部署在加州和阿拉斯加的导弹防御系统。③ 但另一方面，一些原本强硬的高层官员却表现得相当平静。副总统切尼在 6 月 23 日接受 CNN 采访时，除了表示对佩里的好意"心领了"之外，还坦言朝鲜的导弹技术尚未发展成熟，言下之意是无须过虑。美国国家安全顾问斯蒂芬·哈德利（Stephen John Hadley）也呼吁朝鲜放弃测试，并表示美国正寻求通过外交途径来阻止朝鲜试射导弹。

2006 年 7 月 5 日，朝鲜宣布进行了导弹试射。此后，美国国内再度出现有关对朝政策的激烈争论。主张军事打击的声音重新泛起，即使传统

---

① 陈雅莉：《美国专家：期待中国协助解决美朝危机》，《华盛顿观察》（周刊）2003 年第 2 期。

② David E. Sanger and Thom Shanker, "Rice Is Said to Have Speeded North Korea Deal", *The New York Times*, February 16, 2007, p. A3.

③ William J. Perry and Ashton B. Carter, "What If N. Korean Missile Attacks the US", *The Washington Post*, June 22, 2006.

的温和派也认为，导弹试射证明消除朝鲜威胁的外交努力已宣告失败，因此也主张对平壤采取强硬立场。然而令人惊奇的是，甚至在中国政府都做出强烈反应的情况下，小布什政府内一些历来持强硬立场的高层官员却做出了非常温和的回应。拉姆斯菲尔德表示，佩里（在《华盛顿邮报》上）的看法很有意思，但总统与其看法不同。总统相信应与其他国家合作，一切都还有待观察。① 在具体的对策上，美国除了支持安理会的谴责决议之外，只要求韩国不能将朝鲜纳入《美韩自由贸易协定》的谈判范围，并要求韩国关闭其在朝鲜境内投资的"开城经济开发区"和停止金刚山旅游项目，此外并未采取进一步的施压措施。有人对此解释说，这不过是小布什政府的一种策略，因为"朝鲜此次导弹试射所展示的技术进步非常有限，并没有超越美国导弹防御系统部署时对朝鲜导弹能力的构想"。② 对美日来说，朝鲜不顾国际社会的一致反对发射导弹，将使它自己在外交上更加孤立，并使中国和韩国非常尴尬。这会导致它们更不情愿对朝鲜提供政治支持和经济援助，并缩小了美日一方和中韩一方之间存在的分歧，证明朝鲜而不是美国才是麻烦。③ 这种解释还认为，美国知道自己不会直接受到朝鲜导弹攻击，而已在中朝边境部署了 8 万人的军队的中国才应当对此最为关心。可以说从这时起，美国已经表现出准备放弃责任，把朝鲜问题抛给中国的意向。但无论具体原因如何，朝核问题对美国来说显然尚未达到生死攸关的程度。史汀生研究中心高级研究员理查德·克罗宁（Richard Cronin）对此分析道，"如果朝鲜核问题真是严重到紧急的地步，小布什早就会力排众议，下令（温和与强硬）两派人马解决分歧，提出一种可行的解决办法了。但小布什到现在都没有这么做，足以显示出朝鲜问题未到关键时刻"。④

---

① Radio Interview with Secretary Rumsfeld on the Monica Crowley Show, July 8, 2006, http://www.defenselink.mil/transcripts/transcript.aspx? transcriptid =43.

② Michael Levi, "Missile Defense Collaboration Efforts Tighten U. S. Bonds with Israel and Japan", *Council on Foreign Relations*, July 26, 2006, http://www.cfr.org/publication/11156/levi.html.

③ Arnold Kanter Principal, "North Korean Missile Launches and Implications for U.S. Policy", Testimony: The Scowcroft Group before the Committee on Foreign Relations United States Senate, July 20, 2006.

④ 徐琳：《朝鲜导弹测试引爆华盛顿"先发制人"之争》，《华盛顿观察》（周刊）2006 年第 24 期。

2006 年 10 月，朝鲜宣布进行了首次核试验，国际社会在深感震惊之余，对其真实性疑虑重重。此时美国国内存在三种政策主张：一是以前政府高官吉米·卡特和詹姆斯·贝克（James Baker）为代表，要求通过双边形式进行对话；二是以佩里为代表，主张对朝鲜进行报复性警告；三是智库"新美国财团"在《洛杉矶时报》上撰文提出主张，呼吁美国放弃主导权，把朝鲜问题交给中国。① 此时，小布什再次回到他就任之初必须面对的两种选择：遏制朝鲜最有效的手段是进一步孤立它，还是迫使它恢复与外界的接触？②

对于小布什政府来说，此时的情况可能比预料的更糟。阿拉莫斯研究所（Alamos National Laboratory）前任所长西格·海克（Siegfried S. Hecker）2006 年 11 月访朝后撰写报告称，在所有进行过核试验的国家中，朝鲜是唯一事先通告第一次核试验的时间和预估威力的国家，这显示出其相当的自信。③ 在这一背景下，正如一位美国官员所述，"在朝鲜拥有核武器以前，我们尚有可取的选择，而现在没有了"。④ 既然不能实施侵略，制裁又不管用，那么唯一的选择只有谈判。⑤ 从小布什本人的表态来看，他虽然宣称朝鲜的核试验是不可接受的，但随即就于 2006 年 10 月 9 日在公开讲话中明确排除了迅速采取军事行动解决问题的可能性⑥，强调美国会坚持用外交手段来保护自己的利益。美国国务院发言人肖恩·麦克马克（Sean McCormack）11 月 3 日重申，美国总统布什、国务卿赖斯和其他官员都早已表明，美国无意攻打或侵略朝鲜。

但是，美国军方仍在进行军事打击的准备。据《华盛顿时报》援引未透露姓名的美国官员的话说，在朝鲜进行首次核试验之后，美方已经加

① ［日］加藤秀英：《美国国内围绕对朝政策议论纷纷》，《日本经济新闻》2006 年 10 月 13 日。

② David E. Sanger, "For U. S. , a Strategic Jolt after North Korea's Test", *The New York Times*, October 10, 2006.

③ Siegfried S. Hecker, "Report on North Koran Nuclear Program", http：//www. keia. org/3/ Programs/Hecker Report. pdf.

④ Thom Shanker, "Pentagon Assesses Responses, Including a Possible Blockade", *The New York Times*, October 10, 2006, p. A8.

⑤ Robert L. Gallucci, "Let's Make a Deal", *Time*, Oct. 15, 2006, p. 38.

⑥ "President Bush's Statement on North Korea Nuclear Test", October 9, 2006, http：// www. whitehouse. gov/news/releases/2006/10/200610009. html.

速拟订了攻击朝鲜境内核武设施的计划，同时加强了美国在亚洲的核武部署。但国防部发言人惠特曼（Bryan Whitman）表示，这些策划工作并不代表美国将对朝鲜发动攻击，而是代表布什总统一旦下令攻击的话，美国军方已备有周全的计划。他同时表示面对朝鲜的威胁，美国政府正谋求"和平及外交的解决方式"。① 军方的这种举动与其说是准备对朝动武，还不如说只是为了做出威胁的姿态，因为朝鲜核试验后最让美国担心的是其核扩散行为，这一直被外界认为是美国的底线。小布什在接受美国广播公司专访时指出，如果美国得到的情报显示朝鲜出售核武器给伊朗或拉登领导的恐怖网络，美国将采取必要措施加以阻止，而朝鲜必须为此"负起全责"。② 国防部与白宫和国务院唱反调，公开美国的动武计划，目的不过是希望制止朝鲜可能的核扩散行为。一旦朝鲜迅速宣布自己不会进行核扩散并暗示可以有条件弃核之后，美国国内进行军事打击的声音就完全沉寂了。

这一阶段更值得关注的现象是国防部在对朝决策中地位的下降。拉姆斯菲尔德在朝鲜核试验前答记者问时表示，"我想总统和国务卿已经就朝核问题发表了讲话，我将把这个话题留给他们，那是一个外交问题"。当记者问及朝鲜进行核试验是否会被美国认为是进攻性行为时，他回答说："这不是我管的问题，这是总统做决定的事情。"③ 朝鲜进行核试验以后，他甚至没有按照惯例做出什么反应。作为孤立派的主要代表，拉姆斯菲尔德的态度变化清楚地表明他已经脱离了核心的决策圈。而副总统切尼的安全事务顾问小欧文·路易斯·"滑板车"·利比（Irve Lewis "Scooter" Libby）也辞职了，他还失去了在朝核问题上对国务院的否决权。④ 其他

---

① 《加速拟定攻击计划？美国国务院：无意攻打朝鲜》，星岛环球网，网址：www. singtaonet. com。

② "Exculusive: George Stephanopoulos' Full Interview With President Bush", Oct. 22, 2006, http: //abcnews. go. com/ThisWeek/story? id = 2594541&page = 1.

③ Questions and Answers with Secretary of Defense Donald Rumsfeld at an Honor Cordon with Croatian Minister of Defense Berislav Roncevic at the Pentagon, October 5, 2006, http: //www. globalsecurity. org/military/library/news/2006/10/mil－061005－dod02. htm.

④ John Feffer, "Three Hard Truths", *Foreign Policy in Focus*, August 17, 2007, http: //fpif. org/three_ hard_ truths/.

鹰派人物也普遍由于伊拉克不断恶化的局势而不得不在朝核问题上放低调门。① 前国家安全委员会亚洲事务高级主管迈克尔·格林（Michael Green）表示，拉姆斯菲尔德的离职产生了重大影响。② 从这时开始，赖斯主导的国务院在决策中的地位明显增强。

三　美朝和解：决策核心展现力量

随着国务院成为影响朝核问题决策的决定性机构，赖斯的作用更为引人注目。她在担任总统安全事务助理期间，并未充分发挥作用。有美国媒体评论说，赖斯是小布什外交政策的导师，但过去四年以来她一直把自己的外交观点藏在心里，所以在关键议题上赖斯怎么想依然是个谜。③ 朝鲜核试验后，赖斯劝说总统采取一种新的步骤，与朝鲜达成协议，因为"游戏规则已经改变了"。④ 她做出的这种表态与其原来的态度形成明显的对比。有人认为，当自认为是现实主义者的赖斯发现美国的外交政策将所有的事情都弄得很糟糕后，她意识到自己可能成为美国历史上"最差劲的总统身边最差劲的国务卿"，因此，她力图推动改变。⑤ 对此感到愤怒的博尔顿表示，"我不明白为什么国务院会发生变化，或者为什么赖斯越来越像鲍威尔"。⑥ 这种变化显然是朝着务实的方向，其对小布什的观念必定会带来影响。

---

① Peter Hayes, "Bush's Bipolar Disorder and the Looming Failure of Multilateral Talks with North Korea", http：//www. armscontrol. org/act/2003 – 10/hayes – 10 . asp.

② Farah Stockman, "Diplomacy Yielding Results for the US", *Boston Globe*, March 3, 2007, http：//archive. boston. com/news/world/asia/articles/2007/03/03/diplomacy_ yielding_ results_ for_ the_ us/.

③ Patrick Martin, "Behind State Department, CIA shake – up", *World Socialist Web Site*, 17 November 2004, https：//www. wsws. org/en/articles/2004/11/rice – n17. html.

④ Philip Sherwell, "Dick Cheney Tried to Block North Korea Nuclear Deal", *Telegraph Co. UK*, 28/06/2008.

⑤ 李焰：《朝鲜的烫手资金折射出中美朝互信不足》，《华盛顿观察》（周刊）2007 年第 11 期。

⑥ Toby Harnden, "Hand Grenades from a Hawk", *Telegraph Co. UK*, 16 May, 2007.

但发挥更大作用的应该是直接参与谈判的美国代表克里斯托弗·R.希尔（Christopher Robert Hill）。希尔与其前任凯利不同，他时常大胆地采取自主行动，然后在面对政府内部的批评时再为自己的行为辩护。2005年希尔担任现职后，立刻劝说赖斯，称"如果让我去朝鲜，我会使谈判达成妥协"。① 在强硬派纷纷离开政府之后，希尔的地位明显得到加强，而且他的立场往往能够得到赖斯的支持，这使他在处理朝核问题时具有更大的自主权和灵活性。小布什也对希尔格外信任，作为助理国务卿，希尔曾破例出席小布什总统、切尼和国家安全事务助理哈德利的早餐会，有时还能和总统单独进行谈话。

当然，对决策具有决定性影响的还是小布什本人的思想变化。美国政治家约翰·里德（John Francis Reed）认为，对小布什而言，更重要的是在总统任期结束之前给自己的形象增辉，他们现在所做的一切真的是为了在历史上留名。② 许多美国官员也意识到随着小布什结束任期的时间临近，有两个议题变得更加重要：巴以和谈和朝核问题。③ 对于后者，卡内基国际和平基金会副总裁乔治·伯科维奇（George Perkovich）认为，"布什终于意识到，过去五六年来由切尼和博尔顿一手主导的政策根本行不通。现在博尔顿前脚离开政府，布什后脚跟着就改弦更张"。④ 而里根时期最后一任办公厅主任肯尼斯·杜伯斯坦（Kenneth Duberstein）则表示，在执政的最后两年里，你要关注一些可行的事情，于是突然就变得现实和务实了。⑤ 而曾经踌躇满志的小布什本人一旦不得不变得务实，整个美国政府的对朝政策都会随之发生改观。

此时更加自信的朝鲜反倒开出了更加诱人的条件。在核试验后，朝鲜的高级官员一再对美国发出模糊表态，避免提及与中国有关的话题，甚至

① Don Oberdorfer, "So Far, So Fast: What Really behind the Bush Administration's Course reversal on North Korea and Can the Negotiations Succeed?", *Newsweek*, March 14, 2007.

② Peter Baker, "Bush Shows New Willingness to Reverse Course", *The Washington Post*, Mar. 4, 2007, A. 5.

③ David E. Sanger and Thom Shanker, "Rice Is Said to Have Speeded North Korea Deal", *The New York Times*, February 16, 2007, p. A3.

④ 徐琳：《白宫放手，朝核僵局回春》，《华盛顿观察》（周刊）2007年第5期。

⑤ Barbara Slavin, "Diplomacy Could Define End of Bush's Term", *USA Today*, March 1, 2007, p. 10.

声称美国可以在港口和情报方面与朝鲜开展合作，① 表明其愿意为了摆脱中国的影响而更多地与美国展开合作。这种积极要求与美国妥协甚至合作的暗示是前所未有的，美国无法忽视这一难得的机会。

朝鲜核试验后，赖斯批准希尔与金圭冠在北京举行单独会面，表明美国政府已经放弃原来一再坚持的不接受双边会谈的原则，愿意同朝鲜进行面对面的讨价还价，以打破僵局，争取尽快取得进展。尽管此时国内反对与朝鲜进行双边接触的声音依然强烈，但希尔的行动表明，孤立派已经难以阻挡接触派进行新的尝试。在北京会谈结束的当天晚上，希尔主动派其助手、国务院朝鲜事务办公室主任前往朝鲜驻华使馆传递信息，表示愿意与金圭冠在其选择的另一个城市继续举行双边会晤。朝鲜选择了柏林。

柏林会谈中，双方就美国向朝鲜提供援助以及朝鲜在 60 天内停止并封存核反应堆达成了妥协。② 希尔随即向刚结束对科威特的访问"顺便"路过柏林的赖斯汇报了双边会谈的进展情况，并将一份包含朝方要求事项的文件交给了赖斯。按照约定俗成的程序，这时要经过部门之间的协调来做出决定，副总统办公室、国防部、白宫幕僚以及其他部门都要参与进来。③ 但赖斯采取了一个非常规的行动，她越过华盛顿的一些官僚机构，直接打电话给总统和国家安全事务助理哈德利，敦促他们批准希尔提出的路线方针。④ 据称，当时赖斯问小布什"可以以此为基础继续进行吗？"小布什答称"可以"。于是，在这一重大决策的过程中强硬派被排除出了决策圈，这种取消中间讨论的灵活决策模式显然得到了小布什的默许。前美国朝鲜特使杰克·普理查德（Jack Pritchard）表示，"美朝柏林直接对

① Selig S. Harrison, "North Korea: A Nuclear Threat", *News Week*, Oct. 16, 2006, http://www.msnbc.msn.com/id/15175633/site/newsweek/page/2/.

② Jim Yardley, "Seed of North Korean Nuclear Deal Was Planted in Berlin, Bilateral Meeting Produced Accord for U.S. and North Korea", *International Herald Tribune*, February 13, 2007, http://www.nytimes.com/2007/02/13/world/europe/13iht-nuke.4582318.html.

③ David E. Sanger and Thom Shanker, "Rice Is Said to Have Speeded North Korea Deal", p. A3.

④ Don Oberdorfer, "So Far, So Fast: What Really behind the Bush Administration's Course Reversal on North Korea and Can the Negotiations Succeed?", *Newsweek*, March 14, 2007, http://www.msnbc.msn.com/id/17612517/site/newsweek.

话是在布什总统的亲自批准下得以举行的"。① 在第五次六方会谈签署
"2·13协议"的次日，小布什在白宫举行的记者会上表现得对协议内容
非常熟悉，而且正确地运用了对核设施"关闭""封存""去功能化"等
协议中的特定词语，由此可见小布什对协议的重视。

此时，美国情报部门过去对朝鲜浓缩铀问题的分析可能并不完全
"确凿"的信息也被媒体透露出来。美国情报部门如此刻意的"小心"，
一方面可能是为了避免再度在朝核问题上陷入情报不准的尴尬，另一方面
也反映出美国正从它长期坚持的朝鲜必须坦白其秘密浓缩铀计划的原有立
场有所后退。这似乎显示出小布什政府不愿更多地纠缠于浓缩铀这类技术
性细节的新态度。《华盛顿邮报》评价道，希尔的最大"政变"就是说服
小布什和赖斯，让他们重视朝鲜隐藏的钚问题，并使包括浓缩铀在内的其
他问题变成次要问题。② 此后，尽管"9·19"共同文件的履行因为朝鲜
资金解冻等问题而出现波折，但美国还是保持了足够的耐心，尽量避免批
评朝鲜。③ 这些举动意味着，小布什政府试图通过舆论渲染表达诚意，愿
意做出明显让步，以便迅速在某些问题上取得突破。

强硬派随即对此进行了猛烈抨击，指责小布什政府进行了无原则的让
步。忧虑和谴责并不只限于新保守派阵营，这种倾向也开始向保守的媒
体、智囊团和专家扩散，逐渐达成相当程度的共识。赖斯和希尔没有同核
扩散专家商议，而是直接与总统交换意见并主导谈判的做法也受到了批
评。④ 即使一些温和派也担心国务院的妥协太多，但是赖斯毫不退让。杰
克·普立查德批评说，朝鲜认为小布什政府如此期待自己的外交胜利，以
至于朝鲜可以伸手要任何东西。赖斯对此回应道，"你有什么办法？发动
战争吗？"⑤ 副国务卿罗伯特·约瑟夫强烈反对"2·13"协议，认为这比
1994 年克林顿与朝鲜达成的协议还要差，⑥ 并以辞职相威胁。赖斯的回应

---

① 《北京协议的总指挥是美国总统布什》，韩国华人网，网址：http：//www. krch₁-
nese. com。

② 《希尔令美国对北政策发生大转变》，韩国华人网，网址：http：//www. krchinese. com。

③ Foster Klug, "Hill Urges Patience with North Korea", http：//news. yahoo. com/s/ap/
20070505/ap－on－go－ca－st－pe/us/nkorea.

④ 许容范：《白宫内部也强烈谴责北京协议》，［韩］《朝鲜日报》2007 年 2 月 16 日。

⑤ John R. Bolton, "Bush's North Korea Meltdown", *Wall Street Journal*, October 31, 2007, ht-
tps：//www. wsj. com/articles/SB119379446210477079.

⑥ David E. Sanger and Thom Shanker, "Rice Is Said to Have Speeded North Korea Deal", p. A3.

十分强硬："美国政府就是美国政府，既然人们要服从已经做出的决定，我想他们也会服从这个决定。"① 国家安全事务副助理埃利奥特·艾布拉姆斯（Elliott Abrams）在群发邮件中，强烈反对美国准备将朝鲜从支持恐怖主义者的名单中删除的决定；博尔顿等也采取向媒体透露疑似信息的方式阻碍美朝和解，联合国开发计划署平壤事务所挪用资金购买房地产、叙利亚和朝鲜之间有核交易等媒体报道都出自于他之手。② 但是，小布什本人坚定地站到了赖斯一边。当在记者招待会上被问到对博尔顿批评政府决策的言论有何看法时，小布什明确表示，"我强烈反对、强烈反对他的评价"。③ 反对与朝鲜接触的官员或者被排除出决策圈，或者选择了辞职，而作为小布什政府中尚存的主要强硬派代表，切尼已经很少参与决策，正如参议院情报委员会主席约翰·洛克菲勒（John Rockefeller）所言，"切尼在情报方面的影响迅速下降了"。④ 而更重要的是，在切尼与赖斯的激烈对抗中，赖斯可以让总统听她的。⑤ 也就是说，强硬派的主张已经难以干扰政府的决策。

出现这种局面的直接原因在于小布什政府已经决心在其任内有所建树。总统安全事务助理哈德利 2007 年 9 月 18 日在美国外交协会演讲时确认了这一点。他明确表示，小布什政府希望在其任期内圆满解决朝核问题，而担任六方会谈美方代表团团长的助理国务卿希尔正在很好地完成任务。由于政治利益的需要，小布什已经决定对坚持主张对朝接触的赖斯和希尔给予坚定的支持，对美朝和解的任何阻碍都会被视为对其试图留下外交遗产努力的干扰。于是美国在朝核问题上新的决策架构由此确定了下来，国务院成为主要的参与者，盖茨领导下的国防部基本不再参与，副总统办公室更难以在决策中发挥作用，孤立朝鲜的主张只能在核心的决策圈外通过一些媒体来影响舆论。朝核危机发生以来，美国政府从来没有像现

① David E. Sanger and Thom Shanker, "Rice Is Said to Have Speeded North Korea Deal", p. A3.

② 崔宇哲：《美国新保守主义者最后的挣扎?》，［韩］《朝鲜日报》2007 年 9 月 19 日。

③ David Frum, "Washington's Raw Deal", February 20, 2007, http://www.frumforum.com/washingtons - raw - deal/.

④ Michael Duffy, "Cheney's Fall from Grace", *Time*, Mar. 8, 2007, http://pages. suddenlink. net/dfrentrup/DuffyTime3 - 8 - 07CheneyFallFromGrace. htm.

⑤ Philip Sherwell, "Dick Cheney Tried to Block North Korea Nuclear Deal", *Telegraph. Co. Uk*, 28/06/2008.

在这样表现出如此清晰稳定的战略，接触政策已成为基本国策，甚至美国改善朝鲜人权状况的意志也有所削弱。近来美国政府几乎没有动用根据《朝鲜人权法》每年可以使用的 2400 万美元，而美国的人权事务特使也在热衷于与朝鲜进行潜在的文化交流。① 更重要的表现是，小布什政府经过长时间的斟酌，已经正式将朝鲜从支持恐怖主义的国家名单上删除。希尔表示，即使朝鲜再度停止弃核进程，美国也不会再次将其列入。此时小布什政府任内的对朝决策模式已经难以逆转。

四　小布什政府在朝核问题上的决策特点

决策是指管理者为了实现一定的目标和处理管理中的实际问题时，从各种备选方案中作出选择的活动。外交决策主要包含了目标意图、参与机构、行为模式、决策环境等基本要素。由于"9·11"事件迫使美国对其外交战略作出根本性调整，更由于朝核问题出现的背景、问题的性质、涉及的范围、可能的影响都有其特殊性，导致小布什政府在朝核问题上的决策表现出如下鲜明的特征：

1. 缺乏明确稳定的目标导致一盘散沙式的外在表现

美国究竟如何判断朝鲜的核威胁能力，究竟希望付出多大成本来实现半岛的无核化，这是小布什政府始终都没有明确的问题。从其处理朝核问题的表现来看，小布什政府的决策不是由长远战略而是由班子中最高层的一场争夺政策决定权的博弈来决定的。在这场博弈中，核心人物希望在两种不可调和的方式中找到战术上的共同之处，而没有在"美国到底需要什么"这一问题上达成一致。这种状态一直持续到朝鲜进行核试验。在朝鲜不断推进其核边缘政策后，虽然美国的决策者习惯性地拒绝妥协，但"这位总统现在知道，政权变更存在许多风险，不仅有可能陷入萨达姆倒台后伊拉克那样的泥沼，而且美国对最后上台的人也不中

---

① John Feffer, "Three Hard Truths", *Foreign Policy in Focus*, August 17, 2007, http: // fpif. org/three_ hard_ truths/.

意"。① 于是华盛顿几乎没有什么可行的政策可供选择。② 曾在小布什政府第一任期中担任国务院政策计划主任的理查德·哈斯（Richard Hass）在其著作中强烈批评道，小布什政府处理朝鲜问题的方法是被稀释的各种外交选择的混合物，③ 这也是导致小布什政府从一开始就没有过"大谈判"决心④的主要原因。于是，小布什政府的决策过程就成为平衡和解决内部分歧而不是化解朝核危机的过程，六方会谈所能做的就是让时间来决定平壤到底走哪条路。在此背景下，甚至对朝决策这种政府行为本身有时都变得非常困难。

2. 决策核心自信且封闭

小布什政府处理朝核问题的决策核心圈经历了一次明显的调整过程，但无论是哪一派主导，其成员都表现出了明显的自信和封闭的特征。在前一阶段，小布什、切尼、拉姆斯菲尔德等一直相信朝鲜会在不久后崩溃，相信只有压力才能发挥主要作用，鲍威尔的建议始终难以被接纳。实际上，强硬派没有对朝鲜动武并非因为鲍威尔劝阻，只是没有条件罢了。在后一阶段，小布什、赖斯、希尔等坚决抵制任何反对与朝鲜妥协的声音，态度甚至比强硬派还要强硬。⑤ 在这两个阶段中，核心决策圈的基本认识和人员构成一旦确定，就不再接受外界的不同观点，理论上对外交决策具有影响力的媒体、智囊以及利益集团在政府的实际决策中均未能发挥明显作用。究其原因，一方面是因为伊拉克战争吸引了人们主要的注意力，另一方面是因为小布什政府比较强势，决策圈内的官员都个性张扬并带有鲜明的意识形态特征，以及朝核问题中真正出现的危机不多，导致官僚和组织机构的决策模式的特点难以表现出来。

---

① Michael Hirsh and John Barry, "Nuclear Offense", *Newsweek*, Feb. 21, 2005, p. 12.

② Bradley K. Martin, "Peace with North Korea", *The Baltimore Sun*, Feb. 15, 2005, p. A13.

③ David Sanger and Thom Shanker, "North Korea Is Reported to Hint at Nuclear Talks", *The New York Times*, June 6, 2005, p. 7.

④ Michael O'Hanlon and Mike Mochizuki, "Toward a Grand Bargain with North Korea", *The Washington Quarterly*, Vol. 26, No. 4, Autumn 2003, pp. 7 - 8.

⑤ 2008 年 1 月初，小布什的朝鲜人权问题特使列夫科维茨公开和赖斯唱反调，表示应该把人权问题作为与朝鲜谈判"不可分割"的部分。对此，赖斯严厉指责列夫科维茨"对美国的政策走向没有发言权"。转引自周鑫宇《美调整对朝政策：赖斯切尼激烈较量布什遗产》，"国际在线"，2008 年 7 月 1 日。

3. 国会对于行政部门决策的制衡作用基本上由党派政治主导

在克林顿政府与朝鲜签署《核框架协议》（Nuclear Agreed Framework）以后不久，共和党就取代民主党占据了国会的多数席位，国会随后对克林顿政府的朝核政策不断进行猛烈抨击，甚至一度准备取消对半岛能源开发组织的所有拨款。在克林顿威胁要否决这一立法之后，双方才达成有条件的妥协。① 而在小布什政府任内，国会积极支持其对朝鲜的强硬政策，不仅不断谴责朝鲜的人权状况和毒品走私等活动，还通过各种手段配合行政部门对朝鲜施压。2003—2004 年，美国国会通过外援立法几乎取消了所有的对朝援助。② 直到朝鲜进行核试验前后，美国国会才通过了两个倾向有所不同的立法：一是要求总统任命一位朝鲜政策协调人，二是要求总统每半年向国会报告一次朝核问题的进展情况。③ 2006 年的中期选举后，民主党重新夺回在国会的多数席位，恰恰也是从这时开始，小布什政府大幅调整了对朝政策。虽然由于伊拉克战争与朝核问题同步发生，主要精力被伊拉克牵扯的国会无暇更多地顾及朝鲜，但在对朝核问题的有限关注中，国会一直表现出十分明显的党派政治色彩，支持还是抵制行政部门的决策与两党在国会力量的强弱密切相关。

4. 决策中的意识形态色彩十分浓厚

小布什政府的意识形态色彩在应对朝核问题的过程中表现得特别明显，这与朝鲜的社会制度、小布什得到的情报以及美朝间的长期不和直接相关。小布什本人曾多次用恶语攻击朝鲜领导人，极力诋毁朝鲜的社会制度，而这几乎成为美国强硬派谈及朝核问题时的标准做法。即使在美朝开始和解进程后，小布什政府对朝鲜人权状况的指责也从来没有停息过。美国战略与国际问题研究中心研究员朱尔·威特（Joel S. Wit）认为，小布什在副总统切尼和国防部长拉姆斯菲尔德的支持下，拒绝与朝鲜谈判，这一政策根本不是出于对现实形势的评估，而是"出于他们对金正日的憎

① Adam Miles, "The U. S. Congress and North Korea Policy: What's Next for the 109th Congress?", Feb. 28, 2005, http://www.nautilus.org/fora/security/0519A_ Miles. pdf, p. 2.

② Adam Miles, "The U. S. Congress and North Korea Policy: What's Next for the 109th Congress?", Feb. 28, 2005, http://www.nautilus.org/fora/security/0519A_ Miles. pdf, p. 2.

③ Emma Chanlett - Avery, "North Korea's Nuclear Test: Motivations, Implications, and U. S. Options", *Congressional Research Service*, October 24, 2006, p. 3.

恶，因此不愿直接与朝鲜政府接触"。① 美国一再坚持的"政权变更"政策也体现出同样的价值背景。

5. 个人因素发挥了举足轻重的作用，官僚机构的作用因此被削弱

美国对朝决策过程中存在一个有趣的现象，就是个人因素的作用取代了部门的作用。作为美国外交部门的主管，鲍威尔在小布什的第一任期内始终受到切尼、拉姆斯菲尔德甚至其下属博尔顿的强烈制衡，美国国内还出现了"切尼国家安全委员会"的说法，直接负责谈判的助理国务卿凯利的行为则受到国防部与国家安全委员会随行官员的明显限制。虽然鲍威尔任国务卿的四年里与鹰派的斗争几乎总是失败，但其继任者赖斯在推行类似的政策时几乎总是赢得胜利。② 出现这种局面的原因尽管很复杂，但赖斯与小布什总统一贯亲密的个人关系显然是一个重要因素，美国各类媒体对此进行过大量描述。可见在对朝决策中行政部门官员个人的观念和地位起到了显著作用，官僚机构的常规职能只有在其部门领导的观点与最高决策层相符时，才能得到有效发挥。

结　语

影响外交决策的国内外因素主要涉及国家实力、外交格局、国内政治、经济军事科技水平等，而影响外交决策过程的变量还包括议题的性质、决策主体以及决策方法等。③ 美国是世界上唯一的超级大国，且在政治、经济、军事、科技实力方面均首屈一指，还经历了多次危机决策的洗礼，但在处理朝核问题的过程中，美国政府的决策仍然表现出一些明显的不足，如意识形态和党派色彩过于浓厚，决策者过于依靠主观信念而不是客观事实来做出判断，官僚机构内部持续缺乏成效的讨价还价严重制约了政策的实施效果，决策所需的信息质次量少，等等。这些问题有些可归因于人为因素，有些则是体制和环境所致，意味着国家实力与决策质量之间

---

① 徐琳：《中国成了替罪羊?》，《华盛顿观察》（周刊）2006 年第 26 期。

② Paul Richter, "Under Rice, Powell's Policies Are Reborn", *Los Angeles Times*, Oct. 11, 2005, A. 1.

③ 毕云红：《外交决策及其影响因素》，《世界经济与政治》2002 年第 1 期，第 16 页。

并无具体联系。

特朗普政府上台后，朝鲜核问题再次出现激化，美国国内的对朝危机感大幅上升，谈判或战争的选择再次摆在特朗普政府的面前。在经过两个多月的筹划之后，特朗普政府出台了所谓"极限施压与接触"的对朝新政，但与前任的表现一样，这一新政中没有明确的战略目标和行事方针，时而威胁称军事打击已经箭在弦上，时而又强调完全无意进行政权更迭，反反复复，前后不一。特朗普与国务卿雷克斯·蒂勒森（Rex Tillerson）时常说出自相矛盾的话来，又被媒体大肆渲染，导致美国政府的对朝威慑力大为下降。特朗普政府推出对朝新政以来，朝鲜不仅进行了氢弹试验，还成功进行了洲际导弹试射，对美国的威慑力大幅提升。在国际媒体上随处可见特朗普的强硬言论，对朝鲜没有发挥任何作用。显然，至少在对朝决策方面，特朗普政府并没有从小布什政府的先例中吸取足够的教训，这也表明科学决策知易行难。

（刘卫东：中国社会科学院美国研究所研究员）

"勉强大国"与"中等强国":
美加北极关系析探

王晨光

【内容提要】 近年来,随着北极地区战略价值的提升,美国和加拿大都加强了对这一地区的战略规划和政策实践。但分别来看,美国的全球战略议程中北极事务排名靠后,其在北极事务上只能算是"勉强大国";加拿大则在北极地区拥有重要的利益,对北极情有独钟,展现了北极"中等强国"的特征。美加两国的北极关系具有两种特性:一是互补性,如在军事安全、环境保护、科学考察等方面展开深入合作;二是差异性,如在波弗特海划界、西北航道法律地位、北极治理优先议程等问题上尚存分歧。特朗普上台后,虽然还没有专门针对北极问题发表看法或采取行动,但从其一系列政策调整中可窥见相关动向和趋势。这将给美加北极关系带来新的变数。

【关键词】 美国外交 北极政策 特朗普政府 加拿大

近年来,全球气候变化使北极冰雪消融加速,北极这片曾经仅限于科研价值的"冰冻沙漠"因商业竞争、安全利益和环境关切等因素而成为世界地缘政治的焦点。① 在此情形下,作为世界超级大国的美国和第二北极大国②的加拿大都加强了对这一地区的战略规划和政策实践,以期在愈

---

① Charles K. Ebinger and Evie Zambetakis, "The Geopolitics of Arctic Melt", *International Affairs*, Vol. 85, No. 6, 2009, pp. 1215 – 1232.

② 从位于北极地区的国土面积来看,俄罗斯是最大的北极国家。

演愈烈的北极争夺战中占据优势和主动。但分别来看，美国的全球战略议程中北极事务排名比较靠后，资源投入相对有限，只能算是北极事务上的"勉强大国"；① 而加拿大在北极地区拥有重要的国家利益，对北极怀有特殊的民族情感，因而在北极事务上展现出了"中等强国"② 的特性。美加两国在北极事务上的态度和政策有所不同，政治、经济、文化等关系也比较特殊，这使两国在北极事务上的关系显得颇为微妙。本文将在梳理美加北极政策与实践的基础上，分析两国的北极关系及其走向趋势，进而为认识北极局势的发展和变化提供启示。

一　"勉强大国"：美国的北极政策与实践

1867 年，美国以 720 万美元的价格从沙俄手里获得了阿拉斯加地区 151.88 万平方公里的土地，从而跻身北极国家③的行列。美国政府对阿拉斯加和北极地区的认识经历了从传统的"不毛之地"到冷战时期的"前沿阵地"，再到 21 世纪以来的"战略新疆域"的发展演变，美国的北极政策与实践也随之调整和加强。但与俄罗斯、加拿大等北极地理大国相比，冷战后美国政府在北极问题上保持了低调、保守的姿态，远不如在世界其他地区那般自信。④ 正如加拿大学者罗伯·休伯特（Rob Huebert）所言，美国的北极政策在总体上是"被动的、零散的、僵硬的"，在北极事

① Rob Huebert, "United States Arctic Policy: The Reluctant Arctic Power", *SPP Briefing Papers Focus on the United States*, Vol. 2, No. 2, May 2009, https://www.wilsoncenter.org/sites/default/files/SPP%20Briefing%20-%20HUEBERT%20online.pdf.

② "中等强国"（或中等国家）指具有一定的实力，专注于某一特定领域，通过提出创新知识和概念来促进组织和联盟的建立，并借助自身在体系结构中的特殊地位和一贯的良好行动，来取得国际社会信任的一类国家。目前，加拿大、澳大利亚是"中等强国"的典型代表。参见 John Ravenhill, "Cycles of Middle Power Activism: Constraint and Choice in Australian and Canadian", *Foreign Policies Australian Journal of International Affairs*, Vol. 52, No. 3, 1998, pp. 313-324.

③ 北极国家，即在北极圈内拥有领土的国家，目前共有 8 个，即俄罗斯、加拿大、美国、丹麦（格陵兰岛）、挪威、冰岛、芬兰和瑞典。

④ 郭培清、孙兴伟：《论小布什和奥巴马政府的北极"保守"政策》，《国际观察》2014 年第 2 期，第 80—94 页。

务上只能算是一个"勉强大国"。①

冷战期间,作为美苏两大军事集团攻击对手的最短路线,北极曾一度成为全球远程导弹布设密度最大的地区。为了应对和遏制苏联,美国先后出台过两份北极政策文件,分别是1971年12月尼克松总统签发的《第144号国家安全政策备忘录》②和1983年4月里根政府制定的题为"美国的北极政策"的《第90号国家安全决策指令》,③两者都强调美国在北极地区拥有重要的国家利益。冷战结束后,为了使美国的北极政策与实践适应国际形势的变化,克林顿政府于1994年6月颁布了题为"美国的南北极政策"的《第26号总统决策指令》,在认识到北极地区对国家安全重大意义的同时,也强调了国际合作、环境保护、可持续发展以及原住民事务等方面的内容。④然而,该指令将美国的北极政策和南极政策合在了一起,显示出克林顿政府对北极地区的重视程度有所下降。而且在此后的15年,美国政府都没有出台新的北极政策。

2007年8月,俄罗斯科考队在北冰洋底插旗事件拉开了新时期北极争夺战的序幕,北极国家纷纷出台或更新各自的北极政策予以回应。在此背景下,小布什总统于2009年1月签署了题为"北极地区政策"的《第66号国家安全总统指令暨第25号国土安全总统指令》,阐明了"美国是一个北极国家,在北极地区拥有多样化的、紧密相关的利益"。从内容上看,这份文件基本延续了克林顿政府北极政策中的利益关切,具体包括:在北极地区满足国家安全和国土安全的需要;保护北极地区的生态环境和生物资源,确保北极地区自然资源管理和经济发展的可持续性;加强北极八国的合作机制建设;将北极原住民纳入相关决策之中;提高科学监测能

① Rob Huebert, "United States Arctic Policy: The Reluctant Arctic Power", *SPP Briefing Papers Focus on the United States*, Vol. 2, No. 2, May 2009, https://www.wilsoncenter.org/sites/default/files/SPP%20Briefing%20-%20HUEBERT%20online.pdf.

② National Security Council, "National Security Decision Memorandum 144", December 22, 1971, http://www.fas.org/irp/offdocs/nsdm-nixon/nsdm-144.pdf.

③ The White House, "National Security Decision Directive Number 90", April 14, 1983, http://www.fas.org/irp/offdocs/nsdd/nsdd-090.htm.

④ The White House, "Presidential Decision Directive/NSC-26", June 9, 1994, http://www.fas.org/irp/offdocs/pdd26.htm.

力；加强对本区域和全球环境问题的研究等。① 该指令虽然在一定程度上提高了北极问题在美国政府议程中的关注度，但其签署于小布什卸任前几天，已无法在其任期内得到落实。

奥巴马上台后，曾明确表示将接受小布什政府制定的北极政策，美国海军部也于 2009 年 10 月制定了《美国海军北极路线图》② 进行对接。但是，由于奥巴马政府的全球战略有所收缩并将战略重心置于亚太地区，加之疲于应对金融危机和财政危机，所以其在第一个任期内，无心也无力落实这份政策"遗产"。直到 2013 年 5 月，奥巴马政府才根据形势变化推出了新的《北极地区国家战略》，指出了北极作为"地球上最后一块新边疆"的重要意义。新战略主要包括将保障军事、能源、航行等方面的安全作为最优先的战略目标；倡导可持续、负责任地参与资源开发、航道利用等经济活动；强调通过广泛的国际合作实现北极利益，并加强美国在北极国际合作中的主导地位。③ 总体而言，新的北极战略延续性大于变化性。随后，美国海岸警卫队、国防部、海军部等部门也都相继发布或更新了各自的北极行动计划，摆出了一副积极进取的态势。

乌克兰危机之后，北极再次成为美俄战略博弈的前沿。面对俄罗斯在北极地区咄咄逼人的部署，奥巴马政府也加快了行动，于 2014 年 1 月发布了《北极地区国家战略实施计划》；④ 同年 7 月任命前海岸警卫队司令罗伯特·帕普（Robert J. Papp）担任美国的北极特别代表；2015 年 1 月签署行政令，要求成立北极行政指导委员会。⑤ 2015 年 5 月，美国接替加拿大就任北极理事会轮值主席国。为了彰显对北极问题的重视，奥巴马于

---

① The White House, "NSPD – 66/HSPD – 25 on Arctic Region Policy", January 9, 2009, http://www.fas.org/irp/offdocs/nspd/nspd – 66.htm.

② Department of the Navy, "U.S. Navy Arctic Roadmap", October 2009, http://www.navy.mil/navydata/documents/USN_ artic_ roadmap.pdf.

③ The White House, "National Strategy for the Arctic Region", May 10, 2013, http://www.whitehouse.gov/sites/default/files/docs/nat_ arctic_ strategy.pdf.

④ The White House, "Implementation Plan for the National Strategy for the Arctic Region", January 2014, https://www.whitehouse.gov/sites/default/files/docs/implementation_ plan_ for_ the_ national_ strategy_ for_ the_ arctic_ region_ –_ fi...pdf.

⑤ The White House, "Executive Order – – Enhancing Coordination of National Efforts in the Arctic", January 21, 2015, https://www.whitehouse.gov/the – press – office/2015/01/21/executive – order – enhancing – coordination – national – efforts – arctic.

8月亲赴阿拉斯加出席北极事务全球领导力大会并对该州进行访问，成为首位踏上北极地区的在任美国总统。① 但是，奥巴马政府的努力并未有效改善美国在北极事务上的"勉强大国"境遇，其原因在于：第一，小布什和奥巴马虽然都曾敦促美国加入《联合国海洋法公约》，但国会一直没有批准，这使美国在处理一些北极事务时一直缺乏底气；第二，随着2014年年底国会被共和党全面掌控，奥巴马在执政后期已沦为"跛脚鸭"，其北极政策多是"雷声大、雨点小"；第三，特朗普自打着"变革"的旗号上台以来，还无暇关注北极问题，但从其现行政策看很可能会推翻奥巴马政府的北极政策。

二　"中等强国"：加拿大的北极政策与实践

加拿大将北纬60度以北的国土称为北方地区，该地区面积达436万平方公里，约占其陆地总面积的44%、海岸线总长的75%，是个不折不扣的北极地理大国。同时，广袤的北方地区是加拿大文学、艺术的激发和孕育之地，更是其国家凝聚力和民族身份认同的重要部分。因此，加拿大政府不仅将对北方地区的管理作为最优先考虑的事务，也希望它在联邦、省、各自治领、市等各级政府机构的工作日程设置上占有优先地位。② 然而，加拿大的综合国力尤其是政治、军事实力相对有限，这使其北极政策表现出了"中等强国"的特性：在涉及自身主权利益的问题上态度强硬，在其他问题上则积极推动国际合作。

加拿大可谓北极主权争端的始作俑者。早在1907年，加拿大就率先提出了"扇形原则"，声称"位于两条国界线之间直至北极点的一切土地应当属于邻接这些土地的国家"，并积极寻求国际社会的认同。③ 但在第二次世界大战之前，加拿大并没有形成一套完整、清晰、具有针对性的北

---

① 《北极成为美俄战略博弈"新边疆"》，中国社会科学网，2015年9月14日，http://art.cssn.cn/hqxx/tt/201509/t20150914_2253562_1.shtml。

② ［加］彼得·哈里森：《加拿大北极地区：挑战与机遇》，钱皓译，《国际观察》2014年第1期，第138—146页。

③ 叶静：《加拿大北极争端的历史、现状与前景》，《武汉大学学报》（人文科学版）2013年第2期，第115—121页。

极政策。第二次世界大战后，为了应对苏联的威胁，美加两国在北极地区开展了防务合作，加拿大的北极战略在很大程度上依附于美国，但这一时期，加拿大的北极主权意识也在逐渐觉醒。1969 年，美国"曼哈顿"号油轮在未经加拿大许可的情况下穿越西北航道（Northwest Passage），引起了加拿大政府对西北航道主权及环境安全的担忧，遂于次年颁布《北极水域污染防治法》（Arctic Waters Pollution Prevention Act，AWPPA），限制其认为不符合要求的船舶通过该水域。该法案加强了加拿大对其北方水域的控制权，且在国际法层面产生了重大影响，促成了 1982 年《联合国海洋法公约》第 234 条的出现，而该条款也是迄今为止《公约》中唯一一项关于北极冰封区域管理的规定。①

冷战后，加拿大对美国的安全依赖降低，同时受经济全球化和气候变化的影响，对其北方地区和北极事务也有了更加全面、深刻的认识。从国内层面看，加拿大政府出台了一系列法律法规以加强对北方地区的管理，如《北极船舶建造普遍标准》（Equivalent Standards For the Construction of Arctic Class Ships）、《北极航运污染防治规则》（Arctic Shipping Pollution Prevention Regulations）、《加拿大北方船舶交通服务区规章》（Northern Canada Vessel Traffic Services Zone Regulations）等。同时，加拿大还是最早将北极事务纳入外交政策范畴的国家，其 2000 年发布的《加拿大外交政策的北方维度》② 和 2005 年发布的《加拿大国际政策声明》，③ 都涉及了在北极地区的目标和主张。从国际层面看，加拿大积极倡导北极国际治理，是推动《北极环境保护战略》（Arctic Environmental Protection Strategy，AEPS）签订的主要力量，对北极理事会（Arctic Council）的成立和发展也起到了无可替代的作用，并于 1996—1998 年担任理事会首任轮值

---

① 该条款在《联合国海洋法公约》第 12 部分第 8 小节，具体内容是："沿海国有权制定和执行非歧视性的法律法规，以防止、减少和控制船只在专属经济区范围内冰封区域对海洋的污染，这种区域内的特别严寒气候和一年中大部分时候冰封的情形对航行造成障碍或特别危险，而且海洋环境污染可能对生态平衡造成重大的损害或无可挽救的扰乱。这种法律规章应当照顾到航行，并且以现有最可靠的科学证据为基础，目的是要对海洋环境进行保护和保全。"

② Department of Foreign Affairs and International Trade，"The Northern Dimension of Canada's Foreign Policy"，http：//library. arcticportal. org/1255/1/The_ Northern_ Dimension_ Canada. pdf.

③ Canadian International Development Agency，"Canada's International Policy Statement：A Role of Pride and Influence in the World"，http：//walterdorn. net/pdf/InternationalPolicyStatement_ IPS – Overview_ PM – MartinForeword_ Apr2005. pdf.

主席国。①

　　2008 年 5 月，作为对 2007 年以来北极变局的回应，哈珀政府公布了《加拿大第一国防战略》（Canada First Defence Strategy）。该战略强调，气候变化给加拿大北方地区带来巨大经济机遇的同时也带来了安全挑战，加拿大军队要有实力控制并且保卫加拿大的北极领土。② 2009 年 7 月，哈珀政府公布了《加拿大北方战略：我们的北方、我们的遗产、我们的未来》，开宗明义地提出加拿大是一个北极国家，北极是其历史遗产与国家身份的重要组成部分，并对未来至关重要。这份战略明确提出了加拿大北极政策的四大支柱，即行使对北方地区的主权、促进经济社会发展、保护环境遗产以及改善北极治理。③ 2010 年 8 月，哈珀政府又制定了《加拿大北极外交政策声明》（Statement on Canada's Arctic Foreign Policy），阐明了加强与北极国家之间的合作、重视既有国际机制特别是北极理事会的作用、反对建立全新的北极治理机制等主张。④ 该声明的出台标志着加拿大北极外交政策的正式成型。

　　从实践层面看，加拿大展现出了北极地区"中等强国"的风采。在军事安全方面，作为捍卫主权和彰显存在的主要手段，加拿大自 2002 年起多次在北极地区举行军事演习，从声势上看是整个北极地区国家中最为突出的。⑤ 从 2007 年开始，加拿大在北极地区执行代号为"纳努克行动"（Operation Nanook）的年度军演，哈珀在任期间几乎每年都亲赴观摩。在经济发展方面，加拿大政府把开发北极资源作为促进北方地区甚至整个国家经济和社会发展的重要途径，一些项目如伊卡提钻石矿、马更些河谷天然气项目、米度班克金矿等已进入商业开发阶段。在国际治理方面，加拿大一直致力于增强北极理事会的作用，推动出台了《北极海空搜救合作协定》（Agreement on Cooperation on Aeronautical and Maritime Search and

　　① 杨剑等：《北极治理新论》，时事出版社 2014 年版，第 189—190 页。
　　② Department of National Defence, "Canada First Defence Strategy", May 2008, http://www.forces.gc.ca/en/about/canada-first-defence-strategy.page.
　　③ Minister of Indian Affairs and Northern Development, "Canada's Northern Strategy: Our North, Our Heritage, Our Future", July 2009, http://www.northernstrategy.gc.ca/cns/cns.pdf.
　　④ Department of Foreign Affairs and International Trade, "Statement on Canada's Arctic Foreign Policy: Exercising Sovereignty and Promoting Canada's Northern Strategy Abroad", August 2010, http://www.international.gc.ca/arctic-arctique/assets/pdfs/canada_arctic_foreign_policy-eng.pdf.
　　⑤ 陆俊元、张侠：《中国北极权益与政策研究》，时事出版社 2016 年版，第 182—183 页。

Rescue in the Arctic）和《北极海洋油污防御与反应合作协定》（Agreement on Cooperation on Marine Oil Pollution Preparedness and Response in the Arctic）等具有法律约束力的文件。在第二次担任北极理事会轮值主席国期间（2013 年 5 月至 2015 年 4 月），加拿大还主导成立了北极经济理事会（Arctic Economic Forum），以更好地促进北极地区经济合作。①

三　美加在北极事务上的合作与分歧

如前文所述，由于北极问题不属于美国的核心利益，冷战后美国对北极事务的重视程度和资源投入都相对有限。虽然奥巴马在第二个任期加强了经略，但已难有作为。相比之下，北极地区与加拿大的主权安全、国家认同以及经济社会发展等利益都紧密相关，因而历届政府都高度重视该地区，并希望通过在北极治理中发挥作用来提升加拿大的国际地位和影响力。在此情形下，美加一方面会基于近邻加盟友的特殊关系，在北极事务上广泛而深入地开展合作；另一方面，由于美加对北极事务的重视程度和政策实践有所不同，两国在一些具体问题上也存在争议和分歧。

（一）美加在北极事务上的合作

合作是美加北极关系的主流，两国不仅在各自的北极政策中对加强合作多有论述，还于 1988 年签署了《加拿大—美国北极合作协定》（Agreement between the Government of Canada and the Government of the United States of America on Arctic Cooperation）。具体来看，两国北极合作主要体现在军事安全、气候环境和科学考察三个方面。

第一，安全问题是美加北极政策的首要关切，两国在北极军事安全方面已展开了持久、深入的合作。冷战期间，美国将加拿大视为进行本土防御的前线，而作为北约成员的加拿大也需要依靠美国来确保国家安全，这使北美大陆安全防御成为两国共同的利益和事业。1957 年，美加两国成立了北美空防司令部（North American Aerospace Defence Command, NO-

---

① 张笑一：《加拿大哈珀政府北极安全政策评析》，《现代国际关系》2016 年第 7 期，第 22—28 页。

RAD），统一指挥两国的空防部队。1958 年，两国签署《北美空防协议》
（North American Air Defence Agreement），正式成立了北美军事同盟。[①] 冷
战结束后，国际局势虽然发生了深刻变化，但这一协议依然有效并不断得
到加强。2006 年 4 月，加拿大批准了新修订的《北美空防协议》，允许美
国海军和海岸警卫队在其领海（包括北极海底区域）部署军舰。[②] 2010
年，在加拿大举行的"纳努克行动"年度军演中，美国首次以北约成员的
身份参与其中。2012 年年底，两国签署《三大司令部北极合作框架协
议》，双方同意整合北美防空司令部、美国北方司令部和加拿大联合行动
司令部的力量来促进北极地区的安全与稳定。[③] 乌克兰危机爆发后，来自
北极方向的威胁再次增强，两国军事安全合作也迎来了新的契机。

第二，从气候环境问题看，北极是全球气候变化的驱动器和响应器，
美加两国则是北极地区气候、环境变化首当其冲的影响者。因此，两国都
把保护生态环境列为其北极政策的重点内容和主要目标，并采取了共同的
行动。在国内层面，美加都制定了一系列涉及清洁能源开发和利用、温室
气体总量控制和排放交易等问题的法律与制度。加拿大政府使国内的气候
政策与美国保持一致，并将此作为其应对气候变化总体战略的一个关键部
分。[④] 在双边层面，两国曾多次就应对和处理气候、环境问题发表联合声
明，并在保护驯鹿和候鸟迁徙、规范北冰洋公海捕鱼、防治海上油污等方
面达成了相应的协议，建立了相应的管理制度。在多边层面，美加长期在
联合国框架内就气候、环境和可持续发展等问题保持沟通、协调与合作，
还一道推动了 1973 年《保护北极熊协议》（Agreement on the Conservation
of Polar Bears）的签订，积极支持 1991 年《北极环境保护战略》的出台
以及北极理事会的有效运转。

---

① 张华：《从与不从．加拿大与美国安全关系研究（1957—1963）》，社会科学文献出版社
2015 年版，第 2 页。

② Michel Chossudovsky, "North American Integration and the Militarization of the Arctic", Centre
for Research on Globalization, http：//www. globalresearch. ca/index. php? context = va&aid = 6586.

③ U. S. Northern Command, "NORAD, USNORTHCOM and Canadian Joint Operations Command
Commander Sign Cooperative U. S./Canada Documents", December 11, 2012, http：//
www. northcom. mil/Newsroom/Article/563647/norad - usnorthcom - and - canadian - joint - operations -
commmand - commander - sign - cooperat/.

④ 刘岩、郑苗壮：《北极地区应对气候变化的法律问题研究》，载贾宇主编《极地法律问
题》，社会科学文献出版社 2014 年版，第 159—171 页。

第三，科学考察是认识北极、开发北极进而经略北极的基础，美加两国在这方面保持着良好的合作关系。美国是北极科考大国，早在20世纪40年代就成立了专门的研究机构，目前的考察重点主要涉及声学、地质学、地球物理学、环境预报、冰、雪、永久冻土工程学和人对严寒的适应性等内容。[①] 加拿大也高度重视北极科考的战略意义，但由于自身的科考能力相对有限，其在自行组织考察活动的同时重点通过国际合作来达到科考目的，而合作的首选对象无疑是美国。2008年，美加两国首次在北极大陆架举行联合考察活动，一方面为处理双方在波弗特海（Beaufort Sea）的边界争议做准备，另一方面为各自在北冰洋的大陆架延伸主张做准备。2009年8—9月，两国进行了为期42天的联合考察，进一步收集了北极大陆架和海底的科学数据。[②] 2010年8月，两国科考人员第三次开展联合行动，历时五周为北极海底绘图，并收集了有关大陆架延伸的数据。[③]

（二）美加在北极事务上的分歧

合作虽然是美加北极关系的主流，但随着北极局势的快速变化，两国在波弗特海划界、西北航道法律地位以及北极治理核心议题设置等问题上的分歧和矛盾也重新浮现或逐渐显现出来。

第一，美加两国尚未就波弗特海的海上边界达成一致，双方都声称对争议海域拥有主权。波弗特海是北冰洋的一个边缘海，位于美国阿拉斯加州以北和加拿大西北部沿岸以北至班克斯岛（Banks Island）之间，面积为47.6万平方公里。美国主张这一海域应适用"等距离"原则，即从两国陆地边界点出发在两国海域之间划中间线作为分界线；而加拿大则认为该海域应适用"特殊情况"原则，按照1825年英俄《圣彼得堡条约》规定的西经141度延伸至北极点作为分界线。由于两国各执一词，互不相让，因而形成了一个楔形的位于美国阿拉斯加和加拿大育空地区之间的争议海域，面积约为2.1万平方公里。划界争议的背后是两国对该海域油气

---

① 《美国的北极考察工作》，中国数字科技馆，网址：http://amuseum.cdstm.cn/AMuseum/kexuekaocha/kkcg/bjcg/bjgj/bigggk/std104.html。

② 《美加拟再次考察北极大陆架 瓜分领土和油气》，环球网，2009年7月24日，网址：http://world.huanqiu.com/roll/2009-07/525831.html。

③ 《美加考察人员将为北极海底绘图》，中华人民共和国科学技术部，2010年8月5日，网址：http://www.most.gov.cn/gnwkjdt/201008/t20100803_78723.htm。

资源的争夺。早在20世纪50年代，波弗特海近海大陆架就发现了大量的油气资源，根据加拿大国家能源局的最新预测，约有1780亿立方米天然气、1061万立方米石油以及20万立方米液化天然气。[①] 目前，两国虽还没有要求迅速解决此事或提交国际法庭仲裁，但已多次对该海域的海底进行了考察，为日后划界收集了科学依据。

第二，西北航道的法律地位之争，是美加在北极事务上分歧最大的问题。西北航道由格陵兰岛经加拿大北部北极群岛到阿拉斯加北岸，全长约1450公里，是连接太平洋和大西洋的捷径之一。自1969年"曼哈顿"号事件引发了美加在西北航道问题上的分歧后，加拿大于1973年正式宣布对西北航道拥有主权，称为其传统内水的一部分。美国对此坚决予以反对，认为西北航道是国际水道，适用过境通行权，不能因加拿大单方面的声明而改变其法律地位。[②] 1985年，美国破冰船在没有事先通知的情况下通过西北航道，并公开宣称没必要得到加拿大政府的允许，这引起了加拿大的愤怒并导致了严重的外交事件。[③] 2005年年底，两国再次因美国核潜艇"擅自"通过西北航道而发生争执，哈珀就任总理后的首次新闻发布会中严厉驳斥了将西北航道称为"中立水域"的美国大使。[④] 近年来，随着西北航道战略价值的提升，加拿大的主权诉求日趋强烈，并采取了一系列立法和行政措施。美国则在其北极政策中多次强调要维护"航行自由"，这使两国在这一问题上的争议将持续下去。

第三，美加两国虽然都关心北极地区的经济开发和气候变化问题，但在核心议题的设置上存在差异。对加拿大而言，其经济中心集中在南部与美国接壤的狭长地带，对广阔的北方地区还未进行有效的开发，没有发掘出其应有的经济价值。近年来，全球气候变暖加速了北极冰雪融化，加拿大政府将由此带来的商机视为增加财政收入、促进北方发展甚至提升国际

① National Energy Board, "Energy Briefing Note – Assessment of Discovered Conventional Petroleum Resources in the Northwest Territories and Beaufort Sea", November 2014, https：//www. neb - one. gc. ca/nrth/pblctn/2014ptrlmrsrc/index - eng. html.

② Rob Huebert, "Polar Vision or Tunnel Vision: The Making of Canadian Arctic Waters Policy", *Marine Policy*, Vol. 19, No. 4, 1995, pp. 343 – 363.

③ 叶静：《加拿大北极争端的历史、现状与前景》，《武汉大学学报》（人文科学版）2013年第2期，第115—121页。

④ 《加拿大新总理就敏感问题直斥美国驻加大使》，国际在线，2006年1月28日，网址：http：//gb. cri. cn/8606/2006/01/28/107@878939. htm。

地位的重要途径，不仅在国内层面加强行动，还在担任北极理事会轮值主席期间将经济开发作为北极治理的核心议题，并倡导成立了北极经济理事会。就美国而言，虽然阿拉斯加州政府一直强调要加快北极经济开发和社会发展①，但联邦政府出于对成本和环境的考量而态度消极，特别是在页岩油气革命导致油气价格下降之后。因此，奥巴马政府的北极政策聚焦于应对气候变化和构建北极秩序，并在接替加拿大担任北极理事会轮值主席后，将北极治理的优先领域和国际社会的关注焦点由经济开发转移到了气候变化、安全管理等问题上，使加拿大力推的北极经济理事会面临着被边缘化的风险。②

四　特朗普上台后的美加北极关系走向

总体来看，美加两国在北极问题上的微妙关系持续已久，即在战略层面的"大关系"上处于稳定，在涉及切身利益的"小关系"上还存在分歧。2017 年 1 月，打着"变革"旗号的特朗普正式就任第 45 任美国总统，随之也带来了一系列内外政策的调整。目前，特朗普政府尚未明确就北极问题发表看法或采取行动，但基本可以预料的是，美加两国分别作为北极地区"勉强大国"和"中等强国"的身份和特性短时间内不会发生太大的变化。因此，就美加北极关系走向而言，其在"大关系"上的战略互补性将进一步显现和加强，而在"小关系"上则可能在管控分歧的同时依然呈现出一定的自主性。

第一，在军事安全方面，美加两国面对北极地缘政治局势的变化有着切实的合作需要。乌克兰危机后，美国等西方国家加强了对俄罗斯的封锁和制裁，俄罗斯则坚决予以回击，其中增强在北极地区的军事存在、北向

---

① Alaska Arctic Policy Commission, "Final Report of the Alaska Arctic Policy Commission", January 30, 2015, http：//www. akarctic. com/wp – content/uploads/2015/01/AAPC_final_report_lowres. pdf.

② 郭培清、董利民：《北极经济理事会：不确定的未来》，《国际问题研究》2015 年第 1 期，第 100—113 页。

威胁美国本土是较为有效的战略选择。① 在此背景下,美加两国来自北极方向的安全压力骤然增大,两国在防务、安全问题上的相互依赖再次凸显并呈现出新的意义。就美国而言,其在北极地区的常规军事实力相对有限,且特朗普政府将更多着墨于国内经济,对外战略的优先考量也仍然是亚太地区。因此,特朗普政府应该会进一步巩固与加拿大的同盟关系,让加拿大分担其军事压力,维持符合美国的利益和价值观的北极秩序。就加拿大而言,其对北极主权安全有着近乎偏执的强调。虽然特鲁多政府不如哈珀政府那样态度强硬,但最新公布的国防政策也声称要扩展在北极地区的防空识别区,沿着北美警戒线更新雷达设备,增强民兵与北极盟友和伙伴的共同训练等。② 因此,加拿大在北极军事安全方面将继续加强与美国的合作并甘做"马前卒",一来借机提升自身的军事实力以更好地维护国家安全,二来借势巩固其在国际北极治理中的地位。

需要注意的是,加拿大与俄罗斯虽然在安全领域分属于两个对立的体系,但相互之间其实并不存在根本性的威胁和冲突,加拿大更多的是被美国和北约"绑架"到了与俄罗斯对峙的前沿。俄罗斯和加拿大同为北极地理大国,两国不仅在促进北极地区经济与社会发展方面存在近似的观点,而且在北极大陆架划界、北极航道法律地位等问题上的立场接近,且面临着相似的处境。因此,当西方国家鼓吹"俄罗斯北极威胁论"的时候,有加拿大学者发文指出俄罗斯其实并未逼近,加拿大面临的北极安全问题更多是非传统性质的。③ 加拿大政府的对俄政策也不是一味强调对抗,而是采取灵活、务实的原则,并在美俄之间起到了一定程度的缓冲作用。2016 年 9 月,特鲁多政府公布的首份关于北极事务的重要声明宣称,

① 张佳佳、王晨光:《地缘政治视角下的美俄北极关系研究》,《和平与发展》2016 年第 2 期,第 102—114 页。

② National Defence, "Strong, Secure, Engaged: Canada's Defence Policy", June 7, 2017, http://dgpaapp. forces. gc. ca/en/canada - defence - policy/docs/canada - defence - policy - report. pdf.

③ Adam Lajeunesse and Whitney Lackenbauer, "Canadian Arctic Security: Russia's Not Coming", OPENCANDA. ORG, April 19, 2016, https://www. opencanada. org/features/canadian - arctic - security - russias - not - coming/.

将放弃哈珀政府的对抗性政策，把俄罗斯作为未来北方政策的中心。① 这可谓是对 8 月普京表示"北极地区不容军事集团的地缘政治竞争"② 的回应，有着为美俄缓和北极关系铺路的意味。特朗普上台后，美俄关系虽然还未见回暖，但其理性务实、讲求实效的执政风格为双边关系的改善带来了一些转机。

第二，在北极经济开发方面，美加两国在资源开发、航道利用以及旅游业发展等领域面临相似的机遇和问题。就北极资源开发而言，特朗普一改奥巴马政府的谨慎态度，早在竞选期间就明确表示将扩大离岸石油和天然气的钻探活动范围。最近，其内政部长莱恩·辛克（Ryan Zinke）也公开承诺，将振兴阿拉斯加州的油气工业。③ 这为美加在这一问题上加强政策协调提供了条件。同时，关于开发进程中面临的共性问题，如需要先进的勘探和开采技术、执行严格的环保标准、顾及原住民的合法权益等，美加两国也存在广阔的合作前景。在航道问题上，美加两国虽然在西北航道的法律地位问题上存在争议，但从实践层面看，加拿大奉行的是"主权属我，允许通行"的政策，从未关闭过西北航道，而包括美国在内的国际社会也对加拿大的控制大多采取了默认的态度。④ 因此，随着西北航道通航条件的日益改善，两国将进一步加强在港口建设、污染防治、冰层监测、海上搜救等领域的合作，做好应对大规模商业活动的准备。此外，由于独特的自然环境和风土人情，北极旅游有望成为两国经济发展的新支柱以及北极合作的新领域。

美加经贸往来虽然密切，在北极经济开发方面也具有理论上的动力，但两国在北极地区的经济关系其实并不突出。在美国方面，阿拉斯加油气

---

① "Trudeau Government Announces 'Rational' Shift in Arctic Policy, Will Seek to Work with Russia", *National Post*, October 1, 2016, http://news.nationalpost.com/news/canada/canadian-politics/trudeau-government-announces-rational-shift-in-arctic-policy-will-seek-to-work-with-russia.

② "Putin: Arctic Must Be Free of Geopolitical Games", *The Arctic*, August 30, 2016, http://arctic.ru/international/20160830/430025.html.

③ Nathaniel Herz, "Interior Secretary Vows to Reinvigorate Alaska Oil Industry", *Alaska Dispatch News*, May 31, 2017, https://www.adn.com/politics/2017/05/31/new-interior-secretary-pledges-fewer-roadblocks-for-alaska-oil-development/.

④ 刘江萍：《西北航道的政治与法律研究》，中国海洋大学，硕士学位论文，2010 年，第 57 页。

资源的开采、运输、销售等环节几乎全在国内完成，与加拿大没有什么关系。在加拿大方面，其北极地区的 GDP 总量不到全国总量的 1%，缺乏足够的市场规模。① 近年来，加拿大在北极地区的地缘经济优势逐渐显现，油气、矿产资源将成为其北极经济开发的主要产业。按照加拿大之前的计划，这些资源除了自己消费一部分外，将重点销往美国，从育空地区经西北地区通向南部并最终到达美国的油气管线计划已部分实施。然而，页岩油气开采技术革命后，美国本土的油气生产能力大增，进口需求锐减，对阿拉斯加的油气开采热情也有所减退。② 特朗普上台后，虽然表示将加强北极油气资源的开发，但奥巴马在离任前颁布了禁止在大西洋和北冰洋的美国联邦水域进行新的石油和天然气钻探活动的永久性禁令，这给特朗普的政策调整造成了不小的麻烦。在此情形下，加拿大将不得不重新考虑其北极经济政策，在尚未找到新的合作伙伴和销售市场之前，开发进程可能会有所放缓。

第三，在气候、环境和可持续发展方面，随着特朗普进行一系列政策调整，特别是宣布退出《巴黎气候协定》，美加两国的分歧可能会日益增大。在奥巴马执政时期，美加两国在这方面具有相似的认识和判断，并采取了较为一致的政策和行动。2016 年 3 月，奥巴马总统与来访的特鲁多总理共同发布了《美加气候、能源与北极领导力联合声明》（U. S. - Canada Joint Statement on Climate, Energy, and Arctic Leadership），强调两国在能源发展、环境保护和北极领导力等方面长期保持着密切合作。在高度肯定《巴黎气候协定》的基础上，两国针对北极变局中的机遇与挑战，倡导一种共担责任的领导模式，具体体现在四个方面：第一，通过科学决策保护北极地区的生物多样性，领导所有北极国家创建一个泛北极海洋保护区域网络；第二，将原住民的科学和传统知识纳入环境评估、资源管理等决策之中，推进全世界对气候变化的认识和积极应对；第三，建设可持续的北极经济发展模式，基于科学依据对航运、渔业、油气勘探和开发等商业活动建立世界级的标准并严格遵守；第四，以全新的方法加强北极社区

---

① 陆俊元、张侠：《中国北极权益与政策研究》，时事出版社 2016 年版，第 313 页。
② 张琪：《美国北极油气开发梦灭》，《中国能源报》2015 年 10 月 26 日，第 6 版。

建设并增进北极居民福祉，特别要尊重原住民的权利和领土。①

　　然而，作为气候变化怀疑论者，特朗普在最新的联邦政府预算中大幅削减了国家海洋和大气管理局的资金，其中包括海洋和大气研究办公室600万美元的"北极研究经费"，还签署行政命令废除了奥巴马政府的一项旨在保护白令海海洋环境、应对气候变化的倡议。② 特朗普政府此举可谓逆潮流而动，将会损害美国在应对北极气候变化、保护北极生态环境方面的领导力，而且与特鲁多政府的北极政策理念相背离。另外，从社会意识和文化认同的层面看，加拿大对美国的文化侵蚀其实心存隐忧。如前文所言，北极地区对于加拿大来说不仅是国家主权问题，也是民族情感和国家认同问题，因而加拿大政府努力保持其种族、文化、习俗等方面的差异性，以构建并强化其自我认同的"北极身份"特色。但是，第二次世界大战结束后，美国的生活方式、价值观念和文化形态开始席卷世界，作为近邻的加拿大首当其冲地受到影响。在此情形下，加拿大社会普遍要求在文化与意识形态层面与美国划清界限。这种诉求逐渐与加拿大政府强调和捍卫的北极主权的政策实践结合在了一起。因此，加美两国之间存在"多元民族主义"与"民族大熔炉"的概念争锋，"均衡与发展兼顾"和"成长至上"理论的分庭抗礼，以及"人与自然的和谐关系"和"征服改造世界"的不同追求。③

结　语

　　从美加两国北极政策和实践的发展历程来看，美国虽然是当今世界唯

---

　　①　"U. S. - Canada Joint Statement on Climate, Energy, and Arctic Leadership", The White House, March 10, 2016, https://www.whitehouse.gov/the-press-office/2016/03/10/us-canada-joint-statement-climate-energy-and-arctic-leadership.

　　②　Chelsea Harvey, "Rex Tillerson Signed a Statement Supporting Arctic Science. Trump's Budget Would Cut It", The Washington Post, May 26, 2017, https://www.washingtonpost.com/news/energy-environment/wp/2017/05/26/rex-tillerson-signed-a-statement-supporting-arctic-science-trumps-budget-would-cut-it/? utm_term=.058f59bda8e4.

　　③　郎斐德、罗史凡、林挺生：《加拿大面对的北极挑战：主权、安全与认同》，《国际展望》2012年第2期，第118—132页。

一的超级大国，但由于其对北极事务的关注程度和资源投入相对有限，只能算是"勉强的北极大国"；加拿大虽然政治和军事实力有限，但在北极地区拥有重要的国家利益，对北极怀有特殊的民族情感，因而在北极事务上充分展现出了"中等强国"的特性。正是基于这样的身份定位和特性，美加在北极事务上的关系呈现出了两方面的特性：一是互补性，即两国在整体上可以持久而充分地进行沟通与合作；二是差异性，即两国在一些具体问题上存在矛盾和分歧。特朗普上台后，虽然尚未专门针对北极问题发表看法或采取行动，但从其一系列政策调整中可以窥见相关动向，如可能会加强与加拿大的军事同盟关系，再次吹响北极经济开发的号角，降低对北极气候变化和生态环境的关注等。同奥巴马执政时期相比，特朗普政府的北极政策动向在延续美加传统的共同利益的同时，也拉大了与特鲁多政府现行北极政策的差距。这将给美加两国的北极关系带来新的变数，需予以进一步关注。

（王晨光：武汉大学中国边界与海洋研究院暨国家领土主权与海洋权益协同创新中心博士研究生）

特朗普政府的北极政策:内外环境与发展走向①

杨松霖

【内容提要】2017 年 1 月，特朗普正式就任美国第 45 任总统。特朗普上任后面临复杂的国内外环境，政策偏好别具一格，其如何处理奥巴马政府的北极"遗产"引发关注。本文运用战略管理学中的 SWOT 分析法，对特朗普政府参与北极事务的内部优势、内部劣势、外部机会、外部威胁进行了分析，发现特朗普政府参与北极事务的内部优势明显，外部威胁突出。在此背景下，特朗普政府可能在北极环境治理、资源开放、安全维护和国际合作四个方面发挥优势，回应挑战，实现美国北极战略的转型和升级。

【关键词】美国外交 北极事务 特朗普政府 战略选择 SWOT 分析法

随着北极事务重要性的进一步提升，美国逐渐增强了对北极地区的关注程度和战略投入。2013 年 5 月，美国历史上第一份正式的北极战略文件——《北极地区国家战略》（National Strategy for the Arctic Region，以下简称《北极战略》）发布，文件阐述了美国北极战略的优先议程、指导原则和实施途径。奥巴马政府通过推动《北极战略》的有效实施，不断提

---

① 中国海洋大学法政学院孙凯教授和武汉大学中国边界与海洋研究院王晨光博士在本文写作过程中给予笔者指导和帮助,在此表示感谢。文中错漏由笔者负责。本文已被《亚太安全与海洋研究》2018 年第 1 期收录并发表。

高美国在北极的行动能力。2017 年 1 月 20 日，唐纳德·特朗普（Donald Trump）正式宣誓就职，成为美国第 45 任总统。特朗普上任后，逐步整合国内各方政治、经济资源，调整美国北极相关政策，进一步规划美国北极战略。特朗普政府参与北极事务会遇到国内外诸多因素的影响和干预，其北极政策的调整将面临极大的不确定性。特朗普倡导"美国优先"（America First），重视美国利益的实现，并宣布退出《巴黎气候协定》，其上述举措将对美国北极政策的演进以及北极治理产生何种影响？本文试图运用战略管理中广泛使用的 SWOT 分析法，对特朗普政府参与北极事务的内部环境和外部环境进行分析，并在此基础上对美国未来的北极政策走向进行评估和展望。

一　奥巴马政府的北极"遗产"

奥巴马政府十分重视北极战略的落实，在其任内通过多种途径拓展和巩固美国的北极利益。《北极战略》明晰了奥巴马政府的北极事务优先议程，即维护美国的北极安全利益，进行负责任的北极管理，加强北极事务的国际合作。[①] 奥巴马政府在上述三个方面逐步推进美国北极战略的实施。

（一）积极维护北极安全利益

冷战结束后，美国北极利益的内涵和外延不断拓展和延伸。气候变化、海洋环境保护等非传统安全领域事务逐步被纳入美国北极安全利益的范畴。《北极战略》对美国北极安全利益再次进行了拓展，维护北极安全利益成为奥巴马政府的迫切任务。[②] 奥巴马政府主要采取了以下维护美国北极安全利益的举措：

首先，加强美国北极安全活动的战略规划。奥巴马政府对北极安全的

[①]　National Strategy for the Arctic Region，http：//www.whitehouse.gov/sites/default/files/docs/nat_ arctic_ strat egy. pdf.

[②]　孙凯、杨松霖：《奥巴马第二任期美国北极政策的调整及其影响》，《太平洋学报》2016 年第 12 期，第 38 页。

重视得到了联邦相关部门的积极响应，海军、海岸警卫队、国防部积极出台本部门的北极政策规划，配合联邦政府的行动。2009 年 11 月，美国海军对外公布了《北极路线图》，① 对美国海军在北极地区的行动路线进行规划。2013 年 5 月，美国海岸警卫队发布了《海岸警卫队北极战略》，② 对海岸警卫队的北极任务目标和实现路径进一步予以说明。同年 11 月，美国国防部又颁布了《国防部北极战略》。③ 2015 年 1 月，《北极地区国家战略执行报告》④（以下简称《2015 执行报告》）问世，维护美国北极安全利益的路径被细化为八项，包括加强海洋领域活动、加大航空领域的支持、发展北极的通信基础设施、提升北极海域感知能力、确保联邦政府在冰封水域的海事活动、促进国际法和海洋自由、促进可再生能源的发展、加强非可再生能源的安全和负责任的发展。

其次，提升北极行动能力，加快北极安全实践。奥巴马政府频频出手，向国际社会展示其捍卫北极安全利益的决心。美国积极推动北约采取措施配合美国在北极地区的部署，以增强美国在北极地区的战略存在。在美国的大力推动下，2016 年 7 月，北约正式承认与俄罗斯之间存在分歧。⑤ 不仅如此，为提升北极地区的行动能力，美国国内相关部门之间也加强了协作和配合。2016 年 7 月，据美国《海军时报》（*Navy Times*）报道，美国海岸警卫队正试图与美国海军协商达成一份谅解备忘录，借助海军的帮助增加破冰船的数量。⑥ 为增强美军在北极地区的行动力，奥巴马政府还充分运用了高科技手段。2016 年 9 月，美国《国家利益》（*The National Interest*）杂志爆出消息称，美国海军目前正研发在北极地区与俄

① "U. S. Navy Arctic Roadmap", http：//www. wired. com/images＿ blogs/dangerroom/2009/11/us－navy－arctic－roadmap－nov－2009. pdf.

② "United States Coast Guard Arctic Strategy", http：//www. uscg. mil/seniorleadership/DOCS/CG Arctic＿ Strategy. pdf.

③ "Department of Defense Arctic Strategy", http：//www. defense. gov/Portals/1/Documents/pubs/2013＿ Arctic＿ Strategy. pdf.

④ National Strategy for the Arctic Region Implementation Report, http：//www. cmts. gov/downloads/National＿ S trategy＿ for＿ the＿ Arctic＿ Region＿ Implementation＿ Report. pdf, pp. 3－8.

⑤ "How the Warsaw NATO Summit Altered Arctic Security", http：//www. upi. com/Top＿ News/Opinion/2016/07/19/How－the－Warsaw－NATO－summit－altered－Arctic－security/5141468940714/.

⑥ "Navy Teams up with Coast Guard to Build Polar Icebreaker", http：//www. navytimes. com/story/military/2016/07/14/navy－teams－up－coast－guard－build－polar－icebreaker/87078818/.

罗斯进行军事角逐的秘密武器——水下滑翔机，以提升海军在北极恶劣条件下的行动能力。[1]

（二）负责任地管理北极事务

北极地区作为全球生态环境系统的一个组成部分，对全球环境治理有着重要影响。[2] 北极脆弱的环境一旦遭到破坏，不仅将会对北极生态圈造成破坏，还将对北极地区原住民的生存发展带来负面影响。因此，奥巴马政府十分重视对北极地区负责任和可持续性的开发管理，采取了一系列行动。

首先，加大了对北极气候问题的科学研究和政策关注。在 2010 年 5 月发布的美国《国家安全战略》中，奥巴马将"气候变化"定义为美国的"核心安全利益"。[3] 随着北极气候变化问题在奥巴马政府政策议程中的地位不断提高，2013 年 2 月，"跨部门北极政策小组"出台了北极五年研究计划——《北极研究计划：2013—2017》[4]，以指导美国的北极科学研究。2013 年出台的《北极战略》，则将对北极地区负责任的管理纳入其中。此外，白宫、跨部门北极研究政策委员会、美国北极研究委员会、国家大气与海洋管理局等部门和科研机构也纷纷加强北极研究，相继出台了《跨部门北极研究政策委员会 2015 年报告》[5]《北极地区的变化、战略行动计划、纲要》[6]《NOAA 北极远景与战略》[7] 等多份报告和文件，为北极

---

①　"Exposed: America's Secret Weapon to Take on Russia in the Arctic", http: //nationalinterest. org/blog/the – buzz/exposed – americas – secret – weapon – take – russia – the – arctic – 17619.

②　郭培清、闫鑫淇：《环境非政府组织参与北极环境治理探究》，《国际观察》2016 年第 3 期，第 78 页。

③　The White House, National Security Strategy, May 2010, http: //www. whitehouse. gov/sites/default/files/rss_ viewer/national_ security_ strategy. pdf.

④　The White House, Arctic Research Plan, FY2013 – 2017, http: //www. whitehouse. gov/sites/default/files/microsites/ostp/2013_ arctic_ research_ plan. pdf.

⑤　Interagency Arctic Research Policy Committee 2015 Biennial Report, https: //www. whitehouse. gov/sites/default/files/microsites/ostp/NSTC/iarpc – biennial – final – 2015 – low. pdf.

⑥　Changing Conditions in the Arctic Strategic Action Plan Full Content Outline, https: //www. whitehouse. gov/sites/default/files/microsites/ceq/sap_ 8_ arctic_ full_ content_ outline_ 06 – 02 – 11_ clean. pdf.

⑦　NOAA's Arctic Vision & Strategy, http: //www. arctic. noaa. gov/docs/NOAAArctic_ V_ S_ 2011. pdf.

决策提供科学支持。

其次，加强涉北极事务机构的整合和决策机制的优化。美国涉北极事务的机构繁杂，分工不明确，导致决策效率低下。奥巴马政府对涉北极事务机构和人员进行了整合，以提高北极行动能力。一方面，奥巴马政府加强了对涉北极事务机构的协调。2011年7月12日，奥巴马签署了第13580号总统令，宣布成立协调阿拉斯加州国内能源开发部门间工作小组，监管和协调联邦政府各相关部门的活动。① 2015年1月，奥巴马签署第13689号总统令，② 成立推进联邦政府北极事务协作的"北极事务行政指导委员会"（Arctic Executive Steering Committee）。③ 另一方面，奥巴马政府加强了对涉北极事务人员的整合，通过人员的整合促进海军、海岸警卫队、北极研究机构、联邦政府涉北极事务相关部门之间的交流和协调。2014年7月，国务卿克里任命具有相关专业背景的罗伯特·帕普（Robert J. Papp Jr.）和弗兰·乌尔姆（Fran Ulmer）分别担任美国北极特别代表和国务院北极科学与政策特别顾问，④ 以充分利用两人的工作经验，为美国北极政策的演进出谋划策。

（三）多层面推进北极事务国际合作

在新一轮的北极开发热潮中，美国希望有针对性地加强与域内外国家的国际合作。奥巴马政府通过双边、多边外交途径，不断加强与域内外国家的北极合作，拓展实现美国的北极利益的渠道，其具体举措包括：

首先，通过双边、多边外交方式推进北极事务合作。开展北极双边外

---

① Executive Order 13580—Interagency Working Group on Coordination of Domestic Energy Development and Permitting in Alaska, https：//www. whitehouse. gov/the－press－office/2011/07/12/executive－order－13580－inter agency－working－group－coordination－domestic－en.

② Executive Order—Enhancing Coordination of National Efforts in the Arctic, https：//www. whitehouse. gov/the－press－office/2015/01/21/executive－order－enhancing－coordination－national－efforts－arctic.

③ Section 2 of Executive Order, Enhancing Coordination of National Efforts in the Arctic, https：//www. whitehouse. gov/the－press－office/2015/01/21/executive－order－enhancing－coordination－national－efforts－arctic.

④ 罗伯特·帕普曾任美国海岸警卫队司令，弗兰·乌尔姆曾任美国北极研究委员会主席。参见"Retired Admiral Robert Papp to Serve as U. S. Special Representative for the Arctic", July 16, 2014, http：//www. state. gov/secretary/remarks/2014/07/229317. htm.

交是奥巴马政府实现其北极治理安排的重要方式。2016 年 3 月，美加两国共同发表《美加两国关于北极、气候及能源问题的联合声明》，① 以提升双方在该领域的合作。在 2016 年 10 月的 G20 峰会期间，中美两国元首也再次重申就海洋极地领域等问题加强合作。② 除此之外，日本、韩国、北欧国家都是美国北极双边外交的重要目标国。奥巴马政府北极多边外交的重点，集中在非传统安全领域事务和军事合作方面。2015 年 7 月，在美国的倡议和推动下，北冰洋沿岸五国（美国、加拿大、俄罗斯、丹麦和挪威）在奥斯陆发表《关于防止北冰洋核心区不规范公海捕鱼的宣言》（Declaration Concerning the Prevention of Unregulated High Seas Fishing in the Central Arctic Ocean），对北冰洋中部公海区域的商业捕捞进行管制。2016 年 5 月，美国与北欧五国（芬兰、挪威、丹麦、瑞典和冰岛）元首联合发表了《美国与北欧国家元首联合声明》，共同应对气候变化、地区安全、北极事务等领域方面的国际挑战。③ 为应对北极地区来自俄罗斯的战略压力，美国积极动员并促成与西方盟国的安全合作。2015 年 5 月，以美国为首的北约多国举行了代号为"北极挑战 2015"的大规模空中演习，瑞典、芬兰和瑞士这三个非北约国家也参与其中。美国希望通过借助西方盟国的参与，共同应对挑战。

其次，把北极理事会作为美国北极外交的重要平台。奥巴马政府充分利用其担任北极理事会和部分工作机构轮值主席国的有利时机，开展"主席国外交"。美国是北极海岸警卫论坛首任主席国，同时也是北极理事会及其突发事件预防准备和响应工作组（下文简称 EPPR 工作组）的轮值主席国。美国充分利用其担任海岸警卫论坛主席国、北极理事会轮值主席国以及 EPPR 工作组主席国的有利契机，加强三个机构间的工作协同和相互配合。通过主导实施工作计划和落实议事日程，协调涉事国际组织及下属机构的工作，推动北极海域的安全管理、可持续发展及突发事件应

---

① U. S. – Canada Joint Statement on Climate, Energy, and Arctic Leadership, https：//www. whitehouse. gov/the – press – office/2016/03/10/us – canada – joint – statement – climate – energy – and – arctic – leadership.

② 《中美元首杭州会晤中方成果清单》，新华社，网址：http：//news. xinhuanet. com/world/2016 – 09/04/c_ 1119508276_ 7. htm。

③ "U. S. – Nordic Leaders' Summit Joint Statement"，https：//www. whitehouse. gov/the – press – office/2016/05/13/us – nordic – leaders – summit – joint – statement.

对，推动北极理事会的工作朝着有利于自身北极利益的方向进行。2014年 12 月，美国公布了其担任主席国期间北极理事会的优先议程。[①] 2015年 11 月 12 日，在美国的推动下，北极理事会发布了"2015—2017 年工作计划"，[②] 旨在促进北冰洋的安全和管理，改善北极地区的经济和生活条件，应对气候变化的影响。

二　内外环境：特朗普政府参与北极事务的 SWOT 分析

特朗普上任后，面临着复杂的国际、国内环境，美国北极政策制定和实施的内外部环境有待科学的评估。为此，本文尝试运用常用的战略分析技术——SWOT 分析法，对特朗普政府参与北极事务的优势与劣势、机会与威胁予以厘清。SWOT 分析法于 1971 年由哈佛商学院教授肯尼斯·安德鲁斯（Kenneth R. Andrews）在《公司战略概念》（*The Concept of Corporate Strategy*）一书中提出，旨在分析组织所面临的内部和外部环境，进而对组织未来的发展方向提供科学的行动策略。内部环境包括优势"S"（Strengths）和劣势"W"（Weaknesses），外部环境包括机会"O"（Opportunities）和威胁"T"（Threats）。

（一）内部优势分析

首先，奥巴马政府的努力使美国在北极事务上尚存"余威"。《北极战略》是美国历史上第一份战略层面的北极政策文件，对美国北极利益及其落实途径进行了明确的界定和规划。奥巴马政府通过制定配套的政策文件，对《北极战略》加以落实，《北极地区国家战略实施计划》[③]

---

① 优先议程：促进北冰洋的安全与管理，提高北极社区的经济和生活条件，增强对气候变化的适应能力。参见 "America Is an Arctic Nation", https：//www. whitehouse. gov/blog/2014/02/america – arctic – nation。

② Chairmanship Projects, U. S. Department of State, http：//www. state. gov/e/oes/ocns/opa/arc/uschair/248957. htm.

③ Implementation Plan for The National Strategy for the Arctic Region, https：//www. whitehouse. gov/sites/ default/files/docs/implementation_ plan_ for_ the_ national_ strategy_ for_ the_ arctic_ region_ –_ fi. pdf.

《2015 执行报告》《2015 年北极地区国家战略实施报告》① 及其附件
A——《2016 年北极战略实施框架》② 等文件也相继出台。在国际层面,
奥巴马政府充分利用担任北极理事会轮值主席国的有利时机,协调相关国
家、国际组织在北极事务中的国际合作,捍卫美国在北极治理过程中的领
导地位。2017 年 5 月,北极理事会通过《费尔班克斯宣言》(Fairbanks
Declaration),充分肯定了 2015—2017 年美国担任北极理事会轮值主席国
期间的工作,认为美国在促进北冰洋区域管理、改善原住民生活条件、应
对气候变化等方面做出了贡献。③ 奥巴马政府在北极治理方面的努力得到
了国际社会的认可,为特朗普在北极事务上"施展拳脚"打下了良好的
基础。

其次,共和党同时控制着立法部门和行政部门,这为特朗普政府调整
内外政策提供了便利。特朗普在气候变化、伊朗核协议等奥巴马的"外
交遗产"议题上均持反对立场。④ 如果要调整或者推翻奥巴马时期制定的
北极政策,必须联合立法部门和行政部门。由于共和党在国会控制了多数
议席,这使特朗普实现政策调整所面临的困难大大降低。就当前美国国内
存在较大争执的气候变化问题而言,民主党支持严格的气候变化减排措
施,而共和党则质疑全球变暖的真实性。党派分歧成为美国气候政策所面
临的最大国内政治难题。⑤ 特朗普政府要想在国会通过有关北极政策的相
关文件,必须得到国会多数票的支持。美国气候政策的变化将极大地影响
特朗普时期美国北极政策的调整。一旦新制定的气候政策和奥巴马时期的

---

① 2015 Year In Review—Progress Report on the Implementation of the National Strategy for the
Arctic Region, https：//www. whitehouse. gov/sites/whitehouse. gov/files/documents/Progress%
20Report% 20on% 20the% 20Implementation% 20of% 20the% 20National% 20Strategy% 20for% 20the%
20Arctic% 20Region. pdf, pp. 22 - 26.
② 该附件由根据 13689 号总统令成立的"北极事务行政指导委员会"发布,参见 Appendix
A - Implementation Framework for the National Strategy for the Arctic Region, https：//
www. whitehouse. gov/sites/whitehouse. gov/files/documents/National% 20Strategy% 20for% 20the%
20Arctic% 20Region% 20Implementation% 20Framework% 20% 28Appendix% 20A% 29% 20Final. pdf。
③ Arctic Council Ministers Meet, Sign Binding Agreement on Science Cooperation, "Pass Chair-
manship from U. S. to Finland", http：//www. arctic - council. org/index. php/en/our - work2/8 - news -
and - events/451 - fairbanks - 04.
④ 刁大明:《"特朗普现象"解析》,《现代国际关系》2016 年第 4 期,第 39 页。
⑤ 张腾军:《特朗普政府的美国气候政策走向分析》,《和平与发展》2017 年第 1 期,第 57
页。

气候政策发生重大变化，美国的北极政策也将随之发生调整。此外，特朗普还可以充分利用目前所占有的政治资源，任命更多与其气候变化理念相近的人士填补其气候问题决策团队，更好地执行其气候政策和北极政策。

（二）内部劣势分析

首先，存在机构协作不足、利益集团干预的问题。美国北极政策的制定和执行部门缺少协作，权限重叠，各自为政。[①] 奥巴马在其任内曾推动涉北极事务决策执行体制的优化，但并未彻底解决该问题。2017 年 6 月，特朗普宣布退出《巴黎气候协议》，提出要遏制联邦的气候科学活动，大力削减或取消对北极气候变化项目的资金支持。特朗普在其签署的一份行政命令中废除了奥巴马时期的一项旨在保护白令海海洋环境、应对气候变化的倡议。受气候政策调整影响的环保组织、利益集团、原住民组织以及阿拉斯加州政府通过各种渠道对此予以回击，干预特朗普政府相关政策的出台与落实。2017 年 5 月，阿拉斯加州议会通过了一项决议，敦促阿拉斯加州政府制定具有约束力的协议，以更好地管理该地区的船舶运行。另外，非政府组织和环保基金会也在积极行动，继续推动阿拉斯加州的相关北极计划，帮助阿拉斯加州适应气候变化。[②] 在未来的一段时间内，特朗普政府将持续面临来自上述各方的政治、经济压力，这为其北极政策的演进增添了不确定性。

其次，奥巴马政府的北极资源开发政策给特朗普政府的北极政策调整带来了困难。奥巴马政府在其任内十分关注阿拉斯加州北极地区的环境保护和原住民生存状况，强调对北极资源的可持续性开发。2016 年 12 月 20 日，奥巴马颁布了无限期限制在北极和大西洋地区进行油气钻探和开发的禁令，[③] 将美国楚克奇海（Chukchi Sea）、阿拉斯加州的西北部以及波弗特海（Beaufort Sea）大部分地区排除在未来可进行石油钻井活动的区域

---

① 丁煌主编：《极地国家政策研究报告（2014—2015）》，科学出版社 2016 年版，第 12—13 页。

② "With Trump Administration Intentions Unclear, Alaskans Might Have to Fill the Void on Arctic Policy"，https：//www. adn. com/arctic/2017/05/21/with－trump－administration－intentions－unclear－alaskans－might－have－to－fill－the－void－on－arctic－policy/.

③ "Obama's Arctic Decision Trashes Years of Work"，https：//www. adn. com/opinions/2016/12/23/obamas－arctic－decision－trashes－years－of－work/.

之外。在特朗普正式就任美国总统前,奥巴马政府颁发此项禁令意在巩固其北极环境政策,给特朗普政府大幅度调整北极资源开发政策增加困难。出身商人的特朗普十分重视能源开发,意图通过能源开发为美国经济的振兴贡献力量。为了调整奥巴马的北极资源开发政策,2017 年 4 月,特朗普政府发布了"优先海上能源战略"(America—first Offshore Energy Strategy),① 意图推翻奥巴马政府颁布的大西洋、太平洋和北冰洋水域钻探禁令。尽管新的行政命令有利于扩大美国在北极地区的能源开发,但却无法完全废除奥巴马政府的能源开采禁令。曾在奥巴马政府任职的人士表示,奥巴马签署的禁令依赖于 1953 年通过的一项法律规定,但该法规没有规定后来的总统可以撤销所谓的从外大陆架永久取消石油和天然气租赁的权力。② 特朗普就任总统后,通过何种方式调整奥巴马政府的北极能源政策,是未来美国北极政策演进的重点。但无论采取何种方式,他都将遭遇奥巴马时代所遗留下来的政策障碍。

(三) 外部机会分析

首先,北极治理秩序尚待完善。冷战结束后,北极事务国际合作领域逐渐由传统安全事务向非传统安全事务转移,由"高政治"问题向"低政治"问题拓展。除主权国家外,包括国际组织、非政府组织、次国家行为体在内的多种行为体也不同程度地参与北极治理。北极治理逐渐走向有序,北极治理架构亦更具开放性,北极治理进入"多元化"时代。③ 在北极治理演进的过程中,新的议题不断涌现,需要各国加强合作才能妥善解决。以北冰洋公海渔业治理为例,仅沿岸国家参与是难以有效解决北冰洋公海渔业治理所面临的难题的。北极渔业治理制度的构建,需要北极国家、非北极国家、北极原住民和国际社会之间的科学协调。④ 现有的北极

① "Trump Administration Quickly OKs First Arctic Drilling Plan", *Digital Journal*, http://www.digitaljournal.com/tech – and – science/technology/trump – administration – quickly – oks – first – arctic – drilling – plan/article/497645.

② Trump Signs Order Aimed at Opening Arctic Drilling, http://www.newsmax.com/Politics/US – Trump – Offshore – Drilling/2017/04/28/id/787093/.

③ 孙凯:《机制变迁、多层治理与北极治理的未来》,《外交评论》2017 年第 3 期, 第 109 页。

④ 赵宁宁、吴雷钊:《美国与北冰洋公海渔业治理:利益考量及政策实践》,《社会主义研究》2016 年第 1 期, 第 132 页。

治理机制尚不能有效解决北极出现的诸多新问题，现有全球性治理机制、区域性治理机制等北极治理机制普遍存在滞后于北极治理需要的情况。①北极治理正处于从"失序"到"有序"的关键时刻，如何协调不同北极行为体之间的复杂关系，实现各国北极利益成为北极各国需要解决的共同问题。美国作为冷战后仅存的超级大国，同时作为北极八国之一，在北极治理秩序构建过程中发挥着极为重要的作用。诸多北极事务，如西北航道划界、渔业治理、军事防务等问题的有效解决，离不开美国的参与。特朗普政府可以抓住这一有利时机，发挥美国在北极治理过程中的关键作用，增强美国在北极治理中的话语权和影响力。北极治理是全球治理的重要组成部分，特朗普政府如果在北极治理中占有优势地位，必将有利于其全球战略和地区战略的实施。

其次，芬兰接任北极理事会轮值主席国。2017年5月，芬兰接替美国担任北极理事会2017—2019年轮值主席国。芬兰担任轮值主席国期间设立了四个重点优先事项，即环境保护、促进宽带网络连通性、气象合作、教育。②芬兰将继续推动北极理事会致力于气候变化和可持续发展的长期目标。芬兰计划于2018年组织北极环境部长级会议，推动北极环境事务的解决。③2010年7月，芬兰发布了《芬兰的北极战略》④（Finland's Strategy for the Arctic Region）及其草案，初步形成其北极战略目标：加强北极合作；推动欧盟的北极参与；发挥芬兰的专业技能。美国卸任北极理事会轮值主席国后可以减少对北极公共产品的提供，减轻美国的战略投入和财政负担，从而为美国落实其北极政策和解决其他地区问题提供有利条件。芬兰支持美国在任期间的部分北极事务优先议程，并将继续推动相关问题的解决。同时，芬兰注重发挥欧盟在北极治理过程中的重要作用。欧

① 丁煌、朱宝林：《基于"命运共同体"理念的北极治理机制创新》，《探索与争鸣》2016年第3期，第94页。

② Arctic Council Ministers Meet, Sign Binding Agreement on Science Cooperation, Pass Chairmanship from U. S. to Finland, http://www.arctic-council.org/index.php/en/our-work2/8-news-and-events/451-fairbanks-04.

③ "Exploring Common Solutions—Finland Stresses Its Arctic Expertise during the Finnish Chairmanship of the Arctic Council", http://arcticjournal.com/press-releases/3146/exploring-common-solutions-finland-stresses-its-arctic-expertise-during-finnish.

④ Finland's Strategy for the Arctic Region, http://arcticportal.org/images/stories/pdf/J0810_Finlands.pdf.

盟对北极事务的参与将进一步分担美国向国际社会提供北极公共产品的压力。芬兰支持欧盟实质性地参与北极事务,[①] 这为特朗普政府加强与芬兰、欧盟的北极合作增添了机会,有助于美国北极国际合作格局的进一步拓展。

(四) 外部威胁分析

首先,美国退出《巴黎气候协定》不利于北极的气候治理。2015 年 12 月,在国际社会的共同努力下,《巴黎气候协定》顺利获得通过,成为人类历史上应对气候变化的里程碑式国际法律文本。[②] 各方商定,将把全球平均气温较工业化前水平升高控制在 2℃ 之内。[③] 北极是全球气候变化的敏感地带,推动北极气候治理已经迫在眉睫。2017 年 5 月,北极八国和北极理事会六个永久参与方签署了《北极国际科研合作协议》(Agreement on Enhancing International Arctic Scientific Cooperation),进一步加强了北极科研交流与合作,推动了北极气候、水文、地理等问题的研究。该协定成为北极理事会框架内第三份有法律约束力的文件。[④] 同时,新任轮值主席国芬兰还宣布将应对气候变化和加强北极环境保护作为其任职期间的优先选项之一。然而,就在应对气候变化已成为国际社会共识的情况下,特朗普于 2017 年 6 月单方面宣布美国将退出《巴黎气候协定》。这严重影响了该协定预定减排目标的实现,稳步推进的北极气候治理也将面临十分尴尬的境地。美国的这一举动为北极气候合作蒙上了阴影,受到北极相关各国的一致批评。受此影响,特朗普政府未来的北极国际合作也必将面临来自上述各方的压力,这为美国北极利益的实现带来了负面影响。

其次,美国面临来自利益攸关国家的竞争。近年来,俄罗斯对世界秩

---

① 孙凯、吴昊:《芬兰北极政策的战略规划与未来走向》,《国际论坛》2017 年第 4 期,第 23 页。

② 吕江:《〈巴黎协定〉:新的制度安排、不确定性及中国选择》,《国际观察》2016 年第 3 期,第 92 页。

③ 《巴黎气候变化大会通过全球气候新协议》,新华网,网址:http://news. xinhuanet. com/2015 - 12/13/c_ 128524107. htm。

④ Arctic Council Ministers Meet, Sign Binding Agreement on Science Cooperation, Pass Chairmanship from U. S. to Finland, http://www. arctic - council. org/index. php/en/our - work2/8 - news - and - events/451 - fairbanks - 04.

序的重构越来越关注。① "乌克兰危机"爆发后，俄罗斯与西方展开了冷
战结束以来最为激烈的战略博弈。为缓解来自西部方向的战略压力，俄罗
斯积极推动与相关国家的北极合作。2017 年 3 月，俄罗斯、芬兰和冰岛
等北极国家领导人齐聚俄罗斯阿尔汉格尔斯克，就全球变暖、北极安全等
问题展开讨论。② 美国不会坐视俄罗斯在北极地区不断增强的战略存在。
2017 年 4 月，美军方宣布，驻有美军第 25 步兵师的安克雷奇（Anchor-
age）将继续保持现有军备规模，以应对北极方向可能受到的威胁。③ 美
国采取的行动进一步刺激俄罗斯加强其在北极的军事存在。2017 年 5 月，
俄罗斯宣布计划在北极建立一个军事研究和测试中心，以提升北极地区的
军事研究和装备水平。④ 不仅如此，加拿大、北欧等北极国家与美国在渔
业划界、航道利用、海洋自由等方面也存在分歧，且短期内并无良好的彻
底解决的路径，⑤ 双方在上述问题上摩擦不断。随着北极地缘态势的变
迁，不少域外国家也对北极事务表现出浓厚的兴趣。2013 年 5 月，中国、
韩国、印度、意大利、日本和新加坡一起成为北极理事会正式观察员国。
2017 年 5 月，北极理事会又吸纳瑞士成为新观察员。⑥ 各国纷纷采取措
施，加强在北极事务上的实质性存在，这不可避免地将影响和干扰特朗普
政府北极政策的推进。

---

① 张昊琦：《俄罗斯的"大欧亚"战略构想及其内涵》，《现代国际关系》2017 年第 6 期，
第 24 页。

② "Russia, Finland, Iceland Warm up to Arctic Cooperation", https：//www. neweurope. eu/arti-
cle/russia – finland – iceland – warm – arctic – cooperation/.

③ "It's Official：The Army's 4 – 25th Stays at Full Firepower in Alaska", https：//
www. adn. com/alaska – news/military/2017/04/07/its – official – the – armys – 4 – 25th – stays – at –
full – firepower – in – alaska/.

④ "Russia is Planning to Build an Arctic Military Research Center to Further Its Polar Buildup",
http：//www. businessinsider. com/russia – plans – build – arctic – military – research – center – 2017 –
5.

⑤ 章成：《北极大陆架划界的法律与政治进程评述》，《国际论坛》2017 年第 3 期，第 37
页。

⑥ 与瑞士一起成为新观察员的还有西北欧理事会、海洋环境保护组织、国家地理学会、奥
斯陆—巴黎委员会、世界气象组织和国际海洋探测理事会。

三　特朗普政府北极战略选择

2017 年 5 月,美国外交关系委员会发表了题为"北极必要性:加强美国第四海岸战略"① 的报告,指出"美国需要增加对该地区的战略部署,保护北极地区的利益"。报告确定了美国参与北极事务的六个参考目标,包括批准《联合国海洋法公约》、资助和维护极地冰船建设、改善北极基础设施、加强北极国际合作、支持阿拉斯加可持续发展、维持对科学研究的预算支持。对于特朗普政府来说,维护美国在北极地区的国家利益是其重要的战略任务。受到国内外政治、经济等各方面因素的制约,特朗普政府的北极政策调整面临着复杂的内、外部威胁与机遇。根据上述分析,可以建立起特朗普政府参与北极事务的 SWOT 组合矩阵(见表 1),横坐标为优势(S)和劣势(W),纵坐标为机遇(O)和挑战(T),表中矩阵部分为组合策略,战略选择是战略的核心。② SWOT 组合矩阵提供了四种可供选择的发展策略:SO 是增长型战略,强调发挥自身优势来把握外部机会;WO 是扭转型战略,强调利用外部机会来弥补自身劣势;ST 是多元型战略,强调利用自身优势来减少外部威胁的冲击;WT 是防御型战略,强调规避外部威胁的同时,要弥补内部劣势。

特朗普政府参与北极事务的优势、劣势、机会和威胁并存,但优势、威胁尤为突出。特朗普应当根据北极各类事务不同的属性,采取适当的战略选项,实现美国北极政策的设想。根据特朗普政府已经颁布的相关政策文件和近期美国的北极实践,结合前文进行的 SWOT 战略分析,特朗普政府未来可能会在北极事务上做出以下四个战略选择:

---

① "CFR: US Should Increase Strategic Commitment to Arctic", http://www.globaltrademag.com/global - logistics/cfr - us - increase - strategic - commitment - arctic.

② 孙凯、王晨光:《中国参与北极事务的战略选择——基于战略管理的 SWOT 分析视角》,《国际论坛》2014 年第 3 期,第 53 页。

表1   **特朗普政府参与北极事务的 SWOT 战略矩阵**

内部环境 外部环境	S（优势） 1. 奥巴马政府北极政策成果 2. 共和党有利的政治地位	W（劣势） 1. 涉北极事务效率低下 2. 奥巴马政府的北极开发政策
O（机会） 1. 北极治理秩序尚待完善 2. 北极理事会换届	SO 增长型战略 1. 梳理奥巴马政府北极政策成果 2. 抓住北极理事会换届机遇	WO 扭转型战略 1. 利用北极合作的国际机遇 2. 排除国内利益集团干扰
T（威胁） 1. 美国退出《巴黎协议》 2. 域内外国家的竞争	ST 多元型战略 1. 进一步加强北极投入 2. 完善北极实践	WT 防御型战略 1. 妥善处理前任政府气候政策 2. 科学应对域外国家的竞争

　　第一，在北极环境治理问题上，特朗普政府有可能选择防御型战略，即弥补内部劣势，规避外部威胁。一方面，特朗普政府会妥善处理奥巴马政府的北极气候遗产。奥巴马在卸任前颁布的涉及北极资源开发的相关政策文件，对特朗普推行其能源开发政策产生了阻碍作用。特朗普政府会严肃对待奥巴马政府的北极气候遗产，有选择性地将符合其利益诉求的内容纳入新政府的北极政策中；同时，通过签署行政命令等方式调整美国的北极环境政策，配合其北极政策的实施。另一方面，特朗普政府会科学应对美国退出《巴黎气候协定》后出现的不利局面。退出《巴黎气候协定》并不意味着美国将退出北极气候治理，特朗普将以对美国的利益有利的方式参与北极气候治理，利用域外国家参与北极事务的积极性，加强与域内、外国家的双边合作，根据具体议题和合作对象的不同而采取不同的合作方式，借助域内、外各国的力量分担国际责任，推动北极治理。

　　第二，在北极资源开发问题上，特朗普政府有可能选择扭转型战略，即利用外部机会来弥补自身劣势。一方面，特朗普政府会充分利用北极问题的国际合作机遇。芬兰接任北极理事会轮值主席国后，将促进北极事务国际合作、推动北极基础设施建设作为北极理事会的优先议程。俄罗斯、加拿大等北极国家以及中国、韩国等北极利益攸关国，都有加强北极经济合作的利益诉求。特朗普政府可能会利用北极合作的机遇，推动美国阿拉斯加州及北极海域的资源开发，以振兴美国国内的能源产业，增加就业机会。2017 年 3 月，美国外交关系委员会发布了《北极对美国国家安全意义重大》[①] 报告，称美国需要增强在北极地区的存在及建设，否则美国在该地区的经济、军事和资源环境利益将受到威胁。另一方面，特朗普政府会排除来自国内各利益团体对北极经济开发的干扰。北极经济开发不可避免地会破坏阿拉斯加州相关地区的环境保护和原住民生存条件，必将引发阿拉斯加州的反对。[②] 不仅如此，特朗普政府加快北极经济开发的举措还将面临来自环保组织的激烈反对，以及来自国内各政治团体要求改善北极环境的政治压力。特朗普政府可能会采取措施平衡资源开发和可持续发展之间的关系，协调国际社会与国内各方政治势力之间围绕环境保护与资源开发的脆弱平衡。

第三，在北极安全维护问题上，特朗普政府有可能选择增长型战略，即发挥自身优势来把握外部机会。一方面，特朗普政府会梳理和继承奥巴马政府时期的北极安全政策成果。奥巴马在任期内积极开展同加拿大、挪威、瑞典等西方盟国的北极军事合作，提升了美国的北极行动能力。特朗普政府将继承和拓展奥巴马政府在北极安全利益问题上的相关举措，以军事方案应对和解决危机和挑战，[③] 谋求北极地区的和平，并在此基础上提高美国的北极行动效率，推动美国北极战略的更新和落实。另一方面，特朗普政府会妥善应对北极地缘形势的恶化。乌克兰危机以来，俄罗斯与西方世界的关系急转直下，并波及北极地区。加拿大、芬兰、挪威等北极国家不断加大在北极地区的安全投入，防范俄罗斯的战略威胁。尽管特朗普有意与俄罗斯改善关系，但美俄在各自核心利益、重大利益问题上，难以做出实质性妥协。[④] 特朗普主张"以实力求和平"（Vigorous Peace Through Strength），加强北极地区的军备建设，通过多种方式维护北极安全利益成为其优先选项。2017 年 10 月，美国战略与预算评估中心发布了《保卫前

---

① "The Arctic Is Integral to U. S. National Security", https：//www.cfr.org/interview/arctic - integral - us - national - security.

② 孙凯、杨松霖：《美国北极事务中阿拉斯加州与联邦政府的合作与博弈》，《国际论坛》2016 年第 4 期，第 37—38 页。

③ 沈雅梅：《特朗普"百日新政"的外交态势》，《和平与发展》2017 年第 3 期，第 8 页。

④ 王海运：《特朗普上台后俄美关系的走向及其对中俄关系的可能影响》，《俄罗斯学刊》2017 年第 1 期，第 6 页。

线：美国极地海洋行动的挑战与解决方案》① 报告，强调美国海上安全行动能力有待提高，北极通信基础设施不足，海军和海岸警卫队跨域部署能力有限，呼吁美国政府确立加强北极行动和演习、改善海岸警卫队军事能力、提高地面和空中平台基础设施等 13 项任务。

第四，在北极国际合作问题上，特朗普政府有可能选择多元型战略，即利用自身优势减少外部威胁的冲击。一方面，特朗普政府会加大对北极事务的投入，提高北极行动能力。美国在北极的基础设施建设不足，这阻碍了美国在北极地区的活动能力。② 特朗普政府推动北极资源开发离不开北极基础设施建设，特别是极地破冰船、码头等设施的改善。而北极基础设施的改进有赖于国会和相关部门的财政支持。因此，特朗普将有效整合共和党在国会和行政部门的政治资源，妥善处理党派内部制约特朗普的共和党建制派，③ 增加国会对北极基础设施建设的投入力度。另一方面，特朗普政府会通过双边方式推动北极外交。随着北极地缘态势的变迁，包括中国、韩国、印度等国家在内的北极利益攸关方逐渐加入北极治理进程中。要谋求美国的北极利益，特朗普政府需要加强同域内、外各国的北极合作，通过主持北极理事会、政府间论坛等平台，推动区域合作，保护美国的北极利益。④ 特朗普在外交上主张单边主义，愿意在双边层面解决问题。⑤ 未来一段时间，美国政府极有可能通过双边方式加强与上述国家的北极合作，避免或减少通过多边方式达成利益一致。

总的来看，对特朗普政府参与北极事务的四个战略选择，需要根据其面临的具体政策环境进行综合的分析。在北极资源开发问题上，特朗普政府有可能对奥巴马时期的北极资源政策进行相当幅度的修改，以满足美国国内能源保障的需要。在北极环境保护问题上，特朗普政府将大幅度修改

---

① "Securing the Frontier Challenges and Solutions for U. S. Polar Maritime Operations", http://csbaonline. org/uploads/documents/CSBA6303 - Securing_ the_ Frontier_ WEB. pdf.

② 肖洋：《北极海空搜救合作：规范生成与能力短板》，《国际论坛》2014 年第 3 期，第 16 页。

③ 阮宗泽：《特朗普"新愿景"与中国外交选择》，《国际问题研究》2017 年第 2 期，第 4 页。

④ "U. S. Needs to Plan for Changes in the Arctic", https://www.cfr.org/blog/us - needs - plan - changes - arctic.

⑤ 达巍：《特朗普政府的对华战略前瞻：确定性与不确定性》，《美国研究》2016 年第 6 期，第 13 页。

奥巴马政府的北极环境政策,退出《巴黎气候协定》可被视为美国北极环境政策调整的标志性事件。在北极安全利益维护问题上,特朗普政府可能继承奥巴马时期的相关政策,并在此基础上进一步推进美国的北极安全实践。在国际合作问题上,特朗普政府更愿意通过北极双边外交的方式实现美国的北极利益,减轻美国的国际负担。总之,目前特朗普政府的北极政策正处于形成和塑造期,其将如何扬长避短、趋利避害,以实现北极战略的转型和升级,值得进一步关注。

在国际和全球问题上,特朗普政府总体上将呈现收缩态势。[①] 特朗普政府对美国北极政策的调整将会对北极治理、全球治理产生重要影响。面对复杂的国内外环境,特朗普政府的北极政策调整尚存在不确定性,但可以肯定的是,其北极政策调整将始终围绕实现美国的北极利益这一主线展开,只是在方式和手段上与奥巴马政府有所区别。特朗普政府开展北极事务国际合作的总体态势不会发生颠覆性变化。对北极域内、外各国而言,本着互利共赢、合作协商的原则开展同特朗普政府的北极外交,推动北极治理朝着构建北极命运共同体的方向发展,才是优先选项。

（杨松霖:武汉大学中国边界与海洋研究暨国家领土主权与海洋权益协同创新中心院博士研究生）

---

① 吴心伯:《特朗普执政与中美关系走向》,《国际问题研究》2017 年第 2 期,第 23 页。

会议综述

中华美国学会 2017 年年会暨"中美关系的历史、现状和未来——从美国华工谈起"学术研讨会综述

罗伟清

2017 年 11 月 6 日至 8 日，由中华美国学会、五邑大学广东侨乡文化研究中心、中国社会科学院美国研究所、《美国研究》编辑部联合举办的中华美国学会 2017 年年会暨"中美关系的历史、现状和未来——从美国华工谈起"学术研讨会在广东省江门市五邑大学召开。中华美国学会会长黄平、中华美国学会名誉会长王缉思、五邑大学副校长李霆向大会致辞。来自中国社会科学院美国研究所、五邑大学、中国现代国际关系研究院、中国国际问题研究中心、北京大学、同济大学、中共中央党校等单位的学者和研究人员参会。与会者围绕美国铁路华工、中美关系、美国内政、美国外交等议题进行了学术交流和探讨，现将部分学者的观点综述如下。

一 美国铁路华工

北京师范大学教授黄安年针对美国铁路华工研究中存在的问题和不足，呼吁研究者和有关主管部门不仅要深入挖掘铁路华工的历史资源，而且要积极致力于让铁路华工的事迹进入公众的视野，让这一历史资源变为现实的影响力。他认为，让铁路华工进入公众视野不能仅靠自下而上的自

发行动，还应该有主动的顶层设计。有关主管部门要以高度的自觉性和积极态度，将习近平主席关于让建设美国太平洋铁路的华工"成为旅美侨胞奋斗、进取、奉献的丰碑"的讲话精神落到实处。他针对铁路华工事迹的宣传提出了多项建议，包括尽快在侨乡为铁路华工立碑；对侨乡义冢进行普查，作为教育基地对外开放，提高遗存文物的保护规格；组织志愿者和社会工作者开展田野调查和社会调查；建立全国性、开放性的中英文双语北美铁路华工网站；联合有影响力的铁路华工机构和研究单位建立美国铁路华工资料库。

五邑大学广东侨乡文化研究中心主任张国雄教授介绍了五邑大学开展侨乡研究的初衷、视角、方法、特点和取得的研究成果。他指出，这一研究的初衷是基于大量调查工作和征集到的文物，从侨乡的角度认识美国铁路华工这个群体。侨乡研究与华人华侨研究是一个硬币的两面，将海外华侨华人研究和中国的侨乡研究结合起来，才是对"侨"的完整研究，光看海外或国内都不对。华工怀揣改善家庭生活、提高家庭在家族中的地位、促进家乡进步的梦想去海外谋生，在侨乡和海外之间建起了一座桥梁，形成中西文化融合的独特文化形态。他们不仅是美国梦的推动者、参与者和建设者，也是中国侨乡建设的推动者和参与者，为美国历史和中国乡村社会都做出了巨大贡献。

五邑大学广东侨乡文化研究中心教授刘进从侨乡文书的视角探究了美国铁路华工的生活轨迹。他指出，铁路华工时代中美官方均对华人移民缺乏严格管理和档案记载，加之华工不愿向家人提及修筑铁路的辛酸史，当时侨乡也缺乏保存纸质文献的条件，所以近年来发现的侨乡文书中甚少有与铁路华工直接相关的文献，只能依据晚清民国初期五邑侨乡的文书，来探寻和推断北美铁路华工的生活轨迹，包括他们出洋和修筑铁路前后在家乡的生活、他们与家乡的互动，以及他们对家庭和家乡社会的影响。

五邑大学广东侨乡文化研究中心副教授谭金花介绍了五邑侨乡的特色建筑"碉楼"和"庐"的历史背景和特点。她指出，早期的北美铁路华工大都来自五邑地区，由此于19世纪末20世纪初形成了五邑侨乡，并因华侨回归和侨汇涌入引发大规模的建造活动。华侨经济的蓬勃发展和当时社会秩序的混乱，造就了五邑侨乡独特的建筑风格：一方面模仿西方古典建筑元素，以追求衣锦还乡的荣耀和生活的舒适；另一方面强调建筑的防御功能。从当时的经济状况、匪患情况、建筑材质和特色，可以看出五邑侨乡的社会秩序对碉楼和庐的防御性功能设计的影响。这些建筑反映了建造者对中国传统文化的执着和对维系家族的重视，也反映出在近现代历史进程中，中外文化交流已成为不可抗拒的历史潮流。这些建筑所采用的西方建筑的外部装饰，是"洋为中用"的思想在建筑实践中的具体实践，充分体现了岭南文化开放、包容的特质。

广东省人民政府侨务办公室调研员沈卫红强调了美国铁路华工研究中值得注意的几个问题。她认为，美国铁路华工研究是一个系统工程，研究者由于受地域、文化、语言、认知等因素的局限，往往更多地关注铁路华工的美国"在场"研究，较少关注华工原籍地广东的"原乡"研究，从而难以回答铁路华工研究中的几个重要问题，包括华工从哪里来？华工原籍地村庄的状况如何？华工和原籍地的关系如何？她认为，应加强华工原籍地广东侨乡、美国西部早期唐人街和广东埠以及美国华人姓氏中英文对照等方面的研究；相应地，铁路华工研究中的"热点"——中央太平洋铁路华工研究，应拓宽到尚处于"冷点"的美国铁路华工特别是西部铁路华工的群体研究上。

二 中美关系

中国现代国际关系研究院前院长、高级顾问崔立如研究员分析了美国总统特朗普访华的背景以及美国内政外交的变迁。他指出，特朗普是在特殊的政治背景下对中国进行首次国事访问的。首先，中国共产党第十九次全国代表大会刚刚闭幕，这次会议标志着习近平主席的地位进一步得到巩固，中国的内政外交发展迈入新的阶段。其次，随着中国的崛起，中美两国日益形成相互依赖和捆绑的关系，中美关系格局正在发生重大变化，制度建设对稳定的双边关系的重要性日益凸显。他指出，考察当前的中美关系必须了解特朗普政府的背景和特点。特朗普的"美国优先"原则涉及美国内政外交的所有领域，重点体现在经贸和安全两个方面：经济方面更为关注国内民生问题；安全方面继续以"反恐"为重，同时沿袭上届政府的军事战略。他认为，特朗普政府目前尚缺乏一个全面、系统的对外政策大框架和大战略。

中国社会科学院美国研究所副所长倪峰研究员阐述了他对当前中美关

系的看法。他指出，中美关系已经进入新时代，这种"新"主要体现在非常规变量和常规变量两个方面。就非常规变量而言，特朗普的对外战略和对华政策思维在四个维度上发生了变化：第一，不再突出强调意识形态问题；第二，不再热衷于做现行世界秩序的维护者；第三，不再热心于地缘战略操盘和竞争；第四，大幅提升经济利益在对外及对华政策中的占比。就常规变量而言，中美两国力量对比"美强中弱"的态势近年来加速逆转，美国对此愈发焦虑，对华认知趋同且更加负面，中美关系中竞争性因素增加的趋势在双边贸易、台湾问题、美国亚太战略等方面都有所体现。他认为，特朗普反传统的对华政策结构对中国而言既是挑战，也是机遇。随着中美关系成熟度的提高和各种对话机制的完善，制约消极因素的积极力量将会增长，因此，对中美关系的前途应抱有信心。

同济大学国际与公共事务研究院院长夏立平教授从理论的角度阐述了中美新型大国关系的构建。他指出，全球共生系统理论应成为构建中美新型大国关系的理论依据；全球体系内中美之间相互依存度的上升，是构建中美新型大国关系的基础；建立新式战略稳定，是构建中美新型大国关系的必要条件；中美战略文化的博弈和磨合，是构建中美新型大国关系的关键路径。他认为中美战略文化可以分为政治哲学、国家战略、外交和军事战略三个层次，中美战略文化的巨大差异性是构建中美新型大国关系面临的主要障碍，必须通过博弈和磨合来实现中美战略文化的相互沟通、理解和适应。

中共中央党校国际战略研究院副教授陈积敏对特朗普时期的中美关系进行了评析。他认为，当前和未来一段时间内，中美关系主要面临四个方面的挑战：一是崛起的中国和世界霸主美国的身份建构；二是安全困境的升级，包括围绕第三方问题产生的矛盾及进行的磋商与合作；三是依然存在的结构性矛盾；四是中国国家身份的多元化，即中国在某种程度、某些层面上是发达国家，在很多方面又是发展中国家，其身份取决于从哪个维度来看。他认为，应在宏观上为中美关系定位，确立一个整体目标，将建设性和结果导向性相结合，加强务实合作，增强中美互信，建立互需意识，把中美关系面临的挑战控制在一定的限度内。

中国社会科学院美国研究所研究员樊吉社阐述了构建中美战略稳定关系的必要性和可行性。他指出，在经济方面，中美经贸往来量非常大，约占全球贸易总量的40%，中国的国内生产总值在上升，美国的经济在相对收缩；在军事方面，中国的军事实力在迅速提升；此外，朝核问题和台湾问题等第三方因素在为中美关系制造麻烦。他认为，在此背景下，中美双方相互协调以避免突发事件显得更为重要。目前，美国国内在对华问题上已逐渐达成共识，态度日趋强硬，试图对冲中国，把中国的一些向外的扩展推回去。中美两国需要从冷战中汲取教训，加强战略沟通、经贸合作和危机管控。

上海外国语大学中东研究所副研究员潜旭民分析了特朗普政府的能源政策及其对中美关系的影响。他指出，特朗普政府鼓励石油和天然气行业的发展，放松了对煤炭、油气等传统能源的开采限制和监管，收紧了对可再生能源的支持。新的能源政策导致美国能源进口下降，页岩气开采得到发展，对国际油价造成下行压力，对冲了欧派、俄罗斯派石油市场的影响，给国际能源地缘关系带来了结构性影响。他认为，特朗普政府的能源政策有利于中国的经济发展，将促进中美间的油气合作。中国的再生能源发展可以引进美国的技术、人才和资金。特朗普退出《巴黎气候协定》和推进传统能源开发的做法，减少了中国面临的压力，为中国应对气候变化赢得了时间和空间。中国应增加从美国的油气进口，加强中美之间在清洁能源方面的合作，加快可再生能源技术的引进。

上海外国语大学国际关系与公共事务学院博士研究生刘江韵阐述了"9·11"事件以来美国对意识形态政策的调整及中国的应对之策。他指出，美俄关系恶化和中国迅速崛起等现象的叠加，促使美国对其意识形态政策作出多项调整：其一，把暴力极端主义列为国家安全面临的头号威胁，从法律、机构等层面建立了反暴力极端主义机制；其二，加大了对中国和俄罗斯的意识形态斗争力度，通过了《反外国宣传与虚假信息法》；其三，积极遏制中国的软实力扩张。针对美国的意识形态政策调整，中国需要从法律和制度层面积极建构国家的软实力战略，形成意识形态战线上的国内外"一盘棋"，真正实现意识形态安全的长治久安。

三　中美关系史

四川外国语大学美国研究所所长张涛教授阐述了英国人的著述与美国早期对孔子的认知模式之间的关系。他指出，美国人了解孔子始于耶稣会的译介，自 18 世纪末起，基于耶稣会译介的全面赞扬孔子的一元认知框架开始逐步让位于对孔子亦褒亦贬并延续至今的二元认知模式，在此转变过程中，英国人的著述发挥了决定性作用。从美国转载和重印的与孔子有关的英人文献来看，传教士、对华外交人员、作家与研究者等文人群体是这一时期美国孔子信息最主要的来源。传教士侧重于贬低和抨击孔子及其思想的世俗性，外交人员多批评孔子及其思想"差强人意"的社会效果，文人则对孔子持肯定的态度，但这三大群体都称赞孔子的人生经历、个人品行和道德伦理观。这种既批评孔子思想的世俗性和社会效果，又赞赏孔子本人及其思想的认知，构成了美国社会孔子认知二元模式的最初内容。

暨南大学国际关系学院华侨华人研究院教授吴金平阐述了 19 世纪末美国颁布排华法案后，中国移民为维护自己的权益而进行的斗争。他指出，美国排华史是一部中国人移民美国的苦难史。在排华法案出笼后及其演变过程中，一方面，美国移民官员要执行法案的规定，尽量阻止中国人移民美国；另一方面，中国人试图打破法案加于其身的不公正限制。这两股力量朝着两个完全相反的方向进行了长期的斗争，在此过程中，美国华人有得有失，但正是由于他们坚持不懈的斗争，才使几千"土生"华人得以进入美国，进而使华人社区得以在美国扎根，并发展到今天的规模。

北京第二外国语学院英语学院副教授顾国平分析了美国早期华人社区的妓女问题与美国 1875 年颁布的《佩奇法》之间的关联。他指出，在 19 世纪中期美国淘金热引发的华工赴美热潮中，女性华人十分稀少，由此导致许多华人"单身汉社区"产生了黄、赌、毒等社会问题，在当地白人社区引发了道德和卫生方面的担忧。这种担忧与男性华工带来的经济上的冲击叠加在一起，激发了强烈的排华情绪。加利福尼亚州政客抓住华人妓女卖淫的问题大做文章。在加州联邦议员佩奇等人的推动下，美国国会于 1875 年通过了《佩奇法》。该法限制华工苦力和华人妓女进入美国，有效地阻止了华人女性移民美国，进一步加剧了北美华人社区性别严重失衡的问题，使卖淫业等与单身汉社会相关的产业长盛不衰。由于加州议员持续推动更加彻底的排华法案，最终导致美国国会于 1882 年通过了排华法案。

辽宁师范大学硕士研究生李涛阐述了 19 世纪后期旧金山华埠保护运动的起因及其影响。他指出，19 世纪 70 年代，随着美国西部排华情绪逐渐高涨，旧金山华埠成为排华运动针对的主要目标。旧金山工人党两次发动对华埠的破坏活动，华侨在会馆组织的领导下进行了防御，保卫了华埠。19 世纪后期，旧金山政府及加利福尼亚州议会分别出台了排斥华埠的法令法规，在旧金山总领事黄遵宪的鼓励下，华人积极抵抗排斥法令，运用法律武器进行斗争，并取得了胜利。从斗争过程可以看出，这一时期华人的心态开始发生变化，由忍受排斥转变为积极抗争和寻求清政府外交人员的帮助。

中山大学历史系博士研究生朱祺以旧金山分馆馆藏档案为例，强调了美国华工出入境档案对于华工研究的重要性。她指出，美国于 1882 年颁行排华法案之后，旧金山港口面临大量华工出入境问题，由此产生了管理华工出入境事务的档案文件，包括美国海关档案、美国联邦法庭档案和华人入境调查档案。利用好这些档案有助于挖掘华工的个人档案资料，了解排华时期华工入境美国和争取入境权利的具体史实，了解华工的出国流向、职业类型、年龄情况、亲友关系、婚姻状况和家庭情况。

华南师范大学历史文化学院教授何慧通过回顾中餐在美国的发展历程，阐释了中美文化的相互融合。她指出，中餐在美国经历了顽强生存、生根发芽、创新提升的艰难历程，美国大众对中餐的态度也经历了从蔑视、排斥到接受、赏识的转变。中餐在 20 世纪后半期成为美国多元文化中的一个重要组成部分和闪光点。她认为，中餐在美国的发展历程折射出了中华文化生生不息、理性务实、灵活变通的特性。中餐不仅给美国公众带来不同的饮食体验，拉近了各族裔之间的距离，而且折射出中美关系变化过程中美国大众对中国看法的悄然改变。

四　美国内政

中国社会科学院美国研究所副研究员罗振兴阐述了美国经济政策协调机制的演变与制度化。他指出，第二次世界大战结束后，美国经济政策协调机制经历了从罗斯福总统到肯尼迪总统的初创阶段，从约翰逊总统到老布什总统的探索阶段，最后在克林顿政府时期随着国家经济委员会的建立实现了制度化。在制度化的美国经济政策协调机制下，国家经济委员会的成员构成和内部组织结构都较为稳定，并且建立了较为完整的决策系统，形成了稳定的运行机制。他认为，克林顿时期之所以能够实现经济政策协调机制的制度化，有三方面的原因：一是对这一机制的清晰定位有效地解决了经济政策协调与制定之间的关系；二是当时的外部环境比较有利；三是国家经济委员会的经济政策协调成效显著。

北京外国语大学专用英语学院教授付美榕从历史的视角分析了铁路对美国经济的影响。她指出，美国铁路业的兴衰和演变与政治和经济因素密切相关。早期美国政府有限地介入铁路业，这为美国基础设施建设主要由私营部门投资的政治传统奠定了基础。随着美国政府主导的体现"国家利益至上"原则的高速公路系统的出现和航空业的发展，美国客运铁路逐渐式微，但货运铁路仍在美国经济中发挥重要作用。她还指出，美国高铁业之所以发展落后，不是因为技术匮乏和经济实力不够，而是因为决策机制分散和不同群体的利益诉求各异。她认为，美国政府为发展铁路业而采取的减税政策和多元投资模式值得借鉴，但铁路建设对环境的破坏、先拆后建对资源的浪费以及监管不力导致的腐败，应引以为戒。

中国国际关系研究院助理研究员付随鑫对特朗普政府的能源政策进行了风险评估。他概述了特朗普政府能源政策的特点，包括重视化石能源的开发、轻视新能源、否认气候变化等，认为特朗普政府把能源作为推行其贸易政策的工具，旨在追求美国能源的独立，促进美国经济的发展，创造更多的就业岗位。他指出，特朗普政府的能源政策短期内将有力推动美国化石能源的增长，但不利于清洁能源的发展，同时会给国际能源价格带来下行压力，改变既有的定价模式，冲击现有的国际能源格局和地缘政治。

五　美国外交

中华美国学会名誉会长、北京大学国际战略研究院院长王缉思教授结合他近期出访日本、韩国和美国的观感，阐述了他对特朗普政府对朝政策的观察和思考。他指出，特朗普之所以极力突出朝核问题，有几方面的原因：其一，由于"通俄门"等问题导致国内民众支持率低迷，特朗普试图将解决朝核问题作为自己的政绩，以此缓解其面临的国内政治压力；其二，如果不解决朝核问题，美国将无法兑现对韩国和日本的安全承诺，韩日两国将有可能发展自己的核武器，进而对美国的亚太军事同盟及其在亚太地区的存在构成挑战和威胁；其三，如果不能制止朝鲜发展核武器，其他国家将会效仿朝鲜的做法，最终导致全世界的核不扩散机制终结；其四,朝鲜在核武器研制和运载方面取得重大进展,并声称将严惩和反击美国,已对美国构成现实的威胁。他同时指出,美国国内在朝核问题上存在博弈。虽然特朗普力主通过采取军事手段和施压中国来解决问题,但其内阁成员和美国战略界对此存在分歧。尽管美国已着手准备针对朝鲜的军事行动,但鉴于战争可能对各方带来的巨大损失和俄罗斯、韩国、中国的反对,美国对朝鲜动武的可能性并不确定。

天津师范大学教授杨卫东从实力和政治领导力的视角分析了美国霸权衰落的原因。他划分了美国实力变化的区间,探讨了政治极化、否决式政治和对外战略失误与美国政治领导力下降之间的关系。他认为,自冷战结束以来,美国奉行的自由国际大战略一直存在着战略上的偏差,战略目标与手段之间的失衡导致美国对外大战略总体上处于战略透支状态,无法有效地整合国家意志与对外战略的失误,并进而导致美国的政治领导力下降。当美国的实力相对下降、政治领导力不足时,美国的综合国力和全球霸权地位自然走向衰落。

中国社会科学院美国研究所研究员刘卫东分析了小布什政府内部围绕对朝政策展开的博弈。他指出,朝鲜核问题是冷战结束以来东亚地区面临的最大安全危机。第二次朝核危机爆发以后,小布什政府对此给予大量关注。但是,由于美国国内在如何应对朝核危机方面缺乏基本共识,导致在危机延续的不同阶段,小布什政府内部的接触派与孤立派展开了长期的激烈对抗。直到朝鲜的核武装能力得到显著提升并导致美国的选项不断减少,以及美国陷入伊拉克战争难以脱身之后,小布什政府才明确其对朝政策,决定采用对话的方式予以应对。在这一过程中,小布什政府的对朝决策表现出决策核心自信而封闭、意识形态色彩浓厚、小圈子的影响超过机制的影响等特点。这些特点对今天的美国对朝决策依然有影响。

中南财经大学副教授刘建华分析了特朗普政府的外交政策。他指出,特朗普政府执政以来,其外交政策被贴上了孤立主义、杰克逊主义、种族主义、民族主义、民粹主义、离岸平衡的现实主义、新实用主义、新保守主义、道义现实主义等多个标签。这些标签像盲人摸象一样,仅仅道出了特朗普外交政策的局部真相。他运用历史上指导美国外交政策的"孤立主义/国际主义"和"现实主义/理想主义"这两对思想构建的象限分析框架,将特朗普政府的外交政策定位于"收缩的国际主义"和"保守的现实主义"——前者表现为减少国际承诺,缩小干预范围,被动反应式介入；后者表现为崇尚军事实力，奉行排外的民族主义和单边主义。

　　武汉大学中国边界与海洋研究院博士研究生王晨光阐述了美国和加拿大的北极关系。他指出，随着北极地区战略价值的提升，美国和加拿大都加强了对这一地区的战略规划和政策实践。由于北极事务在美国全球战略议程中排名靠后，美国在北极事务上只能算是"勉强大国"。加拿大则在北极地区拥有重要利益，对北极情有独钟，展现了北极"中等强国"的特征。美加两国既在军事安全、环境保护和科学考察等方面具有互补性，又在波弗特海划界、西北航道法律地位、北极治理优先议程等问题上存在分歧。特朗普上台将给美加北极关系带来新的变数。

　　武汉大学中国边界与海洋研究院博士研究生杨松霖分析了特朗普政府北极政策面临的内外环境及其发展走向。他指出，特朗普上台后，如何处理奥巴马政府的北极"遗产"成为引人关注的问题。运用战略管理学中的 SWOT 分析法对特朗普政府参与北极事务的内部优势和劣势、外部机会和威胁进行分析，可以发现特朗普政府参与北极事务的内部优势明显，面临的外部威胁突出。未来特朗普政府可能在北极环境治理、资源开放、安全维护和国际合作四个方面发挥优势，实现美国北极战略的转型和升级。

　　与会者围绕上述议题展开了深入、广泛的研讨。此次学术研讨会对美国铁路华工、中美关系、中美关系史、美国内政、美国外交等议题的研究起到了积极的促进作用。会议取得了圆满的成功。

（罗伟清：中国社会科学院美国研究所副编审）

编后致谢

　　本文选由中华美国学会 2017 年年会的部分论文和发言集结而成。此次年会在我国著名侨乡广东省江门市举行，由中华美国学会、五邑大学和中国社会科学院美国研究所共同举办，由五邑大学具体承办。呈现在读者面前的这本文选，既是本次年会上展示的学术成果之荟萃，也是参会者和会议筹办、组织者辛勤工作的结晶，在此，谨向他们致以诚挚的谢意。

　　我们首先要感谢积极参与本次年会的学者和学生们。没有他们的潜心研究、认真思考、勤奋写作、热情参与、无私分享、热烈讨论、认真修改和积极配合，本次年会就不可能成功举办，这本文选也不可能面世。

　　我们还要特别感谢五邑大学及其下属的广东侨乡文化研究中心对本次年会的支持，尤其要感谢广东侨乡文化研究中心主任张国雄教授和他的同事刘进教授、谭金花副教授的辛勤付出。他们为此次会议的举办倾注了大量心血，不仅承担了许多筹备和组织工作，而且积极参与学术研讨，分享了他们在铁路华工和侨乡文化研究领域取得的丰硕成果。作为会议的一部分，五邑大学还特意安排参会人员前往五邑侨乡进行乡野调查，亲身领略侨乡独特的历史文化和建筑风貌，以获得对铁路华工的奋斗历程及其对家乡的影响的感性认知。我们对五邑大学周到而细致的安排表示由衷的感谢。

　　中国社会科学院美国研究所的同事们也为本次年会的成功举办和这本文选的面世做出了重要贡献。首先，我们要感谢美国研究所领导同志的辛勤工作。郑秉文所长和倪峰副所长对会议主题的确定、嘉宾的邀请、议程的安排、文选的编撰等，都进行了精心构思、周密策划和具体指导。为了保证会议的顺利召开，倪峰副所长、郭红书记、陈宪奎主任专程提前奔赴江门，与五邑大学校领导和张国雄主任就年会的具体事宜进行接洽和反复磋商。另外，吕华、潘小松、张超、董玉齐等同志参与了年会的筹备、联络和会务工作，罗伟清同志承担了论文选的编辑工作，对他们默默无闻的贡献也一并表示感谢。

最后，我们还要感谢中国社会科学院科研局对本次年会和文选出版工作给予的有力支持；感谢中国社会科学出版社特别是责任编辑张林同志对文选的编辑和出版工作给予的热忱帮助和专业指导。

"中华美国学会年会论文选"自 2016 年 5 月问世以来，以固定的学术载体的形式连续出版至今，正逐渐发展成为一个独特的展示国内美国学研究成果的平台。期待今后继续得到有关各方和各位同志的鼎力支持和热心参与，使论文选的学术质量不断得以提升，为促进中国的美国学研究发挥其应有的作用。

中华美国学会会长

黄　平

2018 年 5 月 2 日